全民阅读
阶梯文库

传统文化卷 15 岁

总主编 顾之川

幽默的叫卖声

本册编者 吴庆芳 李传方

领读者

聂震宁
高洪波
金波

上海交通大学出版社
SHANGHAI JIAO TONG UNIVERSITY PRESS

内容提要

　　"全民阅读·阶梯文库"丛书借鉴国外分级阅读理念,根据0～18岁不同年龄段读者的心智特点与认知水平编写,标识明确的年龄段,由易到难,循序渐进。按照体裁或内容划分单元,涵盖诗词曲赋、文史哲经、科普科幻等方向。

　　本书分为六个部分,包括文化、民俗、文言小说、诗、词、赋。选文题材广泛,语言流畅优美,兼具知识性和趣味性。每篇设有"阅读点拨",每个单元后附有"我思我行",有利于读者加深阅读理解,拓展实践能力,提升阅读水平。

图书在版编目(CIP)数据

　　阶梯阅读.传统文化卷.15岁:幽默的叫卖声/吴庆芳,李传方编.—上海:上海交通大学出版社,2018

　　ISBN 978-7-313-18766-6

　　Ⅰ.①阶…　Ⅱ.①吴…②李…　Ⅲ.①阅读课-初中-教学参考资料

　　Ⅳ.①G634.333

　　中国版本图书馆CIP数据核字(2017)第329544号

阶梯阅读传统文化卷15岁·幽默的叫卖声

编　　　者:吴庆芳　李传方
出版发行:上海交通大学出版社　　　　　地　　址:上海市番禺路951号
邮政编码:200030　　　　　　　　　　　电　　话:021-64071208
出 版 人:谈　毅
印　　制:常熟市大宏印刷有限公司　　　　经　　销:全国新华书店
开　　本:880mm×1230mm　1/32　　　　印　　张:5.25
字　　数:97千字
版　　次:2018年1月第1版　　　　　　　印　　次:2018年1月第1次印刷
书　　号:ISBN 978-7-313-18766-6/G
定　　价:28.00元

全民阅读·阶梯文库

总主编

顾之川

领读者

聂震宁　高洪波　金　波　韩　松

编委会

分册编者

马歆乐	陈敏倩	刘素芳	王　芳
袁　惠	张小娟	喻祖亮	沈　俊
张红梅	雷光梅	易灿华	丁连忠
孙文莲	李传方	孟　娜	郑祚军
阎义长	李　铭	苑子轩	盛　宏
祝世峰	朱俊峰	杜德林	宋亚科
杨　韧	张　锐	程玉玲	盛江伟
田丽维	李占良	尹　琦	何　萍
姜　丹	杨晓霞	许红兵	季龙刚
刘英传	高　虹	杨晓明	张宏强
范文涛	苗　锋	信旭东	孙　玉
宋　宇	刘卫民	杨　琼	

（以上排名不分先后）

目　录

第一单元
文化集萃

　　中华优秀传统文化，博大精深，源远流长，经久不衰，影响深远，是中国人的荣耀和自豪。国画之工，戏曲之雅，茶艺之精，建筑之奇……承载了太多的历史精华，穿越时空，闪烁着智慧之光和艺术之彩。精美的画面在脑海中不断地穿梭，放射出巨大的魅力和无尽的感召力，荡漾着我们的灵魂，如品美酒，如赏百花，如沐春风，如观秋月，美不胜收。

　　走进本单元，传统文化的独特魅力令你心驰神往。催华夏子孙传承和弘扬优秀民族文化，感其博大内涵，品其悠长韵味，内化于心，外化于形，奠定语文根基，培养文化气质，培养儒雅风范，培养民族自尊心。

昆　曲

叶圣陶

　　昆曲本是吴方言区域里的产物，现今还有人在那里传习。苏州地方，曲社有好几个。退休的官僚，现任的善堂董事，从课业练习簿的堆里溜出来的学校教员，专等冬季里开栈收租的中年田主少年田主，还有诸如此类的一些人，都是那几个曲社里的社员。北平并不属于吴方言区域，可是听说也有曲社，又有私家聘请了教师学习的，在太太们，能唱几句昆曲算是一种时髦。除了这些"爱美的"唱曲家偶尔登台串演以外，职业的演唱家只有一个班子，这是唯一的班子了，就是上海"大千世界"的"仙霓社"。逢到星期日，没有什么事来逼迫，我也偶尔跑去看他们演唱，消磨一个下午。

　　演唱昆曲是厅堂里的事。地上铺一方红地毯，就算是剧中的境界；唱的时候，笛子是主要的乐器，声音当然不会怎么响，但是在一个厅堂里，也就各处听得见了。搬上旧式的戏台去，即使在一个并不宽广的戏院子里，就不及平剧那样容易叫全体观众听清。如果搬上新式的舞台去，那简直没法听，大概坐在第五六排的人就只看见演员拂袖按鬓了。我不曾做过考据功夫，不知道什么时候开始有演唱昆曲的戏院子。从一些零星的记载看来，似乎明朝时候只有绅富家里养着私家的戏班子。《桃花扇》里有陈定生一班文人向阮大铖借戏班子，要到鸡鸣埤上去吃酒，看他的《燕子笺》，也可以见得当时的戏不过是几十个人看看罢了。我十几岁的时候，苏州城外有演唱平剧的戏院子两三家，演唱昆曲的戏院子是不常有的，偶尔开设起来，开锣不久，往往因为生意清淡就停闭了。

昆曲彻头彻尾是士大夫阶级的娱乐品，宴饮的当儿，叫养着的戏班子出来演几出，自然是满写意的。而那些戏本子虽然也有幽期密约，盗劫篡夺，但是总要归结到教忠教孝，劝贞劝节，神佛有灵，人力微薄，这就除了供给娱乐以外，对于士大夫阶级也尽了相当的使命。就文词而言，据内行家说，多用辞藻故实是不算稀奇的，要像元曲那样亦文亦话才是本色。但是，即使像了元曲，又何尝能够句句像口语一样听进耳朵就明白？再说，昆曲的调子有非常迂缓的，一个字延长到十几拍，那就无论如何讲究辨音，讲究发声跟收声，听的人总之难以听清楚那是什么字了。所以，听昆曲先得记熟曲文；自然，能够通晓曲文里的故实跟辞藻那就尤其有味。这又岂是士大夫阶级以外的人所能办到的？当初编撰戏本子的人原来不曾为大众设想，他们只就自己的天地里选一些材料，编成悲欢离合的故事，借此娱乐自己，教训同辈，或者发发牢骚。谁如果说昆曲太不顾到大众，谁就是认错了题目。

昆曲的串演，歌舞并重。舞的部分就是身体的各种动作跟姿势，唱到哪个字，眼睛应该看哪里，手应该怎样，脚应该怎样，都由老师傅传授下来,世代遵守着。动作跟姿势大概重在对称,向左方做了这么一个舞态,接下来就向右方也做这么一个舞态,意思是使台下的看客得到同等的观赏。譬如《牡丹亭》里的《游园》一出,杜丽娘小姐跟春香丫头就是一对舞伴,从闺中晓妆起,直到游罢回家止,没有一刻不是带唱带舞的,而且没有一刻不是两人互相对称的。这一点似乎比较平剧跟汉调来得高明。前年看见过一本《国剧身段谱》,详记平剧里各种角色的各种姿势,实在繁复非凡;可是我们去看平剧,就觉得演员很少有动作,如《李陵碑》里的杨老令公,直站在台上尽唱,两手插在袍甲里,偶尔伸出来挥动一下罢了。昆曲虽然注重动作跟姿势,也要演员能够体会才好,如果不知道所以,只是死守着祖传来表演,那就跟木偶戏差不多。

昆曲跟平剧在本质上没有多大差别,然而后者比较适合于市民,而士大夫阶级已无法挽救他们的没落,昆曲恐将不免于淘汰。这跟麻将代替了围棋,豁拳代替了酒令,是同样的情形。虽然有曲社里的人在那里传习,然而可怜得很,有些人连曲文都解不通,字音都念不准,自以为风雅,实际上却是薛蟠那样的哼哼,活受罪,等到一个时会到来,他们再没有哼哼的余闲,昆曲岂不将就此"绝响"? 这也没有什么可惜,昆曲原不过是士大夫阶级的娱乐品罢了。

有人说,还有大学文科里的"曲学"一门在。大学文科分门这样细,有了诗,还有词,有了词,还有曲,有了曲,还有散曲跟剧曲,有了剧曲,还有元曲研究跟传奇研究,我只有钦佩赞叹,别无话说。

如果真是研究，把曲这样东西看作文学史里的一宗材料，还它个本来面目，那自然是正当的事。但是人的癖性往往会因为亲近了某种东西，生出特别的爱好心情来，以为天下之道尽在于此。这样，就离开研究二字不止十里八里了。我又听说某一所大学里的"曲学"一门功课，教授先生在教室里简直就教唱昆曲，教台旁边坐着笛师，笛声嘘嘘地吹起来，教授先生跟学生就一同嗳嗳嗳……地唱起来，告诉我的那位先生说这太不成话了，言下颇有点愤慨。我说，那位教授先生大概还没有知道，"仙霓社"的台柱子，有名的巾生顾传阶，因为唱昆曲没前途，从前年起丢掉本行，进某大学当学生去了。

这一回又是望道先生出的题目。真是漫谈，对于昆曲一点儿也没有说出中肯的话。

1931 年 10 月

（选自《牵牛花——叶圣陶散文》，浙江文艺出版社 2015 年版）

阅读点拨

本文介绍了昆曲表演的地点、听众、剧本内容、音调特色、舞台动作特点等，语言朴实无华，条理清晰自然。类比和对比错杂使用，比喻、反问等修辞信手拈来，突显出作者对语言高超的驾驭能力。谈笑间，典雅精致的国粹昆曲便在人们心间定格了。

柳侯祠（节选）

余秋雨

　　客寓柳州，住舍离柳侯祠仅一箭之遥。夜半失眠，迷迷顿顿，听风声雨声，床边似长出齐膝荒草，柳宗元跨过千年飘然孑（jié）立，青衫灰黯，神色孤伤。第二天一早，我便向祠中走去。

　　挡眼有石塑一尊，近似昨夜见到神貌。石塑底座镌（juān）《荔子碑》《剑铭碑》，皆先生手迹。石塑背后不远处是罗池，罗池东侧有柑香亭，西侧乃柳侯祠。祠北有衣冠墓。这名目，只要粗知宗元行迹，皆耳熟能详。

　　祠为粉墙灰瓦，回廊构架。中庭植松柏，东厢是碑廊。所立石碑，皆刻后人凭吊纪念文字，但康熙前的碑文，都已漫漶（huàn）不可辨识。连通向他的祭祀甬道，也已截截枯朽。时值清晨，祠中寥无一人，只能静听自己的脚步声，在回廊间回声，从漫漶走向清晰，又从清晰走向漫漶。

　　柳宗元到此地，是公元 815 年夏天。当时这里是远未开化的南荒之地，进行贬放罪人的所在，一听地名就叫人惊栗，就像后来俄国的西伯利亚。西伯利亚还有那分开阔和银亮，这里却整个被原始野林笼罩着，潮湿蒸郁，暗无天日，人烟稀少，瘴疫猖獗。去西伯利亚的罪人，还能让雪橇划下两道长长的生命曲线，这里没有，投下多少具文人的躯体，也销蚀得无影无踪。面南而坐的帝王时不时阴惨一笑，御笔一划，笔尖遥指这座宏大无比的天然监狱。

柳宗元是赶了长路来到这里的。他的被贬，还在十年之前，贬放地是湖南永州。他在永州待了十年，日子过得孤寂而荒凉。亲族朋友不来理睬，地方官员时时监视。灾难使他十分狼狈，一度蓬头垢面，丧魂落魄。但是，灾难也给了他一份宁静，使他有足够的时间与自然相晤，与自我对话。于是，他进入了最佳写作状态，中国文化史拥有了《永州八记》和其他篇什，华夏文学又一次凝聚出了高峰性的构建。

照理，他可以心满意足，不再顾虑仕途枯荣。但是，他是中国人，他是中国文人，他是封建时代的中国文人。他已实现了自己的价值，却又迷惘着自己的价值。永州归还给他一颗比较完整的灵魂，但灵魂的薄壳外还隐伏着无数诱惑。这年年初，一纸诏书命他返回长安，他还是按捺不住，欣喜万状，急急赶去。

当然会经过汨罗江，屈原的形貌立即与自己交叠起来。他随口吟道：

　　南来不做楚臣悲，重入修门自有期。为报春风汨罗道，莫将波浪枉明时。（《汨罗遇风》）

这样的诗句出自一位文化大师之手,读着总让人不舒服。他提到了屈原,有意无意地写成了"楚臣",倒也没有大错。同是汨罗江畔,当年悲悲戚戚的屈原与今天喜气洋洋的柳宗元,心境不同,心态相仿。

个人是没有意义的,只有王朝宠之贬之的臣吏,只有父亲的儿子或儿子的父亲,只有朋友间亲疏网络中的一点,只有战栗在众口交铄下的疲软肉体,只有上下左右排行第几的坐标,只有社会洪波中的一星波光,只有种种伦理观念的组合和会聚。不应有生命实体,不应有个体灵魂。

到得长安,兜头一盆冷水,朝廷厉声宣告,他被贬到了更为边远的柳州。

朝廷像在给他做游戏,在大一统的版图上挪来移去。不能让你在一处滞留太久,以免对应着稳定的山水构建起独立的人格。多让你在长途上颠颠簸簸吧,让你记住:你不是你。

柳宗元凄楚南回,同路有刘禹锡。刘禹锡被贬到广东连州,不能让这两个文人待在一起。到衡阳应该分手了,两位文豪牵衣拱手,流了很多眼泪。宗元赠别禹锡的诗句是:"今朝不用临河别,垂泪千行便濯缨。"到柳州时,泪迹未干。

嘴角也绽出一丝笑容,那是在嘲谑自己:"十年憔悴到秦京,谁料翻为岭外行。"悲剧,上升到滑稽。

这年他 43 岁,正当盛年。但他预料,这个陌生的柳州会是他的丧葬之地。他四处打量,终于发现了这个罗池,池边还有一座破损不堪的罗池庙。

他无法预料的是,这个罗池庙,将成为他的祠,被供奉千年。

不为什么,就为他破旧箱箧里那一札皱巴巴的诗文。

屈原自没于汨罗江,而柳宗元则走过汨罗江了。幸好回来,柳州、永州无所谓,总比在长安强,什么也不怕,就怕文化人格的失落。中国,太寂寞。

在柳州的柳宗元,宛若一个鲁滨孙。他有一个小小的贬谪官职,利用着,挖了井,办了学,种了树,修了寺庙,放了奴婢。毕竟劳累,在四十七岁上死去。

柳宗元晚年所干的这些事,一般被称为政绩。当然也对,但他的政绩有点特别,每件事,都按着一个正直文人的心意,依照所遇所见的实情作出,并不考据何种政治规范;作了,又花笔墨加以阐释,疏浚理义,文采斐然,成了一种文化现象。在这里,他已不是朝廷棋盘中一枚无生命的棋子,而是凭着自己的文化人格,营筑着一个可人的小天地。在当时的中国,这种有着浓郁文化气息的小天地,如果多一些,该多好。

时间增益了柳宗元的魅力。他死后,一代又一代,许多文人带着崇敬和疑问仰望着这位客死南荒的文豪,重蹈他的覆辙的贬官,在南下的路途中,一想到柳宗元,心情就会平适一点。柳州的历代官吏,也会因他而重新检点自己的行止。这些都可以从柳侯词碑廊中看到。柳宗元成了一个独特的形象,使无数文官或多或少地强化了文人意识,询问自己存在的意义。如今柑香亭畔还有一石碑,为光绪十八年间柳州府事蒋兆奎立,这位长沙籍官员写了洋洋洒洒一大篇碑文,说他从柳宗元身上看到了学识文章、自然游观与政事的统一。"夫文章政事,不判两途,侯固以文章而能政事者,而又以游观为为政之具,俾乱虑滞志,无所容入,然后理达而事成,故其惠化至今。"为此,他下决心重修柑香亭。亭建成后,他便常来这里思念柳宗元,所谓"每于公退之暇,登斯亭也,江山如是,蕉荔依然,见实闻花,宛如当日",不能不说,这府事的文化意识和文化人格,因柳宗元而有所上升。

......

我在排排石碑间踽(jǔ)踽独行。中国文人的命运,在这里裸裎(chéng)。

但是,日近中天了,这里还是那样宁静。游人看是一个祠堂,不大愿意进来。几个少年抬起头看了一会石碑,他们读不懂那些碑文。石碑固执地怆然肃立,少年们放轻脚步,离它们而去。

静一点也好,从柳宗元开始,这里历来宁静。京都太嘈杂了,面壁十年的九州学子,都曾向往过这种嘈杂。结果,满腹经纶被车轮马蹄捣碎,脆亮的吆喝填满了疏朗的胸襟。唯有在这里,文采华章才从朝报奏折中抽出,重新凝入心灵,并蔚成方圆。它们突然变得清醒,浑然构成张力,生气勃勃,与殿阙对峙,与史官争辩,为普天下皇土留下一脉异音。世代文人，由此而增添一成傲气，三分自信。华夏文明，才不至全然黯暗。朝廷万万未曾想到，正是发配南荒的御批，点化了民族的精灵。

好吧，你们就这么固执地肃立着吧。明天，或许后天，会有一些游人，一些少年，指指点点，来破读这些碑文。

（选自《文化苦旅》，东方出版中心 2001 年版，有删节）

阅读点拨

全文以柳侯祠为话题，开头由介绍游历景致入手，通过柳侯祠古迹引出对历史文化遗迹的思索与探究。 主体部分回顾了柳宗元被权势差遣，屡遭贬谪流放的命运，作者站在对文化人格探究的高度上审视柳宗元的被贬，以遗恨的笔调指出本应统领民族精神的文魁，却因政治革新失败，成为四处飘零的文化孤魂，抒写了作者对中国贬官文人命运的感慨和反思。 最后借游人稀少造就的宁静进一步抒发自己的感慨。作者深刻揭示了在挣脱了种种伦理和观念枷锁、恢复了自我的独立人格后，中国的文人才是真正点化民族的精灵。 本文内容吞吐古今，语言气势磅礴，读来荡气回肠。

大师与喝茶

钟 芳

文学巨匠鲁迅先生生于茶乡绍兴,喝茶是他的终生爱好。

"有好茶喝,会喝好茶,是一种'清福',不过要享这'清福',首先就须有工夫,其次是练习出来的特别的感觉。"鲁迅在《喝茶》(收入《准风月谈》)这篇杂文中说的这段话,明白地道出了他的喝茶观。鲁迅在文章中还说了这样一件事,一次,他买了二两好茶叶,由于冲泡方法不对,味道像粗茶一样。于是他知道,喝好茶,是要用盖碗的,于是改用盖碗。果然,用盖碗泡了茶之后,色清而味甘,微香而小苦,确是好茶叶。但这是须在静坐无为的时候才能体会到的。后来,鲁迅把这种品茶的"工夫"和"出格感受"喻为一种文人的娇气和精神的脆弱而加以辛辣嘲讽,并在《喝茶》里写道:"一个使用筋力的工人,在喉干欲裂的时候,那么,即使给他龙井芽茶,珠兰窨(xūn)片,恐怕他喝起来也未必觉得和热水有什么大区别罢。"

当代著名文学家老舍是位饮茶迷,他认为"喝茶本身是一门艺术",深得饮茶真趣。他在《多鼠斋杂谈》中写道:"我是地道中国人,咖啡、可可、啤酒,皆非所喜,而独喜茶。有一杯好茶,我便能万物静观皆自得。"老舍生前有个习惯,就是边写作边品茶,一日三换茶,喜欢将茶汤泡得浓浓的。他以清茶为伴,文思泉涌,创作了饮茶文学的名作《茶馆》,轰动一时。

文化名人林语堂在《生活的艺术》一文中写道:"饮茶为整个国民的生活增色不少。它在这里的作用,超过了任何同类型的人类发明。"对于饮茶,他的喝茶"三泡"说得非常风趣:"严格地论起来,茶在第二泡时为最妙。第一泡譬如一个十二三岁的幼女,第二泡为年龄恰当的十六岁女郎,而第三泡则是少妇了。"

茶

现代国学大师周作人先生将自己的书房命名为"苦茶庵",并在经典散文《喝茶》一文里写道:"喝茶当于瓦屋纸窗下,清泉绿茶,用素雅的陶瓷茶具,同两三人共饮,得半日之闲,可抵十年的尘梦。"他对茶道的理解为:"忙里偷闲,苦中作乐,在现实中享受一点美与和谐,在刹那间体会永久。"

(选自《林业与生态》2012年第9期,有删节)

　　作者选取文学巨匠鲁迅、文学家老舍、文化名人林语堂、国学大师周作人等人作为代表，阐述大师们对喝茶的爱好。四位名人各有特色，鲁迅先生讲究喝茶的时间充裕和方法对路；茶迷老舍以清茶为伴，创写名作；林语堂则讲究泡茶的程序，三个比喻既风趣又贴切，耐人寻味；周作人将茶道上升到一种纯美与和谐的境界，堪称"茶痴"。四位大师，四种茶道，详略得宜，引经据典，切中肯綮，尽情彰显茶文化的魅力。

茶 道 的 故 事

达 亮

茶是生于深山幽谷中的佳木灵草,野、幽是茶的突出禀性。在满目皆俗物的尘世之中,手擎一杯清茶,便悠然神远,自觉身在山林,有林下野姿了。这正应了"人在草木中便是一个'茶'字"。

茶中有道,谓茶道。茶道是发源于中国,开花结果于日本的高层次的生活文化。殊不知,早在唐代,中国便已使茶形成茶之道,时至今天,中国的茶道从未断过"香火":潮州工夫茶便是中国茶道最集中体现者。

中国潮州有句俗话,"茶三酒四游玩二",意思是说品工夫茶的理想人数为三人、饮酒四人、游玩二人。三人成众,杯三成品,这里的"众""品"二字,是大有文章的。三人行必有我师,品为品格,品茶能见素养。日常生活中,二人相处久了,难免有诤讼(zhèng sòng),若加一人成三,便具备了协调、品量而达成和解的条件。茶道的基础是"人道",茶道之礼,人道之常;茶性、茶理,情理一体。潮州工夫茶集人性、民俗、艺术、程序四美于一体。

潮州工夫茶,是一个人风度与修养的演绎。"关公巡城"要有大将风度,"韩信点兵"速度要缓,像太极,到最后点点滴滴有着小女子欲说还休的缠绵。掌握分寸,把握尺度,对物的把持与人情的练达，这就是茶与道的合一。

先嗅其香，再试其味，轻轻地呷一口，叫作"品"。不同的人品茶能品出不同的意境。百姓喝茶是一种需要，和尚饮茶是一种禅，道士品茶是一种道，而对文人来说则是一种文化。名人喝茶，喝出的是茶外茶：苏东坡喝出了"从来清茗似佳人"的爱茶情结，宋朝杜耒（lěi）喝出了"寒夜客来茶当酒"的浓厚情谊，林语堂品出了"三泡"茶情趣，"洁性不可污，为饮涤烦尘"的妙玉懂得用积贮往年梅花上的雪水煮茶，品出了"三杯"茶论，唐朝诗人卢仝（tóng）喝出了"两腋习习轻风生"的欲仙境界，赵朴初喝出了"空持百千偈，不如喝茶去"的感慨，梁启超喝出了"饮茶之乐，其乐无穷"的兴趣，鲁迅喝出了"有好茶喝，会喝好茶，是一种清福"的茶外茶命运曲，老舍喝出了"茶馆"的艺术。诚然，茶馆是三教九流聚集之处，可以容纳各色人物。一个大茶馆就是一个小社会。

好好喝一杯茶。绿茶是美女，美得朦胧、飘逸、若即若离；其香淡雅幽远，其色清澈透明，其味甘而不浓，其形媚而不俗。绿茶，一道淡，二道爽，三道似无味，却又能生出无限的甘爽滋味。花茶是俗女，是雅俗共赏的俗。花茶是美的，美得奔放，美得直接，美得坦白。北方人多爱喝花茶，也许是与之性情相投吧。花茶的香有多种，与什么花拌在一起，就会有什么样的香气，所以花茶是随和的。乌龙茶是侠女，外刚内柔，一如饮烈酒，观色闻香后，一仰头，那股热辣辣的滋味直穿心肺，齿颊留香，令人回味无穷。乌龙的香是浓烈的香，和着微甜的苦，带着霸气，通过口鼻，直冲头顶，不容抗拒。喝茶，妙不可言，一切尽在不言中。

赏茗是从茶叶形态与色泽上获取美妙的视觉享受,品茗是品尝各种佳茗的不同"体香",悠悠然进入"肌骨轻""通仙灵"的绝妙境界。喝茶由物质享受升华到精神享受进而悟道得道。

喝茶,是一种闲情逸致。常常独酌自饮,缘于晚上写作使然,以茶醒神济思。喝茶时自己往往冲三杯,是因为能让我感觉到远方朋友在,然后我再代他们一杯一杯喝下。这茶品的是一种心情,拥有的是一种思念。

(选自《滴水禅思》,重庆出版社 2007 年版)

阅读点拨

这篇文章言近旨远,意蕴深厚。作者先从茶道的发源谈起,然后话锋一转,指出潮州工夫茶是中国茶道的最集中体现者。一来品茶见素养,二来品茶是风度与修养的演绎,三来是不同的人品茶能品出不同的意境。然后从赏茗和品茗两方面进一步阐述,作者将绿茶、花茶与乌龙茶三者对比,三个奇妙的比喻点出三种不同的特色。写品茗时将视觉享受提升到精神享受,进而从中悟道得道。通览全文,层次清晰,条理分明。长句与短句,骈句与散句,错落有致,韵味无穷。精当的比喻,巧妙的对比,气势雄浑的排比,再加上颇含哲理的警句,让文章满目珠玑,光彩照人。

麈　尾

白化文

麈（zhǔ）尾，是魏晋清谈家经常手执的一种道具。直到唐代，还在士大夫间流行。宋朝以后逐渐失传。近现代的人没有见过实物，往往顾名思义，把麈尾认为与马尾拂尘是一类东西；或见古代图画中有之而不识，把麈尾看成扇子。其实，考古与文物界，早在四十年代傅芸子先生发表《正仓院考古记》之时，对麈尾的形制已经了然。可是文献界与文物界有时脱节，1979 年出版的《辞海·下册》4728 页"麈尾"条的解说是："拂尘。魏晋人清谈时常执的一种拂子，用麈的尾毛制成。"

麈尾，形如树叶，下部靠柄处则常为平直状。它有点像现代的羽扇，可又不是扇。麈尾也绝不像拂尘，这是肯定的。拂尘的形制、用途与麈尾大不相同。

据说，麈是一种大鹿。麈与群鹿同行，麈尾摇动，可以指挥鹿群的行向。"麈尾"取义于此，盖有领袖群伦之义。魏晋六朝清谈家习用麈尾。只有善于清谈的大名士，才有执麈尾的资格。在这一点上，它有点像某些外国帝王和总统手持的"权杖"，起显示身份的作用。那是不能随便交与他人，特别是交与侍从代为掌管的。

而"拂尘",则是侍女一类人侍候主人时拿的东西,这是它们之间的本质区别。

东晋大名士王导有一篇《麈尾铭》:"勿谓质卑,御于君子。拂秽清暑,虚心以俟。"麈尾本来的用途似乎是"拂秽清暑",大约兼有拂尘、扇子的功用,可是"御于君子",经清谈名士手执以后,身价倍增,谁还敢说它"质卑"呢?

唐代孙位的《高逸图》,实为《竹林七贤图》残卷,其中所绘阮籍便手执麈尾。七贤以嵇康、阮籍为首,看来阮籍执麈尾也隐喻有竹林清谈领袖之意吧。此外,唐代阎立本《历代帝王图卷》中的孙权,也手执麈尾。从而又可看出,麈尾虽是清谈所用的名流雅器,但因它能显示一种高雅的领袖身份,所以,名士平时自然可以手执,另一些虽非名士但具有某种领袖资格的人也可以拿。

麈尾实物,有镶牙漆木柄的,有镶玳瑁檀(tán)木柄的,显示出贵族用具的风貌。据《晋书·王衍传》记载,大清谈家王衍常用的是白玉柄麈尾,他的手和玉柄同样白皙温润,有一种病态美,历来为名士所称道。《陈书·张讥传》记载,陈后主造了一个玉柄麈尾,认为当时配拿它的只有清谈家张讥,就把它赐给了张讥。这两则故事说明:那时的麈尾是极其华贵的。华贵的麈尾是极受名流重视的。大名士王濛病重时,在灯下转动麈尾看来看去,长叹不已。王濛死后,另一大名士刘惔把犀麈尾纳入棺中。麈尾与名士,可真是生死与共了。

（选自《退士闲篇》，广西师范大学出版社 2011 年版）

阅读点拨

　　文章从麈尾这种特殊的道具被人误认作扇子或拂尘谈起，探究麈尾的来历，描摹麈尾的形状，介绍麈尾的用途，点明麈尾的制作工艺以及它与拂尘、扇子的区别。文中多处引用古籍资料来进行佐证，既翔实又严谨，增强了文章的可信度。同时不断用历史事实来充实其中，给本文平添了趣味性，使文章具有不同寻常的吸引力。作者很注意用语的分寸，如"据说""盖"等词语就体现了语言的准确性。

古蜀栈道

刘小方

打开古旧地图,我们就会发现,关中通往汉中的陈仓道、褒斜道、傥(tǎng)骆道、子午道以及由汉中通往四川的金牛道、米仓道和荔枝道,如同一张精致斜织在秦岭山脉和大巴山脉中的大网,连接着八百里秦川与四川盆地这两个古代的天府之国。

秦中自古帝王之都。长期作为国家政治经济文化中心的关中地区,面临着人口剧增与生产生活资料短缺的矛盾,而四川盆地物产丰富,两地的沟通势在必然。《史记·货殖列传》记载:"(秦)昭治咸阳,因以汉都,长安诸陵,四方辐辏并至而会,地小人众,故其民益玩巧而事末也。南则巴蜀。巴蜀亦沃野,地饶卮(zhī)、姜、丹砂、石、铜、铁、竹、木之器。……然四塞……"对于古蜀先民而言,闭塞成为其发展的最大障碍,关中地区是经济文化最发达的地区,来自北边的吸引力巨大。而北面呈东西向的米仓山和大巴山脉成为南北相通的第一道天然屏障,汉中以北的秦岭成为第二道屏障。因此,必须穿越米仓山、大巴山,再穿越秦岭,巴蜀先民才有可能与关中地区沟通联系。所以,打通北边的交通线是蜀道的关键。

战国时,秦国为打通陕西到四川的道路,于公元前267年开始修筑褒斜栈道。这条起自秦岭北麓眉县西南15千米的斜水谷,到达秦岭南麓褒城县北5千米的褒水河谷,全长200多千米的栈道,是在峭崖陡壁上开山破石,钻孔架木并在其上铺板而成。当时火药还没有发明,在上为绝壁、下为激流的自然条件下,先民们先是采用"火焚水激"的方法开山破石,然后在岩壁上凿成30厘米见方、50厘米深的孔洞,分上、中、下三排,均插上木桩,接着在上排木桩上搭遮雨棚,中排木桩上铺板成路,下排木桩上支木为架,最终于公元前259年完成,历时八年之久。修筑者因地制宜,创造了标准式、石积式、千梁无柱式、依坡搭架式、凹槽式和多层立柱平梁式等多种栈道形制。这些都反映了古人在修建古蜀栈道过程中付出的智慧和汗水。

蜀道的通行,使得大批钱粮赋税源源不断由四川运往长安,使先后在长安建都的周秦汉唐获得殷实富足的统治管理基础。"国家富有巴蜀,是天府之藏。自陇右及河西诸州,军国所资,邮驿所给,商旅莫不取给于蜀。"同时,关中地区先进的生产方式、社会文明、管理体制也不断进入四川,并进而由四川延伸到更西部的贵州、云南、青海、西藏等地,为古中国西部的发展提供了巨大的智力支持。古往今来,在蜀道上来来往往的人,留下了数不清的故事,沉淀为难以统计的文化遗产,凝结成灿若星河的文化景观。这些故事、遗产和景观,无时不在温暖着我们的精神家园,无时不在滋养着我们的文化。

(选自《百科知识》2011 年第 19 期，有删改)

阅读点拨

　　本文主要从古蜀栈道的概况、修建原因、修建方式、作用等方面来介绍古蜀栈道。第二段引用《史记·货殖列传》中的文字，说明了关中和四川的沟通势在必然，点明了修建古蜀栈道的必要性，增强了文章的说服力；在结构上也起到过渡的作用。文中运用列数据的说明方法，表现古蜀栈道修建的困难之多，任务之艰，反衬出古代先民的决心之大，智慧之高。由于古蜀栈道的通行，关中地区先进的生产方式、社会文明、管理体制为古中国西部的发展提供了巨大的智力支持。

中国画的骄傲
——《清明上河图》

黎孟德

　　《清明上河图》描绘了北宋汴河两岸的景物和清明节这一天人们的生活场景，内容繁而不杂，场面多而不乱，无论状物写人，都合情合理。

　　画卷以萧疏的郊外为开端，一片春风和煦的田园景色。农夫在田间耕作，两个商贩赶着驮炭的驴群姗姗而来，一列行旅，有车骑仆从，正匆匆向城里进发，轿顶上插满了杨柳，一看就知是城里富贵人家扫墓归来。作者在此巧妙地交代了时间、风俗，展开了序幕。

　　画面渐进，路边酒肆、茶摊渐多起来，汴河也繁忙起来。沿河有许多粮仓。靠岸的船只，搭着跳板在卸货。满载货物的船只吃水很深，水面几乎接近船帮，而卸完货的船只，则吃水较浅。河心一艘大船，尾部有八名船夫合力摇桨；河对岸，五名纤夫在拉着船艰难前行。

　　画卷再展，一片宏伟木质拱桥宛如飞虹，横跨河面，以拱桥为中心形成了全图的高潮。一艘大船逆流而上，将要过桥，它高高的桅杆却被桥头挡住了。船上的人有的七手八脚忙着收杆，有的奋力划桨,有的用篙竿撑住桥洞顶端。桥上岸边挤满了热心观众,帮着出主意。桥的另一边又有一只船迎面驶来,船夫们都站在船尾焦急张望,为双方能否顺利过桥捏一把汗。围绕这一紧急事件,作者远近照应,将这一复杂场面处理得合理有序又扣人心弦。

桥上车水马龙,人声鼎沸,热闹非凡。两岸挤满摊贩,店铺林立,百业兴旺。两商贩在街心争夺顾客,而那位顾客则左顾右盼,身子朝右,头却向左望,不知所从。桥上一官员骑马过桥与一小轿相遇,双方奴仆各不相让,旁边有人在看热闹。桥上下来一辆驴车,载满货物的车子惯性下冲,车夫弯腰拱背,奋力抵住;而驴子则松了一把力,摇头晃脑,漫不经心,缆绳也晃悠着,观者注意到此,多会心一笑。临河的茶肆中,茶客们或席间闲谈,或临窗眺望,好不闲适。

画的前头是巍峨的城门横断画面,这在绘画创作中是很忌讳的,安排不当就会使画面出现割裂。但见城门前后左右广植树木,使高大的城门不显单调,最妙的是用正在进城的骆驼商队衔接城内外,过渡自然。进城后,画面节奏放缓,城内道路纵横交叉,沿街店铺鳞次栉(zhì)比,人物举止从容舒缓,或结伴而行,或揖让为礼,有官绅士兵、和尚乞丐、说书卖艺人……城里有官府宅第,有酒楼当铺,铺面上的招牌显示出各行各业:"香醪(láo)""孙羊店"等,一派繁荣有序的都市景象!

《清明上河图》运用中国传统"散点透视"法,将几十里风光人情尽收卷中。远近人物，几笔勾勒就神情兼具，大有城楼房屋，小见铺内刀剪，无不刻画清晰，而又不给人比例失调之感。如此头绪众多、人物繁杂而无一处败笔，真可让人叹为观止！

这幅生动地记录了中国 12 世纪城市生活的巨大风俗画，在我国乃至世界绘画史上都是独一无二的，堪称中国绘画的骄傲。

（选自《读懂中国》，上海远东出版社 2011 年版，有删改）

阅读点拨

《清明上河图》内容纷繁丰富，震撼人心，但本文读起来却繁而不杂，多而不乱。作者巧妙地按画面的空间顺序展开描述，把清明上河图的雄伟、美丽及其所能成为中国画骄傲的原因交代得十分清楚。画中疏密、繁简、动静、聚散等恰到好处，处处引人入胜，个个形神毕备，几十里风光人情尽收画卷。文中生动句与朴实语相映生辉，平实介绍与倾情赞美巧妙融合。画绝，文美，极富情趣，回味无穷。

我思我行

【理解感悟】

❀ 本单元中，《大师与喝茶》《茶道的故事》都谈及中国茶文化，有异曲同工之妙，让人感到新奇的是，两文竟都谈及鲁迅、老舍和林语堂这三位名人，那么你认为两位作者的表达意图有什么异同吗？

❀ 中国教育家叶圣陶热爱戏曲，熟知戏曲，对戏曲怀有一份特殊的感情。童年他受到家乡苏州评弹、昆曲的熏陶，积极参与民众戏剧社的话剧活动。但他在《昆曲》中却对某大学课堂上教师持笛教唱昆曲的情形有些反感，这是为什么？

【实践拓展】

❀ 余秋雨的《柳侯祠》深刻揭示了中国文人只有挣脱伦理观念的枷锁，才能成为铸就灿烂文明、点化民族的精灵。中国大地上还有许多名祠，如成都武侯祠、北京文丞相祠、南阳医圣祠、苏州范成大祠、潮州韩文公祠、淮安韩侯祀祠、西安杜公祠、湖南汨罗屈原祠、忻州杨家祠、襄樊米公祠等，这当中有没有你亲身游历过或资料介绍过的地方呢？如有，谈谈吧。

❀ 琴棋书画是古代文人雅士往来酬和、抒发性灵的独特方式。琴中有情韵，棋中有天地，书中有乾坤，画中有诗意。中国象棋下起来变化深不可测，与棋相关的故事和诗歌也浩如烟海。明代有位哲学家王守仁，少年时迷恋象棋，经常下到"寝食皆废"的地步。他母亲数劝无效，一怒之下，把棋丢到河里，王守仁捶胸顿足，竟哭出一首诗来："敲棋终日性偏幽，谁道今朝结父仇。兵卒堕河皆不救，将军溺水士难留。马行千里随波去，象入三江逐浪流。炮响一声天地震，忽然惊起卧龙愁。"你能品出这位棋痴诗中的意味吗？

【阅读延伸】

🌼 《中国对联大观》（马光仲　编著）

对联，汉族的传统文化之一，是写在纸、布上或刻在竹子、木头、柱子上的对偶语句。对联对仗工整，平仄协调，是中华语言独特的文化艺术形式。楹联习俗对于弘扬中华民族文化有着重要的价值。推荐阅读《中国对联大观》，其选古今之妙对，集中外之巧联，收当今之佳作，录旷世之名言，是中国楹联史上第一部以联首笔划为序的对联工具书、对联收藏库，收集了古往今来举不胜举的巧联妙对，无不体现中国人民劳动和智慧的结晶。

🌼 《中国戏曲艺术》（徐潜　主编，张克　崔博华　副主编）

中国戏曲历史悠久，博大精深，积淀丰厚，是我国民族艺术宝库中的精华之一。生旦净末演百态，字正腔圆唱古今。从戏曲中，我们认识了代父从军的花木兰，六月飞雪的窦娥冤，悲惨遭遇的白毛女……从戏曲中，我们欣赏了唱腔的音韵美、脸谱的绘画美、服装的造型美……中华戏曲，文化园林的奇葩，让我们一起走进《中国戏曲艺术》，去感受中华民族文化的瑰丽和神奇吧。

传统文化知多少

古代谦称有讲究

1. **自称：** 愚、敝、卑、臣、仆。

2. **帝王自称：** 孤、寡、朕。

3. **古代官吏自称：** 下官、末官、小吏。

4. **读书人自称：** 小生、晚生、晚学、不才、不肖。

5. **古人称自己一方的亲属朋友用家或舍，如家父、家兄、舍妹、舍侄。**

6. **尊长者自称：** 在上。

7. **称自己儿子：** 犬子、小儿。

8. **称自己老婆：** 贱内、拙荆。

9. **称自己女儿：** 小女。

10. **晚辈自称：** 在下。

11. **老人自称：** 老朽、老夫。

12. **女子自谦：** 妾。

第二单元

民俗寻趣

　　中国民俗妙趣无穷，春节贴春联、放鞭炮、看庙会，元宵节看灯会，清明节扫墓，端午节包粽子、赛龙舟，中秋节赏月，重阳节登高等，加上各地婚丧嫁娶的习俗，中国的民俗文化可谓精美纷呈，蔚为大观。中华民族用智慧的双手创造了灿烂的文明，形成了自己独特的习俗和文化，它承载着中华民族的血脉，凝聚着中华民族的情感。

　　为了让大家进一步了解中国的历史，感受中国千年的文化底蕴，本单元从大家熟悉的传统节日入手，引导大家以全新的视角审视今天的生活，探索节日内涵，了解中华民俗，增强民族自豪感和民族团结意识，培养爱我中华的情感。

过去的年（节选）

莫 言

我小的时候特别盼望过年，往往是一过了腊月涯，就开始掰着指头数日子，好像春节是一个遥远的、很难到达的目的地。对于我们这种焦急的心态，大人们总是发出深沉的感叹，好像他们不但不喜欢过年，而且还惧怕过年。他们的态度令当时的我感到失望和困惑，现在我完全能够理解了。我想我的长辈们之所以对过年感慨良多，一是因为过年意味着一笔开支，而拮据的生活预算里往往没有这笔开支，二是飞速流逝的时间对他们构成的巨大压力。小孩子可以兴奋地说：过了年，我又长大了一岁；而老人们则叹息：嗨，又老了一岁。过年意味着小孩子正在向自己生命过程中的辉煌时期进步，而对于大人，则意味着正向衰朽的残年滑落。

熬到腊月初八，是盼年的第一站。这天的早晨要熬一锅粥，粥里要有八样粮食——其实只需七样，不可缺少的大枣算一样。据说在新中国成立前的腊月初八凌晨，庙里或是慈善的大户都会在街上支起大锅施粥，叫花子和穷人们都可以免费喝。我曾经十分地向往着这种施粥的盛典，想想那些巨大无比的锅，支设在露天里，成麻袋的米豆倒进去，黏稠的粥在锅里翻滚着，鼓起无数的气泡,浓浓的香气弥漫在凌晨清冷的空气里。一群手捧着大碗的孩子们排着队焦急地等待着,他们的脸冻得通红,鼻尖上挂着清鼻涕。为了抵抗寒冷,他们不停地蹦跳着,喊叫着。我经常幻想着我就在等待着领粥的队伍里,虽然饥饿,虽然寒冷,但心中充满了欢乐。

过了腊八再熬半月,就到了辞灶日。我们那里也把辞灶日叫作小年,过得比较认真。早饭和午饭还是平日里的糙食,晚饭就是一顿饺子。为了等待这顿饺子,我早饭和午饭吃得很少。那时候我的饭量大得实在是惊人,能吃多少个饺子就不说出来吓人了。辞灶是有仪式的,那就是在饺子出锅时,先盛出两碗供在灶台上,然后烧半刀黄表纸,把那张灶马也一起焚烧。焚烧完毕,将饺子汤淋一点在纸灰上,然后磕一个头,就算祭灶完毕。这是最简单的。比较富庶的人家,则要买来些关东糖供在灶前,其意大概是让即将上天汇报工作的灶王爷尝点甜头,在上帝面前多说好话。也有人说是用关东糖粘住灶王爷的嘴。这种说法不近情理,你粘住了他的嘴,坏话固然是不能说了,但好话不也说不了了嘛!

祭完了灶,就把那张从灶马上裁下来的灶马头儿贴到炕头上,所谓灶马头,其实就是一张农历的年历表,一般都是拙劣的木版印刷,印在最廉价的白纸上。最上边印着一个小方脸、生着三绺胡须的人,他的两边是两个圆脸的女人,一猜就知道是他的两个太太。当年我就感到灶王爷这个神祇的很多矛盾之处,其一就是他整年累月地趴在锅灶里受着烟熏火燎,肯定是个黑脸的汉子——乡下人说某人脸黑：看你像个灶王爷似的——但灶马头上的灶王爷脸很白。灶马头上都印着来年几龙治水的字样。一龙治水的年头主涝，多龙治水的年头主旱，"人多乱，龙多旱"这句俗语就是从这里来的，其原因与"三个和尚没水吃"是一样的。

过了辞灶日，春节就迫在眉睫了。但在孩子的感觉里，这段时间还是很漫长。终于熬到了年除夕，这天下午，女人们带着女孩子在家包饺子，男人们带着男孩子去给祖先上坟。而这上坟，其实就是去邀请祖先回家过年。上坟回来，家里的堂屋墙上，已经挂起了家堂轴子，轴子上画着一些冠冕堂皇的古人，还有几个像我们在忆苦戏里见到过的那些财主家的戴着瓜皮小帽的小崽子模样的孩子，正在那里放鞭炮。轴子上还用墨线起好了许多的格子，里边填写着祖宗的名讳。轴子前摆着香炉和蜡烛，还有几样供品。无非是几颗糖果，几片饼干。讲究的人家还做几个碗，碗底是白菜，白菜上面摆着几片油炸的焦黄的豆腐之类。不可缺少的是要供上一把斧头，取其谐音"福"字。这时候如果有人来借斧头，那是要遭极大的反感的。院子里已经撒满了干草，大门口放一根棍子，据说是拦门棍，拦住祖宗的骡马不要跑出去。

吃过晚饭先睡觉。睡到三星正晌时被母亲悄悄地叫起来。起来穿上新衣，感觉到特别神秘，特别寒冷，牙齿嘚嘚地打着颤。家堂轴子前的蜡烛已经点燃，火苗颤抖不止，照耀得轴子上的古人面孔闪闪发光，好像活了一样。院子里黑得伸手不见五指，仿佛有许多的高头大马在黑暗中咀嚼谷草。这是真正的开始过年了。这时候绝对不许高声说话，即便是平日里脾气不好的家长，此时也是柔声细语。至于孩子，头天晚上母亲已经反复地叮嘱过了，过年时最好不说话，非得说时，也得斟酌词语，千万不能说出不吉利的话，因为过年的这一刻，关系到一家人来年的运道。做年夜饭不能拉风箱——呱嗒呱嗒的风箱声会破坏神秘感——因此要烧最好的草，棉花柴或者豆秸。我母亲说："年夜里烧花柴，出刀才，烧豆秸，出秀才。"因为草好，灶膛里火光熊熊，把半个院子都照亮了。锅里的蒸汽从门里汹涌地扑出来。饺子下到锅里去了。白白胖胖的饺子下到锅里去了。每逢此时我就油然地想起那个并不贴切的谜语：从南来了一群鹅，扑棱扑棱下了河。饺子熟了，父亲端起盘子，盘子上盛了两碗饺子，往大门外走去。男孩子举着早就绑好了鞭炮的竿子紧紧地跟随着。父亲在大门外的空地上放下盘子，点燃了烧纸后，就跪下向四面八方磕头。男孩子把鞭炮点燃，高高地举起来。在震耳欲聋的鞭炮声中，父亲完成了他的祭祀天地神灵的工作。回到屋子里，母亲、祖母们已经欢声笑语了。神秘的仪式已经结束，接下来就是活人们的庆典了。在吃饺子之前，晚辈们要给长辈磕头，而长辈们早已坐在炕上等待着了。我们在家堂轴子前一边磕头一边大声地报告着被磕者：给爷爷磕头，给奶奶磕头，给爹磕头，给娘磕头……长辈们在炕上响亮地说着：不用磕了，上炕吃饺子吧！晚辈们磕了头，长辈们照例要给一点磕头钱，一毛或是两毛,这已经让我们兴奋得想雀跃了。年夜里的饺子是包进了钱的,我家原来一直包清朝时的铜钱,但包了铜钱的饺子有一股浓烈的铜锈气,无法下咽,等于浪费了一个珍贵的饺子,后来就改用硬币了。现在想起来,那硬币也脏得厉害,但当时我们根本想不到这样奢侈的问题。我们盼望着能从饺子里吃出一个硬币,这是归自己所有的财产啊,至于吃到带钱饺子的吉利,孩子们并不在意。有一些孝顺儿媳白天包饺子时就在饺子皮上做了记号,夜里盛饺子时,就给公公婆婆的碗里盛上了带钱的,借以博得老人的欢喜。

过年时还有一件趣事不能不提,那就是装财神和接财神。往往是你一家人刚刚围桌吃饺子时,大门外就起了响亮的歌唱声:财神到,财神到,过新年,放鞭炮。快答复,快答复,你家年年盖瓦屋。快点拿,快点拿,金子银子往家爬……听到门外财神的歌唱声,母亲就盛上半碗饺子,让男孩送出去。扮财神的,都是叫花子。他们提着瓦罐,有的提着竹篮,站在寒风里,等待着人们的施舍。这是叫花子们的黄金时刻,无论多么吝啬的人家,这时候也不会舍不出那半碗饺子。那时候我很想扮一次财神,但家长不同意。我母亲说过一个叫花子扮财神的故事,说一个叫花子,大年夜里提着一个瓦罐去挨家讨要,讨了饺子就往瓦罐里放,待到回家一看,小瓦罐的底儿不知何时冻掉了,只有一个饺子冻在了瓦罐的边缘上。叫花子长叹一声,感叹多舛命运实在是糟糕,连一瓦罐饺子都担不上。

现在,如果愿意,饺子可以天天吃,没有了吃的吸引,过年的兴趣就去了大半，人到中年，更感到时光的难留，每过一次年，就好像敲响了一次警钟。没有美食的诱惑、没有神秘的气氛、没有纯洁的童心，就没有过年的乐趣，但这年还是得过下去，为了孩子。我们所怀念的那种过年，现在的孩子不感兴趣，他们自有他们的欢乐的年。

时光实在是令人感到恐慌，日子像流水一样一天天滑了过去。

（选自《什么气味最美好》，南海出版公司 2002 年版，有删改）

阅读点拨

这篇回忆性散文中，作者叙写了自己童年时所过的"年"的具体情形。全文按照时间顺序，写腊八、辞灶日、除夕、春节的情形，写出了过年的抽象共同点：美食的诱惑、神秘的气氛和春节的童心。过去的年虽穷，但有希望，有期待，有与平时的差异，有许多的风俗习惯，因此就有许多的诗意，许多的故事，也因此显出了年的不平凡和在人们生活中的意义，而现在这一切都失落了，现在人们富裕了，但却少了情趣，少了诗意。文章的结尾，在今昔对比的情境下对回忆的内容发出感慨，年华易逝，要好好珍惜现在的生活。字里行间寄托了作者对过去岁月的留恋之情。

鼓　神

王 雁

那一年冬天,我流落到陕西省略阳县。这里地处秦岭腹地,山高坡陡民穷,是李白为之嗟吁的蜀道第一关。我流连在这里,贩点山货倒点野味,甚是凄惶可怜,甚至到了春节年关还不敢做归乡的打算(因为债务缠身我不得不像杨白劳一样躲债)。

春节的气氛越来越浓,鞭炮声鼓锣声从街巷小院传来,听得人心烦意乱,我裹掖(guǒ yè)着衣服离开县城走向一个熟悉的小山村。这里也在操练鼓锣做春节上街游行的准备。既然躲不掉就留下来听听吧。于是我就混在一帮老头婆姨姑娘小孩子中间看着坝中十来个中青年汉子把鼓锣敲得震天响,并被那整齐高亢的鼓点声带进了一片热烈粗犷的喧嚣之中。

敲打锣鼓的汉子脱去棉袄,穿着对襟衣服,捞脚挽袖,红着脸膛,挥舞着双臂,在一面直径一米的大鼓的指挥下把小鼓腰鼓和铜钹铜锣敲得地动山摇,惊神泣鬼,急时如狂风暴雨,缓时似惊鹿踏雪,重捶如万马奔腾,虚敲似岚岗生月,有龙点头,有凤摆尾,有四季花儿开,还有红火十二月……

敲打锣鼓的汉子们敦实威风,这些平时在山中辛苦刨食的人此时一个个精神抖擞，红光满面，卖着狂傲，逞着威风，显得不可一世。并不时向围观的姑娘媳妇们飞媚眼打秋风，引来一连串的欢笑声和骂俏声。这气氛使我这个异乡人感到更加的凄惶悲哀，孤零零子了(jié jué)。我准备悄悄离开。

正在这时，敲打大鼓的壮汉把双槌一收，抹一下额上的汗水，用眼光把人群扫了一遍，最后目光定在我身边的一个瘦老头身上，说：

"张伯，你来玩一把。"

"别，别……"

这个叫张伯的老头既瘦弱又邋遢(lā ta)，穿着一件破旧的黑布棉袄，双手操在袖筒中甚是羞惑地直往后退。我感到他也是像我一样的怕过年的落魄人。但姑娘媳妇们却揪住他往前推搡，说："鼓神，来一个。"打鼓的汉子一脸虔诚地把有如婴儿手臂粗的双槌直往他面前送，那些打小鼓腰鼓铜锣铜钹的后生们也满脸殷殷地望着他。

我真不相信这样的蔫老头能敲出什么花样来。我等着往下看。他感到是再也推辞不掉了，布满皱纹和胡茬的脸上突然焕发出一股豪气，只见他把棉袄脱下来扔到一旁，走到大鼓前。就在他将双槌握在手中的时候，一个我不敢相信的奇迹出现了：一个在黄土中长大的像黄土一般平凡的汉子忽然间像天神似的顶天立地般站在了大家面前。他眼睛充满光辉，脸上透出神圣，手臂像钢棍一样坚强起来,在轻轻地敲打了鼓沿几下后,双臂猛一挥,一声石破天惊的巨响倏地刺进了我的耳膜和心脏,接着小鼓铜锣一起轰鸣,一股原始混沌的神秘冲动和古老意念的混乱音符猛地从地底蹿出来通过双脚直抵进了我的心中,使我有了一种脱胎换骨般的巨痛的快感。我像被魔语诅咒了似的,双目紧盯着他,只见他急敲慢敲,重敲轻敲,时而敲打鼓沿,时而肘杵鼓面,时而跃腾猛搔,时而贴鼓轻抚,柔时如丝绸无骨,坚时像枪击钢板,乱时乌云横压,齐如布兵排阵;铁马金戈乱箭飞,细雨轻风荷塘清,劈山开路是男儿,再闻堂前纺织声……

就在敲击出的声声鼓鸣中,我似乎听到了天庭的意志,大地的精神,男人的粗犷,女人的娇娉,还有生命,婴儿落地开始的生命,老人撒手西去的生命……这些奇妙的幻象在锣鼓声交织而成的音韵的罗网中不断地冲突、纠缠、呼啸、狂乱……它们似在演绎着生命,似在点拨着生活,似在操纵着人类奔向精神将要达及的终点……

我站在这群肃立的山民之间,观看眼前出现的不可思议的奇迹;大鼓在响,小鼓在响,钢锣铜钹铿铿锵锵,而指挥这支创造奇迹的鼓队的老人他已不再是一个蔫耷汉,而是一个飘逸的精灵,一串神秘的符号,一团无形的罡气!皇天在上,后土在下,人在其中。而他,这个人群中的英杰此时就代表着人类在立地顶天!

我惊愕了,世上竟有着这样的声音。我醒悟了,生命中原本就没有卑微和可怜。我从人群中慢慢地退了出来，充满敬意地望着他们。我想我该回家过年了。

（选自《王雁作品集》，台海出版社 2014 年版）

阅读点拨

　　文中老汉的故事和"我"的故事，以一主一副两条线索的形式延伸着。"我"是因债务缠身过年躲债的落魄人，在"心烦意乱"的凄惶悲哀中，听到张伯手起手落发出的"石破天惊的巨响"，感到惊愕并悟到"生命中原本就没有卑微和可怜"。两次击鼓，一略一详；比喻、夸张、对偶、排比等多种修辞手法的运用，壮汉对老头的衬托，"蔫"的外形对"鼓神"之威的反衬，都很好地突出了貌不惊人却身怀绝技的"鼓神"张伯技艺出神入化的特点，凸显了鼓神身上蕴藏的黄土高原的豪气，展示着人类进取的力量和顶天立地的精神，震人魂魄。

有关庙的回忆（节选）

史铁生

　　据说，过去北京城内的每一条胡同都有庙，或大或小总有一座。这或许有夸张成分。但慢慢回想，我住过以及我熟悉的胡同里，确实都有庙或庙的遗迹。

　　在我出生的那条胡同里，与我家院门斜对着，曾经就是一座小庙。我见到它时它已改作油坊，庙门、庙院尚无大变，惟走了僧人，常有马车运来大包小包的花生、芝麻，院子里终日磨声隆隆，呛人的油脂味经久不散。推磨的驴们轮换着在门前的空地上休息，打滚儿，大惊小怪地喊叫。

　　从那条胡同一直往东的另一条胡同中，有一座大些的庙，香火犹存。或者是庵，记不得名字了，只记得奶奶说过那里面没有男人。那是奶奶常领我去的地方，庙院很大，松柏森然。夏天的傍晚不管多么燠（yù）热难熬，一走进那庙院立刻就觉清凉，我和奶奶并排坐在庙堂的石阶上，享受晚风和月光，看星星一个一个亮起来。僧尼们并不驱赶俗众，更不收门票，见了我们惟颔首微笑，然后静静地不知走到哪里去了，有如晚风掀动松柏的脂香似有若无。庙堂中常有法事，钟鼓声、铙钹声、木鱼声，嗡嗡……那音乐让人心中犹豫。诵经声如无字的伴歌，好像黑夜的愁叹，好像被灼烤了一白天的土地终于得以舒展便油然地飘缭起雾霭。奶奶一动不动地静听,但鼓励我去看看。我迟疑着走近门边,只向门缝中望了一眼,立刻跑开;那一眼印象极为深刻。现在想,大约任何声、光线、形状、姿态,乃至温度和气息,都在人的心底有着先天的响应,因而很多事可以不懂但能够知道,说不清楚,却永远记住。那大约就是形式的力量,气氛或者情绪,整体地袭来,它们大于言说,它们进入了言不可及之域,以致一个五六岁的孩子本能地审视而不单是看见。我跑回奶奶身旁,出于本能我知道了那是另一种地方,或通向着另一种地方;比如说树林中穿流的雾霭,全是游魂。奶奶听得入神,摇撼她她也不觉,她正从那音乐和诵唱中回想生命,眺望那另一种地方吧。我的年龄无可回想,无以眺望,另一种地方对一个初来的生命是严重的威胁。我钻进奶奶的怀里不敢看,不敢听也不敢想,唯觉幽暝之气弥漫,月光也似冷暗了。这个孩子生而怯懦,禀性愚顽,想必正是他要来这人间的缘由。

上小学的那一年,我们搬了家,原因是若干条街道联合起来成立了人民公社,公社机关看中了我们原来住的那个院子以及相邻的两个院子,于是他们搬进来我们搬出去。我记得这件事进行得十分匆忙,上午一通知下午就搬,街道干部打电话把各家的主要劳力都从单位里叫回家,从中午一直搬到深夜。这事很让我兴奋,所有要搬走的孩子都很兴奋,不用去上学了,很可能明天和后天也不用上学了,而且我们一齐搬走,搬走之后依然住在一起。我们跳上运家具的卡车奔赴新家,觉得正有一些动人的事情在发生,有些新鲜的东西正等着我们,可惜路程不远,完全谈不上什么经历新家就到了。不过微微的失望转瞬即逝，我们冲进院子，在所有的屋子里都风似的刮一遍，以主人的身份接管了它们。从未来的角度看，这院子远不如我们原来的院子，但新鲜是主要的，新鲜与孩子天生有缘，新鲜在那样的季节里统统都被推崇，我们才不管院子是否比原来的小或房子是否比原来的破，立刻在横倒竖歪的家具中间捉迷藏，疯跑疯叫，把所有的房门都打开然后关上，把所有的电灯都关上然后打开，爬到树上去然后跳下来，被忙乱的人群撞倒然后自己爬起来，为每一个新发现激动不已，然后看看其实也没什么……最后集体在某一个角落里睡熟，睡得不省人事，叫也叫不应。那时母亲正在外地出差，来不及通知她，几天后她回来时看见家已经变成了公社机关，她在那门前站了很久才有人来向她解释，大意是：不要紧放心吧，搬走的都是好同志，住在哪儿和不住在哪儿都一样是革命需要。

新家所在之地叫"观音寺胡同"，顾名思义那儿有一座庙。那庙不能算小，但早已破败，久失看管。庙门不翼而飞，院子里枯藤老树荒草藏人。侧殿空空。正殿里尚存几尊泥像，彩饰斑驳，站立两旁的护法天神怒目圆睁但已赤手空拳，兵器早不知被谁夺下扔在地上。我和几个同龄的孩子就捡起那兵器，挥舞着，在大殿中跳上跳下杀进杀出，模仿俗世的战争，朝残圮的泥胎劈砍，向草丛中冲锋，披荆斩棘草叶横飞，似有堂吉诃德之神采，然后给寂寞的老树"施肥"……做尽亵渎神灵的恶事然后鸟儿一样在夕光中回家。很长一段时期那儿都是我们的乐园，放了学不回家先要到那儿去，那儿有发现不完的秘密，草丛中有死猫，老树上有鸟窝，幽暗的殿顶上据说有蛇和黄鼬,但始终未得一见。有时是为了一本小人书,租期紧,大家轮不过来,就一齐跑到那庙里去看,一个人捧着大家围在四周,大家都说看好了才翻页。谁看得慢了,大家就骂他笨,其实都还识不得几个字,主要是看画,看画自然也有笨与不笨之分。或者是为了抄作业,有几个笨主作业老是不会,就抄别人的,庙里安全,老师和家长都看不见。佛嘛,心中无佛什么事都敢干。

（选自《新华文摘》2000 年第 3 期,有删节）

阅读点拨

　　这篇回忆性的短文很有条理地介绍了孩提时代对庙的回忆。先是略写住处斜对面小庙的环境及见闻,然后具体详写另一座大庙的环境,以及"我"和奶奶逛大庙时的所见所闻所感,最后写搬家后孩子们带着新鲜感在新院子里疯玩疯闹的情景,新住处环境虽破败,但孩子们在这里模仿打仗、发现秘密、共同看书或做作业,显得别有一番情趣。全文以孩子的口吻写来,充满童真童趣;语言坦诚而深切,慧达而细腻,平易而精辟,显现了寓深远于朴素、寄激情于从容、含关怀于幽默、蓄智慧于认真的风格;文采闪烁,精美耐读。

故 乡 的 元 宵

汪曾祺

故乡的元宵是并不热闹的。

没有狮子、龙灯，没有高跷，没有跑旱船，没有"大头和尚戏柳翠"，没有花担子、茶担子。这些都在七月十五"迎会"——赛城隍时才有，元宵是没有的。很多地方兴"闹元宵"，我们那里的元宵却是静静的。

有几年，有送麒麟的。上午，三个乡下的汉子，一个举着麒麟，——一张长板凳，外面糊纸扎的麒麟，一个敲小锣，一个打镲，咚咚当当敲一气，齐声唱一些吉利的歌。每一段开头都是"格炸炸"：

格炸炸，格炸炸，

麒麟送子到你家……

我对这"格炸炸"印象很深。这是什么意思呢？这是状声词？状的什么声呢？送麒麟的没有表演，没有动作，曲调也很简单。送麒麟的来了，一点也不叫人兴奋，只听得一连串的"格炸炸"。"格炸炸"完了，祖母就给他们一点钱。

街上掷骰（tóu）子"赶老羊"的赌钱的摊子上没有人。六颗骰子静静地在大碗底卧着。摆赌摊的坐在小板凳上抱着膝盖发呆。

年快过完了,准备过年输的钱也输得差不多了,明天还有事,大家都没有赌兴。

草巷口有个吹糖人的。孙猴子舞大刀、老鼠偷油。

北市口有捏面人的。青蛇、白蛇、老渔翁。老渔翁的蓑衣是从药店里买来的夏枯草做的。到天地坛看人拉"天嗡子"——即抖空竹,拉得很响,天嗡子蛮牛似的叫。

到泰山庙看老妈妈烧香。一个老妈妈鞋底有牛屎,干了。

一天快过去了。

不过元宵要等到晚上,上了灯,才算。元宵元宵嘛。我们那里一般不叫元宵,叫灯节。灯节要过几天,十三上灯,十七落灯。"正日子"是十五。

各屋里的灯都点起来了。大妈(大伯母)屋里是四盏玻璃方灯。二妈屋里是画了红寿字的白明角琉璃灯,还有一张珠子灯。我的继母屋里点的是红琉璃泡子。一屋子灯光,明亮而温柔,显得很吉祥。

上街去看走马灯。连万顺家的走马灯很大。"乡下人不识走马灯,——又来了。"走马灯不过是来回转动的车、马、人(兵)的影子,但也能看它转几圈。后来我自己也动手做了一个,点了蜡烛,看着里面的纸轮一样转了起来,外面的纸屏上一样映出了影子,很欣喜。乾隆和的走马灯并不"走",只是一个长方的纸箱子,正面白纸上有一些彩色的小人,小人连着一根头发丝,烛火烘热了发丝,小人的手脚会上下动。它虽然不"走",我们还是叫它走马灯。要不，叫它什么灯呢？这外面的小人是唐僧、孙悟空、猪八戒、沙和尚。整个画面表现的是《西游记》唐僧取经。

孩子有自己的灯。兔子灯、绣球灯、马灯……兔子灯大都是自己动手做的。下面安四个轱辘(gū lu)，可以拉着走。兔子灯其实不大像兔子，脸是圆的，眼睛是弯弯的，像人的眼睛，还有两道弯弯的眉毛！绣球灯、马灯都是买的。绣球灯是一个多面的纸扎的球，有一个篾制的架子，架子上有一根竹竿，架子下有两个轱辘，手执竹竿，向前推移，球即不停滚动。马灯是两段，一个马头，一个马屁股，用带子系在身上。西瓜灯、蛤蟆灯、鱼灯，这些手提的灯，是小孩玩的。

有一个习俗可能是外地所没有的：看围屏。硬木长方框，约三尺高，尺半宽，镶绢，上画一笔演义小说人物故事，灯节前装好，一堂围屏约三十幅，屏后点蜡烛。这实际上是照得透亮的连环画。看围屏有两处，一处在炼阳观的偏殿，一处在附设在城隍庙里的火神庙。炼阳观画的是《封神榜》，火神庙画的是《三国》。围屏看了多少年，但还是年年看。好像不看围屏就不算过灯节似的。

街上有人放花。

有人放高升(起火)，不多的几支，起火升到天上，嗤——灭了。

天上有一盏红灯笼。竹篾为骨，外糊红纸，一个长方的筒，里面点了蜡烛，放到天上，灯笼是很好放的，连脑线都不用，在一个角上系上线，就能飞上去。灯笼在天上微微飘动，不知道为什么，看了使人有一点薄薄的凄凉。

过完了，明天十六，所有店铺就"大开门"了。我们那里，初一到初五，店铺都不开门。初六打开两扇排门，卖一点市民必需的东西，叫作"小开门"。十六把全部排门卸掉，放一挂鞭，几个炮仗，叫作"大开门"，开始正常营业。年，就这样过去了。

一九九三年二月十二日

（选自《人间草木》，天津人民出版社 2014 年版，有改动）

阅读点拨

　　这篇回忆性散文用独特的口语化的语言描绘了故乡元宵节一系列形式多样的民间节日活动。叙事虽多却不零乱，送麒麟，掷骰子，吹糖人，捏面人，点灯，看走马灯，看围屏，放高升……详略得当，为我们营造出其乐融融的节日氛围，从中可以体会到浓郁的生活情趣和欢乐的气息，展现了乡间的自然与纯美。另外，从文中不难看出一个长期漂泊异乡的游子对乡土文化的怀恋、对故乡的爱，以及对年之过去的惋惜，这是在无声地劝导人们珍惜幸福时光，不要留下遗憾。文章中日常口语与方言、民间文学和古典文学的完美融合，别有一番情趣，令人一读之下而悠然神往。

幽默的叫卖声

夏丏尊

住在都市里，从早到晚，从晚到早，不知要听到多少种类多少次数的叫卖声。深巷的卖花声是曾经入过诗的，当然富于诗趣，可惜我们现在实际上已不大听到。寒夜的"茶叶蛋""细纱粽子""莲心粥"等等，声音发沙，十之七八似乎是"老枪"的喉咙，困在床上听去颇有些凄清。每种叫卖声，差不多都有着特殊的情调。

我在这许多叫卖声中，发现了两种幽默家。

一种是卖臭豆腐干的。每日下午五六点钟，弄堂日常有臭豆腐干担歇着或是走着叫卖，担子的一头是油锅，油锅里现炸着臭豆腐干，气味臭得难闻。卖的人大叫"臭豆腐干！""臭豆腐干！"态度自若。

我以为这很有意思。"说真方，卖假药""挂羊头，卖狗肉"，是世间一般的毛病，以香相号召的东西，实际往往是臭的。卖臭豆腐干的居然不欺骗大众，自叫"臭豆腐干"，把"臭"作为口号标语，实际的货色真是臭的。言行一致，名副其实，如此不欺骗别人的事情，怕世间再也找不出来了吧！我想。

"臭豆腐干！"这呼声在欺诈横行的现世，俨然是一种愤世嫉俗的激越的讽刺！

还有一种是五云日升楼卖报者的叫卖声。那里的卖报的和别处不同，没有十多岁的孩子，都是些三四十岁的老枪瘪三，身子瘦得像腊鸭，深深的乱头发，青屑屑的烟脸，看去活像个鬼。早晨是看不见他们的，他们卖的总是夜报。傍晚坐电车打那儿经过，就会听到一片发沙的卖报声。

他们所卖的似乎都是两个铜板的东西，如《新夜报》《时代号外》之类。叫卖的方法很特别，他们不叫"刚刚出版的××报"，却把价目和重要新闻标题联系在一起，叫起来的时候，老是用"两个铜板"打头，下面接着"要看到"三个字，再下去是当日的重要的国家大事的题目，再下去是一个"哪"字。"两个铜板要看到十九路军反抗中央哪！"在福建事变又起来的时候，他们就这样叫。"两个铜板要看到日本副领事在南京失踪哪！"在藏本事件开始的时候，他们就这样叫。

在他们的叫声里任何国家大事只要花两个铜板就可以看到，似乎任何国家大事都只值两个铜板的样子。我每次听到，总深深地感到冷酷的滑稽情味。

"臭豆腐干！""两个铜板要

看到××××哪!"这两种叫卖者颇有幽默家的风格。前者似乎富于热情,像个矫世的君子;后者似乎鄙夷一切,像个玩世的隐士。

（选自《杂文选刊》2009 年第 4 期）

阅读点拨

　　本文以都市里随处可听到的叫卖声为观察角度,以小题材抒写大哲理。作者从两种幽默家的叫卖声中,听出了愤世嫉俗的激越讽刺和冷酷的滑稽情味,分别寄寓了作者对卖臭豆腐干的言行一致、名副其实、不欺骗别人的肯定,及对老枪瘪三滑稽情味的不满和讽刺。前者富于热情,像矫世的君子;后者鄙夷一切,像玩世的隐士。定位的有意错位,让人忍俊不禁。漫画式描摹,充满戏剧色彩。文虽短,却因有深厚的内涵而显得厚重,该做君子还是隐士? 令人深思。

我思我行

【理解感悟】

❀ 史铁生的《有关庙的回忆》是回忆性文章，他还写过一篇名为《秋天的怀念》的回忆性散文，请你找一找、读一读，领会两文内容的不同之处。

❀ 莫言的《过去的年》与汪曾祺的《故乡的元宵》都写到中国传统节日的感受，你能在反复对比阅读中发现两者的异同吗？

【实践拓展】

❀ 汪曾祺的《故乡的元宵》描绘了故乡元宵节一系列形式多样的民间节日活动，从中可看出一个长期漂泊异乡的游子对乡土文化的怀恋。春节是中华民族历来看重的传统佳节，你能通过实践探究，谈谈春节有哪些常见的习俗活动或美食，及其不同寻常的意义吗？

❀ 班上开展"走进民俗，走进传统文化"的主题班会，布置会场时，主持人要你用一种富有传统文化意味的装饰物来装饰会场，你会推荐哪一种装饰物？说说理由。

【阅读延伸】

❀ 《历代社会风俗事物考》（尚秉和 著）

　　中国历史中对社会风俗之演变、事物风尚之异同、饮食起居之状况的叙述，多不明朗，因此它们总是容易被人忽略。尚秉和先生追本溯源，上自三代，下迄晚清，凡历代社会情状、风俗变迁等专史未说者，诸如衣食住行、婚丧嫁娶、博弈游戏、岁时祭祀、市肆街衢等，条分缕析，详加考证，征引典籍凡三百余种，著成《历代社会风俗事物考》，益人心智，不可多得，值得阅读和珍藏。

❀ 《走进中国民俗殿堂》（高奇等 编著）

《走进中国民俗殿堂》是"文明之旅丛书"中的一部，它简明扼要，通俗易懂，生动有趣，图文并茂，体系完整。它对中国民俗的内容及起源、发展和演变的轨迹进行了深入浅出、系统完整的介绍，有助于读者开阔视野，加深对中华文明的了解和认识，也有助于培养博大的学术胸怀，树立积极向上的人生观。

传统文化知多少

学会用敬辞

初次见面说"久仰"，好久不见说"久违"；

请人批评说"指教"，求人原谅说"包涵"；

求人帮忙说"劳驾"，麻烦别人说"打扰"；

求给方便说"借光"，托人办事说"拜托"；

无暇陪客说"失陪"，陪伴朋友说"奉陪"；

欢迎购买说"惠顾"，贵宾来到说"莅临"；

向人祝贺说"恭喜"，求人看稿说"斧正"；

求人解答用"请问"，请人指点用"赐教"；

看望别人用"拜访"，宾客来到用"光临"；

请人勿送用"留步"，归还原物叫"奉还"；

对方来信叫"惠书"，老人年龄叫"高寿"。

第三单元
小说览胜

　　小说如磁针，有非一般的魔力。拿得起，放不下；看前文，想后文，牵肠挂肚。情节发展的戏剧性，矛盾冲突的复杂性，细腻描写的生动性，加上引人入胜的故事，栩栩如生的形象，小说不但吸引了我们的目光，还能让我们领略到万千世态和别样情怀。

　　走进小说天地，我们可以沿着作者设计的深幽曲径走进人物的心灵，感受丰富的情感世界。走进小说天地，可以培养联想和想象能力，还可以帮助我们读懂人生这部大书，获得对人生的深刻感悟。

鲁智深大闹野猪林(节选)①

［明］施耐庵

薛霸腰里解下索子来，把林冲连手带脚和枷紧紧地缚在树上，同董超两个跳将起来，转过身来，拿起水火棍，看着林冲，说道："不是俺要结果你；自是前日来时，有那陆虞候传着高太尉钧旨②，教我两个到这里结果你，立等金印回去回话。便多走的几日，也是死数！今日就这里，倒作成我两个回去快些。休得要怨我弟兄两个，只是上司差遣，不由自己。你须精细着：明年今日是你周年。我等已限定日期，亦要早回话。"林冲见说，泪如雨下，便道："上下！我与你二位，往日无仇，近日无冤。你二位如何救得小人，生死不忘！"董超道："说什么闲语！救你不得！"薛霸便提起水火棍来，望着林冲脑袋上劈将来。……

说时迟，那时快。薛霸的棍恰举起来，只见松树背后，雷鸣也似一声，那条铁禅杖飞将来，把这水火棍一隔，丢去九霄云外，跳出一个胖大和尚来，喝道："洒家在林子里听你多时！"

两个公人看那和尚时，穿一领皂布直裰③，挎一口戒刀，提着禅杖，抢起来打两个公人。林冲方才闪开眼看时，认得是鲁智深。林冲连忙叫道："师兄！不可下手！我有话说！"智深听得，收住禅杖。

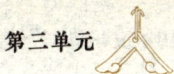

两个公人呆了半晌,动弹不得。林冲道:"非干他两个事;尽是高太尉使陆虞候分付他两个公人,要害我性命。他两个怎不依他? 你若打杀他两个,也是冤屈!"

鲁智深扯出戒刀,把索子都割断了,便扶起林冲叫:"兄弟,俺自从和你买刀那日相别之后,洒家忧得你苦。自从你受官司,俺又无处去救你。打听得你发配沧州,洒家在开封府前又寻不见,却听得人说监在使臣房内。又见酒保来请两个公人,说道,'店里一位官人寻说话',以此,洒家疑心,放你不下。恐这厮们路上害你,俺特地跟将来。见这两个撮鸟④带你入店早去,洒家也在那店里歇。夜间,听得那厮两个做神做鬼,把滚汤赚了你脚,那时俺便要杀这两个撮鸟;却被客店里人多,恐防救了。洒家见这厮们不怀好心,越放你不下。你五更里出门时,洒家先投奔这林子里来等杀这厮两个撮鸟。他倒来这里害你,正好杀这两个!"林冲劝道:"既然师兄救了我,你休害他两个性命。"鲁智深喝道:"你这两个撮鸟! 洒家不看兄弟面时,把你这两个都剁做肉酱! 且看兄弟面皮,饶你两个性命!"就那里插了戒刀,喝道:"你们这两个撮鸟,快搀兄弟,都跟洒家来!"提了禅杖先走。两个公人哪里敢回话,只叫"林教头救俺两个!"依前背上包裹,拾了水火棍,扶着林冲,又替他拿了包裹,一同跟出林子来。

【注解】

① 选自《水浒传》第八回、第九回,人民文学出版社1990年版,有删

节。《水浒传》是中国历史上第一部以白话文写成的长篇章回小说。施耐庵(1296—1370),泰州兴化人,元末明初作家。

② 钧旨:上司命令的尊称。

③ 直裰:古代家居常服。斜领大袖,四周镶边,因背之中缝直通到下面,故名直裰。因僧道之徒多服之,故亦指僧衣道服。

④ 撮鸟:骂人的话,就是比较傻,脑子反应慢的意思。

阅读点拨

　　选文讲述的内容是野猪林中,林冲被解差董超、薛霸绑在树上,正要被水火棍打死时,被一直暗地里跟踪的鲁智深所救,在林冲的讲情下,鲁智深饶了两个解差。文中的语言描写最有特色,通过人物语言,不仅交代了故事的来龙去脉,而且充分显现了人物的性格。为人善良、逆来顺受、直爽而隐忍的林冲,疾恶如仇、有勇有谋、粗中有细、武艺高强、慷慨豪爽、侠肝义胆的鲁智深,都通过语言描写给读者留下了深刻印象。另外,对鲁智深的外貌和动作描写也很传神,加上两个公人的侧面烘托,让鲁智深的形象更加鲜明突出。

猛张飞智取瓦口隘①

[明]罗贯中

　　却说张郃部兵三万,分为三寨,各傍山险:一名宕渠寨,一名蒙头寨。一名荡石寨。当日张郃于三寨中,各分军一半,去取巴西,留一半守寨。早有探马报到巴西,说张郃引兵来了。张飞急唤雷铜商议。铜曰:"阆中地恶山险,可以埋伏。将军引兵出战,我出奇兵相助,郃可擒矣。"张飞拨精兵五千与雷铜去讫。飞自引兵一万,离阆中三十里,与张郃兵相遇。两军摆开,张飞出马,单搦(nuò)张郃。郃挺枪纵马而出。战到二十余合,郃后军忽然喊起:原来望见山背后有蜀兵旗幡,故此扰乱。张郃不敢恋战,拨马回走。张飞从后掩杀。前面雷铜又引兵杀出。两下夹攻,郃兵大败。张飞、雷铜连夜追袭,直赶到宕渠山。张郃仍旧分兵守住三寨,多置擂木炮石,坚守不战。张飞离宕渠十里下寨,次日引兵搦战②。郃在山上大吹大擂饮酒,并不下山。张飞令军士大骂,郃只不出。飞只得还营。次日,雷铜又去山下搦战,郃又不出。雷铜驱军士上山,山上擂木炮石打将下来。雷铜急退。荡石、蒙头两寨兵出,杀败雷铜。次日,张飞又去搦战,张郃又不出。飞使军人百般秽骂③,郃在山上亦骂。张飞寻思,无计可施。相拒五十余日,飞就在山前紮住大寨，每日饮酒；饮至大醉，坐于山前辱骂。

玄德差人犒军，见张飞终日饮酒，使者回报玄德。玄德大惊，忙来问孔明。孔明笑曰："原来如此！军前恐无好酒；成都佳酿极多，可将五十瓮作三车装，送到军前与张将军饮。"玄德曰："吾弟自来饮酒失事，军师何故反送酒与他？"孔明笑曰："主公与翼德做了许多年兄弟，还不知其为人耶？翼德自来刚强，然前于收川之时，义释严颜，此非勇夫所为也。今与张郃相拒五十余日，酒醉之后，便坐山前辱骂，旁若无人：此非贪杯，乃败张郃之计耳。"玄德曰："虽然如此，未可托大。可使魏延助之。"孔明令魏延解酒赴军前，车上各插黄旗，大书"军前公用美酒"。魏延领命，解酒到寨中，见张飞，传说主公赐酒。飞拜受讫，吩咐魏延、雷铜各引一支人马，为左右翼；只看军中红旗起，便各进兵；教将酒摆列帐下，令军士大开旗鼓而饮。有细作报上山来，张郃自来山顶观望，见张飞坐于帐下饮酒，令二小卒于面前相扑为戏。郃曰："张飞欺我太甚！"传令今夜下山劫飞寨，令蒙头、荡石二寨，皆出为左右援。当夜张郃乘着月色微明，引军从山侧而下，径到寨前。遥望张飞大明灯烛，正在帐中饮酒。张郃当先大喊一声，山头擂鼓为助，直杀入中军。但见张飞端坐不动。张郃骤马到面前，一枪刺倒，却是一个草人。急勒马回时，帐后连珠炮起。一将当先，拦住去路，睁圆环眼，声如巨雷：乃张飞也。挺矛跃马，直取张郃。两将在火光中，战到三五十合。张郃只盼两寨来救，谁知两寨救兵，已被魏延，雷铜两将杀退，就势夺了二寨。张郃不见救兵至，正没奈何，又见山上火起，已被张飞后军夺了寨栅。张郃三寨俱失，只得奔瓦口关去了。张飞大获胜捷，报入成都。玄德大喜，方知翼德饮酒是计，只要诱张郃下山。却说张郃退守瓦口关，三万军已折了二万，遣人问曹洪求救。洪大怒曰："汝不听吾言，强要进兵，失了紧要隘口，却又来求救！"遂不肯发兵，使人催督张郃出战。郃心慌，只得定计，分两军去关口前山僻埋伏，吩咐曰："我诈败，张飞必然赶来，汝等就截其归路。"当日张郃引军前进，正遇雷铜。战不数合，张郃败走，雷铜赶来。两军齐出，截断回路。张郃复回，刺雷铜于马下。败军回报张飞，飞自来与张郃挑战。郃又诈败，张飞不赶。郃又回战，不数合，又败走。张飞知是计，收军回寨，与魏延商议曰："张郃用埋伏计，杀了雷铜，又要赚吾，何不将计就计？"延问曰："如何？"飞曰："我明日先引一军前往，汝却引精兵于后，待伏兵出，汝可分兵击之。用车十余乘，各藏柴草，塞住小路，放火烧之。吾乘势擒张郃，与雷铜报仇。"魏延领计。次日，张飞引兵前进。张郃兵又至，与张飞交锋。战到十合，郃又诈败。张飞引马步军赶来，郃且战且走。引张飞过山峪口，郃将后军为前，复絷④住营，与飞又战，指望两彪伏兵出，要围困张飞。不想伏兵却被魏延精兵到，赶入峪口，将车辆截住山路，放火烧车，山谷草木皆着，烟迷其径，兵不得出。张飞只顾引军冲突，张郃大败，死命杀开条路，走上瓦口关，收聚败兵，坚守不出。

张飞和魏延连日攻打关隘不下。飞见不济事，把军退二十里，却和魏延引数十骑，自来两边哨探小路。忽见男女数人，各背小包，于山僻路攀藤附葛⑤而走。飞于马上用鞭指与魏延曰："夺瓦口关，只在这几个百姓身上。"便唤军士吩咐："休要惊恐他，好生唤那几个百姓来。"军士连忙唤到马前。飞用好言以安其心，问其何来。百姓告曰："某等皆汉中居民，今欲还乡。听知大军厮杀，塞闭阆中官道；今过苍溪，从梓潼山桧釿川入汉中，还家去。"飞曰："这条路取瓦口关远近若何？"百姓曰："从梓潼山小路，却是瓦口关背后。"飞大喜，带百姓入寨中，与了酒食；吩咐魏延："引兵扣关攻打，我亲自引轻骑出梓潼山攻关后。"便令百姓引路，选轻骑五百，从小路而进。却说张郃为救军不到，心中正闷。人报魏延在关下攻打。张郃披挂上马，却待下山，忽报："关后四五路火起，不知何处兵来。"郃自领兵来迎。旗开处，早见张飞。郃大惊，急往小路而走。马不堪行。后面张飞追赶甚急，郃弃马上山，寻径而逃，方得走脱，随行只有十余人。

步行入南郑，见曹洪。洪见张郃只剩下十余人，大怒曰："吾教汝休去，汝取下文状要去；今日折尽大兵，尚不自死，还来做甚！"喝令左右推出斩之。行军司马郭淮谏曰："三军易得，一将难求。张郃虽然有罪，乃魏王所深爱者也，不可便诛。可再与五千兵径取葭萌关，牵动其各处之兵，汉中自安矣。如不成功，二罪俱罚。"曹洪从之，又与兵五千，教张郃取葭萌关。郃领命而去。

【注解】

① 选自《三国演义》第七十回,人民文学出版社1998年版,有删节。罗贯中(约1330—1400),名本,字贯中,号湖海散人,元末明初小说家。

② 搦(nuò)战:挑战,挑衅。

③ 秽骂:恶毒咒骂。

④ 紥:通"扎"。

⑤ 攀藤附葛:攀附着藤葛前进。极言道路艰难。

阅读点拨

　　选文先写张飞出奇兵首战告捷,乘胜追击;再写张飞以饮酒诱张郃劫寨,让对方中埋伏,张飞夺取大营。当张郃使计阵斩雷铜后,张飞将计就计,派魏延火烧伏兵,大败张郃。最后写张飞从逃难百姓口中探知通往瓦口关的捷径,带精兵抄到瓦口关背后,与魏延两下夹攻,夺取瓦口关。张飞除了勇猛,还胆大心细,讲究谋略。对手张郃屡建战功,深得曹操赏识,谁能想到莽张飞竟会让智勇双全的张郃一败涂地!简洁明快的语言,对比、烘托等手法的巧妙运用,显示出作者高超的语言驾驭能力,让人击节称叹。

悟空诛草寇①

[明] 吴承恩

正走处，忽听得一棒锣声，路两边闪出三十多人，一个个枪刀棍棒，拦住路口道："和尚！哪里走！"唬②得个唐僧战兢兢，坐不稳，跌下马来，蹲在路旁草窠里，只叫："大王饶命！大王饶命！"那为头的两个大汉道："不打你，只是有盘缠留下。"长老方才省悟，知他是伙强人。三藏见他这般凶恶，只得走起来，合掌当胸道："大王，贫僧是东土唐王差往西天取经者，自别了长安，年深日久，就有些盘缠也使尽了。出家人专以乞化为由，哪得个财帛？万望大王方便方便，让贫僧过去罢！"那两个贼率众向前道："我们在这里起一片虎心，截住要路，专要些财帛，什么方便方便？你果无财帛，快早脱下衣服，留下白马，放你过去！"三藏道："阿弥陀佛！贫僧这件衣服，是东家化布，西家化针，零零碎碎化来的。你若剥去，可不害杀我也？只是这世里做得好汉，那世里变畜生哩！"那贼闻言大怒，掣③大棍，上前就打。这长老口内不言，心中暗想道："可怜！你只说你的棍子，还不知我徒弟的棍子哩！"那贼哪容分说，举着棒，没头没脸地打来。长老一生不会说谎，遇着这急难处，没奈何，只得打个诳语④道："二位大王，且莫动手，我有个小徒弟，在后面就到。他身上有几两银子，把与你罢。"那贼道："这和尚是也吃不得亏，且捆起来。"众喽罗一齐下手,把一条绳捆了,高高吊在树上。

　　却说三个撞祸精,随后赶来。八戒呵呵大笑道:"师父去得好快,不知在哪里等我们哩。"忽见长老在树上,他又说:"你看师父,等便罢了,却又有这般心肠,爬上树去,扯着藤儿打秋千耍子哩!"行者见了道:"呆子,莫乱谈。师父吊在那里不是?你两个慢来,等我去看看。"好大圣,急登高坡细看,认得是伙强人,心中暗喜道:"造化!造化!买卖上门了!"即转步,摇身一变,变做个干干净净的小和尚,穿一领缁衣,年纪只有二八,肩上背着一个蓝布包袱,拽开步,来到前边,叫道:"师父,这是怎么说话?这都是些什么歹人?"三藏道:"徒弟呀,还不救我一救,还问甚的?"行者道:"是干甚勾当的?"三藏道:"这一伙拦路的,把我拦住,要买路钱。因身边无物,遂把我吊在这里,只等你来计较计较,不然,把这匹马送与他罢。"行者闻言笑道:"师父不济,天下也有和尚,似你这样皮松的却少。唐太宗差你往西天见佛,谁教你把这龙马送人?"三藏道:"徒弟呀,似这等吊起来,打着要,怎生是好?"行者道:"你怎么与他说来?"三藏道:"他打得我急了,没奈何,把你供出来也。"行者道:"师父,你好没搭撒,你供我怎的?"三藏道:"我说你身边有些盘缠,且教道莫打我,是一时救难的话儿。"行者道:"好!好!好!承你抬举,正是这样供。若肯一个月供得七八十遭,老孙越有买卖。"那伙贼见行者与他师父讲话,撒开势,围将上来道:"小和尚,你师父说你腰里有盘缠,趁早拿出来,饶你们性命!若道半个不字,就都送了你的残生!"行者放下包袱道:"列位长官,不要嚷。盘缠有些在此包袱,不多,只有马蹄金二十来锭，粉面银二三十锭，散碎的未曾见数。要时就连包儿拿去，切莫打我师父。"那伙贼闻言，都甚欢喜道："这老和尚悭吝⑤，这小和尚倒还慷慨。"教："放下来。"那长老得了性命，跳上马，顾不得行者，操着鞭，一直跑回旧路。

行者忙叫道："走错路了。"提着包袱，就要追去。那伙贼拦住道："哪里走？将盘缠留下，免得动刑！"好大圣，耳中摸一摸，拔出一个绣花针儿道："列位，我出家人，果然不曾带得盘缠，只这个针儿送你罢。"那贼道："晦气呀！把一个富贵和尚放了，却拿住这个穷秃驴！你好道会做裁缝？我要针做甚的？"行者听说不要，就拈在手中，晃了一晃，变作碗来粗细的一条棍子。那贼害怕道："这和尚生得小，倒会弄术法儿。"行者将棍子插在地下道："列位拿得动，就送你罢。"两个贼上前抢夺，可怜就如蜻蜓撼石柱，莫想弄动半分毫。这条棍本是如意金箍棒，天秤称的，一万三千五百斤重，那伙贼怎么知得？大圣走上前，轻轻地拿起，丢一个蟒翻身拗步势，指着强人道："你都造化低，遇着我老孙了！"那贼上前来，又打了五六十下。行者笑道："你也打得手困了，且让老孙打一棒儿，却休当真。"你看他展开棍子，晃一晃，有井栏粗细，七八丈长短，荡的一棍，把一个打倒在地，嘴唇撮土，再不作声。那一个开言骂道："这秃厮老大无礼！盘缠没有，转伤我一个人！"行者笑道："且消停，且消停！待我一个个打来，一发教你断了根罢！"荡地又一棍，把第二个又打死了，唬得那众喽啰撇枪弃棍，四路逃生而走。

却说唐僧骑着马，往东正跑，八戒、沙僧拦住道："师父往哪里去？走错路了。"长老兜马道："徒弟啊，趁早去与你师兄说，教他棍下留情，莫要打杀那些强盗。"八戒道："师父住下，等我去来。"呆子一路跑到前边，厉声高叫道："哥哥，师父教你莫打人哩。"行者道："兄弟，哪曾打人？"八戒道："那强盗往哪里去了？"行者道："别个都散了，只是两个头儿在这里睡觉哩。"八戒笑道："你两个遭瘟的，好道是熬了夜，这般辛苦，不往别处睡，却睡在此处！"呆子行到身边，看看道："倒与我是一起的，干净张着口睡，淌出些粘涎来了。"行者道："是老孙一棍子打出豆腐来了。"八戒道："人头上又有豆腐？"行者道："打出脑子来了！"八戒听说打出脑子来，慌忙跑转去，对唐僧道："散了伙也！"三藏道："善哉！善哉！往哪条路上去了？"八戒道："打也打得直了脚，又会往哪里去走哩！"三藏道："你怎么说散伙？"八戒道："打杀了，不是散伙是甚的？"三藏问："打得怎么模样？"八戒道："头上打了两个大窟窿。"三藏教："解开包，取几文衬钱，快去那里讨两个膏药与他两个贴贴。"八戒笑道："师父好没正经，膏药只好贴得活人的疮肿，那里好贴得死人的窟窿？"三藏道："真打死了？"就恼起来，口里不住地絮絮叨叨⑥，猢狲长，猴子短，兜转马，与沙僧、八戒至死人前，见那血淋淋的，倒卧山坡之下。

【注解】

① 选自《西游记》第五十六回，人民文学出版社2004年版，有删节，题目为编者所加。吴承恩（约1500—1583），淮安府山阳县人，明代杰出的小说家。

② 唬：通"吓"，恐惧，害怕。

③ 挈：拽。

④ 诳语：骗人的话。

⑤ 悭吝(qiān lìn)：吝啬；小气。

⑥ 絮絮叨叨：形容说话啰唆，唠叨。

阅读点拨

　　这篇选文内容较为简单，主要写唐僧被一伙强盗吊在树上，后被悟空救下；悟空打死了两个强盗，被八戒报告给唐僧，唐僧惊恼的故事。本文奇特之处在于：西行路上凶险异常，妖魔鬼怪穷凶极恶，而这一回却没有神通广大的妖怪，只是普通的人类劫匪而已。悟空惩凶除恶应是出于正义，唐僧却怪其行凶。唐僧心地仁慈，却个性懦弱，伪善怕死，不明是非。悟空明察秋毫，戏弄强人于股掌之中，疾恶如仇，惩处凶顽于谈笑之间，却屡遭嗔怪。可见悟空代表正义的力量，寄托了作者的理想与无奈。选文语言轻松幽默，如把吊唐僧说成"打秋千"，把人打死说成"躺着睡觉"，打出脑浆说成"打出豆腐""淌出粘涎"等，让人莞尔一笑，妙趣横生。

宝黛共读《西厢记》①

[清]曹雪芹

　　那一日正当三月中浣②，早饭后，宝玉携了一套《会真记》③，走到沁芳闸桥边桃花底下一块石上坐着。展开《会真记》从头细玩。正看到"落红成阵"，只见一阵风过，把树头上桃花吹下一大半来，落得满身满书满地皆是。宝玉要抖将下来，又恐怕脚步践踏了，只得兜了那花瓣，来至池边，抖在池内。那花瓣浮在水面，飘飘荡荡，竟流出沁芳闸去了。回来只见地下还有许多花瓣。宝玉正踟蹰间，只听背后有人说道："你在这里做什么？"宝玉一回头，却是林黛玉来了，肩上担着花锄，上挂着纱囊，手内拿着花帚。宝玉笑道："好，来把这个花扫起来，撂在那水里。我才撂了好些在那里呢。"林黛玉道："撂在水里不好。你看这里的水干净，只一流出去，有人家的地方脏的臭的混倒，仍旧把花糟蹋了。那畸角上我有一个花冢。如今扫起来，装在这绢袋里，拿土埋上，日久不过随土化了，岂不干净。"

　　宝玉听了，喜不自禁，笑道："待我放下书帮你来收拾。"黛玉道："什么书？"宝玉见问，慌得藏之不迭，便说道："不过是《中庸》《大学》。"黛玉笑道："你又在我跟前弄鬼。趁早儿给我瞧瞧，好多着呢。"宝玉道："好妹妹，若论你我是不怕的。你看了，好歹别告诉别人去。真真这是好文章！你看了，连饭也不想吃呢！"一面说，一面递了过去。林黛玉把花具且都放下，接书来瞧，从头看去，越看越爱，不顿饭工夫，将十六出俱已看完，自觉辞藻警人，余香满口。虽看完了书，却只管出神，心内还默默记词。宝玉笑道："妹妹你说好不好？"林黛玉笑道："果然有趣。"宝玉笑道："我就是'多愁多病身'，你就是那'倾国倾城貌'。④"林黛玉听了不觉带腮连耳通红，登时直竖起两道似蹙非蹙的眉，瞪了两只似睁非睁的眼，微腮带怒，薄面含嗔，指宝玉道："你这该死的胡说！好好地把这淫词艳曲弄了来，还学了这些混话来欺负我。我告诉舅舅、舅母去。"说到"欺负"两个字上，早又把眼睛圈儿红了，转身就走。宝玉着了忙，向前拦住说道："好妹妹，千万饶我这一遭。原是我说错了。若有心欺负你，明儿我吊在池子里，教个癞头鼋吞了去，变个大王八，等你明儿做了一品夫人，病老归西的时候，我往你坟上替你驮一辈子的碑去。"说得林黛玉嗤的一声笑了，揉着眼一面笑道："一般唬的这个调儿，还只管胡说。呸，原来是苗而不秀，是个银样镴枪头。'⑤"宝玉听了笑道："你这个呢？我也告诉去。"林黛玉笑道："你说你会过目成诵，难道我就不能一目十行么！"宝玉一面收书，一面笑道："正经快把花埋了罢，别提那个了。"二人便收拾落花。

正才掩埋妥协，只见袭人走来，说道："那里没找到，摸在这里来。那边大老爷身上不好，姑娘们都过去请安，老太太叫打发你去呢。快回去换衣裳去罢。"宝玉听了忙拿了书，别了黛玉同袭人回房换衣不提。

这里林黛玉见宝玉去了，又听见众姊妹也不在房，自己闷闷的,正欲回房,刚走到梨香院墙角上,只听墙内笛韵悠扬,歌声婉转。林黛玉便知是那十二个女孩子演习戏文呢。只是林黛玉素习不大喜看戏文,便不留心,只管往那边走。偶然两句,只吹到耳内,明明白白,一字不落,唱道是:"原来姹紫嫣红开遍,似这般,都付与断井颓垣。"林黛玉听了,倒也十分感慨缠绵,便止住步,侧耳细听,又听他唱道:"良辰美景奈何天,赏心乐事谁家院?"听了这两句,不觉点头自叹,心下自思道:"原来戏上也有好文章。可惜世人只知看戏,未必能领略这其中的趣味。"想毕,又后悔不该误想,耽误了听曲子。再侧耳时,只听唱道:"则为你如花美眷,似水流年……"林黛玉听了这两句,不觉心动神摇。又听道:"你在幽闺自怜"等句,亦发如醉如痴,站立不住,便一蹲身,坐在一块山子石上,细嚼"如花美眷,似水流年"八个字的滋味。忽又想起前日见古人诗中有"水流花谢两无情"之句,再又有词中有"流水落花春去也,天上人间"之句,又兼方才所见《西厢记》中"花落水流红,闲愁万种"之句,都一时想起来,凑聚在一处。仔细忖度,不觉心痛神痴,眼中落泪。

【注解】

① 选自《红楼梦》第二十三回,人民文学出版社1996年版,有删节,题目为编者所加。曹雪芹(约1715—1763),名霑,字梦阮,清代著名文学家。

② 中浣:指每月的中旬。

③《会真记》即唐代元稹作的传奇小说《莺莺传》。因文中有"会真"

诗三十韵,故又称《会真记》。金、元人把其中的故事演为诸宫调和杂剧,名为《西厢记》,这里指元代王实甫的杂剧《西厢记》。

④ 倾国倾城貌:金批本《西厢记》第一本第四折,张生称自己是"多愁多病身",莺莺是"倾国倾城貌"。

⑤ "苗而不秀"两句即中看不中用的意思。

阅读点拨

　　本文按时间顺序展开故事情节。先写宝玉偷看《西厢记》,被担锄葬花的黛玉撞见,就将《西厢记》推荐给她;黛玉欣喜地细读《西厢》,宝玉顺口用书里的话同黛玉开玩笑,两人小闹了一场。接着写袭人唤宝玉给大老爷请安,黛玉在梨香院外偶然听见小戏子们演习《牡丹亭》,听到妙处,如痴如醉,不由联系自身的境遇,心痛神伤。文中写葬花别有情趣,宝玉怕花遭人践踏,兜花入水,以为清流不污花瓣;黛玉用花冢葬花,认为花与土相化,归宿干净。两种方式,各具特色,又与人物个性相符,十分巧妙。此外,富有个性的人物对白,精彩的神态和动作描写,细腻的心理描写,都将多愁善感、敏慧伶俐的黛玉和任性叛逆、聪明灵秀的宝玉清晰地呈现在读者面前。

祝　　翁①

[清]蒲松龄

济阳祝村有祝翁者，年五十余，病卒。家人入室理缲经②，忽闻翁呼甚急。群奔集灵寝，则见翁已复活。群喜慰问。翁但谓媪曰："我适去，拚③不复返。行数里，转思抛汝一副老皮骨在儿辈手，寒热仰人④，亦无复生趣，不如从我去。故复归，欲偕尔同行也。"咸以其新苏妄语⑤，殊未深信。翁又言之。媪云："如此亦复佳。但方生，如何便得死？"翁挥之曰："是不难。家中俗务，可速作料理。"媪笑不去。翁又促之。乃出户外，延数刻而入，绐⑥之曰："处置安妥矣。"翁命速妆。媪不去，翁催益急。媪不忍拂⑦其意，遂裙妆以出。媳女皆匿笑。翁移首于枕，手拍令卧。媪曰："子女皆在，双双挺卧，是何景象？"翁捶床曰："并死有何可笑！"子女见翁躁急，共劝媪姑从其意。媪如言，并枕僵卧。家人又共笑之。俄视，媪笑容忽敛，又渐而两眸俱合，久之无声，俨如睡去。众始近视，则肤已冰而鼻无息矣。试翁亦然，始共惊怛⑧。康熙二十一年，翁弟妇佣于毕刺史之家，言之甚悉。

异史氏曰："翁其夙有畸行与⑨？泉路茫茫，去来由尔，奇矣！

且白头者欲其去,则呼令去,抑何其暇⑩也!人当属纩之时⑪,所最不忍诀者,床头之昵人耳。苟广其术,则卖履分香,可以不事矣。"

【注解】

① 选自《聊斋志异》,上海古籍出版社 1979 年版。

② 缞绖(cuī dié):丧服。

③ 拚(pàn):豁上;下决心。

④ 寒热仰人:意谓生活依赖他人。寒热,谓饥寒、温饱。仰人,指依赖他人生存。

⑤ 新苏妄语:刚复活,说胡话。苏,复生。

⑥ 绐(dài):欺骗。

⑦ 拂:违拗。

⑧ 惊怛(dá):惊讶、悲痛。

⑨ 其:意同"岂",语气词。夙:夙昔,往日。畸(jī)行:即不同于常人的美德善行。

⑩ 暇:悠闲。

⑪ 属(zhǔ)纩(kuàng)之时:病危之际。纩,新丝绵。

阅读点拨

本文篇幅短小，却讲述了一个波澜起伏的离奇故事。主人公祝翁病死，却因担心自己死后妻子在儿女身边生活不好而复活，并约妻子一同赴死；祝妻性格温厚，其思想与祝翁相通，于是老夫妻双双并枕而死。文中的子女作为陪衬人物，他们的表情由匿笑，到共笑，到惊怛，表情丰富，变幻不定。他们一笑再笑，正说明老翁约太太同死有苦衷，隐含孩子不孝的事实。明明是悲剧，表面上却洋溢着喜剧气氛，笑声不断。以笑衬哀，更见其哀。作品最后写老太太"笑容忽敛"，堪称神来之笔，使主题归结于严肃。精细的描写，使人物丰满灵动；凝练的语言，精美耐读。

我思我行

【理解感悟】

🌸 读了《水浒传》和《三国演义》，大闹野猪林的鲁智深和智取瓦口隘的张飞一定给你留下了深刻印象，他们的表现有什么共同之处吗？相信细心的你会有发现。

🌸 葬花归来的黛玉，在梨香院外偶然听见女孩子唱"原来姹紫嫣红开遍，似这般，都付与断井颓垣"，想起诗中"水流花谢两无情""流水落花春去也，天上人间""花落水流红，闲愁万种"这样的好句，不觉心痛神痴，眼中落泪，这仅仅是因为黛玉多愁善感，有对花流泪、对月伤怀的人之常情吗？请谈谈你的想法。

【实践拓展】

🌸 《西游记》中，尽心竭力、疾恶如仇、降妖除魔的悟空百折不回，却常遭到易受蒙蔽、不明是非曲直的唐僧的指责和驱逐，蒙受不白之冤。如果你是取经团队中的一员，如何开导师傅才能更利于取经队伍的团结？

【阅读延伸】

🌸 《聊斋志异》（蒲松龄 著）

《聊斋志异》这部文言短篇小说集，内容多取材民间故事，经作者的丰富想象与加工，通过人鬼相杂、幽明相见的艺术画面，揭露封建社会的黑暗和官场的罪恶，讽刺科举制度的虚伪和种种弊端，其思想与艺术成就标志着我国文言小说创作上新的高峰。同学们可从捧读中更好地认识封建官场的罪恶，珍惜现在的幸福生活。

读史使人明智，可以鉴往知来。请你将小说《三国演义》与史书《三国志》对读，《三国志》是正史，《三国演义》是小说，前者纪实，有较高的历史研究价值；后者有虚构成分，有较高的文学研究价值。请根据自己的需要，耐心选读。

传统文化知多少

走进小说天地

1. 中国古典四大名著：《三国演义》《西游记》《水浒传》《红楼梦》。

2. 清代武侠四大名著：《永庆升平》《小五义》《雍正剑侠图》《七剑十三侠》。

3. 晚清四大谴责小说：《官场现形记》《二十年目睹之怪现状》《老残游记》《孽海花》。

第四单元

诗海采珠

　　最是诗歌能致远，穿越时空撼心灵。中国的诗歌博大精深，意蕴无穷，纵然只是采撷几朵绝句、律诗、乐府诗的浪花，也能让我们血脉贲张，豪情激荡！一行行闪烁着智慧英华的诗句，在诗人笔下喷涌而出，空灵温润，历久弥新，让我们感受到震古烁今的气势和力量。诗可沉吟，可清咏，可高歌，含英咀华中，形象性、含蓄性和精炼性悄然浸润心间。

　　阅读古诗，不管是律诗、绝句，还是乐府，都重在诵读。诵读时要动口动容，入耳入心，读出抑扬顿挫，诵出轻重缓急。在声情并茂的吟咏中，采撷智慧的珍珠，感受生活的芬芳。

听 弹 琴①

[唐]刘长卿

泠泠②七弦上，
静听松风③寒。
古调虽自爱，
今人多不弹。

【注解】

① 选自《全唐诗》，扬州诗局刻本，2008 年版。刘长卿（约 726—786），字文房，唐代诗人。玄宗天宝年间进士，肃宗至德中官监察御史，代宗大历中任转运使判官，德宗建中年间，官终随州刺史，世称刘随州。

② 泠泠（líng）：清凉、凄清的样子。此处指清越的琴声。

③ 松风：以风入松林暗示琴声凄凉。琴曲中有《风入松》的调名。

阅读
点拨

　　诗人巧用对比和托物言志的手法，表现出与流俗不合的志向以及孤芳自赏的情操。诗中"泠泠"二字形容琴声的清越，"静听"二字描摹出听琴者入神的情态，可见琴声的高妙。"松风寒"以风入山林暗示琴声的凄清，极为形象。高雅平和的琴声，能让听者心生幽清肃穆之感。"今人多不弹"的"多"字，表明今人好趋时尚不弹古调，更反衬出琴客知音的稀少，作者也借此寄托了落落寡合、孤芳自赏的情操。

闺　怨①

[唐]王昌龄

闺中少妇不知愁，
春日凝妆②上翠楼。
忽见陌头③杨柳色，
悔教夫婿④觅封侯。

【注解】

① 选自《唐诗鉴赏辞典》，上海辞书出版社 2013 年版。闺怨：少妇的幽怨。闺怨诗一般写少女的青春寂寞，或少妇的离别相思之情。王昌龄（698—757），字少伯，盛唐著名边塞诗人，被后人誉为"七绝圣手"。王昌龄 30 岁左右进士及第，初任秘书省校书郎，而后又担任博学宏辞、汜水尉，因事被贬岭南。

② 凝妆：盛妆。

③ 陌头：路边。

④ 悔教：悔使。夫婿(xù)：丈夫。

阅读
点拨

　　这是一首闺怨诗，诗的首句"不知愁"写出了女主人公天真烂漫的情态。第二句写她登楼赏春时稚嫩晚熟的憨态。第三句一个"忽"字耐人寻味，是全诗的转关，闯入眼帘的柳色，让女主人公触景生情：柳树又绿，夫婿未归，青春易逝，自身孤寂，对夫婿的思念和担忧，涌上心头，不禁伤感。开头写其"不知愁"，后面写其"悔"，欲抑先扬，深刻表现了少妇因触景而产生的感伤和哀怨的情绪，突出了"闺怨"的主题。建议在读时前后勾连，"杨柳色"为何会引起"闺中少妇"的情感？诗人是怎样突出诗的主题呢？耐心追问，才能高效阅读。

宿桐庐江寄广陵旧游①

〔唐〕孟浩然

山暝听猿愁，沧江②急夜流。

风鸣两岸叶，月照一孤舟。

建德非吾土③，维扬④忆旧游。

还将两行泪，遥寄海西头。

【注解】

① 选自《全唐诗》，中华书局 1999 年版。孟浩然（689—740），唐代诗人，襄州襄阳人，世称孟襄阳。孟浩然与山水田园诗人王维合称为"王孟"。

② 沧江：同"苍江"。

③ 建德：今属浙江，居桐江上游。非吾土：王粲《登楼赋》中言："虽信美而非吾土兮。"

④ 维扬：即扬州。

阅读
点拨

　　这是一首旅中寄友诗。诗的前半篇写景，极写江上景色；后半篇写情，抒发旅途悲愁。作者写景时，将视觉和听觉相融合，残月孤舟是诗人所见，风打树叶声是诗人所闻。同时动静结合，"风鸣岸叶"是动态描写，"月照孤舟"是静态描写。前两联借景抒情，后两联直抒胸臆。独客异乡的悲苦、孤寂，对扬州老友的深切怀念，仕途失意、前路迷茫的抑郁苦闷，多种感情交织在一起，诗人失落飘零、迷惘悲苦、孤寂无依之状，宛然可见。

积雨辋川庄作①

[唐]王 维

积雨空林烟火迟②,蒸藜炊黍饷东菑③。

漠漠④水田飞白鹭,阴阴夏木啭黄鹂⑤。

山中习静观朝槿,松下清斋折露葵。

野老与人争席罢,海鸥何事更相疑。

【注解】

① 选自《全唐诗》,中华书局 1999 年版。王维(701—761),字摩诘,有"诗佛"之称,是盛唐诗人的代表,诗、书、画都很有名。

② 烟火迟:因久雨空气湿润,烟火上升缓慢。

③ 藜(lí):一种可食的野菜。黍(shǔ):谷物名,古时为主食。饷东菑:给在东边田里干活的人送饭。饷,送饭食到田头。菑(zī):已经开垦了一年的田,指初耕的田地。

④ 漠漠:形容广阔无际。

⑤ 阴阴:幽暗的样子。夏木:高大的树木。啭(zhuàn):小鸟婉转地鸣叫。

阅读点拨

　　作者是山水田园诗派的代表人物，在本诗中，他把自己幽雅清淡的禅寂生活和辋川恬静优美的田园风光结合起来描写。首联写田家生活，展现一系列人物的活动画面，秩序井然而富有生活气息，是诗人在山上静观所见，使人想见农妇田夫那怡然自乐的心情，透露了诗人闲散安逸的心境。颔联写自然，笔法灵动，诗中有画。诗人以动写静，两种景象互相映衬，通过多角度描写，并运用叠词，把积雨天气的辋川山写得画意盎然，相映成趣。颈联写诗人隐居山林的生活，与尾联两个充满老庄色彩的典故一起，创造了一个淡泊自然、物我相惬、情景交融的意境，表现了诗人隐居山林、脱离尘俗的闲情逸致。

西塞山怀古①

[唐]刘禹锡

王濬楼船下益州②,金陵王气黯然收③。

千寻铁锁沉江底④,一片降幡出石头。

人世几回伤往事,山形依旧枕寒流。

今逢四海为家日,故垒萧萧芦荻秋⑤。

【注解】

① 选自《全唐诗》,中华书局 1999 年版。西塞山:位于今湖北省黄石市。刘禹锡(772—842),字梦得,唐朝文学家、哲学家,有"诗豪"之称。

② 王濬:晋益州刺史。益州:晋时郡治在今成都。

③ 金陵:今南京,当时是吴国的都城。王气:帝王之气。黯然:一作"漠然"。

④ 千寻铁锁沉江底:东吴末帝孙皓命人在江中轧铁锥,又用大铁索横于江面,拦截晋船,终失败。寻,长度单位。

⑤ 萧萧:秋风的声音。芦荻(lú dí):多年生挺水高大宿根草本植物。

阅读点拨

　　这是首怀古咏史诗，表达反对分裂、主张统一的主旨。诗开头运用对比，一"下"一"收"，渲染出胜方摧枯拉朽、声势赫赫之威，描绘出败方闻风丧胆、黯然失色之态。领联写东吴的败亡，不仅揭示吴王的昏聩无能，更表现后来者的愚蠢。诗人借用典故，怀古慨今，暗示国家统一、四海一家是历史的必然。颈联诗人突出"依旧"二字，表现出"江山不管兴亡恨，一任斜阳伴客愁"的意境。尾联以景衬情，往日的军事堡垒、如今破败荒凉的西塞山恰似那些割据一方的藩镇，最终逃脱不了灭亡的命运，对藩镇势力讽刺入木三分。全诗借古讽今，繁简得当，沉郁感伤，寓深刻的思想于纵横开阖、酣畅流利的语调中。

梦 李 白①

[唐]杜 甫

浮云终日行,游了久不至。

三夜频梦君,情亲见君意。

告归常局促②,苦道来不易。

江湖多风波,舟楫③恐失坠。

出门搔白首,若负平生志。

冠盖④满京华,斯人⑤独憔悴。

孰云⑥网恢恢,将老身反累。

千秋万岁名,寂寞身后事。

【注解】

① 选自《全唐诗》,中华书局 1999 年版。杜甫(712—770),字子美,
自号少陵野老,世称"杜工部""杜少陵"等,唐代伟大的现实主
义诗人,被世人尊为"诗圣",其诗被称为"诗史"。

② 告归:辞别。局促:不安、不舍的样子。

③ 楫:船桨、船。

④ 冠盖:指代达官。冠,官帽。盖,车上的篷盖。

⑤ 斯人：此人，指李白。

⑥ 孰云：谁说。

阅读点拨

　　这首记梦诗是杜甫听到李白流放夜郎后，积思成梦而作。诗歌开篇运用了比兴手法，诗人见天上浮云终日飘去飘来，天涯故人却久望不至，抒写诗人对李白的思念。"三夜频梦君，情亲见君意"抒写诗人对故人的一片衷情。"告归……平生志"从几个侧面刻画了李白枯槁惨淡的形象。"冠盖满京华，斯人独憔悴"抒写对李白生平遭际的不平。末二句寄托着对李白的崇高评价和深厚同情，也包含着诗人自己的无限心事。诗中许多佳句，体现了两人形离神合、肝胆相照、互劝互勉、至情交往的友谊。全诗通过写诗人梦中见到李白的情景，抒写对老友悲惨遭遇的同情，表达了诗人的不平之气和对自身的感慨。

感　遇①

[唐]张九龄

江南有丹桔，经冬犹绿林。

岂伊②地气暖，自有岁寒心③。

可以荐④佳客，奈何阻重深⑤。

运命惟所遇，循环不可寻⑥。

徒言树桃李，此木岂无阴。

【注解】

① 选自《唐诗三百首详析》，中华书局2005年版。张九龄(678—740)，唐开元贤相，诗人。长安年间进士，官至中书侍郎同中书门下平章事。后罢相，为荆州长史。有《曲江集》。

② 岂：难道。伊：那里，指江南。

③ 岁寒心：耐寒的本性。岁寒，后人常作砥砺节操的比喻。

④ 荐：进献。

⑤ 奈何：无奈。阻重深：山高水深，阻隔重重。

⑥ 循环：周而复始，变化莫测。寻：探求。

阅读点拨

　　这首诗温雅醇厚，愤怒哀伤不露痕迹。一、二句写丹橘能经受严冬的摧残，"犹"字包含着作者对丹橘的赞颂。三、四句先以反诘语"岂伊地气暖"一纵，又以肯定语"自有岁寒心"一收，赞美丹橘具有耐寒的节操。五、六句写丹橘虽好，无奈山高水深，重重阻隔，难运出去，进献嘉宾。七、八句承接前句而来，写丹橘的命运。最后两句以反诘收束全诗，将媚时的桃李与傲冬的丹橘进行对比，借橘喻人，表达了诗人对丹橘遭遇冷遇的同情，借此抒发对朝廷昏暗和身世坎坷的愤懑，感叹自己空怀报国之才而无用武之地。诗人以橘自比，托物言志，含蓄表达不为世所用的愤慨。

渔　翁①

[唐]柳宗元

渔翁夜傍西岩宿②，晓汲清湘燃楚竹③。

烟销④日出不见人，欸乃⑤一声山水绿。

回看天际下中流，岩上无心云相逐。

【注解】

① 选自《全唐诗》，中华书局 1999 年版。柳宗元（773—819），字子
　 厚，唐代河东人，杰出诗人、哲学家、儒学家、政治家，唐宋八大
　 家之一。柳宗元与韩愈并称"韩柳"。

② 傍：靠近。西岩：当指永州境内的西山。

③ 汲（jí）：取水。湘：湘江之水。楚：西山古属楚地。

④ 销：消散。亦可作"消"。

⑤ 欸（ǎi）乃：象声词，一说指桨声，一说指人长呼之声。

阅读
点拨

　　这首山水小诗写渔翁夜宿西岩，晨起汲水，燃烧楚竹，日出摇橹，在按时间顺序叙述渔翁行踪的同时，展现了一幅幅山水美景。诗中用"汲清湘""燃楚竹"来描写渔翁打水生火的日常生活。"欸乃一声山水绿"，通过视觉听觉写出了青山绿水之可爱，勾勒出了悦耳怡情的境界。最后两句，"回望天际"见白云相逐，表现了诗人孤高而又略带寂寞的感情。诗人通过对渔翁生活的描绘，借渔翁自况，抒发了自己对独来独往闲适生活的向往，表现出诗人寄情山水、超凡脱俗的特点，略抒政治失意的孤愤。透过诗句，可以领悟作者高洁的志趣以及无忧无虑、悠闲自在、向往自由的心情。

关 山 月①

[唐]李 白

明月出天山，苍茫云海间。

长风几万里，吹度玉门关②。

汉下白登道，胡③窥青海湾。

由来征战地，不见有人还。

戍客望边色，思归多苦颜。

高楼④当此夜，叹息未应闲。

【注解】

① 选自《全唐诗》，中华书局 1999 年版。关山月：乐府《横吹曲》调
  名。李白（701—762），字太白，号青莲居士，唐朝浪漫主义诗
  人，被后人誉为"诗仙"。李白存世诗文千余篇，有《李太白集》
  传世。

② 玉门关为古时通往西域的要道，故址在今甘肃省敦煌市西北。
  此处泛指西北边地。

③ 胡：这里指吐蕃。

④ 高楼：指住在高楼中的戍客之妻。

阅读
点拨

　　这首诗写出远离家乡的戍边将士与家中妻室的相互思念之情，深刻地反映了战争带给广大民众的痛苦。全诗以怨情贯穿，开头四句描绘万里边塞图，用雄浑的景象烘托了深沉的思乡之情；中间四句描绘边塞征战图，承上启下；最后四句描绘戍客思亲图，点出戍卒与思妇两地相思的痛苦，用"戍客"与"思妇"对举，揭示了战争付出的代价。诗人巧借长风，把关、山、月三个意象有机联系在一起，渲染出雄伟壮阔而又苍凉悲壮的意境，奠定了边塞苦寒的苍凉基调。诗人将战士思乡、家人思亲融于广阔苍茫的景色里，浑然一体，气象雄浑。诗中自然流露出诗人博大的胸怀，表现出关心民生、悲天悯人的情操。

拟行路难(其六)①

[南朝宋]鲍　照

对案②不能食，拔剑击柱长叹息。

丈夫生世会几时？安能蹀躞③垂羽翼！

弃置罢官去，还家自休息。

朝出与亲辞，暮还在亲侧。

弄④儿床前戏，看妇机中织。

自古圣贤尽贫贱，何况我辈孤⑤且直！

【注解】

① 选自《鲍照集校注》，中华书局 2012 年版。鲍照(414—466)，南
朝宋文学家，与颜延之、谢灵运合称"元嘉三大家"。他长于乐
府诗，其七言诗对唐代诗歌的发展起了很重要的作用。有《鲍
参军集》。本诗出自组诗《拟行路难十八首》。

② 案：古时进食用的小几，形如直角的托盘。

③ 蹀躞(dié xiè)：小步行走的样子。

④ 弄：逗弄。

⑤ 孤：孤高。

阅读点拨

　　这首诗字字漫愁怨，句句含愤懑，充分表达了寒门庶族对当时士族专权的政治现状的不满。诗的层次富于变化，前四句集中写自己仕宦生涯中倍受摧抑的悲愤心情，接着叙说愤激的内容，从"蹀躞""垂羽翼"的形象化比喻中，表明了自己在重重束缚下有志难伸、有怀难展的处境。再联想到生命短促、岁月不居，更叫人心焦神躁，急迫难忍。写到"还家自休息"的情景，以虚写实，避外就里，最能深化作者所要表达的思想意境。明明要反映仕途失意与坎坷，却采取十分亢奋的语调，非同凡响。反问句式的运用，也加强了语言的感情色彩。

题织锦图回文①

[宋]苏　轼

（顺读）春晚落花余碧草②，夜凉低月半梧桐。

人随雁远边城暮，雨映疏帘③绣阁空。

（倒读）空阁绣帘疏映雨，暮城边远雁随人。

桐梧半月低凉夜，草碧余花落晚春。

【注解】

① 选自《苏轼诗集》，中华书局 1982 年版。苏轼（1037—1101），字
子瞻，号东坡居士，北宋著名文学家、书法家、画家。与欧阳修
并称"欧苏"，为唐宋八大家之一。有《东坡七集》《东坡易传》
《东坡乐府》等传世。

② 碧草：青草。神话传说中的一种可酿酒的草。

③ 疏帘：指稀疏的竹织窗帘。

阅读
点拨

　　这首回文诗，顺读之，是一副日暮潇潇、人丁凄凉、月缺梧桐的孤寂景象。试想，春日已晚、落花低垂，更有夜凉月缺、雨幕垂阁，风雨飘摇中，有一孤独行人，踽踽独行，寂寞凄苦地走出城门。头顶有孤雁盘旋唳鸣，更添凄楚。倒读之，却是另一重世界：日暮晚雨之下，踽踽出城的旅人往城内赶，归心似箭。虽然依旧是落花零落、碧草飘摇，但城里有妻子家人在翘首企盼，晚春雨幕也不再凄凉，而成了归家游子最后的欢歌。

　　同样的汉字，只是换了念读顺序，便能成就两幅迥异的鲜丽画卷，用字之妙、构词之巧、心思之敏、才智之卓，历历可见，回文诗的趣味妙境让人心醉神驰。

游紫霄宫①

[唐]白居易

水洗尘埃道未尝②,甘于名利两相忘。

心怀六洞丹霞③客,口诵三清紫府章。

十里采莲歌达旦④,一轮明月桂飘香。

日高公子还相觅,见得山中好酒浆。

【注解】

① 选自《白居易集》,中华书局1979年版。白居易(772—846),字乐天,号香山居士,唐代伟大的现实主义诗人。白居易与元稹共同倡导新乐府运动,世称"元白"。白居易的诗语言平易通俗,有"诗魔""诗王"之称。

② 尝:通"尝"。

③ 丹霞:红霞;比喻红艳的色彩。

④ 达旦:整整一夜,直到天明。

阅读点拨

　　藏头诗，又名"藏头格"，是杂体诗中的一种，有三种形式：一种是前三联六句皆言所寓之景，到结联才点出主题；二是将诗头句一字暗藏于前句末字中；三是将所说之事分藏于诗句之首。本诗属第二种，这种藏头拆字法叫半字连珠（顶真）体，即下句首字是上句末字的半边结构。通读全诗可以看到，本诗写游览紫霄宫途中的见闻感受，清新明丽。细读见其妙：第二句的首字"甘"，藏在第一句的尾字"甚"中，第三句首字"心"，藏在第二句的尾字"忘"中……每句的首字都藏在上句的尾字下部，非常工整。更绝的是第一句的首字"水"，又藏在末句的尾字"浆"中，把整首诗排列成一个圆圈，可以循环反复地读。

我思我行

【理解感悟】

❀ 本单元中有不少诗歌表现了战争给人民带来的痛苦和灾难，请把它们找出来。

❀ 中国文坛有一批仕途失意、怀才不遇、壮志难酬的文人，本单元中有哪些诗人含蓄地流露出了这样的思想倾向？

【实践拓展】

❀ 《宿桐庐江寄广陵旧游》表达了孟浩然独客异乡，对扬州老朋友的深切怀念；《梦李白·浮云终日行》体现了李杜两人的深挚友谊。请打开记忆之宝库，或者借助工具书，寻读体现古诗人深厚友情的诗，感受古人的深情厚谊。

❀ 到唐诗中去赏月：本单元的《月夜》，诗人杜甫巧妙换位，望月怀人，表达了对家人的思念，感人肺腑。其实"月"是古诗中的常见意象之一，古代文人往往由月圆而人不圆生出感慨，所以寄情于月。请你查找并积累古诗中写月的诗句。

【阅读延伸】

❀ 诗歌是我国文坛中一颗耀眼的明珠，我们的祖先留下了无数辉煌的诗篇，这是中华民族的艺术瑰宝，是培育民族精神的沃土。有些趣味诗让人心动，妙趣无穷，除了回文诗外，同头诗、绕头诗、数谜诗、拆字诗、联边诗、连环诗、宝塔诗、叠字诗等都让人回味不尽，赞叹不已，请选取并搜索你喜欢的趣味诗，边读边咀嚼回味。

中国诗歌发展史上最出名的奇诗莫过于前秦才女苏蕙所织的《璇玑图》了，纵横反复皆为文章。有正读、反读、起头读、逐步退一字读、倒数逐步退一字读、横读、斜读、四角读、中间辐射读、角读、相向读、相反读等十二种读法，可得五言、六言、七言诗四千二百零六首，绝对称得上惊才绝艳，举世无双！请搜索《璇玑图》，耐心诵读，细心玩味。

传统文化知多少

解开诗歌常见意象的密码

1. 冰雪：以冰雪的晶莹比喻心志的忠贞、品格的高尚（一片冰心在玉壶）。

2. 月亮：对月思亲——引发离愁别绪，思乡之愁（故国不堪回首月明中）。

3. 柳树：以折柳表惜别（柳条折尽花飞尽，借问行人归不归）。

4. 草木：以草木繁盛反衬荒凉，以抒发盛衰兴亡的感慨（过春风十里，尽荠麦青青）。

5. 鸿雁：引起游子思乡怀亲之情和羁旅伤感（鸿雁在云鱼在水，惆怅此情难寄）。

第五单元
词苑探幽

古代词坛，精彩纷呈，配乐吟唱，韵味无穷。鲜明的节奏，绚烂的色彩，奇幻的情思，读之可洗心，唱之可通灵，思之可明道。词有词调，调有定句，句有定字，字有定声。词句参差错落，音韵和谐美妙，语言凝练形象，美在境界，美在襟怀，美在丰盈，如同星座，光耀中华。

阅读词，要在理解内容的基础上，体会作品的艺术魅力。让我们怀着一颗赤子之心走进词苑，欣赏典雅优美的古词，领略文学大美，体味人生境界。

菩萨蛮·平林漠漠烟如织①

[唐]李 白

平林漠漠②烟如织,寒山一带伤心碧③。暝色④入高楼,有人楼上愁。

玉阶空伫立⑤,宿鸟归飞急。何处是归程⑥?长亭更短亭。

【注解】

① 选自《全唐诗》,中华书局 1999 年版。

② 平林:平展的树林。漠漠:迷蒙的样子。

③ 伤心碧:使人伤心的碧绿色。一说"伤心"表示程度,与"极"同义。

④ 暝(míng)色:夜色。

⑤ 玉阶:阶之美称。一作"玉梯"。伫立:久立。

⑥ 归程:归途。

阅读
点拨

　　这首词上片偏于渲染客观景物，下片着重描绘主观心理。开头两句为远景，首句传达出一种空寞惆怅的情绪，起笼罩全篇的作用。第三句往后，写景由远而近，从全景式的平林远山拉到楼头思妇的特写镜头，突出了"有人楼上愁"的人物主体，层次分明。"愁"字把整个上片惆怅空寞的情绪全部绾结在一起，又自然过渡到下片。承上启下，臻于绝妙。下片写主人公在暮霭中久立阶前，心中一片空茫，宿鸟归飞与行人滞留他乡形成对比，归程遥远，归期无望，反衬出行人的惆怅与空寞。作者用凄凉之景渲染内心的愁苦，反映了词人在客观现实中找不到人生归宿的无限落拓惆怅。

更漏子·柳丝长①

[唐]温庭筠

　　柳丝长,春雨细,花外漏声迢递②。惊塞雁,起城乌,画屏金鹧鸪③。

　　香雾薄④,透帘幕,惆怅谢家池阁⑤。红烛背,绣帘垂,梦长君不知。

【注解】

① 选自《花间集校》,人民文学出版社 1958 年版。更漏:古人用铜壶滴漏来计时,将一夜分为五更。子:曲子的简称。温庭筠(约812—866),唐代词人。本名岐,字飞卿,有"温八叉"之称。花间派首要词人。

② 漏声:指报更报点之声。迢递(tiáo dì):遥远。

③ 金鹧鸪(zhè gū):金线绣成的鹧鸪,可能绣在屏风上,也可能是绣在衣服上的。

④ 薄:通"迫",逼来。

⑤ 谢家池阁:豪华的宅院,这里即指女主人公的住处。

阅读
点拨

　　这是一首抒写女子相思愁苦的春怨词。上片写女子春夜难眠的情状，以动寓静，寂寞中听更漏声，朦胧情态一扫而空，惆怅更重。下片直接写人，以静寓动，写尽闺中女儿怅惘寂寞的心思，由"君"的"不知"更写出了女子的"惆怅"和凄苦，以景见意。全词动静相生，虚实结合，表现了一个思妇在春雨之夜的孤寂境遇和愁苦思恋，言简情深，曲致动人。

菩萨蛮·人人尽说江南好①

［唐］韦　庄

　　人人尽说江南好，游人只合江南老②。春水碧于天，画船听雨眠。

　　垆边③人似月，皓腕凝霜雪④。未老莫还乡⑤，还乡须断肠。

【注解】

① 选自《韦庄集》，人民文学出版社 1958 年版。韦庄（约 836—910），字端己，杜陵人，唐朝花间派词人，词风清丽，有《浣花词》流传。

② 游人：这里指漂泊江南的人，即作者自谓。只合：只应。

③ 垆（lú）边：指酒家。垆，旧时酒店用土砌成酒瓮卖酒的地方。

④ 皓腕凝霜雪：形容双臂洁白如雪。凝霜雪，像霜雪凝聚那样洁白。

⑤ 未老莫还乡：年尚未老，且在江南行乐。

阅读
点拨

　　江南之美甲天下，但一个年逾五旬、羁旅他乡、寓居在此、逃避战乱的人，又怎么会有归属感？所以前两句的情感基调是沉郁的。三、四句写空灵宁静之情境，却在"春水"这意象中隐含有美好青春年华悄然流逝的悲哀。五、六句暗含卓文君的典故，"霜雪"形容美人，主人公何尝不思念面如皎月、肤色赛霜雪的妻子？可自己一事无成，回乡只有抑郁悲凉，可想见作者心底之悲哀。这首词的情眼是"断肠"，写出归乡不得、只能老死在江南的绝望感和大悲哀。

清平乐·别来春半①

[南唐]李 煜

别来春半,触目柔肠断。砌下落梅②如雪乱,拂了一身还满③。
雁来音信无凭④,路遥归梦难成⑤。离恨恰如春草,更行更远还生⑥。

【注解】

① 选自《南唐二主词校订》,中华书局 2007 年版。李煜（937—978），五代十国时南唐国君，号莲峰居士，史称李后主。精书法，善绘画，通音律，被称为"千古词帝"。

② 砌（qì）下：台阶下。落梅：指白梅花。

③ 拂了一身还满：指把满身的落梅拂去了，但又落了满身。

④ 无凭：没有凭证，指没有书信。

⑤ 遥：远。归梦难成：指有家难回。

⑥ 更：越。还生：还是生得很多。

阅读点拨

　　全词以离愁别恨为中心，表现作者在春色中触景生情，思念离家在外的亲人的情景。"别"字点题，单刀直入，"柔肠断"直抒胸臆，道出抑郁于心的愁绪。三、四句用落梅如雪写愁情，"乱"字写出主人公触景伤情、心乱如麻之状，"满"一语双关，拂不尽的梅花便犹如驱不散的离愁。上片情景交融，虚实相生而又动静结合，直抒胸臆中见委婉含蓄。下片写作者盼信，希望能在梦中见到亲人。距离太遥远，梦中也难回，思念之情溢于言表。最后两句用喻作结，"离恨"像无边无际、滋生不已的春草，无法摆脱，读来意味深长。

蝶恋花·槛菊愁烟兰泣露①

[宋]晏 殊

　　槛②菊愁烟兰泣露，罗幕轻寒，燕子双飞去。明月不谙离恨苦③，斜光到晓穿朱户。

　　昨夜西风凋碧树④，独上高楼，望尽天涯路。欲寄彩笺兼尺素⑤，山长水阔知何处？

【注解】

① 选自《全宋词》，中华书局 2009 年版。晏殊(991—1055)，著名词人、诗人、散文家，北宋抚州府临川城人，与其子晏几道并称"二晏"，又与欧阳修并称"晏欧"。

② 槛(jiàn)：古建筑常于轩斋四面房基之上围以木栏，上承屋角，下临阶砌，谓之槛。

③ 不谙(ān)：不了解，没有经验。离恨：一作"离别"。

④ 凋：衰落。碧树：绿树。

⑤ 彩笺：彩色的信笺。尺素：书信的代称。

阅读
点拨

　　这是一首既情致深婉又寥廓高远的伤离怀远之作。"槛
菊愁烟兰泣露"巧用拟人的修辞手法，渲染清冷的氛围；燕
的双飞，更反衬出人的孤独。埋怨明月不解离恨之苦，只顾
光照朱户，有力表现出女主人公在离恨的煎熬中对月彻夜无
眠的情景和对外界事物所引起的怅惘。下片写登高望远，语
言洗净铅华，纯用白描，展现出一片无限广远寥廓的境界。
末两句一纵一收，将主人公音书寄远的强烈愿望与音书无寄
的可悲现实对照起来写，突出孤独怅惘的女主人公满腹离愁
更无处可寄的悲苦无奈。

踏莎行·候馆梅残①

[宋]欧阳修

候馆梅残,溪桥柳细。草薰风暖摇征辔②。离愁渐远渐无穷,迢迢③不断如春水。

寸寸柔肠,盈盈粉泪④。楼高莫近危阑⑤倚。平芜⑥尽处是春山,行人更在春山外。

【注解】

① 选自《欧阳修诗文集校笺》,上海古籍出版社 2009 年版。候馆:迎宾候客之馆舍。欧阳修(1007—1072),字永叔,号醉翁,晚号六一居士,北宋古文运动的倡导者和领袖,有《欧阳文忠公集》。

② 草薰:小草散发的清香。征辔(pèi):行人坐骑的缰绳。

③ 迢迢:形容遥远的样子。

④ 寸寸柔肠:柔肠寸断,形容愁苦到极点。盈盈:泪水充溢眼眶之状。粉泪:泪水流到脸上,与粉妆和在一起。

⑤ 危阑:也作"危栏",高楼上的栏杆。

⑥ 平芜:平坦地向前延伸的草地。芜,草地。

阅读
点拨

　　这是一首情深意远、柔婉优美的词作。上片写离家远行的人在旅途中的所见所感。开头三句生动地描绘出一幅洋溢着春天气息的溪山行旅图，以融怡明媚的春景烘托离别；四、五句即景设喻，即物生情，以水喻愁，写得自然贴切而又柔美含蓄。下片写闺中少妇对陌上游子的深切思念。两处叠词前后相对，由陌上行人转笔写楼头思妇思念之深，离愁无限，显示女子思绪的缠绵深切。最后两句用对比、衬托手法，写少妇的凝望和想象，情景交融，读来情意深长而又哀婉欲绝。

卜算子·黄州定慧院寓居作①

［宋］苏　轼

缺月挂疏桐，漏断②人初静。时见幽人③独往来，缥缈孤鸿影。

惊起却回头，有恨无人省④。拣尽寒枝不肯栖，寂寞沙洲⑤冷。

【注解】

① 选自《全宋词》，中华书局 2009 年版。

② 漏断：即指深夜。漏，指古人计时用的漏壶。

③ 幽人：幽居的人。

④ 省（xǐng）：理解。

⑤ 沙洲：江河中由泥沙淤积而成的陆地。

阅读
点拨

　　这首词是苏轼初贬黄州寓居定慧院时所作。作者借月夜孤鸿托物抒怀，表达孤高自许、蔑视流俗的心境。上阕写深夜院中所见的景色，营造出夜深人静、月挂疏桐幽人独往、缥缈孤鸿的孤寂凄清的氛围。下阕把鸿与人同写，用象征手法表达了作者贬谪黄州时期的孤寂处境和高洁洒脱、不愿随波逐流的心境。全词借物比兴，托物咏人，空灵飞动，语意高妙。

渔家傲·天接云涛连晓雾①

[宋]李清照

天接云涛连晓雾,星河②欲转千帆舞。仿佛梦魂归帝所。闻天语③,殷勤问我归何处?

我报路长嗟日暮④,学诗谩⑤有惊人句。九万里风鹏正举。风休住,蓬舟吹取三山去⑥!

【注解】

① 选自《宋词三百首》,上海古籍出版社2015年版。李清照(1084—约1155),号易安居士,婉约词派代表,有"千古第一才女"之称。词作前期多写其悠闲生活,后期多悲叹身世。

② 星河:银河。

③ 天语:天帝的话语。

④ 报:回答。嗟:慨叹。

⑤ 谩(màn):徒,空。

⑥蓬舟：像蓬蒿被风吹转的船。古人以蓬根被风吹飞，喻飞动。吹取：吹得。三山：蓬莱，方丈，瀛洲三座仙山，相传为仙人所居住。

阅读点拨

这首词气势磅礴、音调豪迈，是婉约派词宗李清照的浪漫主义名篇。前两句写梦中所见，云涛滚滚，迷雾漫漫，银河流转，群星璀璨，雄伟壮阔，气势恢宏。三、四、五句写词人在梦中见到天帝，简洁的问话中寄寓着美好的理想。下片回答天帝，感叹天色晚、道路长，前途渺茫。"天晚路长"象征当时动乱而又看不到光明的社会现实，"学诗谩有惊人句"表现了她对现实感到无能为力的苦闷。但她并没颓丧、消沉，借描绘大鹏鸟冲天而起、搏击长空的雄伟形象，表现她昂然向上的精神。末两句写向往仙山，其实是否定现实、追求理想。这首托梦抒怀的词作将梦幻与生活、历史与现实融为一体，气度恢宏，格调雄奇，可见作者开阔的襟怀与豪迈的气概。

小重山·昨夜寒蛩不住鸣①

[宋]岳 飞

昨夜寒蛩②不住鸣。惊回千里梦③,已二更。起来独自绕阶行。人悄悄,帘外月胧明。

白首为功名④。旧山松竹老,阻归程。欲将心事付瑶琴⑤。知音少,弦断有谁听?

【注解】

① 选自《岳飞集辑注》,中州古籍出版社 1997 年版。岳飞(1103—1142),字鹏举,中国历史上著名的军事家、战略家、书法家、诗人、民族英雄,位列南宋中兴四将之首,是南宋最杰出的统帅。

② 寒蛩(qióng):秋天的蟋蟀。

③ 千里梦:指赴千里外杀敌报国的梦。

④ 功名:此指为驱逐金兵的入侵,收复失地而建功立业。

⑤ 付:付与。瑶(yáo)琴:饰以美玉的琴。

阅读点拨

　　词的上片在叙事中借景抒情，前三句写不停鸣叫的蟋蟀声惊醒"转战千里，收复故土"的好梦；后三句写梦醒后独自在月下徘徊，以景物描写烘托词人内心的孤寂、忧愤、苦闷。下片重在抒情，前三句写词人为国家建功立业的执着信念，但主和的奸臣专权阻挡收复中原，词人归乡无望；后三句用俞伯牙与钟子期的典故，表达自己壮志难酬、报国无门的苦闷和处境孤危、缺少知音、深感寂寞的心情。阅读此诗需结合历史背景，理解作者忧虑国事、壮志未酬、缺少知音的沉痛、忧愤和孤寂之情。

念奴娇·过洞庭①

[宋]张孝祥

洞庭青草,近中秋,更无一点风色。玉界琼田二万顷,着我扁舟一叶。素月分辉,明河②共影,表里俱澄澈③。悠然心会,妙处难与君说。

应念岭表④经年,孤光自照,肝胆皆冰雪⑤。短发萧骚襟袖冷⑥,稳泛沧浪空阔。尽挹⑦西江,细斟北斗,万象为宾客。扣舷独啸,不知今夕何夕⑧。

【注解】

① 选自《全宋词》,中华书局 2009 年版。张孝祥(1132—1170),字安国,号于湖居士,南宋著名爱国词人。

② 明河:天河。一作"银河"。

③ 表里:里里外外。此处指天上月亮和银河的光辉映入湖中,上下一片澄明。

④ 岭表:岭外。一作"岭海"。

⑤ 肝胆:一作"肝肺"。冰雪:比喻心地光明磊落,像冰雪般纯洁。

⑥ 萧骚:稀疏。一作"萧疏"。襟袖冷:形容衣衫单薄。

⑦ 挹(yì)：舀。一作"吸"。

⑧ 不知今夕何夕：赞叹夜色美好，使人沉醉，竟忘掉一切。

阅读点拨

　　这首即景抒怀的豪放词写临近中秋，作者泛舟洞庭的情景。词的上片着重写洞庭湖月下的景色，广阔的湖面、澄澈的湖水、素洁的月光，营造了幽谧、寥廓的氛围，烘托出词人悠然自在的心情和坦荡旷达的胸襟。词人置身于澄澈空阔的湖光月色之中，觉得自己同大自然融为一体。下片着重抒情，词人以主人自居，请万象为宾客，与大自然交朋友，豪放旷达。冰雪之喻，写出内心的空明，表达自己忠贞高洁的品质和坦荡磊落的胸怀。这首词景中见情，情景交融，天光与水色、物境与心境和谐融会，作者的高洁忠贞和豪迈气概充分展现。

蝶恋花·送春①

[宋]朱淑真

楼外垂杨千万缕。欲系青春②，少住春还去。犹自③风前飘柳絮。随春且看归何处。

绿满山川闻杜宇④。便做⑤无情，莫也⑥愁人苦。把酒送春春不语。黄昏却下潇潇雨⑦。

【注解】

① 选自《全宋词》，中华书局 2009 年版。朱淑真（约 1135—1180），号幽栖居士，宋代女诗人，唐宋以来留存作品最多的女作家之一。现存《断肠诗集》《断肠词》传世。

② 系：拴住。青春：大好春光。隐指词人青春年华。

③ 犹自：依然。

④ 杜宇：杜鹃鸟。

⑤ 便做：即使。

⑥ 莫也：岂不也。

⑦ 潇潇雨：形容雨势之疾。

阅读点拨

　　这是灵心慧质的女词人写的惜春词。全词通过描写楼外垂杨、飞絮缱绻、杜鹃哀鸣、春雨潇潇，构成一幅凄婉缠绵的画面，从系春写到随春，再到送春，委婉细腻地抒写了惜春的深情。上片中词人巧用拟人手法，描写了喜爱春天、对春天归去依依不舍的垂杨形象。词人借垂杨含蓄地表达了自己的爱春、惜春之情。词的下片不直写春归之愁，而采用借物抒情的手法，想象即使无情的杜宇也因人的愁苦而发出愁啼之声，何况多愁善感的人呢？含蓄地表现了作者的愁思之深。末两句借景抒情，以潇潇暮雨来表达春归之后内心的孤寂与凄冷，韵味悠远。

青玉案·元夕①

[宋]辛弃疾

东风夜放花千树②。更吹落、星如雨③。宝马雕车香满路。凤箫声动④，玉壶⑤光转，一夜鱼龙舞⑥。

蛾儿雪柳黄金缕⑦。笑语盈盈暗香去。众里寻他千百度。蓦然回首，那人却在，灯火阑珊⑧处。

【注解】

① 选自《稼轩词编年笺注》，上海古籍出版社1993年版。青玉案：词牌名。元夕：元宵节。辛弃疾(1140—1207)，字幼安，别号稼轩，南宋豪放派词人，有"词中之龙"之称。

② 东风夜放花千树：形容元宵夜花灯繁多。

③ 星如雨：指焰火纷纷，乱落如雨。

④ 凤箫声动：指笙、箫等乐器演奏。

⑤ 玉壶：比喻明月。亦可解释为指灯。

⑥ 鱼龙舞：指舞动鱼形、龙形的彩灯。

⑦ 蛾儿雪柳黄金缕：盛装的妇女，元宵节头上佩戴各种装饰品。

⑧ 阑珊：零落稀疏的样子。

阅读点拨

　　本词为辛弃疾闲居上饶时所作。词中描绘了一个不同凡俗、自甘寂寞的意中人形象，实借此自况，反映词人在政治上失意之后，宁肯闲居也不愿迎合流俗的高洁品质。上片写元宵佳节的晚上，满城灯火，游人如云，尽情狂欢的热闹场面。下片仍写"元夕"的欢乐，记叙了一对意中人在长街偶然相遇的情景，着意刻画一位不慕荣华、甘守寂寞的美人形象，寄托着作者的理想人格。本词主要运用了反衬的表现手法，以元宵夜的繁华热闹反衬"那人"的孤寂，表达作者耐得冷落寂寞、不与世俗同流合污、保持志士操守的高尚品性。

我思我行

【理解感悟】

- 通过本单元的阅读，很多闺怨词中的主人公流露出对亲人的无尽的思念，让人心动，请结合李煜的《清平乐·别来春半》和欧阳修的《踏莎行·候馆梅残》，品析词人用妙笔表现了主人公怎样的细腻情感。

- 景物描写可以渲染气氛，烘托人物的心情，请结合李白和岳飞的作品，品析词人是如何将景与情融合起来的。

【实践拓展】

- 李白的《菩萨蛮·平林漠漠烟如织》和《忆秦娥·箫声咽》被古人誉为"百代词曲之祖"，唐代温庭筠的《菩萨蛮·小山重叠金明灭》、李煜的《菩萨蛮·花明月暗笼轻雾》、宋代李之仪的《忆秦娥·清溪咽》、贺铸的《忆秦娥·子夜歌》，都是脍炙人口的佳作，请耐心搜寻，反复吟咏。

- 易安居士李清照被誉为"千古第一才女"，其作品有数篇入选初高中课本，有十多首入选《宋词三百首》，有的词作被后人谱曲吟唱，如《一剪梅·红藕香残玉簟秋》即被谱写成《月满西楼》而广为传唱。请将李清照所写的脍炙人口的好词用抑扬顿挫的音调朗读，或以婉转悠扬的声音吟唱，走进才女心灵。

【阅读延伸】

* 豪放词是词坛奇葩,视野较为广阔,气象恢宏雄放,词风慷慨悲凉,不拘格律,汪洋恣意。除了苏轼、辛弃疾两位代表词人外,范仲淹、张孝祥、陆游、陈亮等杰出的词人,以爱国壮词组成雄阔的阵容,雄霸词坛,引出悲壮之音,唱出慷慨之声。请从中选出你喜欢的词人,读读其豪放词作。

* 贺铸的词丰富多样,兼有豪放、婉约之长,英雄豪气与儿女柔情并存,富有节奏感和音乐美。贺词有多首入选《宋词三百首》,或含蓄流露其沉沦下僚、怀才不遇的感慨;或悼念相濡以沫的妻子,饱含深情;或写荷花,托物言志,手法高妙。请用慷慨激昂或低回婉转的语调诵读贺词,品其精妙。

传统文化知多少

科举职官大看台

1. 乡试:录取者称为"举人",第一名称为"解元"。

2. 会试:录取者称为"贡生",第一名称为"会元"。

3. 殿试:录取者称为"进士",第一名称为"状元",第二名为"榜眼",第三名为"探花"。

4. 解元、会元、状元合称"三元",连中三元,是科举场中的佳话。

第六单元

散文华章

中华辞赋，雅俗共赏，语言流畅，感情激奋。它起源于战国时代，盛于汉朝，内容或述志，或言情，或描景，或咏物，或叙事，或论理，无事不可入赋，包容天地，总揽人物。对偶句和排比句齐飞，讲究藻饰和运用典故，辞采华美，描写细腻，想象丰富，气荡长空。

阅读本单元的辞赋文章，朗吟长短错落、节奏感强的句子，感受辞赋的声韵美。透过辞赋铺陈事理、穷形尽相、曲尽物态的特色，品味其中的情思和意蕴，获得美的艺术享受。

诸葛亮传略①

[晋]陈 寿

　　亮少有逸群之才，英霸之气。身长八尺②，容貌甚伟，时人异焉。遭汉末扰乱，随叔父玄避难荆州。躬耕于野，不求闻达。时左将军刘备以亮有殊量，乃三顾亮于草庐之中。亮深谓备雄姿杰出，遂厚相结纳。及魏武帝③南征，荆州刘琮④举州委质⑤而备失势，众寡⑥而无立锥之地。亮时年二十七，乃建⑦奇策，身使孙权，求援吴会⑧。权既宿服仰备，又睹亮奇雅，甚敬重之，即遣兵三万人以助备。备得用与武帝交战大破其军，乘胜克捷，江南⑨悉平。后备又西取益州。章州既足，以亮为军师。将军备称帝号，拜亮为丞相。

【注解】

① 选自《三国志》，中华书局 2005 年版。陈寿（233—297），字承祚，巴西郡安汉县人。三国时蜀汉及西晋时著名史学家。

② 八尺：汉时 1 尺约合今 7 寸。

③ 魏武帝：曹丕称帝后追赠父亲曹操为魏武帝。

④ 刘琮：刘表之子。

⑤ 举州委质：意为把整个荆州作为见面礼送给曹操。

⑥ 众寡：人数少。

⑦ 建：提出。

⑧ 吴会：泛指江东，也指后来的吴国。

⑨ 江南：指长江以南广大地区。

【译文】

　　诸葛亮年轻时才能超群，有王霸之气。身长八尺，面容相貌十分伟岸，人们都认为他与众不同。由于汉末的动乱，诸葛亮随叔父诸葛玄到荆州避难。亲自在田间耕种，不求声望显达。这时左将军刘备认为诸葛亮有特殊的才能，于是多次到草屋去拜访诸葛亮。诸葛亮十分欣赏刘备的杰出才能，于是与他结交，感情深厚。等到曹操南征，荆州刘琮把整个荆州当作礼物送给了曹操，自己也向曹操投降。刘备由此失去了权势和地位，追随人数少，没有立足之地。诸葛亮当时 27 岁，就进谏奇策，亲自出使孙权，向吴国求援。孙权早就敬佩刘备，又看到诸葛亮英姿勃发，十分敬重他，立即派兵三万人来帮助刘备。于是刘备用兵于赤壁之战打败曹军，乘胜攻下曹军，平定长江以南的广大地区。后来刘备又向西攻打益州。益州充实之后，任命诸葛亮为军师。后刘备称帝，任命诸葛亮为丞相。

**阅读
点拨**

　　这篇选文叙写了诸葛亮早年的不凡经历，从最初的躲避战乱、耕田种地，到刘备诚恳结交、三顾茅庐；从刘备失势，诸葛亮到东吴求援，到大败曹军，攻取益州，刘备称帝；青年时期的诸葛亮英气毕露，谋略过人，运筹帷幄，决胜千里，尽显智慧的锋芒。这篇短文叙事详略得当，简洁的外貌描写展现出英姿勃发、仪表堂堂的奇男子形象。刘备的诚恳拜访、孙权的由衷敬重，衬托出诸葛亮雄才大略、富有智慧的特点。

李 贺 小 传（节选）①

[唐]李商隐

长吉细瘦，通眉，长指爪，能苦吟疾书。最先为昌黎韩愈所知。所与游者，王参元、杨敬之、权璩、崔植辈为密，每旦日出与诸公游。未尝得题然后为诗，如他人思量牵合，以及程限②为意。恒从小奚奴，骑距驴，背一古破锦囊，遇有所得，即书投囊中。及暮归，太夫人使婢受囊出之，见所书多，辄曰："是儿要当呕出心乃始已尔。"上灯，与食。长吉从婢取书，研墨叠纸足成之，投他囊中。非大醉及吊丧日率如此，过亦不复省。王、杨辈时复来探取写去。长吉往往独骑往还京、洛，所至或时有著，随弃之，故沈子明家所余四卷而已。

长吉将死时，忽昼见一绯衣人驾赤虬，持一版，书若太古篆或霹雳石文者，云当召长吉。长吉了不能读，欻③下榻叩头言："阿④老且病，贺不愿去。"绯衣人笑曰："帝成白玉楼，立召君为记。天上差乐，不苦也。"长吉独泣，边人尽见之。少之，长吉气绝。常所居窗中，勃勃⑤有烟气，闻行车嘒管⑥之声。太夫人急止人哭，待之如炊五斗黍许时，长吉竟死。王氏姊非能造作谓长吉者，实所见如此。

帝果有苑圃、宫室、观阁之玩耶？苟信然，则天之高邈，帝之尊严，亦宜有人物文采愈此世者，何独眷眷于长吉而使其不寿耶？噫，又岂世所谓才而奇者，不独地上少，即天上亦不多耶？长吉生二十七年，位不过奉礼太常，时人亦多排摈毁斥⑦之。又岂才而奇者，帝独重之，而人反不重耶？又岂人见会胜帝耶？

【注解】

① 选自《中国古代文苑精品》，东方出版中心社1996年版。李商隐（约813—858），字义山，晚唐著名诗人，和杜牧合称"小李杜"，与温庭筠合称为"温李"。

② 程限：让人遵循的标准、规范。

③ 欻（xū）：忽然。

④ 阿（mí）：母亲。

⑤ 勃勃（bó bó）：烟气向上的样子。

⑥ 嘒（huì）管：声音轻微的管乐器。

⑦ 排摈毁斥：排挤诽谤。

【译文】

李长吉身材纤瘦，双眉几乎相连，手指很长，像爪子一样，写诗反复推敲，并能快速写成。他的才华最先被韩愈所了解。与长吉交往的人中，以王参元、杨敬之、权璩、崔植等人最为密切。长吉每天早上出门，与朋友们一同出游,从不先确立题目再写诗,也不像他人那样凑合成篇,把符合作诗的规范死板地记在心里。他常常带着一个小书童,骑着弱驴,背着一个破旧的锦袋,有了心得感受,就写下来投入袋中。等到晚上回来,他的母亲让婢女拿过锦袋,取出里面的诗稿,见所写的稿子很多,就说:"这个孩子要呕出心才罢休啊!"说完就点灯,送饭给长吉吃。长吉让婢女取出草稿,研好墨,铺好纸,把那些诗稿补成完整的诗,再投入其他袋子,只要不是碰上大醉和吊丧的日子,他全都这样做,过后也不再去看那些作品,王参元、杨敬之等经常过来从袋中取出诗稿抄好带走。长吉常常独自骑驴来往于京城长安和洛阳之间,所到之处有时写了作品,也随意丢弃,所以沈子明家仅有四卷。

李长吉快要去世的时候,忽然在白天里看见一个穿着红色丝帛衣服的人驾着红色的苍龙,拿着一块木板,上面写着如远古的篆体字或石鼓文般的字体,说是召唤长吉,长吉全都不认识,忽然下床磕头说:"我母亲老了,而且生着病,我不愿意去啊。"红衣人笑着说:"天帝刚刚建成一座白玉楼,马上召你去为楼写记。天上的生活还算快乐,并不痛苦。"长吉独自哭泣,旁边的人都看见了。一会儿,长吉气绝。他平时所住房屋的窗子里,有烟气袅袅向上空升腾,还听到行车的声音和微微的奏乐声。长吉的母亲赶紧制止他人的哭声,等了如同煮熟五斗小米那么长时间,长吉最终死了。嫁入王家的姐姐不是那种编造、虚构故事来描述长吉的人,她所见到的确实像这样。

唉,天空碧蓝而又高远,天上确实有天帝吗?天帝真的有林苑园圃、宫殿房屋、亭观楼阁这些东西吗?如果确实如此,那么上天这么高远,天帝这么尊贵,天上也应该有文学才华超过这个世上的人物啊,为什么唯独对长吉眷顾而使他不长寿呢？唉，又难道是世上所说的有才华而且奇异的人，不仅仅地上少，就是天上也不多吗？长吉活了二十七年，职位不过奉礼太常那样的小官，当时的人也多排挤诽谤他。又难道是有才华而且奇异的人，天帝特别重视他，而世人反倒不重视吗？又难道是人的见识会超过天帝吗？

阅读点拨

　　这篇小传以小见大，选取李贺生活中的若干片段进行插叙，全篇以"奇"字贯之，首段先写李贺外在风貌的清奇，再写李贺的交游情况，自然引出李贺诗歌创作之奇和性情之奇的叙述。第二段着力描绘李贺临终之奇。末段是对李贺的议论，并借题发挥，抒发了对李贺的惋惜和同情。在一连串的质问中，作者的身影若隐若现，他对自己命运和遭遇的感愤、慨叹也能隐约曲折地表达出来。此传集叙事、议论和曲折的抒情于一体，语言极为精练，读来感觉内容浑厚，意味深长。

于 成 龙 传①

　　于成龙,汉军镶黄旗人。康熙七年,授直隶乐亭知县。八年,署滦州知州。以罪囚脱逃降调②,乐亭民列其善政,两叩阍吁留③,下巡抚金世德勘实④,得复任。十八年,擢⑤通州知州。

　　二十一年,擢江宁知府。二十三年,上南巡至江宁,以成龙廉洁,传谕嘉之⑥,擢安徽按察使。二十五年,擢直隶巡抚。谕询:"畿辅重地利弊应兴革者,宜何先?"成龙奏:"弭盗⑦为先。奸恶之徒,仗旗下名色,窝藏匪类,有司明知而莫敢深究。嗣后有如此者,臣当执法治之。"既抵任,疏言⑧:"弭盗之方,在力行保甲,民间已遵行。惟旗下庄屯向不属州县,本旗统领远在京师,仅有拨什库在屯,未能约束。应令旗人与民户同编保甲,拨什库、乡长互相稽察,盗发,无问所劫为旗为民,协力救护。得盗,赏;藏盗、纵盗,罚。"下部议行。先后捕治旗丁沈颠、太监张进升及大盗司九、张破楼子等,置于法⑨。

　　三十三年,召诣京师。疏言运河、黄河堤卑薄者,均宜加筑高厚;河防各设专员,而无顾此失彼之虞⑩。又计河工所费繁多,请开捐例⑪,减成核收;并推广休革各员,上至布政使,皆得捐纳。上召成龙入,问:"开捐例得无累民?"成龙奏:"无累。"上曰:"捐纳之人,岂尽殷实? 大约称贷者⑫多,不朘削⑬百姓,则逋负⑭何由而偿?"成龙乃请罪。上因问:"尔尝短山东巡抚靳辅,谓减水坝不宜开,今果何如?"成龙曰:"臣彼时妄言,今亦视辅而行。"廷臣议成龙怀私妄奏,当夺官,上命留任,仍兴举简要各工。

三十七年,命以总督衔管直隶巡抚事。三月,请修永清、固安旧堤,挑浚浑河淤沙。十月竣工,诏赐名曰永定河,建庙以祀。三十八年,上南巡,临阅高家堰、归仁堤诸处,以增筑疏浚事宜,谕令筹办。寻以病乞假,命在任调治,遣医往视。三十九年,卒,赐祭葬如例,谥曰襄勤。

【注解】

① 选自《满汉名臣传》,黑龙江人民出版社1991年版。

② 降调:降职调走。

③ 两叩阍吁留:两度向朝廷申诉呼吁挽留(他)。

④ 勘实:调查核实。

⑤ 擢(zhuó):被提拔。

⑥ 传谕嘉之:传达皇上的诏令嘉奖他。

⑦ 弭盗:消除盗贼。

⑧ 疏言:给皇上上奏章。

⑨ 置于法:依法处置。

⑩ 虞：忧患。

⑪ 开捐例：启用纳资捐官的规例。

⑫ 称贷者：开口向别人借钱的人。

⑬ 朘（juān）削：剥削。

⑭ 逋（bū）负：拖欠的债务。

【译文】

　　于成龙，汉军镶黄旗人。康熙七年，被任命为直隶乐亭知县。八年，被委任滦州知州。因为罪犯脱逃，于成龙将被降职调走，乐亭百姓列出他施行的清明政治，两度向朝廷申诉，呼吁挽留他，皇上下旨巡抚金世德调查核实，得以恢复职任。十八年，被提拔为通州知州。

　　二十一年，于成龙被提拔为江宁知府。二十三年，皇上南巡到江宁，因为于成龙廉洁，传达诏令嘉奖他，于是被提拔为安徽按察使。二十五年，被提拔为直隶巡抚。皇上诏令询问："京城附近重要的地方，应兴利除弊，首要的事应当是什么？"于成龙上奏说："消除盗贼是根本。奸诈险恶之人依仗旗人的名义，私藏坏人，官吏清楚地知道却不敢深入追究。以后有这样的人，我定当执行法律惩治他们。"到任之后，上奏说："消除盗贼的方法，在于大力推行保甲制，这种制度民间已经遵照施行了。只有旗人的村子向来不属于州县管辖，本旗的统领又远在京师，只有拨什库在村里，不能按约定的条件管束他们。应当让旗人与民户共同编入保甲制，拨什库、乡长互相检查，发生盗劫，不用问是旗人还是民户，都协力救助保护。抓到盗贼的，一律赏赐；窝藏或放纵强盗的，一律惩罚。"皇上把这事交给相关部门商议执行。先后逮捕惩治了旗兵沈颠、太监张进升和大盗司九、张破楼子等人，都依法处置了。

三十三年，皇上征召于成龙到京师。于成龙上疏说运河、黄河低薄的堤坝，都应筑高加厚。河防各处设置负责人，从而没有顾此失彼的忧患。又计算治河工程耗资繁多，请求启用纳资捐官的规例，按官位品级核算收费；并推广到被罢免的各官员，上至布政使，都能捐资得官。皇上征召成龙入朝，问道："启用纳资捐官的规例能不累及百姓吗？"成龙回奏："不会连累百姓。"皇上说："纳资得官的人，哪里全都富裕？大概开口向别人借钱的人很多，如果不剥削百姓，那么拖欠的债务用什么来偿还？"成龙于是主动承认错误并请求惩罚。皇上于是问他："你曾经说山东巡抚靳辅的坏话，说泄洪的减水坝不应当打开，现今结果怎么样？"成龙说："我那时信口胡说，如今也效法靳辅那样去做。"朝中大臣责备成龙心存私念，胡乱上奏，应当削去官职；皇上让他复任原职，仍旧兴建检查各项重要的工程。

三十七年，于成龙凭总督的官衔身份兼管直隶巡抚的事务。三月，他请求修缮永清、固安旧堤，清除浑河沉积的淤沙。十月工程完工，皇帝诏令赐名其为永定河，建庙来祭祀。三十八年，皇上南巡，亲临察看高家堰、归仁堤各处，把增筑疏浚的事务，命令于成龙筹措办理。不久他因重病请假，皇上让他在任上调养治疗，还派太医前往照看。三十九年，于成龙辞世，皇上照例赐予祭葬之礼，加封谥号为襄勤。

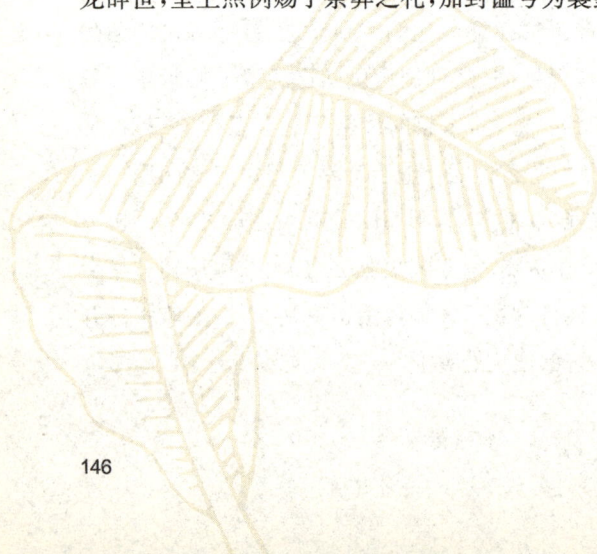

**阅读
点拨**

　　这篇传文以时间先后顺序展开故事内容，叙述了于成龙的为官经历。文中主要讲述了消除盗贼和治理河道两件事，一方面说明于成龙为人精明，才干超群，施政深得民心，操守清廉，深得皇上的充分肯定与超常擢用；另一方面也写到于成龙的不足之处。本文语言朴实自然，注重通过对话来揭示人物的个性品质，不为美化人物加以粉饰，尊重客观事实，人物形象饱满，增强了可信度。

秋 声 赋①

〔宋〕欧阳修

　　欧阳子方夜读书②，闻有声自西南来者，悚然③而听之，曰：异哉！初淅沥以萧飒④，忽奔腾而砰湃⑤，如波涛夜惊，风雨骤至。其触于物也，鏦鏦铮铮⑥，金铁皆鸣；又如赴敌之兵，衔枚疾走，不闻号令，但闻人马之行声。余谓童子："此何声也？汝出视之。"童子曰："星月皎洁，明河在天，四无人声，声在树间。"

　　余曰："噫嘻悲哉！此秋声也，胡为而来哉？盖夫秋之为状⑦也：其色惨淡，烟霏云敛⑧；其容清明，天高日晶；其气栗冽⑨，砭人肌骨；其意萧条，山川寂寥。故其为声也，凄凄切切，呼号奋发。丰草绿缛⑩而争茂，佳木葱茏而可悦；草拂之而色变，木遭之而叶脱；其所以摧败零落者，乃其一气之余烈。夫秋，刑官也，于时为阴；又兵象也，于行用金；是谓天地之义气，常以肃杀而为心。天之于物，春生秋实。故其在乐也，商声主西方之音；夷则为七月之律。商，伤也，物既老而悲伤；夷，戮也，物过盛而当杀。

　　"嗟乎！草木无情，有时飘零。人为动物，惟物之灵，百忧感其心，万事劳其形，有动于中，必摇其精。而况思其力之所不及，忧其智之所不能，宜其渥然⑪丹者为槁木，黟⑫然黑者为星星。奈何以非金石之质,欲与草木而争荣?念谁为之戕贼⑬,亦何恨乎秋声!"

童子莫对,垂头而睡。但闻四壁虫声唧唧,如助余之叹息。

【注解】

① 选自《欧阳修诗文集校笺》,上海古籍出版社 2009 年版。

② 欧阳子:作者自称。方:正在。

③ 悚(sǒng)然:惊惧的样子。

④ 初淅沥以萧飒:起初是淅淅沥沥的细雨带着萧飒的风声。

⑤ 砰湃:通"澎湃",波涛汹涌的声音。

⑥ 锵锵(cōng)铮铮:金属相击的声音。

⑦ 秋之为状:秋天所表现出来的意气容貌。

⑧ 烟霏:烟气浓重。云敛:云雾密聚。

⑨ 栗冽:寒冷。

⑩ 绿缛:碧绿繁茂。

⑪ 渥然:脸色红润的样子。

⑫ 黟(yī):黑。

⑬ 戕(qiāng)贼:残害。

【译文】

深夜,我正在读书,忽然听到有声音从西南方向传来,心里不禁悚然。我一听,惊道:"奇怪啊!"这声音初听时像淅淅沥沥的雨声,其中还夹杂着萧飒的风声,然后忽然变得汹涌澎湃起来,像是夜间海上波涛翻滚,风雨骤然而至。像是碰到物体上发出的铿锵之声,好像金属撞击的声音。再仔细听,又像衔枚奔走去袭击敌人的军队,但听不到任何号令,只听见人马行进的声音。于是我对童子说:"这是什么声音?你出去看看。"童子回答说:"月色皎皎,星光灿烂,浩瀚银河,高悬中天,四下里没有人声,那声音是从树林间传来的。"

我叹道:"唉,可悲啊!这就是秋声呀,它怎么突然就来了呢?秋天总是色调暗淡,烟飞云收;形貌清新明净,天空高远,日色明亮;秋日气候寒冷,刺人肌骨;意境寂寞冷落,没有生气;川流寂静,山林空旷。所以它发出的声音时而凄凄切切,呼号迅猛,不可遏止。绿草浓密丰美,争相繁茂,树木青翠茂盛,使人快乐。然而一旦秋风吹起,拂过草地,草就要变色;掠过森林,树就落叶。它所用来折断枝叶、使花草树木凋零的,便是一种构成天地万物的秋风的余威。秋天是刑官执法的季节,它在季节上属于阴;秋天又是兵器和用兵的象征,在五行上属于金。这就是常说的天地严凝之气,它常常以肃杀为意志。自然对于万物,是要它们在春天生长,在秋天结实。所以,秋天在音乐的五声中又属商声。商声是西方之声,夷则是七月的曲律之名。商,也就是'伤'的意思,万物衰老了就会悲伤。夷,是杀戮的意思,草木过了繁盛期就应该衰亡。

"唉!草木是无情之物,尚有衰败零落之时。人为动物,在万物中又最有灵性,无穷无尽的忧虑总煎熬着他的心绪,无数琐碎烦恼的事也会来劳累他的身体。只要内心被外物触动,就一定会动摇他的精神。更何况常常思虑自己力量之所不及的事情,忧虑自己的智慧之所不解的问题呢? 这自然会使他红润的面色变得苍老枯槁,由壮年时乌黑的头发变得年老、鬓发花白。既然如此,为什么要以非金石之肌体,去像草木那样争一时的荣盛呢? 人应当仔细思考究竟是什么给自己带来了这些残害,又何必去怨恨这秋声呢?"

书童没有应答,低头沉沉睡去。只听得四壁虫鸣唧唧,像在附和我的叹息。

阅读点拨

　　这篇用散文笔调写成的典型文赋,熔叙事、写景、抒情、状物、言理于一炉,让人如临其境,如睹其形,如闻其声。开头描摹无形的声响,突出其凄切悲凉,引出秋声。 接着描摹秋状烘托秋声,夹议夹叙,突显秋天的威力。 然后用无情的草木与有情的人类进行对比,感叹人为忧劳所累更容易衰老颓败。 最后以眠童、秋虫、静夜衬托作者的悲凉心境,照应篇首。 全文骈散结合,铺陈渲染,巧用比喻,由景入情,情感充沛,"有声之秋"与"无声之秋"的对比,自然界到社会人生的转换,条理分明。 无论叙事、状物还是写景、抒情、言理,皆流畅自如,和谐统一。 语气轻重和谐,节奏有张有弛,语言富于韵律,融入了作者对宦海沉浮、人生苦短的深沉感慨以及自我超脱的愿望。

登 楼 赋①

[东汉]王　粲

　　登兹楼以四望兮,聊暇②日以销忧。览斯宇之所处兮,实显敞而寡仇。挟清漳之通浦③兮,倚曲沮④之长洲。背坟衍⑤之广陆兮,临皋隰⑥之沃流。北弥陶牧,西接昭丘⑦。华实蔽野,黍稷盈畴。虽信美而非吾土兮,曾何足以少留!

　　遭纷浊而迁逝兮,漫逾纪以迄今。情眷眷而怀归兮,孰忧思之可任?凭轩槛以遥望兮,向北风而开襟。平原远而极目兮,蔽荆山之高岑。路逶迤而修迥兮,川既漾而济深。悲旧乡之壅隔兮,涕横坠而弗禁。昔尼父之在陈兮,有归欤之叹音。钟仪幽而楚奏兮,庄舄显而越吟⑧。人情同于怀土兮,岂穷达而异心!

　　惟日月之逾迈兮,俟河清⑨其未极。冀王道之一平兮,假高衢而骋力。惧匏瓜之徒悬兮⑩,畏井渫之莫食⑪。步栖迟以徙倚兮,白日忽其将匿。风萧瑟而并兴兮,天惨惨而无色。兽狂顾以求群兮,鸟相鸣而举翼。原野阒⑫其无人兮,征夫行而未息。心悽怆以感发兮,意忉怛而憯恻⑬。循阶除而下降兮,气交愤于胸臆。夜参半而不寐兮,怅盘桓以反侧。

【注解】

① 选自《文选》,中华书局 1977 年版。王粲(177—217),字仲宣,东汉末年文学家,其诗赋为建安七子之冠。

② 暇:通"假",借。

③ 通浦:两条河流相通之处。

④ 沮(jū):沮水,在当阳境内,与漳水会合南流入长江。

⑤ 坟衍(yǎn):地势高起为坟,广平为衍。

⑥ 皋隰(xí):水边之地为皋,低湿之地为隰。

⑦ 昭丘:楚昭王坟墓,在当阳县郊。

⑧ 庄舄(xì)显而越吟:越人庄舄在楚国做大官,病中思乡,仍发出越国的语音。

⑨ 河清:古以黄河水清喻时世太平。

⑩ 惧匏(páo)瓜之徒悬兮:以匏瓜徒悬喻不为世用。

⑪ 畏井渫(xiè)之莫食:除去井中污浊。比喻自己洁身自好却不被重用。

⑫ 阒(qù):寂静。

⑬ 怊(dāo)怛(dá):悲痛。憯(cǎn)恻:悽伤。

【译文】

　　我登楼眺望四周,想暂借闲暇的时光消解忧愁。这座楼宇所处的地方,实在是明亮开阔。它携着一汪清澈的漳水,与曲折沮水中长长的陆地相接。放眼望去,它背靠着高平广袤的陆地,俯临着高低起伏的水边之地,北边是陶朱公放牧的原野,西边连接着楚昭王的陵墓。花果遮蔽了原野,谷物布满了田地。此间美景非凡,却不是我的故乡,甚至不能让我暂且住下。

　　我因为遭逢纷乱混浊的世事而迁移流亡至此,到现在已经超过十二年。心中十分思念故乡希望归去,怎么能忍受这种思乡的忧愁啊!我凭栏远眺,面对着北风,敞开衣襟。北方的平原是那么遥远,纵目远望,视线便被荆山的高峰所阻隔。道路曲折漫长,河水浩大无边、深不可测。故乡被阻隔,我因此十分悲伤,眼泪情不能禁地落下。昔日孔子在陈国的时候,发出过"归欤"的叹息,想回到鲁国。钟仪被囚禁在晋国,却仍演奏楚国的地方乐曲;庄舄在楚国做了大官,仍说着家乡越国的方言。想来人思念故乡的感情是相通的,岂会因为穷困或显达而有所不同。

　　岁月如梭,光阴飞逝,天下太平要等到什么时候啊!我期望国家安定,在太平盛世施展自己的才能。我担心自己像葫芦瓢一样徒然挂在那里不被任用,害怕自己的才华如清澈井水无人饮用般不为世用。我独自漫步徘徊,不知不觉夕阳西沉。萧瑟寒风随之而起,天色也阴沉沉地暗下来。野兽慌忙地左顾右盼,寻找同伴;鸟雀也纷纷鸣叫着飞回巢穴。原野忽然间一片寂静,没有游人,只有征夫在匆匆赶路。我的心情凄凉悲怆,十分感伤,于是沿着台阶走下楼来,心中却气愤难平。一直到了半夜还不能入睡,惆怅徘徊,辗转反侧。

阅读
点拨

　　这篇抒情小赋，"忧"字贯穿全文。首段写登楼所见，次段叙怀乡之情，末段抒身世之惧，层次清晰。作者用铺叙手法，由登楼极目四望而生忧时伤事之慨，把感情抒发与明暗虚实变化的景物描写结合起来，并把眷恋故乡、怀才不遇之情巧妙地结合起来，使全篇惆怅凄怆的愁思感人至深。作者身当乱世，亲历离乱，避乱荆州；不为刘表所重，怀才不遇，宏图难展，蹉跎岁月，所以赋中充盈着思乡、怀国之情和怀才不遇的沉郁悲愤之叹，表现了作者对动乱时局的忧虑和对国家和平统一的希望，也倾吐了自己渴望施展抱负、建功立业的心情。沉郁的风格，清丽的语言，情景交融的手法，宏图难展的悲慨，隽永深长的意味，使之不愧为建安时期抒情小赋的杰作。

我思我行

【理解感悟】

❀ 通过本单元的学习，你对封建社会的官场有了怎样的认识？ 能结合具体文章来谈谈自己的感悟吗？

❀ 一字经纬法，又叫一字立骨法，就是用一个关键字去构建文章的框架，突现文章主旨，抒发作者情感。 本单元中有两篇文章将这种方法运用得相当精妙，你能发现吗？

【实践拓展】

❀ 从古至今，文人墨客对"秋"有着独特的情结，他们大多从秋天的衰颓、零落、凄冷中看到季节更替、时光易逝，体会到时不我待的悲剧性人生，通过对秋景的描写，来表达自己的深沉哀愁。 请你研读刘禹锡的《秋声赋》，领悟它与欧阳修之赋的区别。

【阅读延伸】

❀ 《苏东坡传》（林语堂 著）

　　"一家父子三词客，千古文章四大家"，此联上下交集于一人——大文豪苏东坡，北宋著名文学家、书法家、画家，在诗、词、散文、书、画等方面均取得了很高的成就。 其诗题材广阔，清新豪健，其散文著述宏富，豪放自如，欧阳修称赞他说："此人善读书，善用书，他日文章必独步天下。"想了解这个传奇人物吗？推荐阅读《苏东坡传》。

❀ **《毛泽东传》**（［美］罗斯·特里尔　著）

在历史的长河中，那些出类拔萃的伟人，或有非凡的思想、创造，或有非凡的业绩，他们的传记，可以为我们提供鲜活的研究视角。一个人的成长环境、时代背景，那个时代所涉及的主要问题，还有哪类事情在他的人生道路上发生过哪些影响，都是值得重视的。与伟人同行，与名人对话，与大师思想对接，会让我们的思想卓尔不群，推荐阅读《毛泽东传》。

传统文化知多少

走近古代鸿儒

1. 竹林七贤：嵇康、刘伶、阮籍、山涛、阮咸、向秀、王戎。

2. 建安七子：孔融、陈琳、王粲、徐干、阮瑀、应玚、刘桢。

3. 初唐四杰：王勃、杨炯、卢照邻、骆宾王。

4. 苏门四学士：黄庭坚、张耒、晁补之、秦观。

5. 明初诗文三大家：宋濂、刘基、高启。

6. 公安三袁：袁宗道、袁宏道、袁中道。

出版说明

"推动全民阅读，构建书香社会"已成为当前我国文化发展战略的重要组成部分，对建设社会主义文化强国，增强国家软实力和文化自信，实现中华民族伟大复兴的中国梦具有重要意义。 为了落实中央的指示精神，助推全民阅读，满足广大中小学生的阅读需求，我们特组织编写了这套"全民阅读·阶梯文库"。

分级阅读是国际上比较流行的一种阅读理念，比如蓝思分级法、A~Z分级法等，我国古代也有"少不看《水浒》，老不看《三国》"之说。 那么，怎样把合适的读物，在适当的时候，用适宜的方式推荐给适合的读者呢？ 这不仅需要社会责任感、理性公允心、文化担当与服务精神，也需要精准的辨识眼光与深厚的人文素养，因而也一直是我国教育出版界的"老大难"问题。 这套"全民阅读·阶梯文库"就是我们对阶梯阅读所做的一个积极尝试。

本文库努力体现全民阅读理念，以培养现代公民综合素养为宗旨，为青少年打下"精神的底子"，系好人生的"第一粒纽扣"。 文库按学前段、小学段、初中段和高中段进行编写，以各年龄段读者的心智特点与认知水平为划分依据，旨在体现阶梯阅读层级，激发阅读兴趣，养成阅读习惯，掌握阅读方法，丰富人文底蕴。学前段突出亲子阅读与图画阅读，重在培养好奇心与亲切感；小学段体现以儿童文学为主的综合阅读，重在培养对汉语言文字的亲近感；初中段分传统文化、科普科幻和文学三个分卷，重在培养对传统文化和文学作品的理解欣赏能力，提升科学素养；高中段分传统文化与科普科幻两个分卷，重在培养理解分析能力以及质疑探究能力。

当前，中国特色社会主义已进入新时代。作为教育出版工作者，我们无疑负有新时代文化传承与传播的神圣使命。这套"全民阅读·阶梯文库"在内容选择、精准阐释与价值传播上都做了一些探索，希望通过阶梯阅读的形式，推动全民阅读，倡导经典阅读与有价值的阅读。

本套书选文的作者多数我们已取得联系，部分未能联系上的作者，我们已委托中国文字著作权协会代付稿酬，敬请这些作者通过以下联系方式领取稿酬：

联系电话：010‐65978905/06/16/17 转 836

本书编写组

团　务　通

基层团务实用手册

（修订版）

共青团上海市委员会　编

上海交通大学出版社

内 容 提 要

本书根据近几年团建工作的发展和变化,对 2007 版的《团务通》进行了全面的修订。书中用简明的语言介绍基层团务工作的基本知识、基本规范和基本技能,着重阐述基层团组织和团干部在团建工作中"做什么"和"怎么做"。全书分六篇,内容包括:总论、共青团的基层组织建设、共青团员队伍建设、共青团干部队伍建设、共青团的实用工作方法和上海共青团品牌工作。书末的附录收录了共青团工作相关重要文件及《团章》。

本书可作为广大团员,特别是团干部开展共青团工作和青年工作的实用工具书。

图书在版编目(CIP)数据

团务通:基层团务实用手册/共青团上海市委员会编.
—修订版. —上海:上海交通大学出版社,2013(2020 重印)
ISBN 978-7-313-04758-8

Ⅰ. 团… Ⅱ. 共… Ⅲ. 中国共产主义青年团—共青团工作—手册 Ⅳ. D297-62

中国版本图书馆 CIP 数据核字(2013)第 038337 号

团 务 通
基层团务实用手册
(修订版)

共青团上海市委员会 编

上海交通大学出版社出版发行
(上海市番禺路 951 号 邮政编码 200030)
电话:64071208
苏州市越洋印刷有限公司 印刷 全国新华书店经销
开本:880mm×1230mm 1/32 印张:14.625 字数:451 千字
2007 年 4 月第 1 版 2013 年 4 月第 2 版 2020 年 4 月第 25 次印刷
ISBN 978-7-313-04758-8 定价:38.00 元

在继承中创新　在创新中发展

共青团上海市委书记　潘　敏

在共青团上海市第十四次代表大会即将召开之际,《团务通——基层团务实用手册(修订版)》正式出版了。在这样一个新老交替、承前启后的重要阶段,我们深深感到:每一位与共青团结缘的同志,都会心怀一份特殊的情感。这种情感,来源于共青团昂扬向上的组织文化,来源于共青团孜孜以求的岗位历练,更来源于共青团凝聚服务团员、青年的崇高使命和责任。而要将这种情感转化为推动事业发展的创新动力,转化为团员、青年感同身受的组织活力,不仅需要高高擎起理想的旗帜,进行艰辛的理论探索,更需要我们沉下心来,传承优良的工作传统,学习前辈的宝贵经验,通过熟练掌握共青团的基本工作规范和基础团务知识,实实在在地提升工作能力和水平。

《团务通——基层团务实用手册》正是这样一本集共青团的基础知识、基本规范和实务工作技能于一体的参考工具书。本书第一版自2007年4月问世以来,因其系统全面、科学规范、简明易懂,具有较强的实用性和针对性,在各级团组织和广大基层团干部中深受好评和欢迎,成为很多基层团务工作者案头的必备工具书。2012年,我们组织共青团上海市委机关干部和具有丰富团务工作经验的基层团干部,历时半年,对本书第一版进行了认真细致的修改、补充和完善。修订版体现了以下几个特点:一是时代性。全书贯穿着中央、中共上海市委近年来重要会议和领导重要讲话的精神，融汇了团的十六大以来团中央书记处的重要工作思考、工作部署和工作要求，凝练了上海共青团以"进一步密切团青关系"为主方向，突出教育引导这一核心，抓住团的建设这一主线，把握服务这一重点的积极探索。二是规范性。本书紧紧围绕团的基层组织工作这一主题，以中央领导、团中央领导有关团的建设的重要讲话精神为指导，以中央、中共上海市委、团中央以及共青团上海市委的政策性文件为依据，力求保证团务工作的规程和操作办法条条有出处、处处有根据。三是系统性。本书共六篇，涵盖了团的基层组织建设，团员、团干部队伍建设等方方面面的工作，同时吸收了上海共青团各条线、各领域的重点品牌工作，可以说是一本做好基层团务工作的小百科全书。四是实用性。全书尽可能地使用通俗易懂、简明扼要的语言阐述基层团务工作的具体做法，深入浅出地告诉基层团组织和团干部到底"做什么"和"怎么做"。

岁月如歌，共青团的事业总是在继承中创新，在创新中发展，需要一批又一批团干部接续奋斗。基础团务工作，既是共青团事业继往开来的基础保障，也是团的工作创新发展的重要内容。我们真心地希望，修订再版的《团务通——基层团务实用手册》能够为全市各级团组织做好团的基础工作提供切实有效的帮助和方便；我们也真诚地期盼，广大团干部能够学习好、运用好这本工具书，并在工作实践中不断丰富它、完善它，为团的事业发展共同奠定坚实基础。

目　　录

第一篇 总 论

第一章 共青团的性质、任务、根本职责

一、团的性质

1. 团的性质

共青团的性质是共青团的内在规定性,它揭示了共青团组织的本质特征。《团章》把共青团组织的性质表述为"中国共产主义青年团是中国共产党领导的先进青年的群众组织,是广大青年在实践中学习中国特色社会主义和共产主义的学校,是中国共产党的助手和后备军。"

2. 思想性、政治性同群众性、社会性统一

共青团是党的助手和后备军,是先进青年的群众组织,这就决定了共青团既有思想性、政治性的一面,也有群众性、社会性的一面。各级团组织要始终牢牢把握党团之间的重要政治关系和团的根本职责,牢牢把握胡锦涛同志对共青团提出的"两个全体青年"目标和团的四项基本职能,紧紧围绕思想性、政治性和社会性、群众性这两方面的根本属性来开展工作。共青团的思想性、政治性属性与群众性、社会性属性是有机统一、相辅相成的,团的思想性和政治性是我们开展工作必须要牢牢把握的根本要求。

二、团的任务

共青团的任务,是指共青团的奋斗目标和为达到目标而承担的责任。

1. 团的奋斗目标

中国共产主义青年团坚决拥护中国共产党的纲领,以马克思列宁主义、毛泽东思想、邓小平理论、"三个代表"重要思想为行动指南,深入贯彻落实科学发展观,解放思想,实事求是,与时俱进,求真务实,团结全国各族青年,为把我国建设成为富强民主文明和谐的社会主义现代化国家,为最终实现共产主义而奋斗。

2. 团的基本任务

团在现阶段的基本任务是:"高举中国特色社会主义伟大旗帜,坚定不移地贯彻党在社会主义初级阶段的基本路线,以经济建设为中心,坚持四项基本原则,坚持改革开放,用社会主义核心价值体系教育青年,在建设中国特色的社会主义的伟大实践中,造就有理想、有道德、有文化、有纪律的接班人,不断巩固和扩大党执政的青年群众基础,努力为党输送新鲜血液,为国家培养青年建设人才,团结带领广大青年,自力更生,艰苦创业,积极推动社会主义经济建设、政治建设、文化建设、社会建设,为全面建设小康社会,加快推进社会主义现代化贡献智慧和力量。"

三、团的根本职责

党的要求和青年的使命始终决定着共青团的光荣职责。我们党已经从领导人民为夺取全国政权而奋斗的党,成为领导人民掌握全国政权并长期执政的党。基于这一判断,《团的十六大报告》指出:"共青团作为党领导的先进青年的群众组织,在新的历史条件下,必须不断巩固和扩大党执政的青年群众基础，团结带领青年为实现中华民族伟大复兴而奋斗。这是共青团的根本职责所在。"

在新的历史条件下，为了实现共青团的奋斗目标和根本职责，就要求各级团组织紧紧围绕履行根本职责，坚持先进性与群众性的统一，充分发挥党的助手和后备军作用、国家政权的重要社会支柱作用、党和政府联系青少年群众的桥梁和纽带作用，从增强共青团在青年中的吸引力和凝聚力入手，切实做好组织青年、引导青年、服务青年和维护青少年合法权益的工作。

第二章　党对共青团的领导

一、党团政治关系

《党章》规定，共青团是中国共产党领导的先进青年的群众组织，是广大青年在实践中学习中国特色社会主义和共产主义的学校，是党的助手和后备军，这是团的性质的根本点。因此，《团章》规定："中国共产主义青年团中央委员会受中国共产党中央委员会领导，团的地方组织和基层组织受同级党的委员会领导，同时受团的上级组织领导。"

中国共产党是中国工人阶级的先锋队，同时是中国人民和中华民族的先锋队，是中国特色社会主义事业的领导核心，代表中国先进生产力的发展要求，代表中国先进文化的前进方向，代表中国最广大人民的根本利益。共青团是在党的直接领导下建立和发展起来的，中国共产党是共青团的组织者和领导者。共青团的历史表明：保证党的领导是共青团全部工作中最主要和最重要的一点，是共青团的生命线，是共青团能够不断胜利前进的最根本的保证。任何时候，共青团都必须坚持正确的政治方向，同党中央在政治上、思想上、行动上保持高度的一致。因此，共青团受同级党委和上级团组织的双重领导，以同级党委领导为主。共青团要通过创造性的、充分体现时代特点和青年特点的工作，把党的主张变成团的决议和广大青年的自觉行动，充分发挥党的助手作用。

二、党对团领导的主要内容

中国共产党是共青团的组织者和领导者。党对共青团实行领导的主要内容有：

（1）政治上的领导。指导共青团组织贯彻落实党中央的方针、政策和有关群众工作的指示，从而保证共青团坚持正确的政治方向。

（2）思想上的领导。要求共青团组织以马列主义、毛泽东思想、邓小平理论和"三个代表"重要思想作为全部活动的指导思想，坚持用共产主义思想教育团员青年，抵制和反对封建主义、资产阶级的各种错误思想。

（3）组织上的领导。要求共青团坚持民主集中制原则，有严格的组织纪律，坚持团员条件，真正把具备入团条件的先进青年吸收入团，加强共青团干部队伍建设，按照干部队伍"四化"的标准，帮助同级团组织配备好领导班子，协商、推荐同级团组织的主要负责人。

（4）工作上的领导。帮助同级团组织研究、决定工作中的重大问题，协调团组织与政府部门及其他群众组织之间的关系，从而保证团组织围绕党的中心工作，适应青年特点，开展丰富多彩的独立活动，团结和带领广大青年为完成党的各项工作任务而奋斗。

三、党对团领导的主要方式

（1）定期研究团的工作。建立健全必要的工作制度，及时研究团组织提请党组织讨论的问题。党组织专门研究团的工作，每年不少于一次。

（2）传达上级指示。及时向团组织传达上级党委关于共青团工作的指示，让团组织阅读和听取有关文件和领导讲话，及时掌握上级精神。

（3）听取汇报。定期听取团组织的工作汇报，讨论团的工作，帮助团组织正确把握不同时期的工作中心，帮助解决工作中遇到的问题和困难。

（4）加强团干部队伍建设。按照党管干部，即以党委管理为主，团组织协助管理的原则，抓好团的领导班子建设和团干部的培养、选拔和配备工作。

（5）吸收团干部参加会议。各级党委选配团委负责人，最好由相当同级党委委员或下一级党委书记的干部担任。积极落实《党章》中"团的县级和县级以下各级委员会书记,企业事业单位的团委员会书记,是党员的,可以列席同级党的委员会和常务委员会的会议"的规定。

(6)积极关心支持团组织工作。支持团组织根据法律和《团章》独立自主地开展工作,支持团组织在维护全国人民总利益的同时,更好地维护青年的具体利益,充分发挥团组织在思想政治教育中的作用,在国家和社会事务中的民主参与、民主监督作用,以及党联系青年的桥梁和纽带作用。

(7)制定有关政策。党组织以文件、通知、规定等形式,对共青团工作提出某些要求和规定,从政策上保证各方面重视和支持团的工作,加强团的建设。

四、坚持党建带团建

共青团是党领导的先进青年的群众组织,是党的助手和后备军。党中央高度重视共青团工作,始终把共青团建设纳入党的建设总体规划之中。近年来,各级党委及组织部门从思想、组织、作风和制度等方面积极探索基层党建带团建的有效途径,取得了明显成效。实践证明,加强基层党建带团建工作,是充分发挥共青团生力军和突击队作用,完成党的中心任务的重要保证;是活跃基层、打牢基础,扩大党的工作覆盖面和影响力的迫切需要;是为党的队伍源源不断注入新鲜血液,保证党的事业薪火相传、后继有人的战略任务。

随着我国经济社会的深刻变革,青年的流动更加频繁,思维更加活跃,诉求更加多样,团的建设面临许多新机遇和新挑战,这对基层党建带团建工作也提出了新的更高的要求。各级党组织要牢固树立赢得青年就是赢得未来的思想,切实加强对共青团工作的领导,深入研究基层党建和团建工作的特点与规律,解决突出问题,加强薄弱环节,以改革创新精神推进基层党建带团建工作,努力使团的基层组织网络覆盖全体青年,团的各项工作和活动影响全体青年。

在新的历史条件下,基层党建带团建的总体要求是:以邓小平理论、"三个代表"重要思想和科学发展观为指导，紧紧围绕改革发展稳定大局，以带团干部队伍建设为关键，以带基层组织建设为基础，以创先争优活动为载体，推动建立广泛覆盖、富有活力的团的基层组织，教育团员带头坚定信念、带头勤奋学习、带头争创佳绩、带头弘扬新风，造就一支忠诚党的事业、热爱团的岗位、竭诚服务青年的团干部队伍，不断增强基层团组织的吸引力、凝聚力和战斗力。

第三章 共青团的四项基本职能

一、组织青年

1. 充分认识加强团的基层组织建设和基层工作的重要性

加强团的基层组织建设和基层工作是实现胡锦涛同志对共青团提出的"两个全体青年"目标的必然要求。"两个全体青年"的目标,是党根据青年群众工作的新形势,对共青团建设和工作提出的新要求。加强团的基层组织建设和基层工作是共青团履行根本职责、实现各项职能、保持自身活力的"生命力工程"。从党与人民群众保持血肉联系的政治逻辑出发,作为执政党的青年组织,共青团的根本价值在于同广大普通青年的关系,不断巩固和扩大党执政的青年群众基础。团的基层组织和基层工作处在共青团与广大青年的边界上,是共青团联系广大普通青年最重要、最普遍的路径和载体。同时,团的工作和建设的主要问题和薄弱环节也在基层。因此,要站在做好党的青年群众工作的战略高度,站在巩固人民政权所需要的群众工作基础的战略高度,重视和加强团的基层组织建设和基层工作。

加强团的基层组织建设和基层工作是做好新形势下党的青年群众工作的重要前提。党的十七届五中全会进一步强调了新形势下群众工作的重要性和紧迫性,鲜明地提出党的最大政治优势是密切联系群众,党执政后的最大危险是脱离群众,对共青团等人民团体做好群众工作提出了明确要求。共青团真正具有广泛普遍性的青年群众工作主要靠团的基层组织去做,没有覆盖广泛、充满活力的基层团组织,共青团就不能与广大普通青年保持紧密联系,就会失去生命力的源泉;没有覆盖广泛、充满活力的基层团组织,共青团就不能履行巩固和扩大党执政的青年群众基础的根本职责,就会丧失作为党的助手和后备军的根本价值。对此,各级团组织和广大团干部要有清醒的思想认识。

2. 加强团的基层组织建设和基层工作的总体思路

各级共青团组织要贯彻落实胡锦涛同志提出的"坚持眼睛向下、重心下移,力争使团的基层组织网络覆盖全体青年,使团的各项工作和活动影响全体青年"的重要要求,特别是要以基层组织网络覆盖全体青年为基础,努力实现全团真正意义上工作活力的焕发。全面加强团的基层组织建设,就是要做到哪里有青年哪里就有团的工作,哪里有团员哪里就有团的组织,哪里有团组织哪里就有健全的组织生活和团组织作用的充分发挥。加强团的基层组织建设和基层工作的总体思路是:按照提高团的建设科学化水平的要求,坚持党建带团建,紧紧围绕"两条主线"和"三个关键",坚持狠抓基层方向不动摇,坚持抓工作活力与抓组织建设并重,深入推进团的基层组织建设和基层工作,努力构建以共青团为枢纽的青年组织体系,大力加强团员、团干部队伍建设,为推动团的事业新发展提供更加有力的组织保证。

3. 加强团的基层组织建设和基层工作的两条主线

(1) 继续强化层级化组织载体建设。继续巩固和扩大学校、农村、城市社区、国有企业、机关事业单位等层级化组织载体领域团的组织覆盖,继续完善团的基层组织体系,着力消除团建"空白点"。在学校、国有企业、机关事业单位,力争达到 100% 的建团率;在农村、城市社区,针对人员流动、青年分布情况,合理调整基层组织设置方式,积极推动基层组织建设。结合层级化组织载体领域单位或组织的根本任务和运行特点,激发基层团组织的活力,充分发挥其吸引、凝聚团员青年的作用。在守住县级团组织目前作为"桥头堡"的基础上,努力把共青团组织和工作面向基层的"桥头堡"推向乡镇一级。

努力消除机关事业单位和国有企业团的组织空白,在符合建团条件的机关事业单位,要根据青年沟通、交流、聚集和联系方式,不拘泥于行政格局,灵活建立团的组织;对没有团员或团员数量不足的机关,可以在党委统一领导下设立青年工作机构,共青团承担其日常工作。机关事业单位共青团工作既要做好单位内部青年人的工作,还要发挥带动和辐射作用,将服务对象和工作对象中的青年纳入到团的工作体系中。要继续加强国有企业共青团工作,努力实现地(市)所属以上的国有企业团组织全覆盖,而且还要向车间班组等基层组织延伸,努力联系覆盖更多的普通青年。深化乡镇、街道团组织格局的创新工作,坚定地把共青团面向基层的"桥头堡"向乡镇、街道一级推进;制定乡镇、街道团组织工作条例,促进乡镇、街道团的工作的规范化;积极争取党委和政府支持,各级团的领导机关共同行动,努力为各乡镇、街道团组织提供经费支持,争取形成制度安排;做好对乡镇、街道共青团工作内容的系统梳理,形成工作制度加以推广。

(2)大力推进非层级化组织载体建设。运用市场、情感、兴趣爱好等社会机理,运用青年喜欢的沟通、交流、聚集和联络方式,加强具有群众性、社会性的非层级化的组织载体建设,大力推进驻外团组织建设、非公有制企业团建、青年自组织团建、网络团建、青年兴趣组织团建等工作,以各种非层级化的组织形式实现对广大普通青年的多领域、多渠道覆盖。同时,善于通过青年企业家协会、志愿者协会等团属社团发挥作用,扩大团组织对团员青年的吸引和凝聚,不断强化和提高团的领导机关的规划、统筹、决策、指导作用。

在驻外团组织建设方面,把联系人作为首要任务,通过扩大委员会规模、优化委员会成员结构、派生基层组织,进一步拓宽驻外团组织直接联系青年的渠道;坚持以联系为主、联系与服务相结合,围绕青年农民工在就业培训、学习成才、情感婚恋、身心健康、城市融入等方面的需求,开展力所能及的帮助和服务,增强团组织对他们的吸引和凝聚。按照"建组织以流出地为主、流入地配合,发挥组织作用以流入地为主、流出地配合"的原则,加强流入地、流出地协作共管机制建设,流入地要全面落实开展交叉兼职、建立联席会议、提供支持保障、开放活动阵地、做好干部培训、开展表彰激励、联系普通青年、派生基层组织等重要职责,使驻外团组织更加深入地融入所在地团的组织和工作体系。

在非公有制企业团建方面,充分借助党建的带动,保持非公有制企业团建工作力度不减。同时,着力巩固已建立的非公有制企业团组织,找准团的根本属性、根本任务与企业生产经营功能相融合的切入点,进一步明确工作思路、工作内容和工作载体,广泛开展"达标创优"活动,不断提升组织活力。

在新社会组织团建方面,重点加强律师事务所、会计师事务所等社会中介机构和民办非学历教育培训机构团组织组建工作,积极依托行业主管部门或行业性组织进行团的组织载体设计,增强组织建设的有效性。

在青年自组织团建、青年兴趣组织团建方面,推动城市和县级团委摸清青年自组织、青年兴趣组织的数量、结构和运行特点,并通过切实有效的服务建立起与他们的经常性联系。在此基础上,积极探索推动青年自组织团建,逐步将其纳入联系、服务和引导范围,加快构建以共青团为枢纽的青年组织体系。

在网络团建方面,加强对网络组织特性的研究,积极探索在实体网络组织和虚拟网络组织中实现团的组织存在、工作和活动影响的方式,以及利用网络等新媒体手段推进团的工作的方式方法。

4. 加强团的基层组织建设和基层工作的三个关键环节

团的领导机关要全力支持团的基层组织开展工作,在制度保障、工作内容设计、干部配备三个关键环节为基层开展工作提供必要条件:①加强基层团建工作的制度保障,争取党政给予政策支持和制度保障,多方筹措基本工作经费,给予人力的支持,创造更好的工作条件。②完善基层团组织工作内容设计,结合本地区、系统、单位的工作实际和青年的聚集特点及兴趣爱好,对基层团组织工作内容进行梳理、设计。③加强对基层团干部的选拔配备、教育管理、培养锻炼、双重管理等机制建设,建设一支能够适应基层共青团工作要求的团干部队伍。

5. 加强基层团组织建设和基层工作中应注意把握的十条原则和共青团吸引凝聚青年的五条路径

团十六大后,团中央书记处在各地加强基层组织建设和基层工作中探索出的大量经验的基础上,按照"青年在哪里,团组织就建在哪里;社会怎样使青年聚集,就用怎样的方式建立团组织"的基本思路,总结出了当前加强团的基层组织建设需要重点把握的十条原则和吸引凝聚青年的五条路径。

(1) 十条原则是:

① 坚持党建带团建,当前要注意借助党政工作在基层形成的新格局和新成果,力争使基层团建与党建紧密结合。

② 紧紧围绕市场经济条件下社会中存在的各类组织的根本任务和功能,找准基层团的工作的切入点。

③ 根据青年喜欢的沟通、交流、联络和聚集的新方式,大胆探索和创新基层团组织建设的有效载体和途径。

④ 把团的有影响力的工作和活动与团的建设结合起来,善于把工作成效转化为组织建设成果。

⑤ 分析市场经济条件下各类经济组织的经济活动和商业模式的新变化,找到推动团建的有效途径。

⑥ 把发现和培养青年能人作为基层团建的前提性战略任务,选拔各领域的青年能人到团的岗位上。

⑦ 把党团组织的"大道理"转化为青年易于接受的"小道理",既关注青年成长发展中的"大事",又关注青年工作生活中的"小事"。

⑧ 坚持在团的工作中形成的好做法,对好的工作项目要连续抓、持久抓。

⑨ 充分尊重基层的创造力,鼓励基层积极探索、大胆创新。

⑩ 先帮助青年成立交流性组织,再在具备条件的青年组织当中探索成立团组织。

(2) 五条路径是:

① 靠先进思想。

② 靠对青年合理利益诉求的尊重和服务。

③ 靠对青年特有兴趣的满足。

④ 靠对青年职业生涯发展所需要的社会化技能的培养。

⑤ 靠第一线团干部的人格魅力和对青年的感情。

6. 上海共青团组织工作重点

按照上海市委和团中央加强基层组织建设的要求,遵循青年群体分布、聚集、沟通、联络方式变化的特点和内在规律,大胆探索和创新基层团组织建设的有效载体和途径,努力构建党领导下的,以共青团为核心,以青联、学联、少先队为骨干,以青年中心、团属青年社团为外围,以青年自组织为延伸的、开放的组织体系,推动各类青年群体组织化,扩大共青团的基层组织覆盖,不断提升基层团组织活力。

(1)在地区系统,进一步明确区县、社区(街道)、乡镇团组织的功能定位,建立健全区域化团建工作的协调机制,充分整合区域内外资源,努力形成各级团组织积极参与、整体推进区域化团建的工作合力;着力加强乡镇、街道一级团组织建设,推进乡镇实体化大团委建设工作,继续加大对其资源的倾斜力度,加强乡镇、街道各类专、兼职团干部队伍建设;抓好非公企业团建,坚持"建活并举"的方针,继续加大建团力度,注重规范化建设,加强对新建非公团组织的引导和服务。

(2)在青工系统,进一步深化"网格化"团建,突破传统的单位、系统、行业和地域的限制,努力扩大团的工作范围和工作领域,同时通过岗位建功、人才培养等项目的注入,提升"网格"的功能层次,促进资源共享、信息互通、工作互动;根据上海市委提出的"劳务派遣工党员原则上以实际工作单位党组织管理为主"的要求,推动国有企业、机关和事业单位团组织切实将派遣制员工纳入团组织联系和服务范围;切实推进市级系统团工委建设,明确职能定位、管理范围和工作职责,推动干部力量配备和经费保障,切实发挥市级系统团工委的带动和牵动作用。

(3)在学校系统,紧密围绕学校党政育人工作中心,将推进团的组织建设与加强学生骨干培养、社会实践、科技创新、校园文化、就业创业等工作有机结合,推进中学"团支部成长计划"和高校"活力团支部"建设,扶持和加强民办高校、独立学院和中等职业学校的团建工作;指导和加强各级学联、学生会组织建设,引导和推动各级各类学生社团健康发展,促进团组织全面活跃。

(4)深入推进来沪务工青年的团建工作,大力推动外省区市各级驻沪团工委及其直属团组织建设工作,加强青年志愿者组织、青年企业家协会等驻沪团组织外围组织建设,推动省、市级驻沪团工委与区县、街镇团组织加强工作对接,探索建立工作项目联动机制,推动各级驻沪团工委纳入上海共青团的组织体系和工作体系。

(5) 加强新社会组织团建工作。大力加强青年社会组织、青年自组织、青年兴趣组织等团建工作,努力将更多青年社会组织纳入到以共青团为枢纽的青年组织体系,发挥其在促进青年成长和服务社会方面的积极作用;把青年社会组织建设作为区域化团建工作的重要内容,通过成立青年民间组织服务机构,搭建服务平台,加强有效联系。

二、引导青年

1. 大力加强理想信念教育

理想信念教育是引导青少年工作的核心任务,具体应做好以下三项工作:

(1) 深入开展理论武装工作。在广大青少年中深入开展中国特色社会主义理论体系教育活动,用马克思主义中国化最新成果武装青少年头脑,引导青少年深入学习、实践科学发展观,树立科学发展的意识,增强促进科学发展的能力,善于运用科学理论辨析社会现象,夯实坚定理想信念的思想基础。

(2) 广泛开展中国特色社会主义共同理想教育。围绕各重大时间节点,以"我与祖国共奋进"为主题,在广大青少年中广泛开展各种形式的国情教育和实践活动,引导青少年正确看待我国发展中的成绩、问题和矛盾,增进民族自豪感和自信心,增强成才报国的使命感和责任感,牢固树立中国特色社会主义的共同理想。

(3) 大力培养青年马克思主义者。以大学生、团干部和青年知识分子中的优秀骨干为重点,通过理论培训、社会实践、挂职锻炼、对外交流等途径,不断提高青年骨干运用科学理论分析和解决问题的能力,增进对党和人民群众的感情,增强对马克思主义的信仰。

2. 积极探索分类教育引导青年的方式方法

根据不同年龄段青少年的身心特点和成长规律，结合不同青年群体的思想实际及其所在社会组织的根本任务和功能，针对不同领域青年思想意识的关键点，探索不同的工作途径和方法，提高教育引导的针对性和实效性。

（1）分年龄段加强教育引导。构建团队一体化分层教育体系，按照"系统规划、有效衔接、分层实施"的要求，研究学校共青团、少先队组织在每一个层级的任务，总体上把握内在的整体一致性，使学校共青团、少先队思想教育的内容以及学生的党、团、队组织意识实现有效衔接。对中小学生，根据他们的生理、心理、行为特征和规律，注重探索有效方式，灌输、培养他们对党和社会主义祖国的朴素感情，引导他们有爱心，养成良好的道德行为习惯，增强国家意识、公民意识、科学意识和劳动意识；对大学生，坚持社会实践与社会观察相结合，注重探索系统的、有理论说服力的、有实践支持的结合方式，引导大学生始终坚持爱国主义、社会主义和党的领导的高度统一，把民族精神和时代精神相结合、个人成就和社会责任相结合，坚定跟党走中国特色社会主义道路的理想信念。

（2）分群体加强教育引导。在引导各类青年坚定跟党走中国特色社会主义道路理想信念的基础上，还要加强分类教育引导。引导农村青年牢牢把握党对新农村建设的根本要求，增强科技致富意识，倡导新的生产生活方式。加强对青年职工的职业道德教育，深入开展青年文明号创建活动，引导青年敬业爱岗，诚实守信，弘扬职业文明。以爱国主义和民族团结为重点，在广大青少年特别是民族地区青少年中深入开展马克思主义祖国观、民族观和宗教观教育，帮助青少年了解民族区域自治等制度，引导各族青少年树立中国特色社会主义共同理想，自觉促进共同团结奋斗、共同繁荣发展。加强对不同界别青年代表人士的思想引导，高举爱国主义和社会主义旗帜，强化感情纽带，加强组织联系，积极开展服务，引导他们进一步认同中国特色社会主义道路和实现中华民族伟大复兴的目标，增强使命感和责任感，把力量融入到服务祖国和社会的实践之中。

3. 构建影响青少年的传媒体系

充分发挥传媒对青少年的影响力,善于把教育引导的目标、内容通过各种传媒有效地渗透、传递给青少年。

(1)加强团属传媒建设。坚持正确的舆论导向,巩固报刊、出版阵地,拓展网络媒体,探索手机、电视、广播等其他大众媒体,更好地发挥校园媒体、企业媒体的作用,努力打造定位明确、特色鲜明、功能互补、覆盖广泛的团属传媒体系。坚持分众化、对象化,面向团的组织、团的干部、团员青年、少先队员和社会读者等不同层级,不断加强内容建设和渠道建设,使团属传媒成为传播先进思想、扩大共青团影响力的重要渠道。

(2)加强网上引导。积极推进团属网络资源整合,建设好中国青年网、中国共青团网、青少年爱国主义教育网站以及各级团组织的骨干网站。运用博客、网络视频、手机报等新的媒体形式,增强对青少年的吸引。依托网络开展舆情分析、思想引导和文明上网教育,使网络成为引导青少年的生动课堂。

(3)加强与社会媒体合作。借助社会上各种报刊、广播、电视、网站等主流媒体力量,宣传和展示团的工作,扩大团的影响,树立可学、可亲、可敬的青少年典型,影响和引导广大青少年。

4. 上海共青团宣传工作重点

上海共青团在遵循党的要求、把握自身特点和不断实践探索的基础上,形成一套体系完整的青年思想引导方法,依托特色品牌活动和项目对青年开展思想引导。

(1)用核心价值培育青年。依托组织体系、媒体传播体系等向青年进行思想意识传播,开展价值观念教育,如开展"永远跟党走"主题教育活动、"我与祖国共奋进"主题实践活动、"真理的力量"理论宣讲活动、高校"青年马克思主义者"培养工程等活动。

(2)用道德力量感召青年。开展具有针对性、多样性、实效性的思想道德教育实践活动,引导青少年固守道德底线,坚持高尚品行,践行价值取向,如实施"城市文明新约"推广计划,开展"公正、包容、责任、诚信"思想道德主题教育实践活动等。

(3)用文化活动吸引青年。运用文化活动、时尚吸引等文化手段开展思想引导,将思想性、趣味性、社会性融于一体,如开展上海青年文化风尚季、上海青年创意汇、微博摄影大赛、微电影大赛等文化创意活动,在展示青年文化的同时,激发青年爱国热情,追求真、善、美的价值取向。

(4)用实践感悟教育青年。让青年在实践中感受、体会、形成和巩固正确的思想认识,如开展"理想之路"红色之旅寻访活动、大学生"三下乡"社会实践活动、"三·五学雷锋"志愿行动、"一·二五"国际志愿者日集中行动等,进行参观走访、社会考察、志愿服务,帮助青年认清国情、坚定理想、牢记使命。

(5)用典型示范引领青年。用先进个人、集体榜样的力量影响、感召青年,如评选上海市青年"五四"奖章(集体)、上海文化新人、上海市优秀青年志愿者、上海十大公益先锋等,为广大青年提供学习借鉴的优秀榜样。

三、服务青年

1. 服务青年工作的基本思路

当代青年成长发展的环境发生了深刻变化,青的需求更加广泛、具体。要全面把握青年身心健康、个人成长、事业发展、社会参与和权利表达的不同需求,深入研究政府、市场和社会组织服务青年的总体供给机制,找准共青团的工作切入点,实施工作项目,把服务青年的工作进一步做深做实。胡锦涛同志在纪念中国共产主义青年团成立90周年大会上的讲话中指出,要着力提高服务青年能力,把为青年服务作为共青团一切工作的出发点和落脚点,为广大团员青年学习、工作、生活提供实实在在的帮助,让他们真正感受到党和政府的关怀、团组织的关爱。

共青团服务青年工作的基本思路是：

（1）重点服务迫切需求。要高度重视、配合政府做好青年就业促进工作，调动一切可以调动的资源，全面推进青年就业、创业行动，帮助青年提高就业技能，扶持青年自主创业，推动青年就业、创业政策的制定和落实。要努力服务青年学习成才，为青年职工、青年农民学习新知识新技能提供帮助，为大中学生开展实践锻炼创造条件；要关心青年的身心健康，帮助青年缓解人际沟通、社会竞争、恋爱婚姻等方面遇到的压力，让青年朝气蓬勃地学习、工作和生活。

（2）优先服务困难群众。困难青少年群众最需要帮助，共青团要热情关心、扎实服务。要积极帮助家庭经济困难学生，针对不同地区的实际情况，深化和拓展希望工程；要开展济困助学、勤工助学、就业见习等活动，鼓励家庭经济困难学生自立自强，顺利完成学业，努力实现就业。切实关爱农村留守未成年人、进城务工家庭子女、零就业家庭子女、社区闲散青少年和孤残青少年，为他们提供情感关怀、学习指导和生活扶助。想方设法帮助进城务工青年和农村贫困青年解决实际困难。热情关心失足青少年，帮助他们健康成长。

（3）努力增强服务能力。要适应政府职能转变，积极参与和促进制定政府青少年事业发展规划，承担政府委托的青少年事务。善于运用市场机制，借助社会中介组织力量，广泛动员社会资源，大力发展青少年公益事业，为青少年服务。协调团内资源，发挥好青少年发展基金会、青少年教育文化机构、青少年活动阵地的作用，丰富服务项目，为服务青少年提供有力依托。

2. 服务青年工作的四条路径

着力提高服务青年能力，是当前共青团面临的现实挑战。一方面，诸如教育、就业等青年核心需求，最根本的还是要通过政府提供公共服务、市场机制等渠道来满足；另一方面，目前在青年多样化的需求面前，共青团服务青年的整体能力仍有待进一步提升。在市场经济条件下，服务青年不能只靠热情，要努力在机制、体制、职能上下工夫。共青团要注意用好服务青年工作的四条路径：①积极争取党政支持，努力克服经费、人员等方面的不足；②上级团组织要加大支持基层的力度，以经费拨付、项目支持等多种形式将资源向基层倾斜；③坚持拓展社会化动员途径，发挥好共青团社会化动员的优势；④努力形成社会功能，通过希望工程、青年志愿者行动、青年文明号等团的重要工作和活动产生积极的社会成效。

3. 服务青年工作的主要任务

共青团中央在《共青团工作五年纲要（2009～2013）》中，提出共青团服务青年工作的五项任务。

（1）加强技能培训：

① 深入推进大学生素质拓展计划和大学生"挑战杯"竞赛活动，帮助大学生切实提高综合素质和求职就业的技能。

② 深化青工技能振兴计划和青年岗位能手活动，开展技能培训、技能竞赛等工作，拓展工作领域，丰富职业类别，帮助青年职工提高职业素质和创新能力。

③ 加强对农村青年和进城务工青年的培训，开展"订单式"的科技培训和技能素质培训，帮助他们提高发展现代农业、务工经商的能力，培养一大批农村青年致富带头人。

（2）开展信息服务。充分发挥团的组织网络优势，统筹城市和农村、输出地和流入地、学校和企业及城市社区的各类就业信息，为青年与用工岗位之间搭建及时、有效的对接平台。动员各方面资源和力量，努力为家庭经济困难高校毕业生提供就业机会。

（3）推进阵地建设：

① 建设一大批全团统一品牌的共青团"青年就业创业见习基地"。充分发挥共青团社会化动员的优势，广泛动员社会资源，为青年特别是大学生就业和未来创业提供实践机会，积累工作经验。

② 建设共青团农村青年就业培训基地。结合农村青年增收致富的愿望和农村致富带头人扩大生产规模的需求，依托农业产业化大户生产基地，组织农村青年开展实用技术培训。

③ 加强各地青年就业、创业服务中心建设。遵循市场化原则,推动青年就业、创业服务项目的深度开发。

(4) 提供资金扶持:

① 设立青年就业创业基金。多渠道筹措资金,在团中央、省(区、市)团委分两级设立统一品牌的青年就业创业基金,鼓励有条件的地市级团委成立基金。

② 实施青年创业小额担保贷款项目。加强与有关金融机构的合作,兼顾各方的利益平衡,积极探索小额贷款的担保方式创新和解决风险控制问题,为青年创业提供有效融资支持。

(5) 深化青年创业带头人项目。继续推进青年创业国际计划(YBC)。根据青年的创业需求,动员社会各界特别是工商界的力量为青年创业带头人提供咨询及技术、网络支持,组建专业团队,开展项目管理评估、项目孵化和创业指导等系列服务,提高青年创业的成功率。

4. 上海共青团服务工作重点

(1) 积极促进青年就业创业。抓观念引导,激励青年投身创业实践;抓技能培训,全面培训青年专业工作技能;抓岗位对接,加强青年就业、创业见习基地规范化建设;抓创业扶持,加强青年创业服务平台建设,扩大线下创业咨询点规模。

(2) 全面实施关爱来沪青少年的"牵手行动"。围绕"牵手同行、融汇浦江"的主题,推出六大计划,设计统一标识,帮助来沪青少年更好地融入城市。针对家庭经济困难的来沪青少年,开展"冬日阳光"青春温暖行动;针对建设领域来沪务工青年,组织开展送"四书"活动;针对来沪务工人员子女,推动青年志愿者与来沪人员子女建立结对关系。

(3) 编制实施服务青少年发展的专项规划。围绕"让青少年生活有更好憧憬"的主题,编制实施《上海市青少年发展"十二五"规划》(列入上海"十二五"市级专项规划),在公民素养、身心健康、教育学习、就业创业、参与融合、维权及犯罪预防等六个优先领域,依托建设青少年活动中心,推动《上海市预防未成年人犯罪条例》立法工作等九大实事项目,促进青少年全面成长和发展。

四、维护青少年合法权益

1. 共青团权益工作的基本思路

当前共青团权益工作的基本思路，即《共青团工作五年纲要(2009～2013)》提出的"三个结合"和"一个制度性安排"。

(1)"三个结合"：①把维护青少年合法权益和引导青年有序政治参与结合起来。这就要求一方面要坚持青少年权益保护工作的底线，加强青少年在身心健康、日常生活等方面最基本权利的保护；另一方面要更加注重青少年发展性维权。②把关注个案和关注普遍性的权益问题相结合。共青团作为党的青年组织，要关注个案维权，进一步从个案里面寻求普遍性的诉求，研究共性规律；同时更要关注普遍性维权，通过普遍性维权，争取绝大多数青年群众的认可和支持。③把代表和反映青少年普遍性利益诉求和相关法律法规的贯彻落实结合起来。这就要求更加注重程序性维权。在社会利益格局深刻变动、青少年流动分布结构深刻变化的情况下，青年群体的同质化显著增大，青年利益需求的群体差、时间差、地域差在显著增强。维权工作中很难兼顾所有利益主体的诉求，这就需要注重结合相关法律法规的贯彻落实。

(2)"一个制度性安排"：探索建立维护青少年合法权益的制度性安排。制度性的安排具有更普遍、更广泛的意义，它可以更加有效支持共青团长期、持续、稳定地开展维权工作，也可以支持共青团更好地为党做好青年工作。

2. 维护青少年权益工作的特点

(1)长期性、整体性。在内容和形式上，团的权益工作与团的其他战线的工作有十分明显的区别，工作方式有很大不同。要在权益工作中取得进展和突破，需要进行长期准备和不懈努力，以短期政绩观的态度和方式来做，将很难成功。

(2)权威性、科学性。权益工作的内容一方面涉及法律法规等制度力量,工作交往的往往是立法、司法、行政等部门;另一方面,涉及的往往是普遍性的权益问题,打交道的往往是数量庞大、情况复杂的规模性群体。因此,这项工作始终要求深入、准确、扎实的调研,系统的思考和比较。只有经过长期扎实的调研和系统的思考,共青团才能保证向人大代表、政协委员以及有关部门提供的数据、材料以及意见、建议等具有较强的说服力,才可能扎实有效地推动工作。

(3) 非活动性。权益工作本质上不是以搞活动的方式来推动的,而是需要长期深入调研,经常与有关部门沟通协商、讨论研究、交流情况、交换意见等。当然,许多权益工作项目也需要不断创新工作和活动载体,通过活动影响更多青少年。可以说,团的权益工作是活动载体和非活动方式的结合,且更多是非活动的方式。

3. 维护青少年权益工作的重要原则

维护青少年权益工作要把握好以下八个重要原则:

(1) 注重把维护青少年合法权益与引导青年的有序政治参与结合起来。

(2) 把关注个案与关注普遍性的权益问题结合起来。

(3) 把代表和反映青少年的普遍性利益诉求与相关法律法规的贯彻落实结合起来。

(4) 探索建立维护青少年合法权益的制度性安排。

(5) 善于把握好权益工作的工作节奏:①深入准确的调查研究;②建设性地提出适度、合理的工作建议和意见;③把握时机、区分问题,有选择性地公开进行组织呼吁。特别要指出,在触碰一些涉及普遍性权益的敏感群体和问题时,需要讲究方式方法,在进行深入调研后,需要深入思考,准确把握节奏和时机,在共青团工作的能力范围内提出解决问题的建议。

(6) 关注弱势群体中具有普遍性的权益问题。要关注那些更集中、更突出、更具有普遍性的问题。要从那些社会关注、关系弱势群体切身利益的问题入手。

(7) 善于运用社会化动员方式,调动社会各方面力量,形成维权的整体队伍。要充分发挥共青团在社会化动员方式上的优势，广泛调动各种力量，努力形成一支专兼结合的维权工作队伍。

（8）高度重视对普遍性权益问题、涉及大规模青少年群体利益的重大问题的深入研究。要努力做到定性分析和定量分析相结合，实证分析和规范分析相结合，要深入、准确地把问题研究清楚。

4. 共青团权益工作的主要任务

（1）深化共青团与人大代表、政协委员面对面活动。在广泛听取青年意愿心声的基础上推动青少年权益问题的解决，进而扩大活动的影响力。

（2）落实预防青少年违法犯罪和未成年人保护各项措施。要深化青少年群体服务管理和预防犯罪试点工作，重点抓好有不良行为青少年和闲散青少年服务管理工作，并推动完善青少年法律法规体系。

（3）用好新媒体，推进 12355 青少年服务台建设。要拓展 12355青少年服务台功能，积极利用新媒体拓展权益工作领域。

（4）构建青少年维权工作的组织化体系，深化青少年思想道德和法制宣传教育，加强权益部门自身建设，进一步提升团组织维护青年合法权益的社会形象。

5. 上海共青团权益工作重点

按照"三个结合和一个制度性安排"的工作要求，深入研究青少年社会管理创新的组织化机制和体系建设，重点做好以下五方面工作：

（1）体现工作作为、提升工作能力，以热线、项目、机制、基础建设为重点，全力推进 12355 上海青春在线青少年公共服务中心建设。

（2）把握全局重点、体现有效维权，全力打造上海共青团"牵手行动"、共青团与人大代表和政协委员面对面、"爱心上海"青年公益主题行动、"青少年维权岗"等工作品牌项目。

（3）不断加强上海市青年工作联席会议制度建设，重点围绕《上海市青少年发展"十二五"规划》和上海市青少年发展指标体系，探索共青团协助政府管理青年事务的新方向。

（4）继续深化预防和减少青少年违法犯罪工作体系，重点提升项目化、专业化、社会化和组织化水平，有效控制和降低青少年违法犯罪率。

（5）从理论研究、队伍建设、信息化建设、资源整合、宣传推广等五个方面夯实工作基础，努力强化上海共青团权益工作保障，争取实现权益工作服务、建设、保障三位一体齐头并进，不断提升上海共青团权益工作的项目化、专业化、品牌化和社会化程度。

五、四项基本职能的内在逻辑联系

共青团的四项职能是既有逻辑前提、又紧密联系的体系，组织青年是重要任务也是重要前提，与服务青年、维护青少年合法权益之间相互促进，引导青年是根本任务。要切实把青年广泛组织起来，提高服务青年、维护青少年合法权益的能力水平，并以此为基础对青年进行有效引导，使广大青年坚定跟党走中国特色社会主义道路的理想信念。

第四章　共青团面临的挑战及应对

一、党的历史方位发生变化

在不同历史阶段,党的中心任务和青年历史责任的不断发展,决定了共青团的职责有着不同的表现形式。当前,党的历史方位从革命党向执政党转变,从计划经济条件下的执政党向市场经济条件下的执政党转变,党为人民服务的宗旨主要是通过执政行为来实现,并且党组织在加强自身建设,探索在社会生活中发挥作用有许多新创造。共青团作为执政党的青年组织,还没有完全适应党的历史方位的转变,缺少在这一转变下通过执政行为发挥作用的路径。

因此,共青团一方面要努力探索跟上执政党执政功能发挥作用的转换路径,另一方面要紧紧跟上党建的步伐,探索在社会生活中发挥作用的路径。要紧紧围绕党的中心任务,牢牢抓住市场经济条件下每一类社会组织的根本任务和功能,找准工作切入点,探索在社会生活中新的路径。例如,在农村,要以农村青年不甘于现状、渴望致富发展为根本动力,围绕新农村建设的任务来开展工作;在企业,要以服务企业生产经营为前提,找准服务企业与服务青年的结合点,开展好思想性、技能培养性、娱乐性工作;在社区,要围绕社区需要的安全性、便利性、健康性、娱乐性、互助性功能开展工作。

二、青年政治意识表达方式发生变化

当前,青年政治意识表达方式呈现出新的特点,主要表现为常态下政治意识淡化,出现重大事件时会有集中的表达。在这种背景下,共青团作为思想性、政治性很强的组织,如何真正地吸引、凝聚青年,也面临着严峻挑战。

　　面对青年的政治意识表达方式的新变化,共青团要靠先进思想、靠对青年合理利益诉求的尊重和服务、靠对青年特有兴趣的满足、靠对青年未来职业生涯发展过程中所需要的社会化技能的培养、靠广大团干部对青年的感情,切实增强对青年的吸引和凝聚,把广大青年团结、凝聚在党的周围。

三、科技进步与工业化、城镇化进程对青年生活、行为和交流方式带来深刻影响

　　网络和新媒体已经成为青年的生活方式和生活环境,过去传统的空间聚集方式、行政化组织体系中的聚集方式受到了严峻挑战。面对这一挑战,共青团组织要敢于打破行政化格局,善于用青年喜欢的新的沟通、交流、聚集和联络的方式作为新的组织建设和工作载体,大胆探索和创新团组织建设的有效载体和路径。

第五章　共青团的组织

一、团的组织原则

1. 民主集中制

民主集中制原则是共青团的组织原则,中国共产主义青年团是按照民主集中制组织起来的统一整体。团的民主集中制的基本原则是:①团员个人服从组织,少数服从多数,下级组织服从上级组织。②团的全国领导机关是团的全国代表大会和它产生的中央委员会。地方各级团的领导机关,是同级团的代表大会和它产生的团的委员会,团的各级委员会向同级代表大会负责并报告工作。③团的各级领导机关,除它们派出的代表机关外,都由选举产生。④团的各级领导机关应当经常听取并认真处理下级组织和团员的意见;团的下级组织既要向上级组织请示、报告工作,又要独立负责地解决自己职责范围内的问题。团的各级组织要使团员对团内事务有更多的了解和参与。⑤团的各级委员会实行集体领导和个人分工负责相结合的制度。民主集中制的组织原则,反映了团的领导者与被领导者的关系,团的上级组织与下级组织的关系,团员与团组织的关系,是进行团内正常生活的准则。

2. 团的代表大会制度

团的代表大会制度是共青团组织体制的根本体现,是团的民主集中制原则的重要组成方面。团的代表大会是团的组织的最高权力机关。为了保证团代表大会的权威性和严肃性,团内选举规则根据《团章》规定,对各级团代表大会的届期、职权、规模、代表构成与产生办法,召集会议方式及召开会议的报批程序等都作了具体规定。这些规定的总和就成为团的代表大会制度的基本内容，它是团内重要的组织制度。

《团章》规定，团的全国领导机关，是团的全国代表大会和它产生的中央委员会；地方各级团的领导机关，是同级团的代表大会和它产生的团的委员会。这是因为团的各级代表大会的代表是由团员直接或间接选举产生的，他们集中反映了全国或该地区广大团员的意志。团的代表大会，不但要听取和审查同级团的委员会的工作报告，讨论决定有关团的工作的重大问题，而且要选举团的同级领导机构。但是，由于团的代表大会几年才召开一次，不可能成为团组织的日常领导机关，因此，在团代表大会闭会期间，只能由它选举产生的委员会作为全国或该地区的领导机关。这样，团的各级代表大会和它产生的委员会，就成为团的各级领导机关。

二、团的中央、地方、基层组织

1. 团的全国领导机关

团的全国领导机关是团的全国代表大会和由它产生的中央委员会。团的全国代表大会每五年举行一次，由共青团中央委员会召集，在特殊情况下，可以提前或延期举行。全国代表大会代表的名额及产生办法，由中央委员会决定。团的全国代表大会的职权是：

（1）审查和批准中央委员会的工作报告。

（2）讨论和决定全团的工作方针、任务和有关重大事项。

（3）修改团的章程。

（4）选举中央委员会。在全国代表大会闭会期间，中央委员会执行全国代表大会的决议，领导团的全部工作。

团的中央委员会全体会议选举常务委员若干人，组成常务委员会；选举第一书记一人和书记若干人，组成书记处。中央委员会全体会议由常务委员会召集，每年至少举行一次。在中央委员会全体会议和常务委员会闭会期间，书记处行使中央委员会的职权。

2. 团的地方各级领导机关

团的地方各级领导机关，是团的地方各级代表大会和它产生的团的委员会。团的省、自治区、直辖市、省辖市、自治州代表大会每五年举行一次。团的县（市、旗）、自治县、市辖区代表大会每三年举行一次。团的地方各级代表大会由同级团的委员会召集。在特殊情况下，经同级党的委员会和团的上级委员会批准，可以提前或延期举行。

团的地方各级代表大会的职权是：

（1）审查和批准同级委员会的工作报告。

（2）讨论和决定该地区团的工作任务和有关重要事项。

（3）选举同级委员会。

（4）选举出席上一级团的代表大会的代表。

团的地方各级委员会在代表大会闭会期间，执行上级团组织的指示和同级团的代表大会的决议，领导本地方团的工作，定期向上级团的委员会报告工作。

团的地方各级委员会全体会议选举各该级委员会的常务委员会和书记、副书记。团的地方各级委员会全体会议由常务委员会召集，每年至少举行一次。在委员会全体会议闭会期间，由常务委员会行使委员会的职权。团的地方各级委员会的组成，必须经同级党的委员会和上级团的委员会批准。

3. 团的基层组织

企业、农村、机关、学校、科研院所、街道、人民解放军连队、人民武装警察部队中队和其他基层单位，凡是有团员三人以上的，都应当建立团的基层组织。团的基层组织，根据工作需要和团员人数，经上级团的委员会批准，分别设立团的基层委员会、总支部委员会、支部委员会：

（1）团员在3人以上的单位可以建立支部委员会。

（2）团员在30人以上的单位，可以建立总支部委员会。

（3）团员在100人以上的单位，可以建立基层委员会。

在基层委员会、总支部下可建立支部。如果工作需要，在基层委员会下也可以建立总支部。在一个支部内可以分若干个小组。

支部委员会、总支部委员会由团员大会选举产生，每届任期两年或三年，其中大、中学校学生支部委员会每届任期一年。基层委员会由团员大会或代表大会选举产生，每届任期两年或三年。

团的基层组织设置应从实际出发，可以不完全与党组织和行政建制对应。根据街道社区、非公有制经济组织、社会团体、社会中介组织等单位和领域的特点，可以灵活设置团的组织。

团的基层组织是团的工作和活动的基本单位，应该充分发挥团结教育青年的核心作用。团的基层组织的基本任务是：

（1）组织团员和青年学习马克思主义、毛泽东思想、邓小平理论、"三个代表"重要思想和科学发展观，学习党的路线、方针和政策，学习科学、文化和业务。

（2）宣传、执行党和团组织的指示和决议，参与民主管理和民主监督，充分发挥团员的模范作用，团结带领青年积极投身改革开放和现代化建设，为物质文明和精神文明建设作贡献。

（3）教育团员和青年学习革命前辈，继承党的优良传统，发扬社会主义道德风尚，树立与改革开放和社会发展相适应的新观念，自觉抵制不良倾向，坚决同各种违法犯罪行为作斗争。

（4）了解和反映团员与青年的思想、要求，维护他们的权益，关心他们的学习、工作、生活和休息，开展文化、娱乐、体育活动。

（5）对要求入团的青年进行培养教育，做好经常性发展团员工作，收缴团费，办理超龄团员的离团手续。

（6）对团员进行教育和管理，健全团的组织生活，开展批评和自我批评，监督团员切实履行义务，保障团员的权利不受侵犯，表彰先进，执行团的纪律。

（7）对团员进行党的基本知识教育，推荐优秀团员为党的发展对象；发现和培养青年中的优秀人才，推荐他们进入更重要的生产和工作岗位。

4. 团的派出代表机关(工作委员会)

团的县级以上各级委员会可以派出代表机关。团的派出代表机关受同级党的委员会和派出它的团的委员会领导,其任务是根据派出它的团的委员会的授权,领导本级党和国家机关或本行业(系统)、本地区团的工作。团的派出代表机关,属于工作委员会的性质,不是团的一级权力机关,不需要选举产生,不设常务委员会。团的派出代表机关的组成人员可以由同级党组织提名,并与上级团组织协商,取得一致意见后,由党组织任命。

第六章 团旗、团徽、团歌

一、团旗

1. 团旗的象征意义

中国共产主义青年团团旗旗面为红色,象征革命胜利;左上角缀黄色五角星,周围环绕黄色圆圈,象征中国青年一代紧密团结在中国共产党周围。

附图:团旗

2. 团旗的通用尺度

团旗为长方形,它的长与高之比为 3∶2,通用的尺度有三种:①长288 厘米,高 192 厘米;②长 192 厘米,高 128 厘米;③长 96 厘米,高 64厘米。

3. 团旗的使用

《团章》第三十一条规定:"团的重要会议以及团日活动可以使用团

旗。"其具体使用方法是：

团的各级代表大会和代表会议、团员大会以及举行新团员入团宣誓仪式的会场，可以悬挂团旗，也可以同时悬挂党旗。团旗和党旗同时悬挂时，党旗应挂在面向的左方，团旗挂在面向的右方。

团日活动可以使用团旗。在重大节日期间，共青团各级机关门口，只悬挂国旗，不悬挂团旗。

二、团徽

1. 团徽的象征意义

中国共产主义青年团团徽，是中国共产主义青年团的标志。它象征着共青团在马克思列宁主义、毛泽东思想的光辉照耀下，团结各族青年，朝着党所指引的方向奋勇前进。

附图：团徽

2. 团徽的内容

团徽的内容为团旗、齿轮、麦穗、初升的太阳及其光芒，写有"中国共青团"五字的绶带。团徽涂色为金红二色。团旗的旗面和绶带为红色，团旗上的五角星和环绕它的圆圈、旗边、旗杆、齿轮、麦穗、初升的太阳及其光芒、"中国共青团"五个字都为金色。

3. 团徽的使用

(1) 团的全国代表大会和代表会议的会场、团的地方各级代表大会和代表会议的会场,可以悬挂团徽;共青团中央和省、自治区、直辖市委机关的会议室,可以悬挂团徽。团委机关门口,不悬挂团徽。

(2) 团的省级以上委员会以"共青团号"命名的火车、轮船、汽车、电车等,可以悬挂团徽。

(3) 共青团各级组织在自己颁发的奖状、奖旗、奖章、证书、光荣簿和其他荣誉性文书、证件上,在团的报刊上,可以加印团徽。

(4) 中国共产主义青年团团徽可制成徽章,颁发给共青团员佩戴。

三、团　歌

1. 团歌

光荣啊！中国共青团

1=A 4/4

胡宏伟词
雷雨声曲

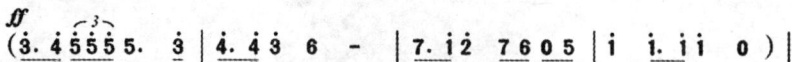

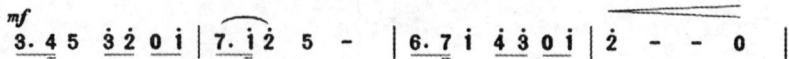

朝气蓬勃地　中速

ff
(3.4̲5̲5̲5̲5̲5. 3̲ | 4.4̲3̲ 6 - | 7.1̲2̲ 7̲6̲0̲5̲ | i i.i̲ i̲i̲ 0)|

mf
3.4̲5̲ 3̲2̲0̲i̲ | 7.1̲2̲ 5 - | 6.7̲i̲ 4̲3̲0̲i̲ | 2 - - 0 |
我　们是五月　的　花　海，　用青春拥抱　时　代。

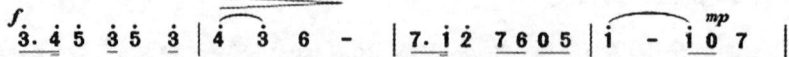

f
3.4̲5̲ 3̲5̲ 3̲ | 4̲3̲ 6 - | 7.1̲2̲ 7̲6̲0̲5̲ | i - 1̲0̲7̲ |
我　们是初升的　太　阳，　用生命点燃未　来。　　"五

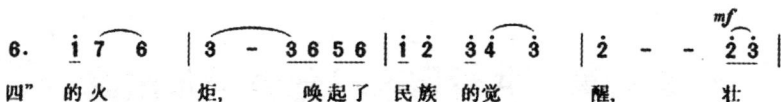

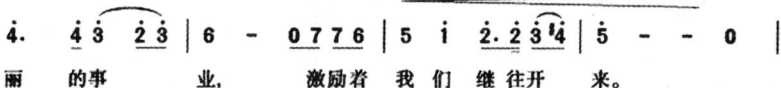

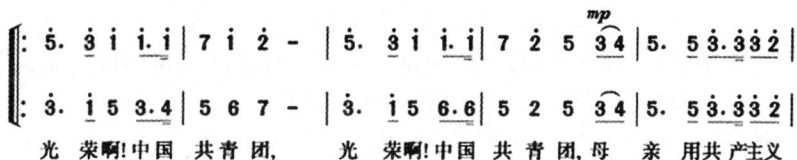

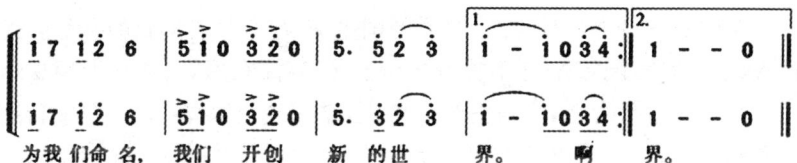

四"的火 炬, 唤起了 民族 的觉 醒, 壮

丽 的事 业, 激励着 我们 继往开 来。

光 荣啊!中国 共青 团, 光 荣啊!中国 共青 团,母 亲用共产主义

为我们命名, 我们 开创 新 的世 界。 啊界。

2. 团歌的使用

团歌适宜在以下场合及范围使用(演奏或演唱):

(1) 共青团全国代表大会、代表会议、中央全会;共青团省、自治区、直辖市、市、县代表大会、代表会议、全委会。

(2) 基层团的代表大会、代表会议和团员大会。

(3) 基层团总支、团支部团员大会。

(4) 各级团组织举办的各种大型集会和团的集体活动。

第七章 共青团与其他青少年组织

一、团与青年联合会的关系

青年联合会是中国共产党领导下的我国基本的人民团体之一,是以共青团为核心力量的各青年团体的联合组织,是各族各界青年广泛的爱国统一战线组织。全国青联及各省级青联是同级政协的组成团体之一。

全国青联的基本任务是:高举爱国主义、社会主义的旗帜,团结、教育各族各界青年;鼓励青年学习马列主义、毛泽东思想、邓小平理论和"三个代表"重要思想,学习科学发展观,学习现代科学技术、文化和法律知识;最广泛地代表和维护各族各界青年的合法权益;引导青年积极健康地参与社会生活,努力为各族各界青年健康成长、奋发成才服务;加强同台湾青年、港澳青年及国外青年侨胞的联系和团结,发展同世界各国青年的联系和友谊;为巩固和发展我国社会安定团结的局面,推进我国的改革开放和社会主义现代化建设,推动社会主义经济建设、政治建设、文化建设、社会建设以及生态文明建设,促进祖国统一和维护世界和平,把我国建设成为富强、民主、文明、和谐的社会主义国家而奋斗。

青年联合会实行团体会员制。青年联合会的委员,由各会员团体推荐、协商产生的代表和特别邀请的各族各界青年的代表出任,根据行业及身份特征分成若干界别。青联委员是在青年中有一定影响的各族各界青年优秀人才或代表人物,汇聚党政、教育、科技、社科、医卫、文体、工业、金融、农业、企业等不同领域的优秀青年,每届任期三至五年。

青年联合会主席、副主席、常委由全体会议选举产生。全体会议闭会期间,由常委会主持会务。常委会下设秘书处,由秘书长主持秘书处日常工作。

周恩来同志在最初提出成立青联时曾指出："全国青年联合会可称为青年团体的联合组织，新民主主义青年团亦以团体资格参加，并起领导作用。"在1958年召开的全国青联第三次全国代表大会通过的章程表述："中国全国青年联合会是中国各青年团体的联合组织。它的核心力量是中国共产主义青年团。"在此后历届会议通过的章程中，共青团与青联的这一关系都得到了肯定。共青团虽然是青联的核心力量，在青联中起领导的作用，但是不能以共青团取代或是替代青联。共青团作为一个青年团体加入全国青联，和其他成员一样，需要承担义务，积极与青联配合，共同完成青联的历史任务。

二、团与学生联合会的关系

共青团与学联都是党领导下的青年组织，是党联系、教育青年的桥梁和纽带，共青团与学联在历史上就是相互配合而开展工作的。共青团在学生运动中一直配合党起着领导作用，早在1923年于上海重新组建全国学生联合会时就有早期的社会主义青年团员参加，在争取民族独立解放的斗争中青年团员成为学生运动的骨干分子。

共青团与学联虽然都是共产党领导下的青年群众组织，但是，共青团在组织规模、成员觉悟程度，在国家政治生活与社会生活中的作用、地位方面，都要高于学联。共青团和学联的关系是指导与被指导的关系。共青团指导和帮助各级学联组织，是党组织交给共青团的一项任务，也是学联工作的历来传统。中华全国学生联合会章程明确规定：本会按照民主集中制的组织原则，在中国共产党的领导和中国共产主义青年团的指导下，依照国家的法律、法规和本组织的章程，独立自主地开展工作。一方面学联应该自觉地接受共青团的领导，另一方面共青团对学联的工作应给予主动关心和帮助，主要是在指导思想、工作原则、组织建设和重大决策上的指导。在加强指导、帮助的同时，共青团也要支持学联依据章程独立自主地开展工作，发挥学联在学生自我服务、自我管理、自我教育中的主导作用，调动学生干部的积极性，强化学联的服务功能。

事实上,在许多有关青年的工作中,经常是共青团发起,共青团、学联与青联三个组织共同参与。共青团的许多工作离不开学联的配合。因此,主动指导与争取学联的协助和支持,是共青团的主要工作之一。

三、团与少年先锋队的关系

中国少年先锋队是中国少年儿童的群众组织,是少年儿童学习中国特色社会主义和共产主义的学校,是建设社会主义和共产主义的预备队。中国共产主义青年团受中国共产党的委托领导中国少年先锋队的工作。共青团要发扬"全团带队"的传统,健全少先队组织和各级工作机构,支持少先队创造性地开展活动,保护和关心少年儿童的成长,坚持以社会主义思想和共产主义精神教育少年儿童,引导他们听党的话,好好学习,天天向上,爱祖国,爱人民,爱劳动,爱科学,爱护公共财物,锻炼身体,培养能力,争当热爱祖国、理想远大,勤奋学习、追求上进,品德优良、团结友爱,体魄强健、活泼开朗的"四好"少年,时刻准备着为建设富强民主、文明和谐的社会主义现代化国家贡献智慧和力量。中学共青团组织应加强对少先队员入团前的培养教育,少先队组织应积极推荐优秀少先队员作为团的发展对象。

团的组织选派优秀团员或者聘请思想进步、作风正派、知识丰富、热爱少年儿童的教师、先进人物以及其他人员,担任少年先锋队的辅导员,并从思想上、工作上、生活上关心他们,帮助他们不断提高政治和业务水平。对有显著成绩的辅导员和少先队工作者,应当给以表扬和奖励。

共青团与少先队是领导与被领导的关系。具体表现在两个方面:①加强对少先队的直接领导,是共青团组织的重要职责。少年儿童是祖国的未来,党把领导少先队的任务交给共青团,就是把祖国和未来交给共青团。培养和教育少先队员,直接影响共青团的自身建设,影响共青团的素质。②对少先队工作的直接领导是共青团工作的重要组成部分,团员和队员在年龄、生理和心理上具有差异性,同时也具有衔接性,共青团和少先队在政治、思想、组织和工作上具有相似性，这对顺利开展全团带队工作十分有利。

四、团与青年社会组织的关系

青年社会组织包含已经正式注册为民办非企业机构的青年组织以及尚未登记注册的各类青年自组织，是指以青年为主体构成的社团与组织，它是各种社会团体、组织中最充满生机与活力的部分。同其他社团、组织相比较，青年社团、青年自组织有其自身突出的特点：①覆盖面广，涉及科技、经济、社会服务、文化艺术、体育、宗教等社会生活的众多领域，具有广泛的代表性，成为党和政府联系青年的重要桥梁和纽带。②活动空间大，集中了一大批优秀青年人才，他们在这里学习和交流，借助这一舞台和窗口接触社会、开阔眼界，得到锻炼，不断成长进步。③关联度高，一头连着青年组织，一头连着广大青年，有助于共青团、青联组织更广泛地联系、团结青年，拓宽了共青团、青联工作领域，延伸了共青团、青联工作手臂，成为青年工作的重要组成部分。而青年社团工作、青年自组织管理引导得好，其积极作用就会得到充分发挥；反之，则会带来消极作用。

共青团与青年社团、青年自组织的关系是伙伴关系。团组织在青年社团、青年自组织发展过程中主动给予关心和服务，在其发展方向上给予必要的引导和鼓励，对其领袖和骨干进行有效的团结和凝聚，以帮助青年社会组织依照国家法令和本组织章程，独立自主地开展工作。通过对青年社会组织的积极影响，进一步影响其覆盖和联系的青少年群体，引导他们形成健康向上的生活方式，积极进取的人生态度，以及关注社会、关注民生、关注公益的价值取向。

第八章 进一步密切团青关系
建设一个有强大凝聚力的共青团

一、深刻把握新形势下上海共青团事业发展的基本命题

胡锦涛同志在党的十七届五中全会上对做好新形势下群众工作提出明确要求,特别强调党的最大政治优势是密切联系群众,党执政后的最大危险是脱离群众。党、团、青三者之间的关系是统领共青团工作的理论基点。党团之间是"血缘关系",党缔造和培养共青团的目的就是要通过团组织赢得青年的支持和认同。团青之间从一定意义上说是"选择关系",青年跟着团组织走,这不是一个必然的过程,而是一个选择的过程。因此,团青关系是党团关系的重要基础和目标指向,作为执政党的青年组织,共青团的生命力根本在于与广大青年的联系。换言之,上海共青团要在推动城市科学发展、促进城市和谐稳定中发挥积极作用,实现自身发展,就必须进一步密切团青关系,把青年的智慧和力量激发出来,汇聚起来。

1. 认识新形势下团青关系的内在变化

不论是调研数据还是现实感受,都反映出当前团青关系有待进一步密切,究其内在原因,主要有两个方面:①单位制社会结构解体后,人的社会自由度大大提升,团组织与青年之间原有的高度利益相关性被打破。青年的利益实现方式多样化,而团组织的基本服务供给不足,两者之间新的利益机制尚未有效生成。②在网络环境下社会发育加快,整个社会呈现去中心化和无边界化的趋势,蓬勃兴起的社会组织给青年提供了更多的选择机会,团组织不再具有不可替代

性。这些变化是大势所趋,唯有深化认识、顺势而为,才能积极有效应对。

2. 认识新形势下团青关系的基本内涵

巩固和扩大党执政的青年群众基础,是新时期共青团的根本职责,也是新形势下团青关系的本质。要做到这一点,关键是把"党的助手和后备军"这个政治基础与"青年"这个群众基础有机统一起来。从这个意义上说,新形势下的团青关系应该包括两方面的内涵:①共青团有效满足青年合理需求,赢得青年的认可;②青年广泛认同共青团的价值追求,体现共青团的引领。这两个方面缺一不可。如果缺少利益认同,团青关系会逐渐疏离;如果缺少价值认同,团青关系也就失去了存在的意义。只有结合好两个方面,团青关系才能符合其本质要求。

3. 认识新形势下团青关系的主要特征

新形势下的团青关系应该包括以下一些特征:①目标的同向性。要围绕团的政治目标这个"大方向",清晰地勾勒出不同层次的工作目标,契合青年的"小方向",从而达成目标上的共识。②利益的相关性。青年对一个组织的选择,很大程度上是由对自身利益实现程度的预期决定的。要重构利益实现机制,让青年既有现实需求的满足,又有长远利益的期许。③互动的平等性。团青之间不再是过去的主客体关系,尊重青年的选择权,就是尊重青年的主体性。要打造富有亲和力的互动"界面",以平等的姿态与青年进行沟通交流。④内容的多样性。团青关系不仅包括团组织与青年的关系,也包括与青年组织的关系,还包括以青年组织为中介与青年的关系;不仅包括现实社会中的关系,也包括虚拟社会中的关系。要进一步丰富工作手段,提高全方位互动的能力。⑤载体的丰富性。团青关系最终要通过组织载体有形化,要进一步创新组织设置,丰富组织形态,构建起覆盖广泛、稳定可靠的组织网络。

二、深刻把握上海共青团今后一段时期的工作思路

青年在团青关系中的选择权,决定了能否赢得青年的选择,关键要靠共青团与时俱进、不懈努力。在新形势下,进一步密切团青关系,就需要在各方面工作中作出一定调整。例如,在格局调整方面,要更加注重社会领域的覆盖和整合,不仅要面向青年个体,更要面向青年组织,着重发挥枢纽型社会组织的作用,实现对区域内团组织、青年社团、青年自组织的整体牵动,统筹解决"组织存在"和"组织活力"的问题。再如,在功能调整方面,要把尊重和满足青年利益需求摆在更加突出的位置,在赢得青年认可的基础上引领青年。当前,团组织的服务能力与青年日益增长的多元化需求之间存在较大差距是共青团工作的基本矛盾,资源瓶颈的制约需要下大力气去突破。

基于以上判断,上海共青团今后一段时期的主要工作思路是:高举中国特色社会主义伟大旗帜,在上海市委和共青团中央的领导下,主动适应城市创新驱动、转型发展的新要求,着力把握"十二五"规划全面实施所孕育的新契机,延续和放大世博效应,围绕进一步密切团青关系,牢牢把握强化引导这一核心,继续深化团建这一主线,着重突出服务这一重点,把建设一个有强大凝聚力的共青团不断推向深入,团结、动员广大团员青年在上海经济社会发展的新征程上书写新的青春篇章。

1. 关于强化引导这一核心

教育引导青年是共青团的首要政治任务。我们要契合青少年的思维逻辑和表达方式,从三方面广泛开展理想信念教育和道德实践活动,团结青年永远跟党走。①以科学的理论体系武装青少年。以中国特色社会主义宣传教育为统揽,开展"三观"、"三热爱"主题教育活动,积极推进青年马克思主义者培养工程,帮助青年树立正确的世界观、人生观和价值观。②以生动的道德实践历练青少年。用社会主义核心价值体系教育引导青少年,帮助他们养成爱国、敬业、诚信、友善的基本道德观

念。深入推进志愿者活动和学雷锋活动常态化,让青年在奉献社会和服务他人中提升道德水平。③以灵活的教育方式打动青少年。注重分层分类,针对不同青年群体思想意识的特点,"因人而异"地开展引导,提升工作的有效性。注重文化润育,大力开展创意文化和公益文化建设,让青年在文化熏陶中提升思想境界。注重产品提供,通过文化产品输出传递核心价值和展示组织形象,建设一个"触手可及的共青团"。

2. 关于深化团建这一主线

要以党建带团建为根本原则,以巩固基层组织为基本依托,以社会领域为重要生长点,积极探索组织再造和流程再造,不断加强"三个体系"建设:①加强枢纽型的组织体系建设。进一步完善以团为核心,以青联、学联、少先队为骨干,以团属青年社团、青年中心为外围,以青年社会组织为延伸的同心多层"枢纽圆",用多样化的联系方式和多层次的组织形式应对青年群体的流动分化重组;着重加强团的自身建设,一手抓覆盖面的扩大,一手抓内在活力的增强,强化在"枢纽圆"中的核心作用。②加强多元化的队伍体系建设。创新选拔机制,继续加强对团干部、少先队辅导员等传统工作队伍的培养;依托团属社会服务机构和社团,重点培育一批稳定的高素质的专业化、职业化青少年事务社会工作者;搭建有效平台,借助好青年社团领袖、专职党群工作者、热心青年工作志愿者的力量。③加强开放式的运行体系建设。充分运用信息化技术,善于借助新媒体力量,优化运行机制,提高运行效率,"拉近"上级组织与基层组织、组织与青年之间的距离;不断探索联建、共建等团建新模式,打破传统的壁垒和限制,以区域、行业、项目等共性特征为纽带,以促进工作资源合理流动为核心,构建组织价值增值、组织合作紧密的团建共同体。

3. 关于突出服务这一重点

要把服务青年与服务大局更好地结合起来,把服务青年与教育青年更好地统一起来,把青年当前诉求与长远发展更好地协调起来,在引导青年服务大局的同时,围绕提升服务青年的能力,不断健全"三个体系"：①健全公共政策体系。依托青年工作联席会议制度，推动制定和实施青少年发展规划，围绕促进青少年发展的重点领域细化政策措施，形成有机统一的政策体系；完善利益代言的制度化安排，在涉及青少年权益的地方立法和公共政策制定中充分反映青少年诉求。②健全服务网络体系。加快培育一批团属社会服务机构，作为共青团面向青年的服务阵地；拓展以青少年公共服务平台为中枢，以基层团组织、社工站、青少年维权岗为支撑，以各类专业服务机构为合作伙伴的服务网络规模，建立由共青团主导的开放共享的服务资源集散平台。③健全服务项目体系。以问题和需求为导向做好项目开发，集中资源推出一批"团字号"服务产品；探索政府购买服务新模式，推进政府青年项目的开发实施，不断优化和丰富惠及青少年的政府公共服务产品；在公益性基础上，把握青年现实需求和市场主体合理利益的结合点，培育社会化服务项目。

三、深刻把握新形势下密切团青关系的工作方法

要毫不动摇地坚持密切团青关系的主方向，完善工作框架，细化工作举措，创新工作手段，切实做好新形势下的青年群众工作，为党赢得青年。

1. 更加注重运用文化的力量

文化是社会的凝聚剂，没有核心价值的凝聚，没有共同理想的追求，没有崇高精神的培育，团的事业就不可能有光明的未来。要坚定地走文化塑人之路，用文化育人之法，举文化聚人之力。要塑造鲜明的组织文化，既要有高扬的理想旗帜，坚持用党的科学理论武装全团，教育青年；也要有温暖的人文关怀，鼓励青年个性发展，营造尊重人、理解人、关心人的良好氛围。既要有不竭的创造活力，人才辈出、引领风尚；也要有严明的纪律要求，风清气正、务实高效。要建设创新、锐气、时尚、多元的青年文化。旺盛的创造力是青年文化的主要特点和发展动力，要把激发青年创造活力作为推进青年文化建设的关键，进一步优化

青年文化创新环境,加大扶持力度。志愿服务是青年新的精神时尚和文化追求,要大力弘扬志愿精神,倡导社会文明新风。需要强调的是,文化的生成是长期的过程,不论是塑造组织文化,还是建设青年文化,都要注重积累、循序渐进。

2. 更加尊重青年成才的愿景

青年的第一诉求是成才。富有理想的青年人,一旦找到施展才华的舞台,就能成为推动发展的有生力量。要让青年对未来有更好的憧憬,有梦想,就有坚持。要加强形势政策教育,注重用城市发展的美好前景激励青年,让青年看到未来发展中所孕育的创业机会,从而能更加理性地看待经济社会发展中出现的问题,更加乐观地面对自身发展遇到的暂时困难。要为青年成长发展提供切实有效的服务。在当前经济形势下,青年生存发展的压力更大,需要克服的困难更多。要从不同青年群体的具体需求出发,从学习、生活和工作中的具体问题入手,不断拓展服务内容,不断丰富服务项目,努力助推青年发展。要防止工作中的"精英化"取向。树立"人人皆可成才"的理念,既要努力做好高层次青年人才的凝聚,为其搭建发展平台,创造发展机会;还要把更多目光投向普通青年,帮助他们增强能力素质,提高社会竞争力。

3. 更加重视依靠政策的支撑

政策管方向、管大局、管长远,是资源,也是机遇。要善于用好现有政策,进一步增强政策敏感度,把党政部门出台的与共青团工作、青少年事务相关的政策吃透用足。例如,上海市委及市委有关部门出台的《关于加强和改进工会、共青团、妇联等人民团体工作做好新形势下党的群众工作的意见》《关于加强新形势下本市基层党建带团建工作的实施意见》,是推动共青团事业发展的重要政策支撑,各级基层团组织要以此为依据,争取同级党组织支持,出台实施细则,加大督查力度,促进政策落地。要积极促进政策完善,善于总结提升实践中的好思路、好办法、好经验,用政策制度的形式固化下来,形成长效机制;要依托青年工作联席会议制度,推动青少年发展规划的实施和落地,促进形成有机统一的青少年公共政策体系,惠及广大青少年成长。

4. 更加强调提升人格的魅力

"率俗以身,则不言而化。"开展群众工作,自身的表率作用尤为重要。要进一步加强作风建设。群众看党、青年看团,首先是看干部的作风。要按照"高度的理论自觉、鲜明的实践品格、深厚的群众根基、奋进的创新精神"的要求,强化团干部的党性锻炼,不断增强群众观点和群众立场。要掌握科学的群众工作方法。如果说人格魅力是基数,那群众工作方法就是团干部人格魅力释放的乘数。要学会"一把钥匙开一把锁",用青年容易理解的语言、关心牵挂的话题、乐于接受的方式,把工作做到青年心坎上。要走出"利益至上"的误区,以真诚的态度赢取信任,以真挚的互动深化情谊。

第九章　共青团简史

中国共产主义青年团，是中国共产党缔造并领导的一个具有光荣历史和革命传统的先进青年的群众组织，是广大青年在实践中学习共产主义的学校，是中国共产党的助手和后备军。自诞生以来，中国共产主义青年团在中国共产党的领导下，在毛泽东、邓小平、江泽民、胡锦涛四代领导核心和老一辈无产阶级革命家的亲切关怀下，不断发展壮大，团结和带领全国各族青年，始终站在革命和建设的前列，在建立新中国，确立和巩固社会主义制度，发展社会主义的经济、政治、文化的进程中发挥了生力军和突击队作用，为党培养、输送了大批新生力量和工作骨干。九十年来，中国共青团走过了光辉的历程。

一、共产党领导的新民主主义革命阶段

1920 年 8 月，陈独秀在上海成立共产主义小组后，指派小组内最年轻的成员俞秀松组建社会主义青年团。8 月 22 日，上海社会主义青年团由俞秀松、施存统等八人正式发起建立。俞秀松担任了中国第一个地方青年团组织的书记，而团的机关就设在当时上海法租界的霞飞路渔阳里 6 号。继上海青年团早期组织成立之后，1920 年秋至1921 年春，北京、武汉、广州、长沙等地的革命青年分别在李大钊、董必武、谭平山、毛泽东等人的领导下，也在当地建立了社会主义青年团的早期组织。

1921 年 7 月中国共产党正式成立后，立即着手领导正式创建中国社会主义青年团。在中国共产党的直接领导和关怀下，1922 年 5 月 5 日，中国社会主义青年团第一次全国代表大会在广州召开，标志中国青年团组织的正式成立。从此，在党的领导下青年团作为中国共产党的助手和后备军，团结带领全国各族青年，积极投身到振兴中华，实现

中华民族伟大复兴的事业中。

中国社会主义青年团成立时,正值党领导酝酿和发动大革命高潮时期,青年团积极团结、带领青年投身工人运动和反帝反封建的群众运动中,显示出巨大的活力,发挥了先锋作用。为了明确表示中国青年团是为无产阶级利益而奋斗的革命青年组织,中国社会主义青年团第三次代表大会决定将中国社会主义青年团改名为中国共产主义青年团。

1927年4月12日,在中国大革命运动取得重大胜利的时候,以蒋介石为代表的国民党右翼集团叛变了革命。在白色恐怖中,中国共青团跟共产党走的决心毫不动摇。1927年5月,中国共青团第四次代表大会通过的决议庄严宣告接受中国共产党第五次代表大会作出的各项决议,继续领导一切革命青年为中国革命努力奋斗。随即在共产党的领导下,共青团团结、带领革命青年投身于武装起义和创建农村革命根据地的斗争中,走上了党领导的十年土地革命的艰苦曲折历程。

1931年的“九一八”事变使中国社会中的民族矛盾上升为主要矛盾,中国共产党审时度势,率先倡导建立抗日民族统一战线。中共中央根据建立抗日民族统一战线的需要,为了更广泛地团结各界青年加入抗日救亡斗争的行列,于1936年11月作出决定改造中国共产主义青年团。共青团坚决响应党的召唤,立即行动,把共青团改造成为以中华民族解放先锋队、中国青年救国会为代表的青年抗日救国团体,带领各族、各界青年参加中华民族解放战争,反击日本帝国主义的侵略,捍卫祖国的领土和主权。

抗日战争胜利后,南京国民党政府在美帝国主义的支持下,发动了反人民的内战,中国共产党又领导中国人民开始了人民解放战争。在这种新的形势下,中共中央根据人民解放战争的新形势和满足广大青年积极分子的进步要求,于1946年9月提出试建青年团组织。伴随着人民解放战争胜利的发展,试建青年团工作取得很大成功。于是,在新中国成立前夕的1949年1月,中共中央正式发布了《关于建立中国新民主主义青年团决议》,并在全国领导普遍重建青年团的工作。

1949年4月,在中国共产党的领导和关怀下,中国新民主主义青年团第一次全国代表大会在刚刚解放的北平隆重召开,最后完成了建立中国新民主主义青年团的工作。这样,经过改造的中国共青团重新又以先进青年的群众组织的崭新风貌出现在中国大地上,并且走上新中国执政党助手和后备军的新历程。

二、共产党领导的从新民主主义转变为社会主义和社会主义建设阶段

1949年10月1日,中华人民共和国宣告成立。在中国共产党的领导下,中国新民主主义青年团协助党胜利地完成了从新民主主义向社会主义过渡和建设社会主义时期的各项任务,并且围绕党的中心工作,开展适合青年特点的独立活动,赢得党和政府及社会各界的普遍赞誉,成为新中国青年运动的坚强核心。

1957年5月,在新民主主义青年团召开第三次全国代表大会上,经中共中央批准,大会决定将中国新民主主义青年团改名为中国共产主义青年团。此后,中国共青团走上了跟随党探索中国自己建设社会主义道路的曲折历程。

1964年6月,在国民经济出现全面好转和在政治、思想、文化方面"左倾"错误进一步发展的形势下,中国共产主义青年团第九次全国代表大会在北京举行。这次大会根据当时共青团建设的实际情况,强调指出,坚持共青团的先进性,加强同青年群众的密切联系,这是增强团的战斗力的两个基本条件。大会提出了"朝气蓬勃、实事求是"的作风。但大会也在"左"的思想影响下,要求青年以阶级斗争为纲,提出所谓"青年工作上两条根本对立的路线"。

1966年5月"文化大革命"开始以后,共青团组织也遭受了一场空前的浩劫。共青团不仅被说成是"全民团、生产团、娱乐团",而且各级组织都完全停止了活动,工作机构均遭破坏,以致在长达12年的时间里共青团没有了系统领导。

1978年10月16日,在共青团十大筹委会的具体组织、领导下,中

国共产主义青年团第十次全国代表大会开幕式在北京人民大会堂隆重
举行。共青团十大的召开,标志着从 1969 年 4 月提出的全面恢复共青
团工作的任务基本完成。这次会议是一次动员全国各族青年沿着社会
主义道路进行新长征的誓师大会,是共青团紧跟党中央的战略部署,即
将开始拨乱反正、继往开来的大会。

三、共产党领导的改革开放和社会主义现代化建设新时期

　　党的十一届三中全会以后,中国进入了建设有中国特色社会主义
新时期。中国共青团紧跟中国共产党,坚决贯彻党确定的新时期的基
本路线和各项方针、政策,配合党的工作重心的转移,紧密围绕改革开
放和经济建设开展共青团和青年工作,先后在全国开展了"新长征突击
手"、"学雷锋、树新风"、"五讲四美三热爱"、"创先进团支部"、"做一名
合格共青团员"等活动,为推进社会主义现代化建设事业作出了重要贡
献,促进了青年一代的健康成长。经过四年的努力,共青团各方面的工
作开始重新恢复和逐步健全起来。到 1982 年底,全国团员数量达到
4800 万名,其中 2600 万名团员是在共青团十大闭幕以后加入团组
织的。

　　1982 年 12 月,共青团召开了第十一次全国代表大会,动员全团和
全国青年响应党的召唤,积极投身改革开放和社会主义现代化建设的
伟大实践,当好改革开放事业的排头兵。之后,共青团带领团员、青年
以朝气蓬勃、富有生气的生力军姿态加入到经济建设和改革开放的大
进军中。在经济建设领域,开展了"五小"(小发明、小革新、小改造、小
设计、小建设)智能杯竞赛、"为重点建设献青春,争当新长征突击手"竞
赛、岗位练兵技术比武和文明经营示范,以及"一团两户"(勤劳致富报
告团和发展青年专业户、科技示范户)、"两户一体"(青年经济联合体)
等活动;在精神文明建设领域,开展了青少年读书、青少年社会主义精
神文明建设、"学史建碑"等活动,涌现出了模范共青团员张海迪、"一山
两湖"英雄集体等青年道德榜样。

1985年11月,在"七五"计划确定之后,共青团召开了团的全国代表会议,通过了《关于动员和带动全国各族青年在"七五"期间建功立业、做四有新人的决定》,号召全国各族青年举改革旗帜,创四化大业,做四有新人,为全面完成"七五"计划的各项任务而英勇奋斗。

1988年5月,共青团召开了中国共青团第十二次全国代表大会。会议通过了《中国共产主义青年团章程部分条文修正案》和《关于实行团员证的决议》,确定歌曲《光荣啊,中国共青团》为中国共青团代团歌。

1989年12月,党中央发出《关于加强和改善党对工会、共青团、妇联工作领导的通知》,正确地解决了加强和改善共青团工作的一系列重大问题。

1993年5月3日,中国共产主义青年团第十三次全国代表大会在北京召开。这是1992年初邓小平南巡谈话发表和中国共产党十四大召开以后召开的大会,会议确定了在服务大局与服务青年的有机结合中推进共青团建设的工作方针。此后,共青团以党的基本理论和基本路线为指导,紧紧围绕经济建设这个中心,自觉服从全党全国工作大局,牢牢抓住青年成长成才这一根本需求,积极探索服务大局、服务社会、服务青年的有效途径,全面开展团的各项工作,不失时机地实施了"跨世纪青年文明工程"、"跨世纪青年人才工程"等活动。其中,青年志愿者行动、青年"文明号"、希望工程、"手拉手"互助活动、培养青年岗位能手活动、培养青年星火带头人活动等都在社会上引起了较大的反响,共青团工作又迈上了一个新的台阶。

1998年6月,中国共产主义青年团第十四次全国代表大会在北京召开。共青团十四大以来,在党中央的坚强领导下,团中央抓住跨世纪的发展机遇,始终坚持以邓小平理论和"三个代表"重要思想为指导,紧紧围绕全党工作大局,以开发青年人力资源为着力点,团结、带领全国各族青年积极投身经济建设和精神文明建设,采取切实措施服务青年成长成才,团的组织建设和各项事业取得全面发展。

2003年7月,中国共产主义青年团第十五次全国代表大会在北京召开。团的十五大以后,共青团坚持与时俱进,在继承中创新,在探索中前进,团的工作有了新的发展。围绕思想教育引导,开展了增强团员意识教育、"我与祖国共奋进"主题教育实践、"青年马克思主义者培养工程"、团干部"百千万"教育培训工程、建设青少年爱国主义教育网站群等活动,推出了大学生志愿服务西部计划、青年志愿者扶贫接力计划、青年志愿者社区发展计划、青年志愿者国际合作发展计划等青年志愿者工作品牌项目。围绕组织建设创新,以落实"五带一优化"要求为重点,在党建的带领和推动下,积极探索与社会主义市场经济发展相适应的组织体系和运行机制,创新发展了联合建团、依托建团、挂靠建团、社区建团、网上建团等多种建团形式。同时,开展了创建"五四红旗团委"活动,加大了"两新"组织建团和社区青年中心建设的力度。围绕服务和维权,推进青年创业行动、青年就业促进计划,推出青年创业小额贷款项目,新建青年创业见习基地和青年创业孵化基地,从培训、融资和经营方面为青年就业创业提供支持;通过开展大学生济困助学、"真情助困进万家"、社区志愿服务和谐行动等活动,为贫困学生和进城务工青年、下岗失业青年、农村贫困青年、残疾青少年、农村留守少年儿童和流浪未成年人等青少年群体提供及时有效的服务;通过创建"青少年维权岗",建设 12355 青少年网络服务台和进城务工青年维权服务站(点),开展"青春自护"系列活动、青少年绿色网络行动、百万家庭健康上网大行动、青春红丝带等活动,增强青少年自护意识。围绕社会主义新农村建设,全团实施了青春建功新农村行动。围绕建设创新型国家,各地团组织深入开展了青年科技创新行动、青年创新创效活动、青工技能振兴计划。围绕建设资源节约型、环境友好型社会,大力推进保护母亲河行动。

2008 年 6 月,中国共产主义青年团第十六次全国代表大会在北京召开。大会的主题是:全面贯彻党的十七大精神,高举中国特色社会主义伟大旗帜,以邓小平理论和"三个代表"重要思想为指导,深入贯彻落实科学发展观,牢记使命,坚定信念,开拓创新,锐意进取,团结、带领广大青年为夺取全面建设小康社会新胜利而奋斗。

大会认为,共青团作为党领导的先进青年的群众组织,在新的历史条件下,必须不断巩固和扩大党执政的青年群众基础,团结、带领青年为实现中华民族伟大复兴而奋斗。这是共青团的根本职责所在。党的十七大对共青团履行根本职责、做好新形势下的青年群众工作提出了新的更高要求。共青团全面贯彻党的十七大精神,最根本的就是要高举中国特色社会主义伟大旗帜,深入贯彻落实科学发展观。

大会还对未来五年共青团工作做出了部署:全团要紧紧围绕履行根本职责,坚持先进性与群众性的统一,充分发挥党的助手和后备军作用、国家政权的重要社会支柱作用、党和政府联系青年群众的桥梁和纽带作用,切实做好组织青年、引导青年、服务青年和维护青年合法权益的工作。

大会强调,要以改革创新精神推进团的建设。为适应党的事业发展需要,顺应广大青年期望,履行好团的根本职责,共青团必须始终坚持党建带团建,把握现实突出问题,切实加强和改进团的建设。特别要大力推动团的基层组织建设。基层组织建设决定着共青团最本质的影响力、战斗力和生命力,全团要从巩固和扩大党执政的青年群众基础的战略高度,下大力气抓好基层组织建设。

至此,中国共产主义青年团已召开了十六次全国代表大会。回顾历史,在20世纪中华民族前进的道路上,中国共青团留下了英勇奋斗的足迹,做出了无愧于历史的贡献;展望未来,面对一个充满希望和挑战的21世纪,中国共青团也必将以新的作为开创新的事业,在中华民族振兴史上继续谱写光辉灿烂的篇章。

本篇有关重要文献

1. 中国共产主义青年团章程
2. 在中国共产主义青年团第十六次全国代表大会上的报告
3. 中共中央组织部、共青团中央关于加强新形势下基层党建带团建工作的意见

组通字(2010)76号

4. 中共上海市委组织部、共青团上海市委关于印发《关于加强新形势下本市基层党建带团建工作的实施意见》的通知

沪委组(2011)发字53号

5. 共青团工作五年纲要(2009～2013)

6. 共青团中央办公厅关于印发《中国共产主义青年团团旗团徽制作和使用的若干规定》的通知

中青办发(1999)28 号

7. 中华全国青年联合会章程

8. 中华全国学生联合会章程

9. 中国少年先锋队章程

10. 共青团中央关于进一步加强团的基层组织建设的决定

中青发(2005)4 号

11. 《共青团中央关于进一步加强团的基层组织建设的决定》的实施意见

中青发(2005)28 号

12. 共青团中央、教育部关于进一步加强和改进高等学校共青团建设的意见

中青联发(2005)15 号

13. 中央组织部、共青团中央、国资委党委关于印发《关于进一步加强和改进中央企业共青团工作的意见》的通知

中青联发(2006)59 号

14. 共青团中央、教育部关于加强中学共青团工作的意见

中青联发(2011)19 号

15. 共青团上海市委关于进一步加强和改进新形势下团的建设的若干意见

沪团委发(2010)20 号

16. 中共上海市教育卫生工作委员会、共青团上海市委员会、上海市教育委员会关于加强和改进本市中学共青团工作的意见

沪团委联(2012)6 号

17. 共青团中央办公厅关于印发《"全国优秀共青团员"、"全国优秀共青团干部"、"全国五四红旗团委(团支部)"评选表彰办法(试行)》的通知

中青办发(2010)19 号

18. 共青团上海市委办公室关于印发《"上海市优秀共青团员"、"上海市优秀共青团干部"、"上海市五四红旗团委(团支部)"评选表彰办法(试行)》的通知

沪团委办(2011)16 号

第二篇　共青团的基层组织建设

第一章　新建立共青团的基层组织

1. 建立团的基层组织的基本条件

《团章》规定：企业、农村、机关、学校、科研院所、街道社区、社会团体、社会中介组织、人民解放军连队、人民武装警察部队中队和其他基层单位，凡是有团员三人以上的，都应当建立团的基层组织。团的基层组织，根据工作需要和团员人数，经上级团的委员会批准，分别设立团的基层委员会、总支部委员会、支部委员会。在基层委员会、总支部下建立支部。如果工作需要，在基层委员会下也可以建立总支部。在一个支部内可以分若干个小组。

2. 团员身份的认定

认定本地区本单位共青团员的身份，是建立团组织的基础。下列人员具有团籍：

14周岁以上、28周岁以下的中国青年，履行过《团章》规定的手续入团，除被开除团籍的和因自愿退团、自行脱团而被除名的以外，均为中国共产主义青年团团员，具有团籍。团员加入共产党以后仍保留团籍。团员（含保留团籍的党员）年满28周岁，没有在团内担任职务，应该办理离团手续，不再保留团籍。

担任团的各级领导职务的中国共产党党员、在团的各级领导机关直接从事团的业务工作的干部、被团的代表大会或代表会议正式确认为该级团的委员会候选人或上一级的代表大会代表候选人的中国共产党党员,也具有团籍。

团员身份可依次通过以下方法认定:

(1)查阅中国共产主义青年团团员证。团员证是团员政治身份公开的、法定的证明,由团的组织在新团员被上级团委批准入团后颁发。

(2)查阅人事档案。中国共产主义青年团入团志愿书等材料应归入本人的人事档案,可以作为当事人曾经加入共青团组织的证据。

对于不能确定团籍、本人提出要求、愿意履行团员义务并符合入团标准的青年,可以采取两名正式团员介绍、重新补发团员证或补填入团志愿书的办法,确认其团员身份。

3. 新建立团的基层组织隶属关系的确定

团的组织受同级党组织领导,同时受上级团组织领导。新建立团的基层组织应及时明确与党组织和上级团组织的隶属关系。

如新建立团的基层组织所在单位有同级党组织,一般应按照"党团对口"原则,将同级党组织的上级党组织所在单位(或地区)的团组织作为新建立团组织的上级团组织,明确团的隶属关系。

如新建立团的基层组织所在单位没有同级党组织,可根据实际情况,按照属地管理、属条管理、属资管理、属业管理、挂靠管理等原则,确定和上级团组织的隶属关系。

(1)属地管理是团组织关系隶属于所在地区的团组织管理的模式,具体可分为两种:①根据行政区划隶属于当地社区(街道)、乡镇、村团组织;②根据经济发展区域隶属于开发区团组织。

(2)属条管理是团组织关系隶属于上级主管部门团组织的管理模式。

(3)属资管理是以资产为纽带,本着"谁出资谁负责"的原则,由投资方团组织管理企业团组织的模式,由双方或多方投资的,一般由主要投资单位团组织负责。

(4)属业管理是团组织隶属于所在行业的行业协会团组织的管理模式。

(5)挂靠管理是团组织依托地方团组织与人才代理机构团组织代

管、托管的模式。

4. 新建立团的基层组织的建团模式

新建立团的基层组织可根据实际情况采取独立建团或联合建团的模式：

（1）独立建团，有三名或三名以上团员，具有一定规模，经营发展相对稳定，且有合适团支部书记人选的拟建团单位，根据《团章》规定独立建立团支部。团员人数更多的，可根据工作需要和团员人数，建立团总支或团委。独立建团模式权责明确，一经组建便于管理。独立建立的团委、团总支，可根据青年职工沟通、交流、聚集和联络的方式，按照生产线、工作项目、青年职工集居地、兴趣爱好等，划分下属基层团组织。

（2）联合建团，对团员人数不足三人的单位，可按照"行业相近、地域相邻、方便工作"的原则，在楼宇、商铺、市场、园区中将若干单位联合起来建立团的组织。

5. 新建立团的基层组织的建制

团的基层组织，根据工作需要和团员人数，经上级团的委员会批准，分别设立团的基层委员会、总支部委员会、支部委员会。在基层委员会、总支部下建立支部。如果工作需要，在基层委员会下也可以建立总支部。在一个支部内可以分若干个小组。

一般情况下，团员在3人以上的单位可以建立支部，团员在30人以上的单位可以建立总支部，团员在100人以上的单位可以建立基层委员会。

6. 团干部的配备

按照"重在素质，合理兼职"的要求，选拔是党、团员的青年骨干担任团的干部，主要在从事与团工作关联度较高的党群、综合行政、人力资源、企业文化等部门工作的干部中选配。规模特别大、团员青年数量多的单位，要力争配备专职团干部。对于团干部大部分为兼职的单位，其团的支部委员会、总支部委员会、委员会组成规模（委员人数）可适当扩大。

团干部一般应通过团员大会或团代表大会选举产生，暂不具备选举条件的，可先由同级党组织与上级团组织协商取得一致后任命，待条件成熟后再进行选举。团员数量较少的团组织，若条件具备，可以不提候选人直接进行选举，也可积极探索竞争性方式选拔团干部。

上级团组织要主动引导、帮助新建立团的基层组织建立团干部培养、选拔、使用、激励机制，推动将团干部纳入相应人事管理序列，符合条件的党员团组织负责人进入单位党组织班子；要按照隶属关系，采取多种方式，加强对新建立团组织负责人的培训；要适应团干部流动较快的实际，重视加强团干部转岗推荐和后备人选的培养选拔工作。

7. 新建立团的基层组织的程序

（1）做好准备并同上级团组织初步沟通建团意愿。应建团单位（有团员三人以上的基层单位，下同）认真学习《团章》等有关规定和共青团上海市委有关工作要求；全面了解所在单位团员、青年的人数及分布情况；了解青年党员人数及分布情况；研究团组织在单位中的职能定位，为团组织建立后"转"起来、"活"起来打下基础。

如所在单位有党组织，须先征得党组织的同意再向上级团组织沟通建团意愿；如所在单位没有党组织，应争取经营管理层支持，由单位行政直接向上级团组织沟通建团意愿。

（2）成立团组织筹备组。在同级党组织的领导和指导下，在应建团单位（指团员人数至少在三人以上的单位，下同）成立建团筹备组。筹备组成立之始就应明确成立目的、组成人员、开展的主要工作等。筹备组除了筹备团组织建立事宜外，同时具有团的临时机构的职能，可进行团内统计，召集团员大会，开展一些团内活动等。拟成立团委的，可先将下属团支部按照有关规定建立起来。在考虑筹备组的组成人员时，应与正式成立该团组织的委员会成员候选人人选相结合，起到考察、锻炼的作用。

成立筹备小组，应事先征得上级团组织的同意。由党组织（如单位无党组织可由行政)发函至上级团组织,与上级团组织协商相关事宜。函中应写明单位基本情况,团员、青年的人数及分布情况,青年工作开展情况,党组织关系隶属情况;提出成立后的团组织隶属关系意向,对拟成立团委或团总支的,还要说明下属团组织设置方案;函中还要提出筹备组组成人员和负责人人选,并附人员基本情况。上级团组织收到拟建团单位党组织或行政来函之后,尽快组织人员就协商内容对申请单位进行了解考察,对确实适宜建团的应及时复函。

(3) 召开团员大会(团代表大会)选举产生团的委员会。

附图:新建立团的基层组织的流程

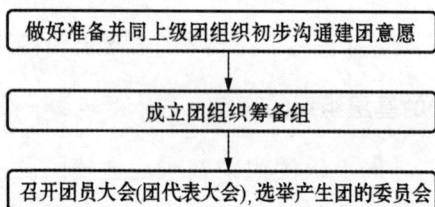

做好准备并同上级团组织初步沟通建团意愿

成立团组织筹备组

召开团员大会(团代表大会),选举产生团的委员会

一般筹备组在运转、准备六个月后,应及时召开团员大会或团代表大会,正式选举产生团的委员会。如党组织和上级团组织认为正式成立团组织条件尚未成熟,可适当延长时间,但延长时间一般最多为六个月。

召开团员大会(团代表大会)前,应在事先征得同级党组织同意的前提下,以团组织筹备组的名义向上级团组织提出请示;经上级团组织批复同意后,筹备团员大会或团代表大会。

团员大会(团代表大会)或团的委员会第一次全体会议闭会后,以新产生的委员会的名义,及时将选举结果呈报同级党组织和上级团组织批准。

基层团委下属的团总支,一般对团支部委员会的建立没有审批权,审批权在基层团委。但经上级团委授权的基层独立团总支,可以审批所属团支部委员会的建立(授予新团员发展审核权的基层独立团总支,一般可以同时授予所属团支部委员会的建立审批权)。

例文：成立共青团委员会筹备组的函

关于成立共青团〈单位全称〉委员会筹备组的函

〈上级团组织〉：

　　〈单位情况简介；团员、青年的人数及分布情况；青年工作开展情况等〉

　　〈党组织关系隶属情况；成立后的团组织隶属关系意向；如果申请设立团委或团总支，还要说明下属团组织设置方案〉

　　经党委（党总支、党支部）会议讨论，拟成立共青团〈单位全称〉委员会筹备组，筹备组由×××、×××、……、×××等×位同志（按姓氏笔画为序）（女性、少数民族需注明）组成；其中，×××同志为筹备组组长，×××、×××等×位同志为副组长。

　　当否，请复函。

　　附件：共青团〈单位全称〉委员会筹备组组长、副组长、组员基本情况

〈同级党组织〉（印章）

××××年××月××日

例文：上级团委同意成立共青团委员会筹备组的复函

关于同意成立共青团〈单位全称〉委员会筹备组的复函

〈同级党组织〉：

　　你委《关于成立共青团〈单位名称〉委员会筹备组的函》（〈文号〉）收悉。

　　经研究，同意成立共青团〈单位全称〉委员会筹备组，筹备组由×××、×××、……、×××等×位同志（按姓氏笔画为序）（女性、少数民

族需注明)组成。

　　同意×××同志为共青团〈单位全称〉委员会筹备组组长,×××、×××等×位同志为副组长。

　　此复。

　　　　　　　　　　　　　　　　　　〈上级团组织〉(印章)
　　　　　　　　　　　　　　　　　　××××年××月××日

第二章　共青团的基层组织选举工作

一、团代表大会、团员大会、团代表会议

1. 团代表大会

团的代表大会制度是共青团内重要的组织制度,是团的民主集中制原则的重要组成部分。团代表大会是团的组织的最高权力机关,为了保证团代表大会的权威性和严肃性,团内选举规则根据《团章》规定,对各级团代表大会的届期、职权、规模、代表构成与产生办法、召集会议方式及召开会议的报批程序等都作了具体的规定,这些规定的总和就形成了团的代表大会制度的基本内容。

团的全国代表大会的职权,《团章》第 18 条作了规定:①审查和批准中央委员会的工作报告;②讨论和决定全团的工作方针、任务和有关重大事项;③修改团的章程;④选举中央委员会。在全国代表大会闭会期间,中央委员会执行全国代表大会的决议,领导团的全部工作。

团的地方各级代表大会的职权,《团章》第 21 条作了规定:①审查和批准同级委员会的工作报告;②讨论和决定本地区团的工作任务和有关重要事项;③选举同级委员会;④选举出席上一级团代表大会的代表。团的地方各级委员会在代表大会闭会期间,执行团组织的指示和同级团代表大会的决议,领导本地方团的工作,定期向上级团的委员会报告工作。

2. 团员大会

团员大会是指由团的基层委员会、总支部委员会或支部委员会召集的,由基层组织全体团员参加的会议。支部委员会、总支部委员会由

团员大会选举产生，每届任期两年或三年，其中大、中学校学生支部委员会每届任期一年。基层委员会由团员大会或代表大会选举产生，每届任期三年至五年。

召开团员大会进行换届选举的，其职权主要是：①听取和审查团的委员会（基层委员会或总支部委员会或支部委员会）的报告；②讨论本级团组织及团组织职权范围内的重大问题并作出决议；③选举团的委员会（基层委员会或总支部委员会或支部委员会）及出席上级团代表大会或团代表会议的代表。

3. 团代表会议

团的代表会议是由团的县级和县级以上委员会在两届代表大会之间认为有必要时召集的重要会议，它是坚持和完善团的代表大会制度的一种重要形式。

团代表会议的职权，按《团章》规定："团的县级和县级以上委员会在必要时可以召集代表会议，讨论和决定需要由代表大会解决的重大问题。代表会议可以增选委员会的部分成员，增选委员会委员和候补委员的数额，不得超过该级代表大会选出的委员和候补委员总数的三分之一。代表会议代表的名额和产生办法，由召集代表会议的委员会决定。"

三者之间的主要区别见下表。

附表：团代表大会、团员大会和团代表会议的主要区别

	团代表大会	团员大会	团代表会议
地位作用不同	团的全国代表大会是团的最高领导机关，团的地方各级代表大会是团的地方各级领导机关		在团的委员会的任期内、两届代表大会之间，遇有重要问题需要及时讨论决定时，由团的中央委员会或团的地方各级委员会召集的重要会议

（续表）

	团代表大会	团员大会	团代表会议
职权不同	审查和批准同级委员会的工作报告。选举同级团的委员会		没有审查和批准同级委员会的工作报告的权限。调整和增选部分成员，并有数额限制
开会的领导机构不同	成立主席团，作为大会的组织领导机构	由团的基层委员会（总支部委员会或支部委员会）负责	不设主席团，会议的领导由团的委员会及其常务委员会负责
开会的时限不同	团的全国、省、自治区、直辖市、自治州代表大会每5年举行一次；团的县（市、旗）、自治县、市辖区代表大会每3年举行一次；团的基层委员会由团员大会或代表大会选举产生，每届任期3年或5年；团的支部委员会、总支部委员会每届任期2年或3年，其中大、中学校学生支部委员会每届任期1年，由团员大会选举产生	没有时限规定，一般根据工作需要召开。但换届选举的团员大会，必须在委员会任期届满时召开	在团的委员会任期内，根据工作需要，没有时限要求
代表的产生办法不同	必须由下一级团代表大会、团员大会或代表会议以无记名投票方式和选举办法选举产生	全体参加	由下一级团的代表大会、代表会议、团员大会、团的委员会或常委扩大会议推选产生。召集代表会议的该级团的委员会成员可以作为当然代表出席会议

二、基层团委换届选举工作

1. 任期与会议形式

团的基层委员会由团员大会或代表大会选举产生,每届任期三年至五年。

附表:团的基层组织选举规则

委员会类别	基层委员会			总支部委员会	支部委员会
委员会的组成	委员(常务委员会委员)	书记	1人	1人	1人
		副书记	1~2人	1人	(必要时1人)
		(团员2000人以上或下设团委的基层团委根据工作需要可设立常务委员会,常委5~7人)		——	——
	7~9人(设常务委员会的15~21人)			5~7人	3~5人
换届时限	3~5年			2或3年	2或3年(其中大、中学校学生支部委员会1年)
委员会换届会议	团代表大会			团员大会	团员大会
参加人员	团代表			全体团员	全体团员
	(有选举权的到会人数超过应到会人数的4/5,方可进行选举)				
代表名额	100人左右,最多不超过200人			——	——
代表构成	一般不规定				

（续表）

代表产生	下一级团员大会或团代表大会(代表会议)差额选举产生,代表候选人数应多于应选人数的 20%。上届团的委员会成立代表资格审查小组,审查代表产生程序和资格	——	——
委员会的产生	候选人名额多于应选名额的 20%		
	由上届团的委员会广泛征求所属团组织的团员的意见,提出候选人预备名单	由上届团的委员会在组织团员民主推荐、充分酝酿的基础上,根据多数团员的意见确定候选人预备名单	由全体团员酝酿提名,上届委员会根据多数团员的意见确定候选人
	报同级党的委员会和上级团的委员会同意		
	提交团代表大会主席团初步确认	提交团员大会进行选举	提交团员大会进行选举(也可以不提候选人,经全体团员充分酝酿后,直接投票选举产生)
	提交各代表团(小组)酝酿讨论		
	大会主席团根据酝酿讨论情况确定候选人名单		
	提交团代表大会进行选举		
书记、副书记、常委换届会议	委员会全体会议	团员大会	团员大会
参加人员	当选委员	全体团员	全体团员
	(有选举权的到会人数超过应到会人数的 4/5,方可进行选举)		

（续表）

	常委候选人名额多于应选名额1～2人		——
常务委员会、书记、副书记的产生	书记、副书记可以实行差额选举，也可以实行等额选举		
	书记、副书记和常委由上届团的委员会提出候选人建议名单		书记、副书记候选人由新选出的委员会全体会议酝酿提名，也可以由上届团的委员会提名
	报同级党组织和上级团组织同意		经同级党组织和上级团组织同意
	提交委员酝酿讨论，确定候选人名单	提交全体团员酝酿讨论，确定候选人名单	根据新选出的委员会多数委员的意见确定
	提交委员会全体会议进行选举	提交团员大会进行选举	提交团员大会进行选举（也可以不提候选人，由团员大会直接从新当选的委员会委员中选举产生）

2. 向同级党组织和上级团组织请示

团组织召开会议进行换届，应报同级党的委员会和上一级团的委员会批准。按照团内有关规定，团委、团总支、团支部任期结束召开团代表大会或团员大会进行换届改选时，应至少提前三个月以书面形式向同级党组织和上级团组织提出书面请示，内容包括大会召开的时间、地点、主要任务、议程、代表名额及分配、委员会规模及组成、选举办法等。

例文：召开团代会的请示

关于召开共青团〈单位全称〉第 *n* 次代表大会的请示

〈上级团组织〉：

共青团〈单位名称〉第 *n*－1 次代表大会于××××年××月召开。根据《团章》、《中国共产主义青年团基层组织选举规则（暂行）》等有关规定，我们拟于××××年××月×旬召开共青团〈单位全称〉第 *n* 次代表大会。现就有关事项请示如下：

一、大会的主要任务

1. 听取和审议大会报告。

2. 确定新一届团委会工作努力方向、奋斗目标。

3. 选举产生共青团〈单位全称〉第 *n* 届委员会。

二、大会的议程（此处略，一般包括预备会议和正式会议的议程）

三、代表名额及分配

我委下属团组织共有团员××名。共青团〈单位全称〉第 *n* 次代表大会的代表名额拟定为××名，代表名额的分配根据团员人数和代表具有广泛性的原则确定。

四、委员会的规模及组成

共青团〈单位全称〉第 *n* 届委员会拟设委员×名，其中，拟设常务委员会委员×名，书记×名，副书记×名。

五、选举办法

代表：团委向各选举单位下达代表分配名额，由各选举单位按分配名额组织团员酝酿提名，根据多数团员的意见确定候选人，提交团员大会或团代表大会，采用无记名投票差额选举方式选举产生代表。代表候选人数应多于应选人数的 20％。

委员、常委及正副书记：由大会主席团按照委员候选人名额多于应选名额 20％的规定，确定委员会委员候选人××名，提交大会，采用无记名投票差额选举方式选举产生共青团〈单位全称〉第 *n* 届委员会委员。在此基础上，确定常务委员会委员候选人×名，在共青团〈单位全称〉第 n 届委员会第一次全体会议上采用无记名投票差额选举方式选举产生常务委员会委员;确定书记候选人×名,副书记候选人×名,在共青团〈单位全称〉第 n 届委员会第一次全体会议上采用无记名投票差额(或等额)选举方式选举产生书记、副书记。

当否,请审批。

共青团〈单位全称〉委员会(印章)

××××年××月××日

同级党组织对请示内容进行审查,如无不妥,在适当范围内批转。上级团委根据《团章》和《中国共产主义青年团基层组织选举规则(暂行)》,对请示各项事项进行审查并与同级党组织沟通,及时作出批复。

例文:上级团委同意召开团代会的批复

关于同意召开共青团〈单位全称〉第 n 次代表大会的批复

共青团〈单位全称〉委员会:

你委《关于召开共青团〈单位全称〉第 n 次代表大会的请示》(〈文号〉)收悉。

经研究,同意你委于××××年××月召开共青团〈单位全称〉第 n 次代表大会,并原则同意有关请示事项。

希望你们在党委(党总支、党支部)的领导下,按照《团章》和《中国共产主义青年团基层组织选举规则(暂行)》等有关规定,精心组织,认真实施,做好大会各项筹备工作。有关候选人人选材料请按协管工作程序及时上报。

此复。

〈上级团组织〉(印章)

××××年××月××日

抄送:〈同级党组织〉

3. 作出召开会议的决定

各级团代表大会由同级团的委员会召集。召开团代表大会,应由团的委员会全体会议作出决定。

4. 筹备团员大会或团代表大会

召集会议的团的委员会成立团员大会或团代表大会的筹备工作机构,根据《团章》和《中国共产主义青年团基层组织选举规则(暂行)》的有关要求,从文件起草(大会报告、有关讲话、决议、通知等)、组织人事(团代表大会代表的选举、新一届团的委员会委员候选人人选的酝酿提名、团代表大会主席团成员人选的提名等)、会务(文件、会场、交通、财务)等方面筹备团代表大会或团员大会。

5. 委员会委员候选人预备人选报批

根据基层团组织和广大团员酝酿推荐情况,提出新一届委员会委员候选人预备人选,向同级党组织和上级团组织呈报下一届团的委员会候选人预备人选的请示。

同级党组织和上级团组织应加强对酝酿推荐工作的领导和指导,按照德才兼备和班子结构合理的原则严格审查,并及时作出批复。

例文:团委会委员候选人预备人选的请示

关于共青团〈单位全称〉第 n 届委员会
委员候选人预备人选的请示

〈上级团组织〉:

根据〈上级团组织〉《关于同意召开共青团〈单位全称〉第 n 次代表大会的批复》(〈文号〉)精神,共青团〈单位全称〉第 n 次代表大会将于

××××年××月召开。在团员民主推荐、充分酝酿的基础上,经党委(党总支、党支部)同意,拟提名:

××、××、……、××等×位同志(按姓氏笔画为序)(女性、少数民族需注明)为共青团〈单位全称〉第 n 届委员会委员候选人预备人选。

当否,请审批。

附件:1. 委员候选人预备人选基本情况
　　　2. 委员候选人预备人选结构分析表(包括男女人数及比例、平均年龄、各年龄段人数及比例、不同学历人数及比例、不同专业技术职称级别人数及比例、专兼职团干部人数及比例、不同来源人数及比例等)

共青团〈单位全称〉委员会(印章)

××××年××月××日

例文:上级团委同意团委会委员候选人预备人选的批复

关于同意共青团〈单位全称〉第 n 届委员会委员候选人预备人选的批复

共青团〈单位全称〉委员会:

你委《关于共青团〈单位全称〉第 n 届委员会委员候选人预备人选的请示》(〈文号〉)收悉。

经研究,同意××、××、……、××等×位同志(按姓氏笔画为序)(女性、少数民族需注明)为共青团〈单位全称〉第 n 届委员会委员候选人预备人选。

此复。

〈上级团组织〉(印章)

××××年××月××日

抄送:〈同级党组织〉

6. 同级党组织同上级团组织就换届人选进行沟通协商

同级党组织作为团干部的主管方,就常务委员会委员、书记、副书记候选人预备人选向上级团组织发函征求意见。

上级团组织作为团干部的协管方,可采取参与考察等方式对人选进行审核,并及时将意见以复函的形式反馈同级党组织。

例文:团委会常委、书记、副书记候选人预备人选的征求意见函

关于共青团〈单位全称〉第 *n* 届委员会常务委员会委员、书记、副书记候选人预备人选的征求意见函

〈上级团组织〉:

共青团〈单位全称〉第 *n* 次代表大会将于××××年××月召开。在团员民主推荐、充分酝酿的基础上,经党委(党总支、党支部)讨论,拟提名:

×××、×××、……、×××等×位同志(按姓氏笔画为序)(女性、少数民族需注明)为共青团〈单位全称〉第 *n* 届委员会常务委员会委员候选人预备人选。

×××同志为共青团〈单位全称〉第 *n* 届委员会书记候选人预备人选。

×××、×××等×位同志为共青团〈单位全称〉第 *n* 届委员会副书记候选人预备人选。

当否,请复函。

附件:1. 常委、书记、副书记候选人预备人选基本情况
2. 常委、书记、副书记候选人预备人选考察材料

〈同级党组织〉(印章)
××××年××月××日

例文：上级团委同意团委会常委、书记、副书记候选人预备人选的复函

关于同意共青团〈单位全称〉第 n 届委员会
常务委员会委员、书记、副书记候选人预备人选的复函

〈同级党组织〉：

你委《关于共青团〈单位全称〉第 n 届委员会常务委员会委员、书记、副书记候选人预备人选的征求意见函》（〈文号〉）收悉。

经研究，同意×××、×××、……、×××等×位同志（按姓氏笔画为序）（女性、少数民族需注明）为共青团〈单位全称〉第 n 届委员会常务委员会委员候选人预备人选。

同意×××同志为共青团〈单位全称〉第 n 届委员会书记候选人预备人选。

同意×××、×××等×位同志为共青团〈单位全称〉第 n 届委员会副书记候选人预备人选。

此复。

〈上级团组织〉（印章）

××××年××月××日

7. 召开团员大会或团代表大会

团的基层委员会由团员大会或团代表大会选举产生。会议的主要议程是：审查和批准大会报告；讨论和决定团的工作任务和有关重要事项；按团内民主选举程序选举产生团的基层委员会。大会之后召开委员会全体会议，选举产生常务委员会委员、书记、副书记，明确工作内容和工作分工等。

8. 选举结果报批

团员大会或团代表大会召开后，选举产生的委员会应及时向同级

党组织和上级团组织递交关于选举结果的报告。选举结果报告一般应包括如下内容:选举的时间及参加选举的人数和实到会人数;采用的选举方式;候选人名单;选举计票结果;选举当选结果;其他需要报告的问题。

上级团组织收到报告后,应及时审查选举的程序和当选结果,作出批复并发文公布。属于同级党组织管理的干部职务之列的,应按干部管理权限由同级党的组织部门办理任职手续。换届后的团组织应将上级批复及各类资料存档备考。

例文:组成共青团委员会的报告

关于组成共青团〈单位全称〉第 *n* 届委员会的报告

〈上级团组织〉:

共青团〈单位全称〉第 *n* 次代表大会于×××年××月××日召开,大会应到代表××名,实到代表××名。

一、共青团〈单位全称〉第 *n* 届委员会委员选举情况

经与会代表充分酝酿讨论,大会主席团确定共青团〈单位全称〉第 *n* 届委员会委员候选人××名,名单如下:

×××、×××、……、×××(按姓氏笔画为序)(女性、少数民族需注明)。

大会共发出选票××张,收回选票××张,收回选票数等于(或少于)发出选票数,选举有效。收回选票中,有效票××张,废票××张。

委员候选人得赞成票情况如下(按姓氏笔画为序):

×××得××票、×××得××票、……、×××得××票。

根据大会选举办法的规定,×××、×××、……、×××(按姓氏笔画为序)(女性、少数民族需注明)等××位同志当选为共青团〈单位全称〉第 *n* 届委员会委员。

二、共青团〈单位全称〉第 *n* 届委员会常务委员会委员选举情况

共青团〈单位全称〉第 n 届委员会第一次全体会议于××××年××月××日召开,会议应到委员××名,实到委员××名。

经与会委员充分酝酿讨论,确定共青团〈单位全称〉第 n 届委员会常务委员会委员候选人××名,名单如下:

×××、×××、……、×××(按姓氏笔画为序)(女性、少数民族需注明)。

会议共发出选票××张,收回选票××张,收回选票数等于(或少于)发出选票数,选举有效。收回选票中,有效票××张,废票××张。

常务委员会委员候选人得赞成票情况如下(按姓氏笔画为序):

×××得××票、×××得××票、……、×××得××票。

根据会议选举办法的规定,×××、×××、……、×××(按姓氏笔画为序)(女性、少数民族需注明)等××位同志当选为共青团〈单位全称〉第 n 届委员会常务委员会委员。

三、共青团〈单位全称〉第 n 届委员会书记、副书记选举情况

在选举常务委员会委员的基础上,会议确定×××同志为书记候选人,×××、×××等×位同志为副书记候选人。

会议共发出选票××张,收回选票××张,收回选票数等于(或少于)发出选票数,选举有效。收回选票中,有效票××张,废票××张。

正副书记候选人得赞成票情况如下:

书记候选人×××得××票。

副书记候选人×××得××票、×××得××票。

根据会议选举办法的规定,×××同志当选为共青团〈单位全称〉第 n 届委员会书记,×××、×××等×位同志当选为共青团〈单位全称〉第 n 届委员会副书记。

特此报告。

共青团〈单位全称〉委员会(印章)

××××年××月××日

例文：上级团委同意组成共青团委员会的批复

关于同意组成共青团〈单位全称〉第 n 届委员会的批复

共青团〈单位全称〉委员会：

你委《关于组成共青团〈单位全称〉第 n 届委员会的报告》（〈文号〉）收悉。

经研究，同意由×××、×××、……、×××（按姓氏笔画为序）（女性、少数民族需注明）等××位同志组成共青团〈单位全称〉第 n 届委员会。

同意×××、×××、……、×××（按姓氏笔画为序）（女性、少数民族需注明）等××位同志为共青团〈单位全称〉第 n 届委员会常务委员会委员。

同意×××同志任共青团〈单位全称〉第 n 届委员会书记。

同意×××、×××等×位同志任共青团〈单位全称〉第 n 届委员会副书记。

此复。

〈上级团组织〉（印章）

××××年××月××日

抄送：〈同级党组织〉

9. 关于团代表大会代表

团的基层代表大会代表名额一般为 100 人左右，最多不超过 200人。代表具体名额由召集代表大会的团的委员会根据所辖团员人数，按照"有利于团员了解和直接参与团内事务，有利于讨论和决定问题"的原则确定，报同级党组织和上级团组织批准。代表名额的分配由召集代表大会的团的委员会根据团员人数和代表具有广泛性的原则确定，一般不规定代表的构成比例。

团的基层代表大会的代表一般由下一级团员大会选出,也可以由下一级团代表大会选出。代表候选人人数应多于应选人数的 20%。团的县级和县级以上基层委员会在必要时,可以召集代表会议,选举出席上一级团代表大会的代表。

上届团的委员会成立代表资格审查小组,负责对代表的产生程序和资格进行审查,并向团代表大会报告代表资格审查情况。经审查通过后的代表,获得正式资格。

10. 关于新一届团的基层委员会

团的基层委员会一般由 7～9 人组成,设书记 1 人、副书记 1～2 人,一般不设常务委员会。团员人数在 2000 名以上或下设团委的基层团委,根据工作需要,经上级团组织批准,可以设立常务委员会,设常务委员会的团的基层委员会一般由 15～21 人组成,常务委员会 5～7 人。

团的基层委员会委员候选人名额应多于应选名额的 20%;常务委员候选人名额应多于应选名额 1～2 人。

团的基层委员会候选人的产生要广泛发扬民主,候选人名单要充分酝酿讨论。团的基层委员会委员,凡召开团员大会选举的,由上届团的委员会在组织团员民主推荐、充分酝酿的基础上,根据多数团员的意见确定候选人预备名单,报同级党组织和上级团组织同意后,提交团员大会进行选举;凡召开团代表大会选举的,由上届团的委员会广泛征求所属团组织的团员的意见,提出候选人预备名单,报同级党组织和上级团组织同意后,提交大会主席团,经大会主席团初步确认,提交各代表团(小组)酝酿讨论,大会主席团根据酝酿讨论情况确定候选人名单,提交代表大会进行选举。

团的基层委员会书记、副书记和常务委员会委员,由团的基层委员会全体会议选举产生。如是召开团员大会选举产生团的基层委员会,书记、副书记可以召开基层委员会全体会议选举产生,也可以由团员大会从新当选的委员中直接选举产生。

团的基层委员会书记、副书记、常务委员会委员候选人必须是本届委员会委员,设立常务委员会的团的基层委员会书记、副书记候选人必须是本届委员会常务委员会委员。

11. 关于选举的组织领导

团员大会选举工作由上届团的委员会主持。团代表大会选举工作由团代表大会主席团主持。团代表大会正式举行前,由上届团的委员会主持召开大会预备会议。预备会议的主要任务是:通过代表资格审查小组的报告;通过大会主席团名单;通过大会秘书长、副秘书长名单;通过代表大会议程;通过有关确认事项。

团代表大会的领导机构是团代表大会主席团。主席团成员由上届团的委员会与下一级团的委员会协商提名,必须是团代表大会代表,经各代表团(小组)酝酿讨论后,提交代表大会预备会议表决产生。主席团一般由各代表团(小组)负责人、团代表大会筹备机构负责人及各方面的代表组成。团代表大会主席团的任务是:按照大会议程主持大会;组织大会的报告和讨论;组织代表酝酿讨论并确定出席上一级团代表大会代表和本届团的委员会委员候选人名单,主持大会的选举;组织代表审议大会的决议;决定其他人事和有关重要事宜。

团代表大会设秘书长1人,副秘书长若干人,负责处理团代表大会召开期间的日常事务。秘书长、副秘书长由上届团的委员会提名,交团代表大会预备会议表决产生。

附图:团员代表大会选举的组织领导

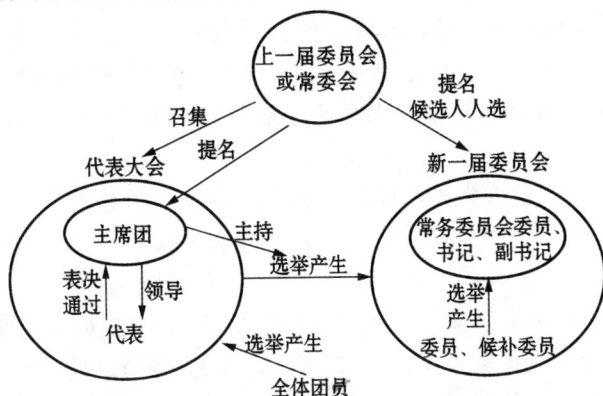

12. 选举办法

团员大会、团代表大会和团的基层委员会在有选举权的到会人数超过应到会人数的五分之四时,方可进行选举。

团的各级代表大会的代表和委员会的产生,要体现选举人的意志。选举采用无记名投票的方式。可以直接采用候选人数多于应选人数的差额选举办法进行选举,也可以采用差额选举办法进行预选,产生候选人名单,然后进行等额正式选举。团的基层委员会的书记、副书记一般采用差额选举办法选举产生。经同级党组织和上级团组织批准,也可以采用等额选举办法。

团员大会或团代表大会选举的监票人,由全体团员代表或各代表团(小组)从不是委员候选人的团员或代表中推选,经团员大会或团代表大会表决通过。委员会选举的监票人从不是书记、副书记、常务委员会委员候选人的委员中推选,经全体委员表决通过。

选举一律采用无记名投票的方式。选票上的候选人名单以姓氏笔画为序排列。因故未出席会议者,不能委托他人代为投票。

选举人对候选人可以投赞成票或不赞成票,也可以弃权。对候选人投不赞成票时,可以另选他人也可以不另选他人;弃权时,不能另选他人。每次选举收回的选票,等于或少于投票人数,选举有效;多于投票人数,选举无效,应重新选举。每张选票所选人数(包括另选他人)等于或少于应选人数的,并且另选他人人数等于或少于被投不赞成票的候选人人数的,为有效票;所选人数(包括另选他人)多于应选名额的,或者另选他人人数多于被投不赞成票的候选人人数的,均为无效票。

选举结果,被选举人获得的赞成票超过实到会有选举权人数的半数,方可当选。获得赞成票超过实到会有选举权人数半数的被选举人多于应选名额时,按得赞成票多少为序,至取足应选名额为止;如遇最后几名被选举人得赞成票数相等不能确定当选人时,应就得赞成票数相等的被选举人重新投票,按得赞成票多少为序,至取足全部应选名额为止。得赞成票数超过半数的候选人少于应选名额时,应对不足名额再进行选举,仍少于应选名额时,可相应减少应选名额,不再进行选举。当选人接近应选名额时,征得选举人同意,也可以直接减少应选名额不再进行选举。

13. 团代表大会各次会议活动的主要议程

团代表大会期间及前后,要举办多次会议和活动,这些会议和活动之间有着内在的逻辑联系,环环相扣。主要议程分别如下:

(1) 代表资格审查小组会议。审查代表产生程序和资格,形成代表资格审查报告。

(2) 代表组会前活动。推举代表组组长;熟悉有关大会文件;讨论大会期间活动。

(3) 各代表组会议。各代表组酝酿大会主席团名单,大会秘书长、副秘书长名单,大会议程等。

(4) 代表组长会议。介绍大会工作机构设置情况;介绍大会的主要任务和提出开好大会的要求。

(5) 大会预备会议。审议通过代表资格审查小组关于代表资格审查情况的报告;通过大会主席团名单;通过大会秘书长名单;通过大会副秘书长名单;通过大会议程;听取大会筹备工作报告。

(6) 大会主席团第一次会议。通过大会主席团常务主席名单;通过大会日程。

(7) 大会第一次全体会议(开幕式)。宣布大会开幕,唱国歌;群众团体等有关方面致贺词;上一届团的委员会作工作报告;上级团委领导讲话;同级党委领导讲话。

(8) 大会主席团第二次会议。听取关于新一届团委委员候选人预备人选酝酿产生情况的报告;通过新一届团委委员候选人建议名单,提交各代表团讨论;审定大会选举办法(草案),提交各代表团讨论;审议通过关于大会报告的决议(草案),提交各代表团讨论。

(9) 大会分组讨论。讨论领导讲话;审议大会报告;讨论大会选举办法(草案);酝酿新一届团委委员候选人建议名单;推选并提出大会选举总监票人、监票人建议名单;讨论关于大会报告的决议(草案)。

（10）大会主席团第三次会议。听取对大会选举办法（草案），大会选举总监票人、监票人建议名单，新一届团委委员候选人预备人选酝酿讨论情况的汇报；通过大会选举办法（草案），提交大会表决；通过大会总监票人、监票人建议名单，提交大会表决；通过新一届团委委员候选人名单，提交大会选举；听取关于大会工作报告的决议（草案）讨论情况的汇报；通过关于大会工作报告的决议（草案），提交大会表决。

（11）大会第二次全体会议。通过大会选举办法；通过大会选举总监票人、监票人名单；选举新一届团委委员。

（休会）

期间，举行大会主席团第四次会议。通报选举计票结果；通过新一届团委第一次全体会议主持人名单。

（复会，闭幕式）

向大会报告计票结果；宣布当选的新一届团委委员名单；通过关于大会工作报告的决议；宣布大会闭幕，唱团歌。

（12）新一届委员会第一次全体会议。宣布会议开始，唱国歌；主持人作关于新一届委员会常务委员会委员候选人建议人选酝酿产生情况的说明；同级党委组织部负责人作关于新一届委员会书记、副书记候选人建议人选的说明；与会委员酝酿讨论候选人建议人选，酝酿讨论全会选举办法，推选全会选举总监票人、监票人；通过全会选举办法；通过新一届委员会常务委员会委员、书记、副书记候选人名单；通过全会选举总监票人、监票人名单；选举新一届委员会常务委员会委员；选举新一届委员会书记、副书记；新当选团的委员会书记讲话；同级党委领导讲话；宣布会议闭幕，唱团歌。

三、届中增选团的委员会委员、常委、书记、副书记

1. 向同级党组织和上级团组织请示

召开团代表会议增选部分委员，召开委员会全体会议增选常委、书记、副书记，应至少提前一个月以书面形式向同级党组织和上级团组织

提出书面请示,内容包括增选的理由、拟召开会议的类型、会议时间、地点、主要任务、选举办法等。上级团委收到召开会议的请示后,应及时与同级党组织沟通,并作出批复。

例文:召开团代会的请示

关于召开共青团〈单位全称〉代表会议的请示

〈上级团组织〉:

〈召开会议增选部分委员会委员的理由〉,根据《团章》和《中国共产主义青年团基层组织选举规则(暂行)》等有关规定,我委拟于××××年××月×旬召开共青团〈单位全称〉代表会议,增选×名委员会委员。现就有关事项请示如下:

一、会议的主要任务

1. 增选×名共青团〈单位全称〉第×届委员会委员。

2.(其他任务)。

二、代表名额及产生办法

按照团内有关工作要求,结合我委实际,共青团〈单位全称〉代表会议的代表名额拟定为××名,具体名单由我委讨论研究确定(或由下一级团的代表大会、代表会议、团员大会推选产生)。

三、选举办法

由我委按照委员候选人名额多于应选名额20％的规定,确定增选委员会委员候选人×名,提交团代表会议,采用无记名投票差额选举方式增选共青团〈单位全称〉第×届委员会委员×名。

当否,请审批。

共青团〈单位全称〉委员会(印章)

××××年××月××日

例文：上级团委同意召开团代会的批复

关于同意召开共青团〈单位全称〉代表会议的批复

共青团〈单位全称〉委员会：

　　你委《关于召开共青团〈单位全称〉代表会议的请示》（〈文号〉）收悉。

　　经研究，同意你们于××××年××月召开共青团〈单位全称〉代表会议，增选×名委员会委员，并原则同意有关请示事项。

　　希望你们在党委（党总支、党支部）的领导下，按照《团章》和《中国共产主义青年团基层组织选举规则（暂行）》等有关规定，精心组织，认真实施，做好会议各项筹备工作。有关候选人人选材料请按协管程序及时上报。

　　此复。

〈上级团组织〉（印章）

××××年××月××日

抄送：〈同级党组织〉

2. 候选人预备人选报批

　　召集会议的团的委员会根据《团章》和《中国共产主义青年团基层组织选举规则（暂行）》的有关要求，组织基层团组织和团员酝酿和推荐拟增选候选人人选，根据酝酿推荐情况，提出候选人预备人选，向同级党组织和上级团组织呈报有关候选人预备人选的请示。同级党组织和上级团组织应加强对酝酿推荐工作的领导和指导，按照德才兼备和班子结构合理的原则严格审查，并及时作出批复。增选常务委员会委员、书记、副书记的，要由同级党组织就候选人预备人选向上级团组织发函征求意见。上级团组织可采取参与考察等方式对人选进行审核，并及时将意见以复函的形式反馈同级党组织。

例文：团委会增选委员候选人预备人选的请示

<h1 style="text-align:center">关于共青团〈单位全称〉第×届委员会
增选委员候选人预备人选的请示</h1>

〈上级团组织〉：

根据〈上级团组织〉《关于同意召开共青团〈单位全称〉代表会议的批复》(〈文号〉)精神，共青团〈单位全称〉代表会议将于××××年××月召开。在团员民主推荐、充分酝酿的基础上，经党委(党总支、党支部)同意，拟提名：

×××、×××、×××等×位同志(按姓氏笔画为序)(女性、少数民族需注明)为共青团〈单位全称〉第×届委员会增选委员候选人预备人选。

当否，请审批。

附件：增选委员候选人预备人选基本情况

共青团〈单位全称〉委员会(印章)
××××年××月××日

例文：上级团委同意团委会增选委员候选人预备人选的批复

<h1 style="text-align:center">关于同意共青团〈单位全称〉第×届委员会
增选委员候选人预备人选的批复</h1>

共青团〈单位全称〉委员会：

你委《关于共青团〈单位全称〉第×届委员会增选委员候选人预备人选的请示》(〈文号〉)收悉。

经研究，同意×××、×××、×××等×位同志(按姓氏笔画为序)(女性、少数民族需注明)为共青团〈单位全称〉第×届委员会增选委员候选人预备人选。

此复。

〈上级团组织〉(印章)

××××年××月××日

抄送：〈同级党组织〉

3. 召开团代表会议或委员会全体会议

根据选举办法进行相关人员的增选。

4. 选举结果报批

会后，团的委员会应及时向同级党组织和上级团组织递交关于选举结果的报告。可参照团组织换届选举结果报告的写法。上级团组织收到报告后，应及时审查选举的程序和当选结果，作出批复。属于同级党组织管理的干部职务之列的，应按干部管理管理权限由同级党的组织部门办理任职手续。换届后的团组织应将上级批复及各类资料存档备考。

例文：团代会选举结果报告

关于共青团〈单位全称〉代表会议选举结果的报告

〈上级团组织〉：

共青团〈单位全称〉代表会议于××××年××月××日召开，会议应到代表××名，实到代表××名。

经〈同级党组织〉和〈上级团组织〉同意，确定共青团〈单位全称〉第×届委员会增选委员候选人××名，名单如下：

×××、×××、×××（按姓氏笔画为序）（女性、少数民族需注明）。

会议共发出选票××张,收回选票××张,收回选票数等于(或少于)发出选票数,选举有效。收回选票中,有效票××张,废票××张。

增选委员候选人得赞成票情况如下(按姓氏笔画为序):

×××得××票、×××得××票、×××得××票。

根据大会选举办法的规定,×××、×××、×××(按姓氏笔画为序)(女性、少数民族需注明)等×位同志增选为共青团〈单位全称〉第×届委员会委员。

特此报告。

共青团〈单位全称〉委员会(印章)

××××年××月××日

例文:上级团委同意团代会选举结果的批复

关于同意共青团〈单位全称〉代表会议选举结果的批复

共青团〈单位全称〉委员会:

你委《关于共青团〈单位全称〉代表会议选举结果的报告》(〈文号〉)收悉。

经研究,同意×××、×××、×××(按姓氏笔画为序)(女性、少数民族需注明)等×位同志增选为共青团〈单位全称〉第×届委员会委员。

此复。

〈上级团组织〉(印章)

××××年××月××日

抄送:〈同级党组织〉

第三章 共青团的基层组织管理工作

一、团组织名称更改

当团组织所依托的单位或地区名称发生变更时,为了便于开展工作,团组织名称一般要相应更改。团组织建制发生变化(如团总支升格为团委等)时,名称也要作相应更改。

1. 团组织名称更改的流程

在同级党组织的领导下,拟更名的团组织向上级团组织提出关于团组织更名的书面请示。请示的具体内容包括:团组织更名的理由、拟更改后的团组织名称,请示应附单位或地区更名(或同级党组织更名)的相关原始材料复印件。上级团组织在收到更名的请示后,应及时研究决定,作出批复。

2. 团组织名称更改的注意事项

团的地方各级组织所在地方行政区划的名称或团的基层组织所在单位的名称变更,不论其团组织的隶属关系、管理范围、职责权限是否发生变化,凡召开团代表大会进行换届选举的,其团代表大会的次数应重新排列。团的地方组织所在地方行政区划的名称或团的基层组织所在单位的名称未变,不论其团组织的隶属关系、管理范围、职责权限有无变化,其团代表大会的次数仍应按连续排列计算。

例文：团委会更名的请示

<h2 style="text-align:center">关于共青团〈单位全称〉委员会更名的请示</h2>

〈上级团组织〉：

　　〈更名的原因〉，经报〈同级党组织〉同意，建议将"中国共产主义青年团〈单位全称〉委员会"更名为"中国共产主义青年团〈新的单位全称〉委员会"。

　　当否，请审批。

　　附件：单位或单位党组织更名的文件复印件

共青团〈单位全称〉委员会（印章）
××××年××月××日

例文：上级团委同意团委会更名的批复

<h2 style="text-align:center">关于同意共青团〈单位全称〉委员会更名的批复</h2>

共青团〈单位全称〉委员会：

　　你委《关于共青团〈单位全称〉委员会更名的请示》（〈文号〉）收悉。

　　经研究，同意"中国共产主义青年团〈单位全称〉委员会"更名为"中国共产主义青年团〈新的单位全称〉委员会"。

　　此复。

〈上级团组织〉（印章）
××××年××月××日

抄送：〈同级党组织〉

二、团组织建制更改

团组织建制应按照《团章》规定,根据工作需要和团员人数而设立。一个基层团委、团总支或团支部如果因团员人数的增加或减少,根据工作需要,其组织的建制应作适当调整。团组织建制更改可分为升格和降格两类。团组织升格、降格,均须经同级党组织同意,并报有审批权的上级团组织(基层团委及以上团的委员会)批准。

1. 团组织建制更改的流程

拟改建(升格/降格)的团组织在同级党组织的领导下,以书面形式向有审批权的上级团组织递交书面请示。请示的具体内容包括:本单位团员和团组织的分布情况、改建的理由、改建后拟采用的建制形式、改建后委员会的人数及组成结构、下属团组织的设置方案。

上级团组织收到改建(升格/降格)的请示后,应及时与其同级党组织沟通,并对请示作出批复。

2. 团组织建制更改的注意事项

团的组织建制变更,其团代表大会或团员大会的次数及委员会的届数应重新排列计算。

例文:团组织建制升格/降格的请示

关于〈单位全称〉团组织建制升格／降格的请示

〈上级团组织〉:

〈团组织建制升格／降格的原因〉,经报〈同级党组织〉同意,建议共青团〈单位全称〉总支部委员会建制升格／降格为共青团〈单位全称〉委员会/共青团〈单位全称〉支部委员会建制。

当否,请审批。

共青团〈单位全称〉总支部委员会(印章)

××××年××月××　日

例文:上级团委同意团组织建制升格/降格的批复

关于同意〈单位全称〉团组织建制升格／降格的批复

共青团〈单位全称〉总支部委员会:

你委《关于〈单位全称〉团组织建制升格／降格的请示》(〈文号〉)收悉。

经研究,同意共青团〈单位全称〉总支部委员会建制升格／降格为共青团〈单位全称〉委员会／共青团〈单位全称〉支部委员会建制。

希望升格／降格后的共青团〈单位全称〉委员会／共青团〈单位全称〉支部委员会在党委(党总支、党支部)的领导下,按照《团章》和《中国共产主义青年团基层组织选举规则(暂行)》等有关规定,尽早召开团员大会(团代表大会),选举产生团的领导班子。

此复。

〈上级团组织〉(印章)

××××年××月××日

抄送:〈同级党组织〉

三、团的关系归属调整

一般情况下,团的基层组织设置与党组织和行政相对应,团组织的隶属关系按照"党团对口"原则,将同级党组织的上级党组织所在单位(或地区)的团组织作为团组织的上级团组织。

在政府机构改革、企业改革兼并重组的背景下,为加强党对团的领导,在同级党组织隶属关系发生变更时,团组织隶属关系一般应随党组织隶属关系做出相应变更。团组织隶属关系由其同级党组织分别同有关上级团组织协商后确定。

1. 团的关系归属调整的流程

组织隶属关系需变更的团组织的同级党组织,分别以发函的形式向该团组织现所在的上级团组织和拟转入的上级团组织进行协商。函的具体内容包括:团组织隶属关系变更的理由、本单位团组织和团员的概况。函应附同级党组织关系变更的相关审批材料复印件。

该团组织现所在的上级团组织和拟转入的上级团组织在接到党组织的函后,要及时与该党组织沟通,必要时两个上级团组织也要进行充分沟通,取得一致意见后,分别复函给该党组织,做好组织关系变更记录,并以适当的方式通知有关其他团组织。

例文:团的关系划转的函

关于〈单位全称〉团的关系划转的函

〈现上级团组织〉/〈拟转入上级团组织〉①:

〈单位情况简介,党的关系划转情况,团的关系划转的原因,目前该团组织及所属团员的概况〉。

经党委(党总支、党支部)会议讨论,建议〈单位全称〉团的关系由〈现上级团组织〉划转至〈拟转入上级团组织〉。

当否,请复函。

〈同级党组织〉(印章)

××××年××月××日

---

① 同级党组织分别向团组织的现上级团组织和拟转入的上级团组织致函,协商团的关系划转事宜。

例文：现上级团组织同意团的关系划转的复函

关于同意〈单位全称〉团的关系划转的复函
（现所在上级团组织）

〈同级党组织〉：

　　你委《关于〈单位全称〉团的关系划转的函》（〈文号〉）收悉。

　　经研究，同意〈单位全称〉团的关系划出〈现上级团组织〉。

　　此复。

〈现上级团组织〉（印章）

××××年××月××日

例文：拟转入上级团组织同意团的关系归属的复函

关于同意〈单位全称〉团的关系
归属〈拟转入上级团组织〉的复函
（拟转入上级团组织）

〈同级党组织〉：

　　你委《关于〈单位全称〉团的关系划转的函》（〈文号〉）收悉。

　　经研究，同意〈单位全称〉团的关系归属〈拟转入上级团组织〉。

　　自××××年××月起，共青团〈单位全称〉委员会的上缴团费请按比例解入〈拟转入上级团组织〉的"团费专款户"。

　　此复。

〈拟转入上级团组织〉（印章）

××××年××月××日

四、团的统计工作

1. 团的统计工作的意义

团的组织统计工作是共青团组织建设的一项基础性工作。做好团的组织统计工作，可以及时掌握团组织团员队伍和团干部队伍的总体状况，为团的领导机关提供科学准确的决策依据。各级团委组织部门要高度重视，认真部署，明确责任，保证统计工作的时效性、严肃性和准确性。

2. 共青团基本信息采集系统

2010 年，团中央启用"共青团基本信息采集系统"进行团内统计。"共青团基本信息采集系统"根据共青团基层组织管理工作的内容和特点开发，由团组织管理、团干部管理、团员管理、数据交换、系统管理等五个应用模块组成，各基层单位可依靠系统建成完善的团组织信息库，并逐级上报，从而形成共青团全员信息库。"共青团基本信息采集系统"为各级共青团组织管理提供了准确、全面的数据采集和上报途径，有效提高了共青团组织管理的工作效率、质量及管理决策的有效性、可靠性和实时性，实现共青团组织工作的计算机现代化管理。

3. 做好团的年度统计应注意的问题

在统计工作中，除了要做到专人负责、认真填写、反复校对外，还应注意以下几点：

（1）统计团组织关系和团员人数应按照组织归属关系和团员团籍关系为依据，对上级团组织已批准的正式团组织和团员关系要进行及时的统计，做到不遗漏，不重复。

（2）统计人员应严格按照"共青团基本信息采集系统"录入维护标准采集和更新信息，不得弄虚作假编造数据。各上级团组织应严格审核下级报送的数据，发现问题及时纠正，杜绝把问题和错误带到更上一级。

（3）各级团组织应建立规范的安全保密制度，安排专人负责，防止数据资料泄密。在向上级组织报送数据时，必须采用光盘报送的形式，不得使用互联网、非保密 U 盘等介质进行数据传送，确保信息安全。

4. 团的年度统计工作的具体操作要点

共青团基本信息数据采集要规范，统计要准确。其操作要点有：

（1）团组织在统计时应体现完整清晰的组织架构，采取自下而上的方式，具体到最基层的团支部，并逐级汇总上报。

（2）系统团委所属各级团组织纳入本系统统计范围，其属地团组织不再进行统计。

（3）团员登记和统计都应以团员的正式组织关系为依据：对于长期外出并已将团组织关系转出的团员、已超龄离团的青年、已被开除团籍和死亡的团员均要将其注销；对结婚、生育的女团员或短期外出的团员、犯过错误和长期生病的团员应如实加以统计；农村团员不含学生团员、企业团员、外出务工团员；企业团员含外来务工团员。

（4）团的各级组织的专职干部和 28 周岁以下的团员入党后仍保留团籍。

（5）团的统计工作要有专人负责。团支部、团总支应在每一季度末清理一次系统数据，把准确数字报给上级团委。

五、团费的收缴、使用和管理

《团章》规定："团的经费来源主要是：团员交纳的团费、党和政府以及企事业单位关于青少年事业的专项经费、团办经济实体创收、正当的社会资助和团组织的其他合理收入。"团费的主要用途是：购置团务用品、团员教育、订阅团报和团刊、团干部培训、举办富有教育意义的团日活动、表彰和奖励团内先进人物和先进集体。

1. 团员缴纳团费的标准

按期缴纳团费是团员对自己组织应尽的一种义务,又是团员支持团的工作的一种表现,同时还是团员和团组织保持经常联系、不断增强组织观念的一种必要形式。《团章》规定每一个团员必须按时向组织交纳团费。

根据团中央 1994 年 3 月 8 日《关于团费交纳和管理使用的规定》的要求,团费缴纳标准如下:①凡有工资收入的团员,每月以比较固定的经常性工资收入为基数,按以下比例缴纳团费:每月工资收入在 400 元(含 400 元)以下者,缴纳每月工资收入的 0.5%。每月工资收入在 400 元以上者,缴纳每月工资收入的 1%。临时工、协议工团员,在有工资收入期间,按上述规定的比例缴纳团费。②在乡镇企业工作的农民团员按工资收入的 0.5%缴纳团费,其他农民团员每月缴纳团费 1 角。③学生团员(包括没有工资收入的研究生团员)每月缴纳团费 1 角;带薪学习的团员按工资收入的 0.5%缴纳团费。④城市和农村中从事个体工商经营的团员,每月按上季度缴纳所得税后平均月收入,参照 0.5%的比例缴纳团费。⑤没有经济收入或依靠抚恤、救济为主的团员,每月缴纳团费 1 角。保留团籍的共产党员只缴纳党费,不缴纳团费。团员如确有生活困难,无力缴纳团费,由本人提出申请,经支部团员大会讨论同意,团的基层委员会批准,可以少缴或者免缴团费。团员一次缴纳团费的最长时间不得超过六个月,对于无正当理由连续六个月不缴纳团费的团员应按自行脱团处理。

2. 各级团委留用团费的比例

根据团中央《关于团费交纳和管理使用的规定》,各级团委收取、留用团费比例规定如下:①团中央收取团费总数的 3%。②团省、自治区、直辖市、中直机关团工委、中央国家机关团工委,收取团费总数的 12.5%,留用团费总数的 9.5%,其余上缴;全国铁道团委、全国民航团委收取团费总数的 11.5%,留用团费总数的 8.25%,其余上缴;团地、市、州、盟委和相应一级团委,收取团费总数的 25%,留用团费总数的

12.5％,其余上缴;团县委、市、旗委和相应一级团委,收取团费总数的50％,留用团费总数的25％,其余上缴。③团的县级以下基层组织留用团费总数的50％,其余上缴。④铁道系统、民航系统的局、厂(公司)、院、校团委将应上缴团费部分的10％上缴所在地的团省(自治区、直辖市)委。⑤解放军和武警总队各级团组织留用团费比例,由总政组织部和武警总队政治部规定,总政组织部和武警总队政治部将团费总数的3％上缴团中央。

3. 团费的使用和管理

根据团中央《关于团费交纳和管理使用的规定》,团费使用有以下制度:①团费应由各级团委组织部门统一管理。要建立和健全团费管理制度,指定专人负责,单独立户存入银行,不得同团的其他经费混在一起。各级团委在收到下级团组织上缴的团费时,应出具团费收据,并加盖公章。②团费是团的经费来源之一,主要用于团的活动,团员、团干部教育、培训、奖励和订阅《中国青年报》、《中国青年》杂志等团的机关报刊等方面的必要开支。不能把团费用于团员、团干部的生活福利,严禁用团费请客送礼。要严格团费使用的审批手续。③团的各级组织每年将团费收支结算一次,并将收支情况连同按规定上缴的团费及时报送上一级团委。上级团委每年对下一级团委的团费收缴和管理使用情况进行检查并予以通报,表彰先进,督促后进,发现问题,及时处理。

基层团组织应定期(如在团代会或团员大会上)向团员公布团员缴纳团费的情况和团的经费收支账目,并定期向上级团组织报告团的经费的收缴、使用和管理情况。各省级团委应于每年2月25日前将上年度团费收支情况和按规定应上缴的团费报送团中央。

六、团的档案管理工作

1. 团的档案建设的作用

(1) 档案是一种历史的见证。团的档案建设是维护共青团组织和青年运动历史的一项重要事业。共青团组织肩负着历史重任,要将前人留传下来的经验教训妥善保存和积累,并将有相当价值的信息流传后世,使我们这一代青年和这一代青年组织以及所对应的历史文化得以延续。做好档案工作,能够使信息完好无损地保存下来,如实地反映青年运动的历史。

(2) 档案是一种真实的反映。团的档案建设有利社会各界全面了解、支持共青团组织和青少年运动。共青团既是一个政治团体,又是一个群众团体,它必须面向广大社会、面向全体青年。做好档案工作,能够真实全面地反映这个组织和特定群体最完整的形象,使全社会更多的个体和群体来关心、支持、帮助共青团工作,推动青少年事业的蓬勃发展。

(3) 档案是一个系统的过程。团的档案建设推动和促进了共青团工作本身的系统化。共青团是一个庞大的组织系统,由于它本身的特点和特性,人员变动快,思想新,创新意识强,信息多,会产生许多历史资料和现实资源。做好档案工作,要能够及时、准确、完整记录资料,防止资源的流失和浪费。

2. 团组织文书档案的归类

档案材料可按实际内容归入各自的类别。归类的一般方法是:一看材料名称;二看材料内容或用途,然后分门别类进行立卷成册。归类途径大致如下:

(1) 公文材料类。包括团的文件;团的代表大会、代表会议材料;各类批件;统计报表;会议记录;规章制度等。

(2) 工作活动类。包括工作计划和工作总结;重要活动的文字方案;工作简报;调查研究报告等。

(3) 组织情况类:①团员。包括团籍材料;考核材料;奖励材料;处分材料等。②团干部。包括考察和任免材料;工作考核材料;奖惩材料;培训记录;转岗输送情况等。

(4) 图片音像类。包括团的代表大会、代表会议、重要活动、一般活动中产生的照片、录音和录像资料等。

3. 团员档案的保管期限

团员档案保管期限有下述几种情况：

（1）超龄离团的团员档案材料，自离团之日起，保存三年后销毁。

（2）受过团内处分的团员档案材料，从出团之日起，保存十年后销毁。

（3）死亡、退团的团员档案，一般不再保存。

（4）自动脱团的团员档案，保存三年后销毁。凡属应销毁的团员档案，由上级团委负责登记，以备查考。

（5）团员入党后，其档案材料交党委统一保管。

4. 团的工作档案进行归档的操作步骤

（1）档案材料收集。形成材料正本，文字清楚、对象明确、标明日期。

（2）档案材料整理。去掉金属装订物，按 16 开大小折切，标准长 26.5 厘米，宽 19 厘米，装订线位置不得少于 1 厘米，用三孔一线的方法装订。如边沿过窄、纸张太小，应加边并用 16 开纸托裱；如纸张过大，要在不超过装订线的篇幅内逐张折叠齐边。

（3）按材料分类。按大类进行材料归类立卷，卷内文件应按顺序排列，依次编写页号或件号。页号在每页材料正面的右上方、背面的左上方；件号在每份材料的左上方；图表和声像材料等也应在装具上或在其背面逐件编号，并单独存放。

（4）档案材料鉴定。凡反映团的主要工作活动和基本历史面貌，今后工作中需要长远利用的文件，列入永久保存；凡反映团的一般工作活动，在较长时间内对工作有查考利用价值的文件，列入长期保存；凡在较短时间内对团的工作有查考利用价值的文件，列入短期保存；团员、团干部材料须列入个人人事档案。

（5）档案材料保管。永久、长期保存的文书档案可移交单位档案室；短期保存的文书档案可留于团委管档部门。团干部档案，由党委组织部门和上级团委管理；企事业单位团员的档案、大中专院校学生团员的档案由人事部门管理；中等学校的学生团员档案、农村团员档案由团委一级管理。

　　档案应防止霉变、褪色、尘污、虫蛀、鼠咬、破损等情况；声像档案应放置在阴凉开燥处，避免日光曝晒，以防变形，并应在每年10月倒带一次。有条件的团委可用计算机辅助档案管理的各种功能。

本篇有关重要文献

1. 中国共产主义青年团章程
2. 中国共产主义青年团地方各级代表大会组织选举规则（暂行）
3. 中国共产主义青年团基层组织选举规则（暂行）
4. 共青团中央关于进一步加强团的基层组织建设的决定

中青发（2005）4 号

5. 《共青团中央关于进一步加强团的基层组织建设的决定》的实施意见

中青发（2005）28 号

6. 共青团上海市委办公室关于印发《非公有制企业建立团组织的工作流程和标准（试行）》的通知

沪团委办（2011）23 号

7. 共青团中央印发《关于团费交纳和管理使用的规定》的通知

中青发（1994）7 号

8. 共青团中央印发《关于团费交纳和管理使用的补充规定》的通知

1996 年 5 月 5 日

9. 共青团上海市委组织部关于印发《关于团费交纳和管理使用的实施细则》的通知

沪团委组（96）41 号

10. 共青团上海市委关于印发《上海共青团加强基层组织建设和基层工作方案》的通知

沪团委发（2008）230 号

第三篇　共青团员队伍建设

第一章　共青团员的权利和义务

一、团员享有的权利

《团章》规定,团员享有下列权利:

(1)参加团的有关会议和团组织开展的各类活动,接受团组织的教育和培训。

(2)在团内有选举权、被选举权和表决权。

(3)在团的会议和团的报刊上,参加关于团的工作和青年关心的问题的讨论,对团的工作提出建议,监督、批评团的领导机关和团的工作人员。

(4)对团的决议如有不同意见,在坚决执行的前提下,可以保留,并且可以向团的上级组织提出。

(5)参加团组织讨论对自己处分的会议,并且可以申辩,其他团员可以为其作证和辩护。

(6)向团的任何一级组织直至中央委员会提出请求、申诉和控告,并要求有关组织给以负责的答复。

团的任何一级组织或个人都无权剥夺团员的权利。

二、团员必须履行的义务

《团章》规定,团员必须履行下列义务:

（1）努力学习马克思列宁主义、毛泽东思想、邓小平理论和"三个代表"重要思想，学习科学发展观，学习团的基本知识，学习科学、文化、法律和业务知识，不断提高为人民服务的本领。

（2）宣传、执行党的基本路线和各项方针政策，积极参加改革开放和社会主义现代化建设，努力完成团组织交给的任务，在学习、劳动、工作及其他社会活动中起模范作用。

（3）自觉遵守国家的法律法规和团的纪律，执行团的决议，发扬社会主义新风尚，实践社会主义荣辱观，提倡共产主义道德，维护国家和人民的利益，为保护国家财产和人民群众的安全挺身而出，英勇斗争。

（4）接受国防教育，增强国防意识，积极履行保卫祖国的义务。

（5）虚心向人民群众学习，热心帮助青年进步，及时反映青年的意见和要求。

（6）开展批评和自我批评，勇于改正缺点和错误，自觉维护团结。

第二章　发展共青团员工作

一、发展团员工作的指导方针和原则

1. 发展团员工作的意义

发展新团员是共青团自身建设的重要内容,经常做好发展新团员工作是团支部的一项重要职责,具有极为重要的意义。

(1) 经常做好发展团员工作,是团的性质和任务决定的。共青团是先进青年的群众组织,是广大青年在实践中学习中国特色社会主义和共产主义的学校。共青团的基本任务是协助党团结教育青年一代,把青年培养成为有理想、有文化、有道德、有纪律的社会主义事业接班人。只有不断地把在社会主义现代化建设中涌现出来的青年先进分子吸收到团内来,才能使更多的青年在团组织中受教育、长才干,使共青团组织真正成为团结教育青年的坚强核心,更好地发挥团组织的教育职能,把共青团培养教育青年一代的任务落到实处。

(2) 经常做好发展团员工作,是健全团的组织、活跃团的工作的需要。发展新团员是团员队伍建设的重要方面。只有不断做好新团员的发展工作,为团的组织补充新的力量,才能保证团组织的健全体系和工作活跃度。同时,经常做好团员发展工作,是对要求进步青年的鼓励和鞭策,能够激发他们的工作热情,使团的组织真正成为团结教育青年的核心。

(3) 经常做好发展团员工作,是共青团组织自身特点的要求。共青团的一个显著特点是坚持先进性与群众性的辩证统一。先进性即共青团鲜明的政治属性,群众性即共青团的青年特点和群众基础。先进性是群众性的导向,群众性是先进性的基础。经常做好发展团员工作,是坚持共青团先进性与群众性统一的重要体现,如果关上团的大门,团的组织就会越来越小,共青团就会疏远与广大青年的联系,丧失群众性,同时,先进性也会受到损害。共青团组织的另一个特点是其成员具有年龄限制,每年有数百万名团员超龄离团。如果不经常做好发展新团员的工作,团员队伍就会逐渐老化、萎缩,团的组织也会逐渐消亡。因此,只有不断地把在社会主义现代化建设中涌现出来的大批先进青年吸收入团,团员队伍才能保持朝气蓬勃的特点,团的组织才更富有战斗力和生命力。

2. 发展团员工作的指导方针和原则

新时期团员发展工作方针,是要积极地、有计划地发展团员,向一切先进青年敞开团的大门。贯彻这一方针,要求团的组织在发展团员工作中遵循"加强培养、坚持标准、规范程序、保证质量"的原则。"坚持标准、保证质量",关键是要坚持团员的政治标准,保证团员的政治素质,不能盲目降低团员标准,在团员发展中"送人情",造成团员队伍素质下降,也不能随意拔高团员标准,对积极要求入团的青年提出不切实际的过高要求,造成团员队伍萎缩。"加强培养、规范程序",就是要注重青年积极分子队伍建设,对要求入团的青年,认真进行教育、培养和考察,并形成一套完整的制度;未经团组织培养、考察的青年,一般不得发展入团。要经常做好发展团员工作,保证团员队伍健康稳定发展。

3. 发展团员工作计划

制定团员发展工作计划,有助于积极地、有计划地发展新团员,有助于防止和纠正在发展团员工作中出现"关门主义"、"全员入团"、"突击发展"等不良倾向,有助于保证团员发展工作的质量。

发展新团员计划,应包括发展新团员的数量和准备接收的时间,对青年积极分子培养、考察的具体措施等。制定发展新团员的计划必须从实际出发:

(1)要根据本单位青年积极分子队伍以及团员与青年的比例情况确定发展新团员的数量。青年积极分子数量多的单位,发展新团员的数量可以多一些,要避免为了保证团青比例而将符合团员条件的青年积极分子拒之门外的现象;团员与青年比例偏低的单位,要加强对青年积极分子的培养,在坚持标准,保证质量的前提下,努力壮大团员队伍。共青团中央、教育部《关于加强中学共青团工作的意见》明确规定,要充分体现共青团是先进青年群众组织的特点,初中毕业班团员占学生比例按45％左右掌握,高中毕业班团员占学生比例按85％左右掌握。

(2)要统筹安排工作,把握好发展新团员工作的节奏。团支部要将发展新团员计划与整个团的工作计划通盘考虑,合理安排,确定发展新团员的时间,并保证高质量地做好发展新团员的各项具体工作。团支部制定发展新团员计划后,要按计划办事,认真落实。如果情况发生变化,应及时修订计划。共青团中央、教育部《关于加强中学共青团工作的意见》明确规定,学校团委要认真统筹全校团员发展工作,科学制定年度发展计划,严格执行团员发展程序,确保每学期发展团员不少于一个批次。

二、青年的入团申请

1. 入团的条件

《团章》规定:"年龄在十四周岁以上,二十八周岁以下的中国青年,承认团的章程,愿意参加团的一个组织并在其中积极工作,执行团的决议和按期缴纳团费的,可以申请加入中国共产主义青年团。"这是青年入团必须具备的条件。

2. 入团的标准

根据《团章》有关规定,对申请入团的青年可以从以下几个方面来考察:

(1)思想进步。自觉学习中国特色社会主义理论,坚决拥护、执行党的路线、方针、政策;响应党的各项号召;认真学习政策、科学文化知识;积极参加团组织的各项活动,接受并努力完成团组织交给的工作任务。

（2）积极参加现代化建设。具有主人翁责任感，认真做好本职工作，完成各项生产任务，在生产劳动和其他社会活动中起积极作用。

（3）具有良好的共产主义品德。遵守党和国家的各项政策、法规及团的纪律；热爱集体，个人利益服从国家和集体的利益；发扬社会主义道德风尚，践行社会主义荣辱观。

（4）能联系群众。虚心向群众学习，主动开展批评与自我批评，团结周围的青年一起进步。

正确掌握入团标准，必须坚持从实际出发。各个单位、各条战线，由于客观环境和青年素质等方面的差异，对入团标准的掌握可以有所不同。此外，对每一个申请入团的青年都应进行全面的考察，防止随意拔高或降低团员标准的现象。

3. 入团申请报告

入团申请报告的主要内容包括：个人履历；对团的认识、入团动机和对待入团的态度；个人在政治、思想、工作等方面的主要表现等。如果本人受过奖励或处分，也应如实写清楚。

三、对入团积极分子的培养、教育和考察

1. 对入团积极分子的培养、教育

加强对入团积极分子的培养，是发展团员工作中的重要环节，也是提高团员队伍素质的有效措施。团支部要高度重视入团积极分子队伍建设，对要求入团的青年，认真进行教育、培养和考察，并形成制度；未经团组织培养、考察的青年，一般不得发展入团。对入团积极分子的培养、教育工作主要包括：

（1）确定专人和团员发展对象联系，经常了解他们的思想、工作、学习情况，通过谈心等细致的工作进行思想教育。

（2）动员和带领入团积极分子积极参与本单位的建设与发展，立

足本职岗位,争创一流成绩,使他们在实践中受教育、长才干。

(3)吸收入团积极分子参加一些团的会议和活动,使他们在团的生活中得到锻炼,加深对团的认识。

(4)分配他们做一些适当的社会工作,加强组织性的训练。

(5)定期给他们上团课,使他们了解团的基本知识,加深对《团章》的理解。

2. 对入团积极分子的考察

(1)考察的主要内容。团组织对入团积极分子进行考察的主要内容是:入团积极分子的政治觉悟、思想品质、入团动机、工作学习情况和社会表现等。

(2)考察的方法。团组织对入团积极分子进行考察的方法主要有:①通过直接交流,面对面地谈话来考察,了解入团积极分子的基本情况和素质。②通过入团积极分子的书面思想汇报来考察其对团的认识和思想发展情况。③通过入团积极分子周围群众的评议来考察其在日常生活、工作和学习中的基本情况。④通过给入团积极分子分配工作,交代任务来考察其完成情况和组织纪律观念及办事能力。⑤通过对入团积极分子进行培养、教育来考察其对培养、教育的态度和思想政治素质的进步情况。

四、接受新团员

1. 入团介绍人

(1)入团介绍人的条件。入团介绍人一般由培养联系人担任,也可以由申请入团的青年自己约请,或由团组织指定。入团介绍人应该由本支部的团员担任,这是因为本支部的团员对被介绍人的经历、思想和表现了解比较全面、深刻,能对申请入团的青年进行及时的教育、培养和考察,在本支部有表决权。而且,本支部对介绍人的情况也基本了解。所以,选择别的支部的团员作介绍人,是不合适的。

受留团察看处分尚未恢复团员权利或尚在缓期注册期间的团员，不能做青年入团介绍人。

（2）入团介绍人的主要职责。入团介绍人的主要职责是负责地向被介绍人说明《团章》，向团组织说明被介绍人的思想、表现和经历。具体地说，这些职责是：①向团组织说明被介绍人的经历、对团的认识、入团动机、思想品质和现实表现。②向被介绍人解释团的章程，说明团员的条件、义务和权利。③指导被介绍人填写入团志愿书，并在志愿书中写明自己的意见，向全体团员介绍被介绍人的情况。

2. 入团志愿书

入团志愿书是青年入团的登记与审批表，入团申请人必须认真、忠实地填写，具体要求是：

（1）入团志愿书由申请人用钢笔或毛笔填写，字迹要清楚。在填写前，支部应将表内项目向本人解释清楚。

（2）入团志愿书中"入团志愿"一栏，主要填写为什么要入团和今后努力的方向。

（3）"籍贯"一栏，应按父亲的籍贯，填写到县（市、旗）。

（4）"本人简历"一栏，从上小学开始填写。

（5）"入团介绍人意见"一栏，由介绍人认真负责地如实填写被介绍人的思想品德、学习、劳动、工作等方面的优缺点和自己的意见。

（6）"支部大会决议"一栏，由团支部填写。主要是综合支部大会对申请人优缺点和努力方向的意见；应写明出席大会的团员人数，表决结果；如有的团员不同意，还要简要写上不同意者的人数和意见。

（7）"上级团委审批意见"一栏，要写明审批时间、结果，加盖团委公章。

3. 支部团员大会发展新团员的程序

（1）申请入团的青年汇报本人的自然情况、简历、家庭情况、入团动机和对团的认识。

（2）入团介绍人报告被介绍人情况，并提出意见。

（3）团支部书记或组织委员代表支委会报告对申请入团青年的审查意见。

（4）到会团员围绕申请入团青年是否具备入团条件这个中心进行讨论。

（5）到会有表决权的团员就是否同意申请入团青年加入团组织，进行无记名投票或举手表决。

4. 接受新团员的程序

（1）报送上级团委审批的接收新团员的材料。团支部报送上级团委审批的接收新团员材料主要是申请人的入团申请书和入团志愿书。

（2）接收新团员的审批。基层团委审批接收新团员应召开团委会，在了解申请入团青年的情况和支部大会意见的基础上，就是否批准其入团形成一致意见，并将审批意见填写到入团志愿书中"上级团委审批意见"栏内，加盖团委公章。

（3）团组织对被批准入团青年的谈话内容：

① 通知他上级团组织批准的决定。说明从支部大会通过之日起取得团籍，编在哪一个团小组，怎样缴纳团费，团内组织生活的制度，以及团组织当前工作的情况和打算。

② 说明一个青年被批准入团，标志着他进入了一个新的起点。希望他今后继续努力，严格要求自己，做一个合格的共青团员。

③ 希望他珍惜自己的政治荣誉，在社会主义现代化建设中发挥模范作用，为共产主义事业奋斗终身。团的组织在他被批准入团后第一次参加组织生活时，应向团员介绍，并表示欢迎。

5. 新团员的入团宣誓

（1）入团宣誓的意义。《团章》规定："新团员必须在团旗下进行入团宣誓。"入团宣誓对新团员是一次严肃、庄重的教育。团旗代表着团的组织，誓词概括了团员对共产主义事业和团的组织应承担的责任和义务。新团员入团宣誓，可以使其牢记入团誓言，激发做一名共青团员的光荣感和责任感。

（2）入团宣誓的程序。入团宣誓仪式要严肃、庄重，富有教育意义。可以专门开会举行，也可以结合团的其他会议举行；可以根据不同情况，由团的基层委员会、总支或支部组织。团的小组会上不能举行入团宣誓。仪式的程序一般是：会议主持人或团组织负责人宣布入团宣誓人名单，向新团员颁发团员证和团徽，然后由上级团委的代表或本级团组织负责人带领宣誓。领誓人和宣誓人面向团旗，将握拳的右手举起过肩，领誓人念一句誓词，宣誓人跟着念一句，念到"宣誓人"时，宣誓人应跟着报出自己的名字。宣誓后，可以由上级团委的代表或本级团组织的负责人讲明宣誓的意义和对新团员提出希望，还可请新、老团员的代表发言。新团员入团宣誓仪式，可以吸收部分申请入团的青年积极分子参加，并指定他们中的代表发言，使之起到更大的教育作用。

（3）入团宣誓的内容。我志愿加入中国共产主义青年团，坚决拥护中国共产党的领导，遵守团的章程，执行团的决议，履行团员义务，严守团的纪律，勤奋学习，积极工作，吃苦在前，享受在后，为共产主义事业而奋斗。

第三章　共青团员教育工作

一、团员教育工作的总体要求

加强团员经常性教育的总体要求是：以马克思列宁主义、毛泽东思想、邓小平理论和"三个代表"重要思想和科学发展观为指导，全面贯彻落实科学发展观，自觉践行社会主义荣辱观，以教育、引导团员"永远跟党走"为主题，以增强团员意识、提高团员素质为主线，以学习、遵守、贯彻、维护《团章》为重点，丰富教育内容，创新教育载体，落实教育责任，确保教育效果，建立、健全团员经常性教育的长效工作机制。

二、团员教育工作的主要目标

1. 进一步增强团员的政治意识

坚持不懈地用中国特色社会主义理论武装团员，构筑强大的精神支柱，教育、引导团员牢固树立共产主义远大理想，坚定跟党走中国特色社会主义道路的信念，在思想上、政治上和行动上与党中央保持一致。

2. 进一步增强团员的组织意识

不断强化团员的组织观念和纪律观念，培养团员的民主参与意识，教育团员自觉履行团员义务，执行团的决议，完成团组织交给的任务，增强团员对团组织的认同感和归属感。

3. 进一步增强团员的模范意识

不断增强作为一名共青团员的荣誉感和责任感，在学习、工作及其他社会活动中充分发挥模范带头作用,努力成为政治坚定的模范、学习进取的模范、创新创业的模范、自觉奉献的模范和倡树新风的模范。

三、团员教育工作的原则

（1）坚持理论学习与实践活动相结合,使团员在形式多样、丰富多彩的主题活动中接受教育。

（2）坚持正面教育、自我教育为主,既严肃认真又易于接受,增强教育的吸引力,激发团员自我提高、自我完善的内在动力。

（3）坚持切合实际、分类指导,增强教育的针对性。

（4）坚持教育和服务相结合,切实帮助团员解决实际问题,增强教育的实效性。

（5）坚持突出重点、长抓不懈,努力实现团员经常性教育的科学化、制度化和规范化。

四、团员教育工作的基本内容

（1）马克思列宁主义、毛泽东思想、邓小平理论、“三个代表”重要思想和科学发展观教育。使团员学习和掌握马克思主义的基本立场、观点和方法,树立正确的世界观。

（2）党的基本路线教育。使团员在了解国情的基础上,加深对中国特色社会主义理论体系的认识,积极投身改革开放,坚定走中国特色社会主义道路。

（3）社会主义荣辱观教育观。引导团员大力弘扬民族精神和时代精神,积极践行社会主义荣辱观,带头遵守社会主义道德规范,抵制各种腐败现象,移风易俗,破除迷信,在社会主义精神文明建设中发挥带头作用。

（4）社会主义民主和法制教育。使团员学习和掌握社会主义民主和法制的基本知识,自觉遵纪守法。按照民主集中制原则和正常民主程序,参与团内管理与社会监督。

（5）团的基本知识教育。使团员了解团的历史和优良传统，明确团员的义务和权利，自觉发挥模范作用。

五、团员教育工作的方法途径

1. 学习培训

通过讲授团课、开设专题讲座、举行报告会和组织专题研讨等方式，组织好团员的集中学习培训。引导团员认真开展自学，积极为团员自学创造条件，提供帮助。通过举办读书活动、知识竞赛、演讲比赛和自编自演文艺节目等喜闻乐见的形式，使学习活动更加丰富和生动。采用网络教学、电化教学、远程教学等多种信息化教育方式，丰富和完善学习培训手段。

2. 主题教育

充分发挥共青团组织的动员优势和活动优势，使主题教育成为对团员进行经常性教育的重要手段。重点开展"永远跟党走"、"我与祖国共奋进"等主题教育活动。以重大活动、传统节日和重大历史事件纪念日为契机，集中开展形式多样、丰富多彩的主题团日活动。在团员中广泛开展"举团旗、学《团章》、唱团歌、戴团徽"、"重温入团誓词"、"学理论知团情"等主题学习活动。

3. 实践活动

结合自身实际，深入落实本行业、本领域团的重点活动项目，组织团员深入基层、深入生产一线，通过多种渠道、采取多种形式开展实践活动，教育、引导团员在实践中学习、成长和提高。鼓励团员青年到西部、到基层经受锻炼，到艰苦地区、艰苦岗位无私奉献，增长才干。

4. 典型示范带动

积极培养和选树青年典型，广泛宣传青年典型的先进事迹，教育和激励广大团员青年。通过组织青年典型事迹报告团,举办座谈会、报告会和理论研讨会等方式,扩大青年典型的社会影响,营造崇尚先进、学习先进、争当先进的良好氛围。要改进和创新青年典型的宣传方式,贴近青年,贴近生活,不断提高宣传教育工作的实效。

六、团的组织生活

1. 团的组织生活的定义

团的组织生活是团内政治生活的重要组成部分,是团组织对团员进行思想政治教育和团员自我教育的具体形式,是加强团的思想建设和组织建设的重要途径。《团章》规定,每个团员都必须编入团的一个支部,参加团的组织生活,接受团组织的教育和监督。组织团员过好团的组织生活,是共青团组织先进性和严密性的重要体现,也是团内生活与青年活动有所区别的一个重要标志。团的组织生活一般每月至少举行一次。团员如果没有正当理由和特殊原因,连续六个月不参加团的组织生活,不做团组织分配的工作,不缴纳团费,就被认为自行脱团。

2. 团的组织生活的主要内容

团支部的组织生活主要有三方面的内容,即以思想政治教育为主的各种学习,开展批评与自我批评和民主决定团内重要事务。

(1) 对团员进行思想教育是团的组织生活的主题。新时期对团员进行思想政治教育的基本目标是增强团员意识,即:增强团员坚持党的基本路线的政治意识;正确参与团内和社会管理监督的民主意识;团员权利与义务平等一致的意识;遵守经济、政治和社会生活行为规范的法制意识;高于一般青年的模范意识。其中特别要注重增强团员的政治意识和模范意识。为此,团的组织生活以思想政治教育为主的各种学习,应按照团员意识教育的要求,重点突出马克思列宁主义、毛泽东思想、邓小平理论、"三个代表"重要思想和科学发展观以及党的基本路线、党团基本知识、社会主义道德规范和社会主义民主与法制基本知识等内容。逐步使团的组织生活的学习更加规范,更加紧密结合改革开放、经济社会发展的具体实践和广大团员的思想实际。切实使团的组织生活成为开展团员意识教育,提高团员思想政治觉悟的重要形式,成为团员吸取思想营养的重要渠道。

(2) 组织团员开展批评与自我批评。批评与自我批评是党的三大作风之一,共青团是党的助手和后备军,在团内开展正常的批评与自我批评,不仅是坚持和发扬党的优良传统的重要方面,而且也是加强团员教育和团的自身建设的有力武器。金无足赤,人无完人。一个团员在其成长的道路上,总难免会有曲折,这就需要团组织给予关心、帮助和教育。通过团的组织生活,开展批评与自我批评,就是针对团员的思想实际和出现的某些问题,展开讨论,澄清模糊认识,分清是非,引导团员经常审视自己的思想言行,不断修正自己的思想行动轨迹,做到防微杜渐;同时,针对犯错误团员,进行实事求是的分析,展开批评,纠正错误,使犯有错误的团员正确认识自己的错误和正确对待团组织的处理,端正态度,改正错误,继续进步,同时也使全体团员从犯错误的团员那里吸取教训,接受多方面教育。

(3)组织团员民主决定团内重要事务。组织团员民主决定团内重要事务。按照民主集中制的组织原则,团支部的重大事情必须经团员民主决定,这既是做好团支部工作的保证,又是保障团员行使权利和履行义务的必然要求。为此,团支部的工作落实、团员的奖励与处分、团员的民主评议和推荐优秀团员作党的发展对象等各项工作,都应通过团的组织生活会,充分讨论,共同决定。

3. 团的组织生活的主要形式

(1) 对团员进行思想教育的主要形式。对团员进行思想教育是团的组织生活的主要形式。按照"理论教育与实践教育相结合"的团员教育原则,团的组织生活主要有以下具体学习形式:

① 团课。团课是团组织对团员进行思想政治教育和团的基础知识的主要形式,是提高团员思想理论水平和政治素质的重要途径之一。团支部在安排团课时,要结合团支部的实际,经过调查、分析,制定出团

课计划,力求使团课更具有针对性。团课的讲授一般由团干部承担,也可以安排有一定理论水平、素质较好的团员担任,有些团课还可以请基层党组织的负责人和行政领导讲授。团课的讲授要力求深入浅出,循序渐进,重点突出,中心明确,语言简练,易听易懂。

② 阅读式学习。阅读式学习的主要目的是帮助团员了解团内外政治、经济形势,开阔团员的视野。团支部要把其作为配合团课进行理论学习的重要形式,在学习内容上可以安排得更加丰富、广泛,从多方面增加学习的广度,以辅助团课的讲授。同时结合阅读有关文件、书籍,团支部可以根据团员在学习中提出的问题,举办一些专题讲座,如邀请党政领导做形势报告,请先进模范人物做典型报告,请一些专家学者咨询、答辩等,使学习的广度与深度有机结合起来。

③ 讨论式学习。讨论式学习有助于调动团员的学习积极性,同时,也是团员消化所学知识、巩固学习成果的有效方法。团支部组织团员开展讨论式学习,一般应以主题讨论为主,主题既可以围绕理论问题确立,也可以针对团员所关心的一些现实问题和团的工作中遇到的难题确立。在讨论中,团支部要引导团员围绕主题,在充分准备的基础上,从各自不同的角度,畅谈自己的看法,使团员在平等的讨论交流中,相互学习,相互启发,共同提高。为了保证这种学习形式的效果,团支部可以事先确定几名团员做重点发言。

④ 参观式学习。参观式学习是平常所讲的"走出去"的学习形式,是团员从现实生活中增加感性认识,加强对问题理解的有效途径。俗话说:他山之石,可以攻玉。团支部可以通过组织团员走访革命老前辈,参观有纪念意义的革命圣地、旧址和改革取得成效的单位等,进行革命传统和形势政策等教育。组织团员外出学习要注意两个问题:一是要坚持有目的性、有计划性,做到带着问题去,解决问题回,不能走马观花,看完了事;二是要坚持就地就近取材,用身边的典型教育团员,不能借参观之名游山玩水。

⑤ 调查式学习。毛泽东同志说过,"没有调查就没有发言权"。团支部可以通过组织团员开展调查研究,把学习知识和运用所学知识分析解决实际问题有机结合起来。调查研究一般应首先确立调查主题,

然后围绕主题认真做好各项准备工作,如设计调查提纲,对问题进行分类,对团员调查重点进行分工等,在调查中要本着实事求是的原则,认真搜集材料,全面听取情况,力求使调查情况基本反映事物的本来面目。在调查结束后,要组织团员对情况进行综合分析,展开充分讨论,形成一致的意见和认识。调查式的学习一方面可以使团员在调查活动中得到能力的锻炼;另一方面又可以使团员在火热的现实生活中受到教育。因此,团支部开展调查式学习,一般应与本单位、本支部的实际相结合,使调查来的成果直接为实际工作服务,为团组织向党组织献计献策和改进工作服务。

(2) 开展批评与自我批评的主要形式。团的组织生活一般以民主生活会的形式开展团内的批评与自我批评。团的民主生活会主要是通过团员之间的思想交流,总结自己在思想、工作、学习等方面的情况及存在的缺点、错误,达到在批评与自我批评中,取长补短,密切联系思想感情,共同提高的目的。

团支部的民主生活会可以根据团员的思想实际和团支部出现的一些问题,不定期召开,及时解决某些问题。同时,还可以结合团员民主评议、团员年度团籍注册、推荐优秀团员做党的发展对象等工作,定期召开,使民主生活会与团员学习、教育和管理直接衔接起来,取得更好效果。

开好团的民主生活会,最重要的是坚持民主集中制的原则和“团结—批评—团结”的方针。在团员之间开展批评与自我批评,既要提倡团员畅所欲言,发表个人意见;又要强调讲究方法。做自我批评的团员,要像照镜子一样,真实地反映出自己的缺点,不夸大、不缩小。批评别人要根据事实,不能道听途说,捕风捉影,更不能无中生有,真正做到摆事实,讲道理,与人为善,治病救人,使民主生活会真正实现从团结的愿望出发,经过批评与自我批评,达到相互促进、增进团结的目的。

民主生活会应以正面教育和自我批评为主,避免出现过火斗争、无原则的纠纷。同时,也应注意克服取消批评、一团和气的错误倾向。要切实使民主生活会成为发扬团内民主,健全团内正常的政治生活,从思想上纯洁团的组织,增强团内的团结,提高团支部战斗力的重要组织生活形式。

（3）团员民主决定团内重要事务的形式。团员民主决定团内重要事务，一般通过团支部团员大会、团支部委员会和团小组会的形式进行。但凡需要经过全体团员共同决定的问题，都要召开团支部团员大会，提交全体团员进行讨论，统一认识。对需要形成决议的问题，应在发扬民主、团员充分发表意见的基础上进行表决，做出决议。

团支部委员会是支部工作的核心，因此，支部委员会要根据工作需要，首先对团的组织生活将要讨论、决定的事情进行研究，形成初步意见或方案，并做好各项准备工作，以保证团的组织生活目标明确，议题集中，取得良好效果。

团小组是团支部为便于对团员进行教育、管理和开展活动而划分的相对独立的活动单位，是团支部的组成部分。团支部应发挥其团员少而集中，易统一行动的有利条件，指导团小组开好团小组会，通过团小组会的形式，讨论、决定一些事情或对团支部大会将要决定的某些问题进行酝酿、讨论，为最终达成一致意见创造条件。

第四章　共青团员的管理工作

一、团籍管理

1. 团籍的概念

团籍是指团员资格的意思。取得团籍，就成为共青团组织中的一员。《团章》规定，要求入团的青年"经支部大会讨论通过和上级委员会批准，才能成为团员。被批准入团的青年从支部大会通过之日起取得团籍"。

2. 年度团籍注册

（1）年度团籍注册的条件。团员年度团籍注册是对团员团籍的连续认定。一般说来，凡是能够参加团的活动，做团组织分配的工作并按时缴纳团费的团员，团组织都应予以注册。团员违反团的纪律，除受留团察看处分外，团组织应在对其进行批评教育和必要处分的同时，为其办理注册手续。

（2）年度团籍注册的时间。从上年度第四季度至本年度第一季度，这是就全国范围团员注册做的规定。具体到一个基层单位，应在上述时间范围内，规定其中的一段，如一个月或一个季度，作为本单位团籍注册时间，这样可以使注册工作相对集中，便于团组织安排注册的各项活动，避免因注册时间过长，工作拖沓，而影响注册工作的质量。

（3）年度团籍注册的程序。年度团籍注册以团支部或团总支为单位，注册工作一般可按以下程序进行：①以组织生活形式，开展团员教育评议活动。②团支部委员会向全体团员报告一年来的工作，接受团员监督。③团支部验收团员上年度团费收缴卡，并收缴拖欠的团费。

④对符合注册条件的团员,由团组织在其团员证的"团籍注册"栏内填写注册时间,加盖注册专用印章,同时发给下年度团费收缴卡。⑤根据团员注册情况,做好年度团员统计。⑥办理超龄团员离团手续。在注册中,对于年满28周岁的团员,团支部应按规定的程序为其办理离团手续。⑦发展新团员。根据团支部团员发展计划,在团籍注册结束时,应及时吸收已具备条件的青年加入团的组织。发展新团员应严格履行入团手续,并向新团员颁发团员证。

年度团籍注册后,团支部应及时向上级团委汇报注册情况,并根据团员注册、超龄团员离团和发展新团员情况,修订团员花名册。

3. 团员的组织关系接转

《团章》规定,共青团员必须参加团的一个组织,并在其中积极工作。参加团的组织生活,接受团组织的领导和监督,自觉遵守团的组织纪律,积极执行团的决议,是共青团员不同于一般青年的重要区别。

团员由于工作调动,或因参军、升学等原因,要长期或较长时期离开原来的单位,转到新单位去,根据团的组织原则要求,团员离开了原来单位的团组织,就必须到新单位的团组织中去参加团的生活,接受新单位团组织的领导和监督,成为新单位团组织的一员。转移团员组织关系,是团员由一个基层组织转到另一个基层组织必须办理的手续。所以,必须及时转移组织手续。

根据团内有关规定,在全国范围内,各机关、企事业、乡(镇)、学校等基层团委及地方各级团委,人民解放军和武装警察部队团以上政治机关,均可以通过团员证直接转接团员组织关系。在县级行政区域内,基层独立团支部、团总支均可通过团员证相互转接组织关系。

4. 离团、脱团、退团

(1)离团:①团员年满28周岁时,应由本人向所在团支部提出口头或书面超龄离团申请,由团支部予以核准;②经支委会讨论通过后,及时报请上一级团的基层委员会备案;③由团的基层委员会在其团员证"团员超龄离团"栏内和入团志愿书的"备注栏"内注明团员超龄离团的时间,加盖公章;④团的基层委员会将团员的入团志愿书送交其所在单位的人事部门保管,将团员证交由本人保存,作为永久纪念,但不得继续使用;⑤团员离团时团支部组织委员要在大会上宣布其光荣离团,并找他谈心,肯定其成绩,指出今后努力的方向,并听取他的意见。

（2）自行脱团。团员没有正当理由,连续六个月不缴纳团费,不过团的组织生活,或连续六个月不做团组织分配的工作,均被认为是自行脱团。团员自行脱团,应由支部大会决定除名,并报上级委员会批准。

（3）退团。团员有退团的自由。团员要求退团应向支部委员会递交书面报告,由支部大会决定除名,并报上级委员会备案。

5.　团员证

（1）团员证制度。团员证制度是共青团组织以团员证为媒介进行团员管理的一项组织工作制度,由团员证和《中国共产主义青年团团员证管理暂行条例》构成。

团员证是中国共产主义青年团团员的团籍证明。团员证的封面为墨绿色,象征着青春和朝气蓬勃的青年运动;封面上方印有红色烫金团徽,象征着共青团是团结、教育青年的核心。团员证的内容包括:团员自然情况、团籍注册、团的组织关系转接、团员荣誉记载、超龄离团、备注,并附有团费收缴卡。

《中国共产主义青年团团员证管理暂行条例》是团员使用团员证和团组织实施团员证管理的原则规定。

（2）团员证的功能。团员证的主要功能是:①证明团员的政治身份;②接转团员的组织关系;③方便团员参加团内活动;④进行团员年度团籍注册;⑤作为团员超龄离团后的永久纪念。

（3）团员证制度的实施范围。团员证制度的实施范围为中华人民共和国境内的共青团组织,即共青团从中央到地方的各级领导机关,以及共青团在企业、农村、机关、学校、科研院所、街道社区、社会团体、社会中介组织、人民解放军连队、人民武装警察部队中队和其他基层单位建立的组织。

中华人民共和国驻外使、领馆、经济文化机构,留学生、出国劳务人员中的共青团组织不实行团员证制度。

（4）团员证的颁发对象。团员证是团员政治身份的公开的、法定的证明。因此，团员证的颁发对象必须具有团籍（即团员资格）。根据《团章》规定，下列人员具有团籍：①履行《团章》规定的手续入团的中国共产主义青年团团员，从支部大会通过之日起取得团籍；②担任团的各级领导职务的中国共产党党员；③在团的各级领导机关直接从事团的业务工作的干部；④被团的代表大会或代表会议正式确认为该级团的委员会候选人，或上一级团的代表大会代表候选人的中国共产党党员；⑤由党委派到团组织中工作，或经团的各级代表大会或县级以上委员会批准认定，具有团员资格的中国共产党党员。

另外，对于热心支持共青团工作的党政部门负责同志和老团干部，也可以发给荣誉团员证。

（5）团员证颁发的程序。颁发团员证的一般程序为：新团员被上级团委批准入团后，团支部应向新团员收缴近期1寸免冠正面照片一张，并交上级团委作为团员证使用；颁证团组织负责用钢笔认真填写团员证中关于团员自然情况的栏目，贴上团员本人照片，并加盖骑缝团员证专用钢印，统一编号；收取团员证工本费。

二、团员的奖励和处分

1. 团员的奖励

（1）团员的奖励形式。通报表扬，由团的中央、省、市（地）、县级委员会和基层团委授予"优秀共青团员"称号。

（2）团员的奖励程序。工厂、商店、学校、机关、街道、乡镇等单位基层团委，团的县级和县级以上各级委员会，均可给予团员通报表扬的奖励，对于做出突出成绩的团员可授予"优秀共青团员"的荣誉称号。

对团员的奖励，必须经团员所在的团支部讨论通过，由授奖的该级团委批准决定，同时，须经团员所在单位的党组织审查同意。

2. 团员的纪律处分

（1）对团员的处分形式。对于不执行团的决议、违反《团章》的团员，团的组织应当本着惩前毖后、治病救人的精神，进行批评和帮助，情节严重的，给以纪律处分。处分可分为：警告、严重警告、撤销团内职务、留团察看、开除团籍等五种形式。

（2）对团员处分的程序。给团员以警告、严重警告、撤销团内职务、留团察看处分，必须经团支部大会讨论决定，报团的基层委员会批准。给予团员开除团籍处分，由团支部大会讨论决定，报团的县级或相当于县一级的委员会批准。如果受到处分的团员是上一级党委管理的干部，应将处分决定报主管的党委组织部门备案。

给团的县级以上各级委员会委员或候补委员以警告、严重警告处分，必须经团支部大会讨论决定，团的基层委员会批准，报其所在团的委员会备案。

给团的县级以上各级委员会委员或候补委员以撤销团内职务、留团察看、开除团籍处分，必须由其所任委员的那一级团员代表大会或代表会议的半数以上，或由委员会全体会议三分之二多数通过，报上一级团的委员会批准。

给严重触犯刑律的团的县级以上各级委员会委员以开除团籍处分，由同级委员会的常务委员会决定。

（3）处分团员应履行的手续。团的组织在讨论和决定团员处分时，除特殊情况外，应当通知本人参加讨论给其处分的支部大会，并允许其进行申辩。在支部大会通过给其处分的决定后，应当把书面材料交给本人签署意见，然后报团的县级或相当于县级的委员会批准。如受处分的团员是上一级党委管理的干部，应将处分决定报主管的党委组织部门备案。

团支部上报处分团员的审批材料，应包括团支部委员会对违纪团员所犯错误的结论报告；受处分者本人的检查材料；错误事实主要材料；团支部大会通过的处分决定及本人对所受处分的意见等。

批准机关审批对团员的处分，必须经团的委员会或常务委员会讨论通过,任何个人都不能自行批准,也不能以团委机关工作人员会议代替团的委员会或常务委员会代行审批。

处分决定经批准生效后,由团的支部委员会通知受处分者本人。对受开除团籍处分的团员,团组织在审批之前,要指定适当的干部同受处分本人谈话,听取他的意见和申诉。

(4)处分违纪团员应注意的问题。对团员执行团纪处分的时间,应从上级团委批准之日算起。在上级团委批准之前,团支部不能剥夺其团员权利。处分决定批准生效后,由团支部委员会通知受处分者本人。

团员在留团察看期间没有选举权、被选举权和表决权,不得做青年入团介绍人,其他权利和义务与一般团员相同。留团察看的时间为六个月或一年。团员留团察看期满,确已改正错误的,应及时恢复团员权利。如果在留团察看期间坚持错误,已丧失团员条件,应开除团籍。如果认为有必要延长留团察看期再给其一个改正的机会,只可延长一次,时间不得超过一年。恢复受留团察看处分的团员权利,或延长留团察看期,都必须经团支部大会讨论决定,并报上一级团委审批。

受警告、严重警告、撤销团内职务处分的团员,享有和一般团员相同的权利。团干部受留团察看处分,应同时免去团内职务。受到撤销团内职务的处分,就不再同时给以其他团纪处分(不含团小组长)。

团员违犯国家法律,受到刑事处理的.一般应开除团籍,其中严重触犯法律的,必须开除团籍。对于某些犯罪情节较轻,或过失犯罪被判处三年以下有期徒刑收监执行,不附加剥夺政治权利的,如过去一贯表现良好,可以考虑不开除团籍,但必须给予团纪处分。受处分者在监禁期间,停止团的组织生活。

三、流动团员管理

1. 加强流动团员管理的总体要求和工作原则

流动团员是指由于就业或居住地变化等原因,在较长时间内无法正常参加正式组织关系所在团组织活动的团员。

（1）加强和改进流动团员管理与服务工作的总体要求。坚持以马克思列宁主义、毛泽东思想、邓小平理论、"三个代表"重要思想和科学发展观为指导，全面贯彻落实科学发展观，扩大团组织对团员青年的有效覆盖，以人为本，强化服务，创新管理方式，落实管理责任，逐步建立起动态、开放、协作的流动团员管理与服务机制，使流动团员都能参加团的组织生活和各项活动，接受组织的教育和监督，得到团组织的关心和帮助。

（2）加强和改进流动团员管理与服务工作的工作原则：

① 坚持以流入地团组织为主、流出地和流入地团组织共同管理。明确分工与责任，构建流出地与流入地团组织密切配合、有机衔接的流动团员管理与服务机制。

② 坚持证档分离、交叉覆盖。允许流动团员的组织隶属关系与参加团的活动适当分离，流动团员可以同时编入多个基层团组织，实现团组织对流动团员的交叉覆盖。

③ 坚持区别情况、动态管理。根据流动团员的分布状况、职业性质和居住特点等情况，采取单位管理、行业管理和社区管理等多种方式，努力做到团员流动到哪里，团组织的管理就覆盖到哪里。

④ 坚持以人为本、强化服务。以服务促管理，寓教育、管理于服务之中，在维权、学习、就业创业和文化生活等方面为流动团员提供切实有效的服务。

2. 团组织在流动团员管理中的主要责任

（1）流出地团组织的主要责任。流出地团组织要了解、掌握外出流动团员情况，加强与流入地团组织的联系，配合流入地团组织共同做好流动团员的教育管理工作。

① 对拟流出团员进行教育并提出要求，按规定进行登记。

② 掌握流出团员的去向、时间、地点和联系方式等情况。

③ 通过适当方式与流入地团组织及流出团员取得联系，了解团员流出后的思想、就业和生活情况，向流出团员通报团组织的重要情况。

④ 流出团员返回后,认真了解其流出期间的表现。

(2)流入地团组织的主要责任。流入地团组织对流动团员的管理与服务负有主要责任,要加强与流出地团组织的联系,主动将流动团员纳入本地区团员教育、管理和服务的整体工作格局。

① 及时调查、掌握本地区流入团员的整体情况。

② 针对流入团员的实际情况,科学合理地调整基层团组织的设置方式,积极创造条件,畅通流入团员与基层团组织的联系渠道。

③ 做好流入团员的身份确认工作,及时接收流入团员并将其编入一个团组织,组织流入团员参加团的组织生活和各项活动。

④ 关心流入团员,努力为他们提供维权、学习、就业创业和生活等方面的服务。

3. 对流动团员的基本要求

流动团员要认真履行团员义务,正确行使团员权利,在流入地参加团的组织生活和各项活动,自觉接受团组织的教育和管理,条件具备的可以参加流入地的团内选举。

(1)流动团员流出时主动向原所在团支部报告外出的事由、去向、时间和联系方式等。

(2)流动团员及时持团员证与流入地团组织联系,申请确认身份并参加团的活动。

(3)流动团员自觉接受流入地团组织的教育、管理,积极参加团的组织生活和各项活动,按规定缴纳团费,完成团组织交给的任务,发挥团员的模范带头作用。流动团员原则上应当按月缴纳团费,因流动频繁等原因确有困难的,可以按季缴纳。

(4)流动团员返回后,如实向流出地团组织汇报外出期间的情况。

4. 完善流动团员管理方法和服务内容

(1)加强团员组织关系的管理。毕业学生或退伍军人团员原所在团组织应将团员的组织关系及时转接到其就业单位或居住地街道、乡镇团组织。街道社区(乡镇、村)团组织应及时接收下岗(失业)职工、关闭破产企业职工和大中专(中学)毕业生、退伍军人中的团员,并将其编入相应的支部。基层团组织每半年要对在册登记的团员进行一次调查摸底,发现流失现象应及时查明团员去向并报上级团组织备案。

流动团员一般应当持团员证。流入地团支部要及时验证并报上级团组织备案。流动团员无正当理由不及时办理组织关系转接手续、长期不与流入地和流出地团组织联系的,团组织要进行批评、教育。经教育仍不改正的,其正式组织关系所在团组织要按《团章》及团内有关规定进行组织处理。

(2)及时将流动团员编入到流入地基层团组织。流动团员就业单位有团组织的,应当编入其就业单位团组织。就业单位未建立团组织或无就业单位的流动团员,可以就近就便编入所在社区(村)、商会、行业协会或其他单位团组织。在流动团员较为集中的社区(村)、居民区、工业区、项目工地、商务楼宇和集贸市场等地,可专门建立流动团员团组织。流出地团组织可在外出流动团员相对集中的地方建立临时团组织,条件成熟后移交流入地团组织进行管理。

(3)健全流动团员联系制度。流出地团组织要通过定期联系、跟踪考评等方式,积极探索行之有效的流动团员联络、管理办法。流入地团组织要拓展和规范联系渠道,通过设立流动团员联系站(点)、实行流动团员社区报到制等形式,主动与流动团员建立联系,掌握流动团员的思想动态和工作、生活等情况,及时向流出地团组织和有关单位反馈团员的表现情况,作为对团员日常管理、考核、奖惩的依据。

(4)构建流动团员服务体系。针对流动团员在权益维护、学习成才、就业创业、精神文化等方面的具体需求,帮助他们解决实际困难。要在流动团员中大力宣传法律知识和自护知识,增强流动团员的自我保护意识和能力,协助其运用法律手段解决劳动安全、人身伤害、工资拖欠等问题,维护他们的合法权益。对流动团员进行思想道德、科学文化、心理生理、文明行为等教育,全面提高他们的综合素质。加强与有关单位的联系与沟通,在职业介绍、政策咨询、实用技术培训等方面为流动团员提供帮助,提高他们的就业创业能力。组织开展健康向上、形式多样的文体娱乐活动,丰富流动团员的业余文化生活。

　　(5) 探索利用现代技术手段提高流动团员管理的信息化水平。结合实际,通过建立流动团员电子信息库等方式,及时掌握本地区流动团员的基本情况,方便团组织之间的信息交流。通过开设电子信箱、开展网上组织生活等形式,加强团组织与流动团员的联系。有条件的地方可试行电子团员证。

第五章 共青团的"推优"工作

一、"推优"工作的基本要求

中共中央组织部、共青团中央于1992年7月联合颁发的《关于进一步做好推荐优秀团员作党的发展对象工作的意见》,文件指出:推荐优秀团员作党的发展对象,是培养造就社会主义事业接班人,加强党员队伍建设,完善党的新生力量的需要;也是激发广大团员青年的政治热情,增强共青团组织的吸引力和凝聚力的需要。文件明确要求各级党团组织要增强政治责任感和自觉性,采取有力措施,努力使这项工作在基层落实。文件规定,今后28周岁以下青年入党,一般应从团员中发展;发展团员入党,一般应经过团组织推荐。使"推优"工作逐步成为党组织发展青年党员的主要渠道,使共青团员成为党组织发展青年党员的主要来源。中共上海市委组织部、共青团上海市委2011年7月联合下发《关于加强新形势下基层党建带团建工作的实施意见》,再一次强调了对"推优"工作的这一要求。

二、"推优"工作的意义

广大团员青年在社会主义现代化建设的各项事业中发挥着生力军和突击队的作用。抓紧抓好对要求入党的团员青年的培养教育,及时把那些具备党员条件的先进团员青年吸收到党内来,源源不断地为党培养输送新鲜血液,是巩固党执政的青年群众基础、确保党长期执政的迫切需要;是培养社会主义事业接班人、保持党员队伍生机与活力的迫切需要;是坚持党的基本路线一百年不动摇、保证党领导的社会主义事业后继有人的迫切需要。各级党团组织一定要从战略和全局的高度,充分认识新形势下进一步加强"推优"工作的重要性和紧迫性,坚持党建带团建,注重加强自身建设,切实增强"推优"工作的主动性、积极性和创造性。

三、"推优"工作的措施

开展"推优"工作一般应抓好三方面的工作:①在党组织的指导下,坚持对团员进行党的基本知识、党的光荣历史和优良传统教育,引导团员加深对党的认识,把加入党组织作为自己更高的政治追求,自觉用党员标准要求自己,靠近党组织,积极要求进步。②主动协助党组织搞好对团员中入党积极分子的培养、考察,采取多种形式,对积极分子进行比较系统的党的基本知识教育,帮助他们提高政治素质,端正入党动机。要按照党组织的要求,定期考察和了解积极分子的思想和工作情况,鼓励他们发扬成绩,克服缺点,不断进步,并将考察情况及时向党组织汇报。③对经考察已具备条件的积极分子,应以团支部为单位,履行"推优"程序,有计划地向党组织推荐,一般每年推荐一次,或按党组织的要求进行推荐。

四、"推优"工作的程序

"推优"工作以团支部为单位,在党支部和上级团组织的领导下进行。其具体程序是:

(1)团支部委员会对已申请入党的团员青年进行认真考察、讨论评议,提出初步推荐名单,提交支部团员大会审议通过。

(2)团支部召开团员大会,团支部委员会介绍"推优"候选人情况,团员进行民主评议,以票决方式产生推荐对象,与会团员半数以上通过方可作为推荐对象。

(3)团支部委员会在汇总团员会议民主评议情况后,报上级团组织审定。上级团组织可以采取网上公示、张贴公示等方式,接受青年及其他群众对推荐对象的监督评议,并在此基础上确定推荐名单。推荐对象审核表,团员青年由团支部填写,团支委由团支部书记填写,团支部(总支部)书记由团委填写,团委委员由团委书记填写,团委书记由上级团委填写。

(4)上级团组织在考察基础上,召开团委会进行审核,签署意见,向推荐对象的所在党组织推荐。党组织应及时讨论团组织推荐的对象,把讨论研究结果以书面形式及时反馈给团组织,并进一步落实推荐对象的培养、教育。

(5)推荐对象审核表要一式三份,一份报党委组织部门,一份存入被推荐对象所在党支部,一份报上级团组织。

五、举荐优秀青年人才工作

1. 举荐优秀青年人才工作的主要内容

各级团组织应把那些政治强、作风好、实绩明显、有发展潜力的优秀青年人才作为向党组织举荐的重点对象。应重点推荐三类优秀青年人才:①推荐优秀团干部和有培养潜力的优秀青年干部作为党政后备干部;②推荐优秀青年专业技术人员作为学科和新技术、新产品开发的带头人培养对象;③推荐优秀青年经营管理人才作为企业高级经营主管后备人才。各级团组织要把推荐优秀青年人才工作的立足点放在培养、教育上。要提高青年的思想政治素质,鼓励青年锐意创新、刻苦钻研科学技术,系统学习市场经济知识,在实践中培养锻炼青年,系统研究影响青年成长成才的主观和客观因素,摸索出青年人才成长的一般规律,并加大对青年人才培养的投入,为优化青年成长成才的环境提供物质依托。准确评价、鉴定各类优秀青年人才是保证举荐工作质量的关键环节。各级团组织要按照定量考核与定性分析相结合的原则,加强对青年人才的定期评估,创造公平竞争、优胜劣汰的良好氛围。

2. 举荐优秀青年人才工作的主要途径

各级团组织应充分发挥组织优势,通过多种渠道发现并举荐优秀青年人才,为青年人才的脱颖而出搭建舞台。

（1）大力表彰、宣传青年人才。举办青年五四奖章、青年岗位能手等各级各类青年典型的评选表彰活动,努力把各行各业的青年人才纳入共青团的表彰激励范围。通过评选,广泛发现优秀青年人才;通过表彰奖励,对优秀青年人才的成就进行社会评价和认定;通过广泛宣传,提高各类优秀青年人才、优秀青年集体的社会知名度和认可度,发挥青年典型的示范带动作用。充分发挥团属新闻媒体在宣传优秀青年人才中的主导作用,把握正确的舆论导向,努力在全社会营造鼓励青年干事业、支持青年干事业的良好氛围。

（2）拓宽举荐渠道,为青年人才施展才华搭建舞台。深入开展青年岗位建功、青年创新创效、青年志愿者行动等活动,为青年人才建功立业、展示才华提供机会,搭建舞台。加强各类青年典型、青年学科带头人等青年人才的跟踪培养工作,促进更多的优秀青年人才出成果、担重任。鼓励优秀高校毕业生在艰苦环境和社会实践中锻炼成长,努力发现、选拔一批有潜力的大学生进行重点培养。

（3）通过各级团组织建立开放型、动态调整的优秀青年人才资源信息库,积极做好各类优秀青年人才信息的采集、储备、管理工作,逐步形成优秀青年人才资源信息网络。

本篇有关重要文献

1. 中国共产主义青年团章程
2. 共青团中央印发《关于加强发展团员工作的意见》和《中国共产主义青年团发展团员工作细则（试行）》的通知

中青发（1993）24 号

3. 共青团中央、教育部关于加强中学共青团工作的意见

中青联发（2011）19 号

4. 共青团中央关于做好推荐中学优秀少先队员作团的发展对象工作的意见

1994 年 9 月 5 日

5. 共青团中央组织部转发中共中央统战部《关于共青团员参加民主党派问题的意见》的通知

1986 年 11 月 13 日

6. 共青团中央组织部关于调整、充实《入团志愿书》有关内容的通知

团组字(2010)7 号

7. 共青团中央办公厅印发《关于制作中国共产主义青年团团员证的规定》和《关于团员证专用钢印的制作、使用规定》的通知

1987 年 4 月 20 日

8. 共青团中央关于印发《中国共产主义青年团团员证管理暂行条例》的通知

1988 年 7 月 18 日

9. 共青团中央关于贯彻执行共青团员入党后保留团籍的规定的通知

中青发(1993)15 号

10. 中共中央组织部、共青团中央印发《关于进一步做好推荐优秀团员作党的发展对象工作的意见》的通知

组通字(1992)18 号

11. 中共中央组织部印发《关于进一步加强在青年中发展党员工作的意见》的通知

1995 年 3 月 21 日

12. 中共上海市委组织部、共青团上海市委关于新形势下进一步加强"推优",切实做好在团员青年中发展党员工作的若干意见

沪委组(2004)发字 085 号

第四篇 共青团干部队伍建设

第一章 共青团干部队伍建设的内容和要求

一、团干部的范畴

在共青团各级委员会中担任委员以上职务、在共青团委员会的工作部门中任职的人员,都是团干部。

二、团干部的分类

1. 专职团干部

专职团干部是指,在其工作单位专门从事共青团的工作,所占编制为本级团组织编制,一般不担任和团工作无关的其他工作和职务的共青团干部。

2. 兼职团干部

兼职团干部是指,在其工作单位兼职从事共青团的工作,所占编制非本级团组织编制,一般担任和团工作无关的其他工作和职务的共青团干部。除专职团干部外的其他团干部,均为兼职团干部。

三、团干部队伍建设的主要内容

《中共中央关于加强和改善党对工会、共青团、妇联工作领导的通知》规定:"工会、共青团、妇联受同级党委和它们上级组织的双重领导,以同级党委领导为主。"换言之,各级团组织要积极协助党组织管理好团干部(简称"协管"工作)。团干部队伍建设的主要内容就体现在"协管"工作的各个环节之中。具体包括以下四个方面:

1. 团干部的选拔

首先,要按照 1∶1 的比例建立起后备团干部队伍,并通过培训、挂职、轮岗等途径实施有针对性的培养;其次,要协助党组织做好团干部的选任工作,特别要注重配齐配强各级团的领导班子;其三,对于新上岗的团干部,要及时进行谈话、谈心,并通过适当的途径进行上岗职务培训。

2. 团干部的培养

对于在岗的团干部,按照高素质、复合型的培养要求,应经常进行政治理论、业务知识、工作能力、思想作风等方面的培养,并通过学历培训、党校进修、挂职锻炼等多种途径,不断提高、优化其素质。

3. 团干部的考核

对于上岗一年以上的团干部,上级团委应协助其同级党委,每年对其进行述职考评和工作考核,以加强监督和指导。

4. 团干部的输送

对于具备一定工作阅历和经验,经考察符合党的干部素质要求的团干部,应根据实际工作的需要,结合其工作能力、特长,做好转岗推荐和输送工作。

四、团干部队伍建设的总体要求

2008 年 6 月 14 日,胡锦涛同志在同团中央新一届领导班子成员和团的十六大部分代表座谈时指出:团干部队伍是共青团工作的骨干力量,要推动共青团工作再上新台阶,关键是要按照"让党放心、让青年满意"的要求,建设一支高素质的团干部队伍;一是政治上要过硬,要始终忠于党、忠于人民,坚持用中国特色社会主义理论体系武装头脑,努力做共产主义远大理想和中国特色社会主义共同理想的坚定信仰者,认真实践科学发展观,自觉地为党的事业而奋斗;二是作风上要扎实,要切实增强事业心和责任感,深入基层、深入青年,踏踏实实地工作,努力在团的岗位上作出实实在在的业绩;三是自律上要严格,要着力加强自身修养,从严要求,防微杜渐,经得住诱惑,管得住小节,切实走好人生的每一步。

五、当前团干部队伍建设的具体要求

1. 要加强团干部的党性锻炼

(1) 自觉做到忠诚于党的事业、热爱团的岗位、竭诚服务青年,不断增强为党做好青年群众工作的责任感和使命感,心无旁骛干事业,求真务实抓工作。

(2) 坚持深入基层、深入青年,敢于碰难题、找难事,在狠抓基层的过程中进一步加强与广大普通青年的血肉联系,集中力量解决关系共青团事业发展的根本性、战略性问题。

(3) 强化政治意识和大局观念,自觉用党内政治生活标准来严格要求自己,自觉在思想上、行动上同党中央保持一致,始终从党和国家工作大局、全团的工作大局出发去谋划、部署和推进工作;认真贯彻民主集中制,坚持党组议事规则,用好工作选择权。

(4) 勇于开展批评与自我批评,对存在的问题敢抓敢管,切实履行好"协管"职能,坚决克服团内生活庸俗化的现象。

2. 要狠抓团干部作风

认真贯彻执行党中央《关于进一步从严管理干部的意见》,落实中央关于改进工作作风、密切联系群众的八项规定和团中央《关于严格管理团的专职干部的几项规定》等规定,坚持通过工作抓作风,继续从增强党性修养、选派团干部下基层、要求团干部敢碰难题和倡导批评与自我批评风气四个方面加强团干部作风建设。

3. 要抓好团干部的学习

党的十七届四中全会提出了"建设马克思主义学习型政党,提高全党思想政治水平"的要求。团干部队伍相对比较年轻,加强学习是一项重要而紧迫的任务。要充分认识到,学习能力是年轻干部能力结构中非常重要的部分,也是判断干部潜力的重要标志。团的工作涉及面广,如果没有合理的知识结构,很难开展好工作。因此,各级团组织要按照建设成用马克思主义中国化最新成果武装的学习型团组织的要求,通过团的领导班子集体学习、团干部学习交流活动、教育培训、调查研究等方式,特别是团干部要注意结合工作实际、利用业余时间主动自学,补充必要知识,深入研究问题。由于学习原因导致年轻干部素质上存在的差异,短期内并不明显,但长期来看就会非常明显。

4. 要注意逐步完善团干部结构

党中央多次强调,在用人导向上要重视基层,注重加强从一线选拔使用干部,并制定出台了《2010～2020年深化干部人事制度改革规划纲要》,对优化干部结构做出规定。目前,团的各级领导机关中都不同程度地存在着干部结构问题。团的各级领导机关要严格按照党中央关于年轻干部培养选拔的要求,坚持正派、有能力、状态好、经历合理岗位锻炼、有潜力的用人标准,把机关内部竞争上岗与面向基层选拔干部相结合,逐步完善机关干部队伍结构。同时,要努力为机关干部创造到基层工作的机会。

共青团上海市委《关于进一步加强和改进新形势下团的建设的若干意见》明确指出:团的干部是共青团最可宝贵的人力资源,要把团干部的成长和团的事业发展放在同等重要的位置。

(1) 要拓宽视野选拔团干部。按照德才兼备的原则,把政治素质好、善于做青年工作的优秀年轻党团员,选拔到各级团的工作岗位。结合各级团组织的换届工作,优化团干部结构,加强梯队建设,逐步扩大基层直接选举范围,吸引更多热心从事青年工作的优秀青年充实到基层团干部队伍中。积极争取党政支持,加强对社区、乡镇团干部的力量配备,特别是结合大学生村官计划和"三支一扶"工作,配齐配强乡镇和村团干部。

(2) 要广辟途径培养团干部。坚持在实践中锤炼团干部,鼓励团干部在条件艰苦、问题复杂的岗位上培养服务意识和群众观念,在推进重点工作、完成重大活动中经受锻炼、增长才干。完善团干部导师带教、挂职锻炼、轮岗交流等制度,提高团干部的工作能力。充分发挥各级团校作用,树立"按需培训"的理念,进一步加大团干部培训的规模和力度。树立正确的团干部转岗输送导向,不断拓宽团干部转岗输送渠道。

(3) 要热情爱护和严格要求团干部。坚持以人为本,重视对团干部政治上关心、工作上支持、生活上帮助、心理上关怀。落实谈心制,各级团组织的主要负责人与班子成员谈心每年至少一次、与下级单位团组织主要负责人每届至少一次。坚持严格要求与关心爱护相结合,进一步优化团干部人事"协管"程序和流程。在团干部选拔、输送和换届等环节加强同党组织沟通,逐步推行"任职后必访、团代会前必访、转岗前必访"制度。探索试行下级团组织述职制度,加强工作考核督查。

(4) 要不断壮大青少年工作者队伍。要把团务工作者、党群工作者、青少年事务社工等作为共青团和青年工作的重要补充力量。加强对团务工作者、青少年事务社工等青少年工作者队伍的培养力度。积极争取党组织支持,推动党群工作者参与社区团的工作。积极将青年自组织领袖、热心青年工作的志愿者等纳入青年工作队伍,充实共青团事业发展的队伍基础。

第二章 共青团干部的职责和要求

一、团干部的职责

共青团中央组织部《团干部一级岗位规范(试行)》中,对团干部职责的定义包括:向该级团的代表大会(团员大会)、委员会负责,接受党的同级组织和团的上级组织领导;主持该级团委日常工作;召集该级团委会;贯彻落实该级团的代表大会(团员大会)和团委会决议、党组织和团的上级组织的决定精神;指导所属团组织实施团的各项工作;主持开展团的各项活动;参与党政有关青年问题研究;抓好所属团组织和团委会的自身建设;领导所属少先队工作。

二、团干部的总体要求

《团章》第六章"团的干部"中明确指出,共青团要按照德才兼备的原则,大胆选拔年轻干部,保持团干部队伍年轻化的优势,努力实现团干部队伍的革命化、知识化和专业化,在"保留骨干、以资熟手"的同时,不断为党和国家输送年轻干部。

团的各级领导干部要做团员和青年的表率,模范地履行团员的各项义务,刻苦学习、勤奋工作、勇于创造、自觉奉献,做党放心、青年满意的干部。

1. 政治上要坚定

团干部应在思想上自觉以马克思列宁主义、毛泽东思想、邓小平理论、"三个代表"重要思想和科学发展观为指导,坚决执行党的基本路线和各项方针政策,立志改革开放,献身社会主义现代化建设事业。

2. 学习要刻苦

团干部应带头学习政治、经济、文化、科学技术和现代管理知识，不断提高思想政策水平和实际工作能力。

3. 工作要勤奋

团干部应有强烈的革命事业心和责任感，勤于思考，勇于创新，知难而进，积极主动地在青年中开展工作，努力做出实绩。

4. 作风要扎实

团干部应朝气蓬勃，实事求是，发扬民主，敢想敢干，深入基层，调查研究，讲实话，办实事，求实效，不搞形式主义，不沾染官僚习气，热心为青年服务，做青年的知心朋友。

5. 品德要高尚

团干部应顾全大局，公道正派，团结同志，助人为乐，诚实谦虚，清正廉洁，有自我批评精神，自觉接受团员和青年的监督。

团干部要认真了解党组织工作全局，主动汇报团的工作情况，积极负责地发表意见，结合团的工作实际，创造性地完成党组织交给的任务。

第三章　共青团干部的选拔和配备

一、团干部的选拔

1. 团干部的选拔标准

（1）政治坚定。具有相应的马克思主义理论水平，坚决执行党的基本路线和各项方针政策，立志改革开放，献身社会主义现代化建设事业。

（2）品德高尚。顾全大局，公道正派，团结同志，助人为乐，诚实谦虚，清正廉洁，有自我批评精神，自觉接受团员和青年的监督。

（3）学习刻苦。带头学习政治、经济、文化、科学技术和现代管理知识，不断提高政策水平和工作能力。

（4）工作勤奋。有强烈的事业心和责任感，勤于思考，勇于创新，知难而进，积极主动地在青年中开展工作，努力做出实绩。

（5）作风扎实。朝气蓬勃，实事求是，发扬民主，敢想敢干，深入基层，调查研究，讲实话、办实事、求实效，不搞形式主义，不沾染官僚习气，热心为青年服务，做青年的知心朋友。

中共中央组织部、共青团中央《关于加强新形势下基层党建带团建工作的意见》规定：从优选拔配备团干部，坚持德才兼备、以德为先标准，用民主、公开、竞争、择优的办法，把政治过硬、作风扎实、自律严格、善于做青年工作的优秀青年党、团员充实到团干部队伍；特别是选好配强团委书记，加强团组织带头人队伍建设；严格遵守干部选拔任用回避和监督等制度，防止不按照标准、程序和规定把青年干部照顾性提拔到团的领导岗位上；加大竞争性选拔基层团干部的力度，注重从青年岗位能手、青年创业人才和大学生村官等优秀青年党、团员中选拔基层团组织书记;有条件的地方,可推行村、社区团组织书记按程序进入两委班子。

中共上海市委组织部、共青团上海市委《关于加强新形势下本市基层党建带团建工作的实施意见》强调:加大竞争性选拔团组织负责人的力度,积极探索多种形式的竞争性选拔办法,团各区、县委,各市级团工委,各局(公司)、大专院校及市属单位团委每届书记班子成员中,通过竞争性选拔方式产生的应不少于总数的三分之一;注重从青年岗位能手、青年创业人才和大学生村官等基层一线优秀青年党、团员中选拔基层团组织书记。

2. 团干部的选拔方式

团干部的选拔方式,从传统角度讲有以下两种形式:

(1)选举。团的中央委员会、地方委员会、基层委员会、总支委员会、支部委员会成员,包括书记、副书记、常委、委员等都是通过选举产生的。

(2)组织任命。团的中央、地方、基层委员会的机关工作人员,包括各部门部长、副部长、处长、副处长、科长、副科长、干事及专业干部,都是根据需要由干部部门任命配备的。

近几年,随着干部制度改革力度的加大,产生了几种新的团干部选拔方式:①竞争上岗,即在团干部选拔中引进竞争机制,公开选拔团的领导干部。②公开招考,即通过报考国家公务员的方式,将优秀大学毕业生选拔到团的领导机关中来。

二、团干部的配备

1. 团的专职干部

事业单位应按青年人数3‰的比例配备团的专职干部;乡、镇、街道和完全中学,应配备团的专职干部1~2名,初级中学学生人数500名以上的应配备团的专职干部;高等院校,学生人数2000人以下的应配 3～5 名团的专职干部,2000 人至 4000 人的应配备 5～7 名,4000 人至 8000 人的应配备 7～9 名,8000 人以上的还应酌情增加。系团委(总支),应配备专职干部 1～2 名。

团县(旗)委应配备专职干部 5～9 名,团地(盟)委应配备 7～10 名,团自治州委应配备 7～11 名,直辖市的团县委、局团委参照团地委的标准配备。

省辖市团委(直辖市的团区委)配备团的专职干部的比例为:人口在 200 万以上的市为 62～88 名;人口在 100 万至 200 万的市为 45～62 名;人口在 50 万至 100 万的市为 26～45 名;人口在 50 万以下的市为 12～24 名。

省、市、自治区团委(含青联、学联)配备团的专职干部的比例为:大省为 60～75 名,中省(区)为 45～60 名,小省(区)为 35～45 名,中央直辖市为 80～110 名。

中共上海市委《关于加强和改进工会、共青团、妇联等人民团体工作 做好新形势下党的群众工作的意见》规定:街镇团(工)委书记按正科级领导职务配备,如果书记是兼职的,要配备一名专职团干部;35 岁以下青年职工数 1000 人以上的国有企业应配备至少一名专职团干部;街镇和机关、企事业单位在机构调整中,严格依据法律法规和政策规定,保证工青妇的组织机构和人员编制。

中共上海市委组织部、共青团上海市委《关于加强新形势下本市基层党建带团建工作的实施意见》规定:按照有关规定配齐配强团的专职干部,确保专职团干部的编制不被占用,专职要专用,兼职要兼责,保证基层专、兼职团干部从事团工作的时间;社区(街道)、乡镇至少要配备一名专职团干部。

2. 团的领导干部

团省、市、自治区委书记 1 名,副书记 3～5 名;四个直辖市正副书记总数不超过 7 名,常委 9～15 名;省辖市团委书记 1 名,副书记 2～3 名,个别大市,正副书记总数不超过 5 名,常委 7～11 名;团地、盟、州、团县、旗、市委书记 1 名,副书记 1～2 名,团自治州委常委 7～11 名;团县(市)、旗、自治县委常委7～9名,最多不超过11名。团地、盟委员会是团省、自治区委的派出机构,组成委员会,不设常委会,委员会成员7～9名,最多不超过15名。

中共上海市委组织部、共青团上海市委《关于加强新形势下本市基层党建带团建工作的实施意见》规定:团各区、县委,各市级团工委,各局(公司)、大专院校及市属单位团委新任书记年龄一般不超过33岁;如因工作调动等原因出现团组织书记、副书记空缺时,应在六个月内配齐;建立动态调整的团干部梯队体系,按照1∶1的比例确定团组织的正、副书记后备干部人选,并报上级团组织备案。

3. 团干部配备后的待遇

《党章》第十章"党和共产主义青年团的关系"指出:团的县级和县级以下各级委员会书记,企事业单位的团委书记,是党员的,可以列席同级党的委员会和常务委员会的会议。

中共上海市委组织部、共青团上海市委《关于加强新形势下本市基层党建带团建工作的实施意见》规定:各级团的委员会书记,应按同级党委(或行政)职能部门和下级单位党组织(或行政)主要负责干部的条件配备,并享受相应的政治、工作待遇。

团的基层专职干部在团的岗位上从事专业技术工作并符合专业技术职务任职条件的,可按所在单位的规定参加专业技术职务评定。对于获得职称后调到团的岗位上工作的团的基层专职干部,应承认他们具备担任相应专业技术职务的聘任条件。在单位职称评定中,应与其他专业技术岗位的工作人员同等对待。团的基层专职干部可根据其工作性质,参加所在单位党政有关序列的职称评定。

团的基层组织兼职书记享受和专职书记同等的政治待遇。团的基层兼职干部应享受一定的岗位津贴,在单位职称评定中应与其他专业技术岗位的工作人员同等对待。农村团支部书记的岗位津贴执行村民委员会或其他村干部的标准。

第四章　共青团干部的培养、教育和考核

一、团干部的培养、教育

1. 团干部培养、教育的内容

对团干部的培养、教育,内容主要包括基础理论、业务知识、工作能力、思想作风等四个方面,重点包括:

(1)加强基础理论教育。以党中央对共青团工作的重要指示为主线,以团中央书记处总结的重要思想原则、形成的重大判断和作出的重大工作部署为主要内容,深入理解共青团四项基本职能,正确把握共青团的根本属性,理解共青团工作当前面临的重大挑战及其应对路径,理解和把握共青团组织吸引凝聚青年的路径,理解和掌握加强团的基层组织建设和基层工作的原则,掌握团中央对各条战线工作提出的基本要求和原则方法。

(2)了解当前重点工作。熟悉全团各项重点工作,在落实党建带团建制度、非公企业和新社会组织团建工作、驻外团组织建设、乡镇街道团的组织格局创新、中学共青团工作、分类引导青年工作、促进青年就业创业、关爱外来务工人员子女工作、构建维护青少年合法权益的工作机制等方面有比较深入的思考和研究。

(3)掌握基本工作方法。理解和掌握党的青年群众工作方法,做到心中有青年。学习掌握社会工作方法,培养和提高开展青少年工作的专业素养和水平。了解文化发展趋势,积极主动地运用流行文化载体和手段开展工作。学习新媒体应用,善于借助艺术、时尚、情感等元素加强对青少年的吸引凝聚和思想引导。有针对性地学习青年群体和青年心理特征的知识,掌握和提高与青年沟通交流的技巧。

（4）加强思想作风建设。加强党性教育，树立宗旨意识，努力把党的宗旨、使命和优良作风内化为思想自觉。养成讲政治、讲大局、讲原则的作风，查实情、说实话、干实事的作风，不求名、不计利、不争官的作风。加强成长观教育，用党性原则指导自己立身行事、干事创业，讲原则、重品行、守纪律，经得住政治、事业、名利、生活的考验。眼睛向下、重心下移，学习了解青年群体变化，理解青年，增强对青年的感情。强化坚持工作方向不动摇、不分心、有韧劲的意识。严肃纪律性，加强廉政教育和管理。

2. 团干部培养、教育的形式

（1）强化理论学习，提高团干部的思想政治素质。具体可通过开展专题理论研习，加深对马克思列宁主义、毛泽东思想、邓小平理论、"三个代表"重要思想和科学发展观的理解；抓住重大契机，召开专题学习讨论会，提高运用理论分析大局的能力；纳入党校培训体系，增强理论培训的系统性和深入性。

（2）坚持职务培训和发展培训相结合，改善团干部的知识结构。具体可开展职务资格培训，提高业务能力；委托进行学历培训，提高文化程度；通过举办论坛、文化讲座、系列报告会等方式，拓宽知识面。

（3）以实践锻炼为根本途径，提高团干部驾驭全局的能力。具体可通过在关键岗位上和重大活动中压担子、挂职锻炼、岗位轮换等方式锤炼干部。

二、团干部的考核

1. 团干部考核的范围

团干部考核是上级团组织和同级党组织对团干部的工作情况、德才表现的了解、考察和评价，其主要形式和程序有：公开述职、民主评议、个别访谈和组织鉴定等。团干部考核的范围是在团的各级委员会中担任委员以上职务的团干部或在各级团委机关、派出机构中除工勤人员之外的工作人员。

2. 团干部考核的内容

考核团干部的内容主要是"德、能、勤、绩、廉",要把是否爱干事业、善干事业、多干事业、干成事业、清清白白干事业作为分别对应"德、能、勤、绩、廉"的重要标准。

3. 团干部考核的原则

要坚持唯物辩证法,贯彻实事求是的原则;要体现民主监督的原则;要坚持德才兼备的原则;要主动争取党组织对考核工作的领导和支持,加强组织领导。

4. 团干部考核的作用

(1)正确评价团干部。只有通过考核,才能对团干部的实绩大小作出符合实际情况的评价。

(2)不断激励团干部。定期考核团干部的工作,并依据考核的结果作出奖惩决定,使团干部不断克服缺点,发扬优点,不断进取。

(3)及时发现和选拔人才。共青团承担着向党的事业输送人才的任务,通过考核,及时发现团干部中的优秀人才,并将他们选拔到上一级团的领导岗位,或者输送到其他工作岗位。

(4)提高团的工作水平。通过考核及与其配套的团干部管理措施,不断提高团干部队伍的素质,进而提高整个团组织的工作水平。

(5)加大"协管"力度。通过考核,强化上级团组织对下级团干部的"协管"工作,加强与基层党组织的联系。

5. 团干部考核的基本程序

(1)制定具体考核方案,由上级团委成立考核检查小组。

(2)接受考核者撰写的书面述职报告。团委正、副书记的述职报告须交党委分管领导和上级团委审阅。

(3)公开述职,民主评议。团委正、副书记应向全委会扩大会议

（可吸收基层团干部、团员代表参加）述职，由与会人员填写民主测评表，也可以进行信任投票。

（4）必要时可以进行重点访谈，深入了解有关情况。

（5）向党委分管书记汇报考核情况。

（6）向个人反馈。由考核工作小组根据考核情况，用适当形式将考核结论向述职者反馈，指出其工作中的成绩、不足和努力方向。

（7）书面反馈。由上级团委组成的考核工作小组，及时将考核结论向同级党组织进行反馈，反馈内容主要包括被考核同志的鉴定、民主测评结果或信任投票结果等。同时，考核结论应进入其个人人事档案。

6. 团干部考核结果的使用

考核结果可以分为"优秀"、"称职"、"基本称职"和"不称职"四种类型。

经考核，凡工作实绩突出、素质优秀的团干部，同级党委和上级团委可给予一定的奖励。

经考核，"基本称职"于目前工作的团干部，同级党委和上级团委应在肯定其工作成绩的同时，指出不足和努力方向。

经考核，"不称职"于目前工作的团干部，同级党委和上级团委应给予必要的批评帮助或作必要的调整。

第五章　共青团干部的"协管"工作

一、团干部"协管"的含义

《党章》第十章"党和共产主义青年团的关系"中明确规定:共青团中央委员会受党中央委员会领导;共青团的地方各级组织受同级党的委员会领导,同时受共青团上级组织领导。根据该规定,共青团干部的管理,应以同级党组织管理为主,上级团组织协助管理,"协管"范围一般应与同级党组织管理干部的范围相一致。

团干部是党的干部队伍的后备力量,是团的工作的中坚力量,团的领导班子是团干部队伍的核心。团组织协助党委管理好团的干部,加强团的领导班子建设,体现了管人与管事相结合的原则,是做好共青团工作的重要保证,也是共青团作为党的助手和后备军的重要职责。

二、团干部"协管"的主要职责

(1)加强团的领导班子思想政治建设,提高团干部的党性修养。

(2)协助党组织选拔配备团的领导班子,加强团的后备干部队伍建设。

(3)加强团干部的教育培训工作,提升团干部的综合素质。

(4)研究制定团的干部工作制度,并向党组织提出有关政策和建议。

(5)协助解决团干部在工作、学习和生活等方面的问题。

(6)协助党组织做好团干部的转岗输送工作。

三、团干部"协管"的工作内容

（1）团干部"协管"工作应围绕团干部的选拔、培养、考核、输送等环节，建立起一套按照"协商一致"的原则，党团组织共同确认、遵循的"协管"工作程序。

（2）按照1：1的比例建立起一支团委正、副书记后备干部队伍。在后备干部上岗前，应通过培训、挂职、轮岗等途径实施有针对性的培养，同时每年应对后备干部进行一次考核分析，对经考核不合适的要做适当调整，优秀的要及时补充进来。

（3）协助党组织做好团干部的选拔工作，配齐配强团的领导班子。对于新上岗团干部，特别是团组织主要负责人，上级团组织应建立谈话制度，谈话的主要内容是按照党对共青团组织和青年干部的要求，对其所在单位团的工作和其本人提出希望和要求。同时，每年要对新上岗团组织正、副书记进行任职培训，帮助他们提高政治素质和业务能力。

（4）对于上岗一年以上的团干部，特别是团组织正、副书记，上级团组织应协助同级党组织做好考核工作。在考核内容上，应突出德、能、勤、绩、廉五方面，重在工作实绩和思想作风表现；在考核形式上，应把本人的述职考评与其所在单位团的工作考核有机地结合起来；在考核结束后，应及时将考评结果与考核等级向党委反馈，并提出相应的建议或意见。

（5）对于在现职岗位工作两年以上的团干部，应对其进行一次较为全面的综合分析，并根据分析结果，按照复合型团干部的培养要求和"缺什么、补什么"的培养原则，通过党校进修、学历培训、专题研修、挂职锻炼等途径，实施综合培养，逐步实现团干部综合素质的优化，适应社会主义市场经济发展的需要。

四、团干部"协管"的工作要求

（1）按照《团章》和团中央有关规定，召开团的代表大会或团员大会，应事先分别向同级党组织和上级团组织请示。团的委员会、常委会的组成以及正、副书记候选人，在民主推荐的基础上，应以同级党组织审查为主，同时征求上级团组织的意见。经上级团组织和同级党组织协商一致后，提交代表大会选举，选举结果由本级团组织向上级团组织报告，并办理审批手续，然后由同级党组织行文公布。团组织正、副书记应由同级党组织按照干部管理权限办理审批手续。

（2）两届团代会之间，如需增补团的委员会的成员，应召集团的代表会议进行选举产生。增选的委员会委员和候补委员的数额，不应超过该级代表大会选出的委员会委员和候补委员总数的三分之一；两届团代会之间，确因工作需要而增补委员会书记、副书记或常委时，增补人选已是委员会委员的，应召开委员会全体会议进行补选。团组织增补委员、常委或书记、副书记的结果应及时向上级团组织报告，经上级团组织批准后，由同级党组织行文公布。

（3）在团的各级代表大会闭会期间，同级党的组织和上级团的组织认为有必要时，经过共同研究，取得一致意见，可以调动或指派团组织的负责人。在协商一致的基础上，由同级党委行文公布，并按照干部管理权限办理任免、调动手续。具体程序为：

① 提出人选。同级党组织根据工作需要，在民主推荐的基础上，提出团组织的常委、书记、副书记人选。

② 沟通协商。同级党组织向上级团组织发关于团组织负责人任免征求意见的函，并附干部（拟提拔任用的）考察材料和干部任免审批表。上级团组织收悉后，及时与来函的党组织共同研究，充分协商，取得一致后复函给党组织。

③ 任免公布。同级党组织按照干部管理权限办理任免、调动手续，并行文公布，有关干部任免通知应同时抄送上级团组织。

例文：任职/免职/职务任免征求意见的函

关于×××等同志任职／免职／职务任免征求意见的函

〈上级团组织〉：

〈任免理由〉，经党委研究：

×××同志拟任共青团〈单位全称〉委员会书记（〈拟任职级〉）。

×××同志拟任共青团〈单位全称〉委员会副书记（〈拟任职级〉）。

×××同志拟不再担任共青团〈单位全称〉委员会书记职务。

×××同志拟不再担任共青团〈单位全称〉委员会副书记职务。

当否，请复函。

附件：1. 拟任免同志的干部任免审批表

　　　2. 拟提拔任用同志的考察材料

〈同级党组织〉（印章）

×××年××月××日

例文：上级团组织同意任职/免职/职务任免的复函

关于同意×××等同志任职／免职／职务任免的复函

〈同级党组织〉：

你委《关于×××等同志任职／免职／职务任免征求意见的函》（〈文号〉）收悉。

经研究，同意×××同志任共青团〈单位全称〉委员会书记。

×××同志任共青团〈单位全称〉委员会副书记。

同意×××同志不再担任共青团〈单位全称〉委员会书记职务。

×××同志不再担任共青团〈单位全称〉委员会副书记职务。

此复。

〈上级团组织〉（印章）

××××年××月××日

第六章　共青团干部的转岗和输送

一、团干部转岗和输送的原因

共青团是中国共产党的助手和后备军,是为党培养、输送干部的重要基地,共青团又是先进青年的群众组织,团干部有年龄限制,超过了规定的年龄,一般就不再继续从事团的工作,就要进行转岗和输送了。

二、团干部转岗和输送的渠道与措施

由于共青团干部的管理是以同级党组织管理为主,团的上级组织协助管理。因此,各级团组织应按各自的管理权限,积极与党组织联系,畅通团干部的转岗渠道。目前,团的政务类干部,即团的专职领导干部,包括书记、副书记,属同级党委直接管理的干部,其转岗安排,主要以党组织为主。团的业务类干部,包括机关中层干部和一般干部,则属于团内管理的干部,其转岗安排,则主要靠团组织联系。

无论政务类干部,还是业务类干部,团组织都要积极为其转岗创造条件:①平时工作严要求,勤培养,使转岗干部自身过得硬,经得起社会挑选。②为转岗干部提供锻炼机会,包括文化进修、专业学习、挂职锻炼等,使其学有所专,干有所专,以便更广阔地适应社会需求。③积极向党政干部、人事部门推荐,保证干部转岗有"出路"。当然,在团干部输送工作中,也要注意坚持保留骨干的原则,使团的工作做到"常流水,不断线"。

中共上海市委《关于加强和改进工会、共青团、妇联等人民团体工作做好新形势下党的群众工作的意见》规定:党委要重视从工青妇等人民团体中选拔和任用干部,为干部转岗、交流创造条件,重视年轻干部和女干部的培养。

　　中共上海市委组织部、共青团上海市委《关于加强新形势下本市基层党建带团建工作的实施意见》规定：各级党组织在调动、输送同级团组织负责人及酝酿同级团组织负责人人选时，应事先同上一级团组织充分协商，取得一致意见。重视团干部转岗工作，把团干部的转岗纳入干部交流计划，努力形成团组织积极推荐、党委组织部门支持关心的团干部转岗输送机制。

第七章　正确认识共青团干部岗位

一、正确认识团的岗位

作为团的干部，务必要正确认识团的岗位：团的岗位是一个联系、服务青年的重要岗位，是为党做好青年群众工作的岗位。共青团组织是党的助手和后备军，是党联系青年的桥梁和纽带。团的工作对象是广大青年，促进他们成长成才，引导他们跟党走中国特色社会主义道路，这是关系国家和民族命运的重大责任。团的岗位是十分神圣的。

在共青团的岗位上：①可以深入了解国情、民情，熟悉社会生活。要深入了解国情、熟悉社会，光靠电视、报纸、网络等媒介间接了解是不够的，必须深入社会实践，真正融入基层，融入人民群众。②可以积累工作经验，特别是基层工作经验。基层团组织直接面向团员、面向青年，在团干部岗位上可以直接了解并掌握基层单位如何抓工作，如何抓民生，全方位积累基层工作经验，这对团干部的长远发展具有重要意义。③可以增进与群众、与青年的真挚感情。做好青年群众工作，就需要从思想上尊重青年、感情上贴近青年、工作上依靠青年，始终保持与青年群众的密切联系，在团干部岗位上有机会和广大普通青年面对面交流，结交更多的青年朋友。④可以磨炼意志品格。基层团干部开展工作难度较大，缺乏优越的工作条件，团干部岗位正是锻炼才干、磨炼意志品质的重要平台。

二、加强作风建设,努力做到让党放心、让青年满意

团的作风直接影响到共青团能否完成党交给的任务,直接影响到团组织和广大普通青年的关系,直接影响到共青团的生存基础。各级团干部要始终按照"政治上要过硬、作风上要扎实、自律上要严格"的要求,大力加强作风建设。

1. 力戒浮躁,树立正确的成才观

要充分认识到共青团工作是党的群众工作的重要组成部分,团的岗位政治性、思想性、综合性强,能够锻炼团干部综合素质和工作能力,是大有可为的岗位。团干部要切实克服浮躁的情绪,沉下心来干事业,把工作激情、科学精神和务实作风结合起来,在工作中锤炼扎实的作风和过硬的本领,把自己锻炼成党的事业所需要的合格干部。

2. 谦虚谨慎,不断提高自身修养

谦虚谨慎,戒骄戒躁,是党对干部作风的一贯要求。团干部要清醒、正确地认识职级的变动,组织越是对年轻干部关心,团干部自身越是要谦虚谨慎,既要耐得住寂寞,也要经得起夸奖,把注意力和精力放在本领的增长上。要在修身上下工夫,克己慎行,踏实做事。要多看到自己的短处,借鉴别人的长处,不断提高自身修养。

3. 真抓实干,务求工作实效

求真务实是开创共青团工作新局面的根本要求。要把认识转化为行动,把要求转变为成果,狠抓落实。要立足长远,以干事业的精神投入工作,对于看准的工作要长抓不懈。要敢于迎难而上,在解决问题和矛盾的过程中锻炼本领,增长才干。要克服形式主义和短期行为,不搞没有实际意义的形式和花样。提倡开短会、讲短话,把时间用在干工作上,把精力放在抓落实中。

4. 防微杜渐,保持艰苦奋斗的精神状态

团干部要常修为政之德,常思贪欲之害,常怀律己之心,在思想上筑牢拒腐防变的坚强防线。要倡导良好的生活作风和健康的生活情趣,坚决抵制腐朽没落的思想观念和生活方式的侵蚀。要慎重对待交友,多同普通青年交朋友,同先进模范交朋友,同专家学者交朋友。要把艰苦奋斗作为立身之基,作为一种精神追求。

第八章　共青团干部的能力建设

一、对团干部的能力要求

对团干部的能力素质要求应立足于共青团工作的基本要求，并适当考虑团干部个体的素质和知识水平。能力可分两个层级，即开展工作的基本能力和开展工作的较高层次的能力。

1. 开展工作的基本能力

（1）学习研究能力。这是做好团的工作的基本功，特别是要有对团的基本理论的学习能力和对本地区、系统、单位团的工作实际研究能力。

（2）组织能力。团的工作需要最广泛地发动青年，最有效地组织青年，最大程度地凝聚青年，这就要求团干部掌握过硬的组织能力。

（3）协调能力。相对来说，团组织可利用的社会资源较少，社会覆盖面又比较广，这就要求团干部具备协调团内资源、党政资源和社会资源的能力，善于协调方方面面的关系。要在充分尊重各方面意见的基础上，善于与党政、社会各方面进行深入沟通。

（4）人事工作能力，即"带队伍"的能力。团干部要善于调动分管部门和基层团干部的积极性、主动性和创造性。

（5）表达能力。主要包括语言表达能力和文字表达能力。

2. 开展工作的较高层次的能力

（1）出思想出思路的能力。团干部推动工作要有招，不是简单地把上级领导的讲话念一遍。要把基本理论学深学透，理论联系实际，学习借鉴各方经验，并通过深刻的观察找到现实工作中存在的突出问题，从而提出解决问题的办法。

（2）处理复杂问题的能力。要将原则性与灵活性相结合，但必须以原则性为前提。要善于把复杂问题拆分成具体问题来解决。

（3）群众工作能力。要更主动地走进青年，做好与青年利益密切相关的各项工作，赢得广大青年的认可、信任和支持。

（4）意识形态工作能力。不断提高贯彻执行党的路线、方针、政策的能力，不断提高运用马克思主义立场、观点、方法研究解决问题的能力，不断提高舆论引导的能力。

（5）介入经济工作的能力。注重经济理论知识的学习，善于分析把握经济形势，提高工作的预见性，善于找准团的工作与经济工作的切入点和着力点。

二、对团干部的知识结构要求

团干部的知识结构应着眼于科学理论的运用，着眼于对实际问题的理性思考，着眼于共青团新的实践和新的发展，其目的就是为了更好地完成党赋予的青年群众工作任务，有效地服务广大青年。具体来说，团干部的知识结构主要包括：

（1）掌握马克思列宁主义、毛泽东思想、邓小平理论、"三个代表"重要思想和科学发展观的基本原理和主要内容。

（2）掌握党的路线、方针、政策，国家法律、法规以及党和国家在经济、政治、文化、社会、外交、国防等方面的重大部署和要求。

（3）掌握青年工作相关学科的基础知识。相关学科包括政治学、经济学、社会学、心理学、法学、公共管理、领导科学等人文、社科及部分自然科学的理论方法和分析工具。

（4）掌握包括以共青团工作概论、中国共青团简史为主的基础团务和以团的各条战线工作为主的工作实务。

（5）掌握团的基层组织建设的方针、任务和工作原则。

（6）掌握团的民主集中制原则，团的基层民主选举规则和基层团组织的机构设置、编制配备要求。

（7）掌握基层团组织书记选拔、管理、培训的原则、方法和团员发展与教育管理的方针、制度。

（8）掌握青年思想教育工作的方针、任务和方法。

（9）掌握基层团组织的各类活动的任务、特点和方法。

（10）掌握团的基层组织参与社会建设的原则、方法、途径和青少年权益维护的有关法规、规定。

（11）掌握共青团领导少先队工作的原则、任务和方法。

本篇有关重要文献

1. 中国共产主义青年团章程

2. 中共中央关于加强和改善党对工会、共青团、妇联工作领导的通知

中发(1989)12 号

3. 中共中央办公厅关于转发《共青团中央关于加强青年工作的意见》的通知

中办发(1991)7 号

4. 中共上海市委关于进一步贯彻《中共中央关于加强和改善党对工会、共青团、妇联工作领导的通知》的意见

沪委(1991)11 号

5. 共青团中央组织部关于印发《团干部协管工作座谈会纪要》的通知

1991 年 8 月 13 日

6. 中共上海市委组织部、共青团上海市委关于进一步加强共青团干部队伍建设的若干意见

沪委组(94)字第 12 号

7. 上海市共青团干部挂职锻炼暂行条例

沪团委组(94)25 号

8. 共青团上海市委组织部关于建立区、县、局、大专院校团委后备干部队伍的通知

沪团委组(94)30 号

9. 中共上海市委组织部、共青团上海市委员会关于积极做好举荐优

秀青年人才工作的意见

沪委组(1998)622 号

10. 共青团上海市委关于印发《各级团委协助党委管理团干部工作实施细则》

沪团委发(96)141 号

11. 共青团上海市委组织部关于进一步加强团组织、团干部协管工作的通知

沪团委组(2011)27 号

12. 中共上海市委批转团市委党组《关于进一步加强和改善本市青年工作的若干意见》的通知

沪委(2000)6 号

13. 中共中央组织部、共青团中央关于加强新形势下基层党建带团建工作的意见

组通字(2010)76 号

14. 中共上海市委关于加强和改进工会、共青团、妇联等人民团体工作做好新形势下党的群众工作的意见

沪委发(2011)22 号

15. 中共上海市委组织部、共青团上海市委关于印发《关于加强新形势下本市基层党建带团建工作的实施意见》的通知

沪委组(2011)发字 53 号

16. 共青团中央关于做好省级团委换届工作的通知

中青发(2006)52 号

17. 共青团中央关于印发《团的领导干部学习大纲》的通知

中青发(2009)4 号

18. 共青团中央办公厅关于下发《关于严格管理团的专职干部的几项规定》的通知

中青发(2010)3 号

19. 共青团中央组织部关于团贵州省委组织部《关于对年满 28 周岁的非党专职团干部继续任职问题请示》的答复

团组复字(2006)1 号

第五篇　共青团的实用工作方法

第一章　工作计划

一、工作计划的特点、作用及基本要素

工作计划是一级团组织对今后一定时期的工作进行事先安排,制定明确目标、任务和具体要求,提出相应的措施和行动步骤等的一种事务文书。

1. 工作计划的特点

(1) 预设性。工作计划是对今后工作拟订的打算,是在对当时态势和未来发展趋向进行分析、判断基础上进行的一种预先设想与设计,具有一定的超前性。工作计划的制定,是按照领导指示和部门决策,依据客观现实的基本条件,对未来一定时期工作活动提前作出的安排和打算。这种安排和打算,无论多么具体明确,其所有内容项目都是预计的和设想的,有待于单位、部门和个人作出相应的努力,才能变为现实。

(2) 督导性。督导性是就工作计划的功能意义而言的。任何工作计划,包括宏观上的指令、规划和微观上的部署、安排,都具有对具体工作进行监督和指导的作用。由于工作计划大多是本单位部门内部根据自身条件为实现自身目标任务而制定,并对自身行为起督导作用,故这种督导属于自我督导;同时,这种督导是针对特定奋斗目标、特定实施范围和特定时间限度而发挥作用的,故又属于特定督导。

（3）可行性。工作计划的可行性，是就计划内容与现实的关系而言的。工作计划中涉及到的任务、指标、数额等，必须经过科学估算，符合未来客观发展条件；工作计划中提出的步骤、措施、方法等，必须具体、明确，有实际操作价值，能为正确实现目标、完成任务起到必要作用，不可太空、太虚，大而不当。

（4）针对性。工作计划是针对本地区、本单位实际情况，结合工作需要和主客观条件而制定的，是为了解决问题或达到特定的目标而制定的，要既具体又可操作。

2. 工作计划的作用

（1）确定目标方向，减少盲动性。制定工作计划，是共青团工作运行中必不可少的一环。工作计划确定了本系统、本部门、本单位共青团工作的行动目标、方向，为今后一定时期的工作活动提前作出统筹安排，变未知为已知，变盲目为自觉，变抽象的预见为直观的构设，使工作活动意向清楚，有的放矢，从而大大增强了工作活动的主动性、自觉性，减少了被动性、盲目性。

（2）确立任务指标，提高效应性。在工作计划制定过程中，结合对现阶段客观情况的分析了解，经过科学讨论和推断，确立今后一定时期所要完成的总任务、各种任务指标、要求和措施，用工作计划指导工作，便于控制进度，也便于督查和落实。

（3）制定实施步骤，建立秩序性。工作计划的制定和执行，其中心作用是以所"预"来指导工作活动的方向，以"预"来调整工作活动的秩序，使之运行过程有先有后，人员各司其职，各种资源得到合理调配和充分利用，保障整个单位部门工作活动上下一贯，协调统一，减少因秩序混乱、各自为政而造成的损失和浪费，从而逐步提高工作效率，顺利完成任务和目标。

（4）便于检查督促，增强规范性。工作计划又是检查工作、衡量工作的一把尺子。制定计划并按计划工作，便于单位和个人进行阶段性的工作总结、评价和考核，推动工作按既定目标和轨道向前发展。

3. 工作计划的基本要素

工作计划的名称和种类虽然繁多,但各种计划的基本内容都要具备明确的任务目标、切实可行的方法措施以及合理的安排部署三个方面,称之为工作计划的三个基本要素。

(1) 明确的任务目标。制定工作计划,首先要在掌握前期计划执行情况的基础上,明确本期准备做什么和预计达到的程度,即明确计划的任务目标。工作计划的任务目标是计划执行者进行实践的方向和依据,必须明确具体。不论长期的基本目标或近期的特定目标,都要与计划的整体目标相一致,并要明确切实,不能只写空洞口号,罗列抽象概念。这就要求计划的制定者:①认识正确清楚;②文字表述确切明白,尽量将抽象笼统的目标概念具体化,以利于计划的实施,也便于检查、总结计划的执行情况。

(2) 切实可行的方法措施。要完成既定的任务,达到预计目标,就得靠科学的方法和切实可行的措施,而这一切都体现在计划的可操作性上。

(3) 合理的安排部署。合理的安排部署是指在全面分析、研究预定目标和准备采取的方法措施之后,精心规划、设计未来实践的蓝图,即安排好先做什么,后做什么和具体怎样做等,使之分阶段、分步骤、有条不紊地逐步完成总任务,实现总目标。如果忽视统一、合理部署这一环,就会给计划实施带来矛盾和困难,影响实践效果。因此,制定工作计划必须将其全部内容作科学合理的安排和部署。

上述工作计划的基本要素是对未来实践的全面预计、设想和规划,计划内容的预见性是计划的一个特点。撰写计划,表达计划内容一般采用非条列项或文字说明与图表相结合等形式,使之一目了然,这是计划的另一个重要特点。

二、制定工作计划的基本原则

1. 正确领会精神,处理好各种关系

制定工作计划的目的,是为了更好地贯彻、执行上级团组织交给的工作任务。因此在制定计划时,应该认真学习、反复领会和掌握有关方针、政策的精神。正确处理好整体和局部、长远和目前、指令性计划和指导性计划等方面的关系,使工作计划能为当前中心工作服务。

2. 以单位中心工作为出发点,以团的工作要求为立足点

制定工作计划要实事求是,切忌说大话、空话、假话。为了使计划有充分的根据,符合客观实际,突出工作重点,不仅要研究上级团组织下达的任务、要求和有关规定,还要注意对本单位党政中心工作的研究和把握,同时要紧紧围绕本单位青年的需求,以有利于团的工作发展,更好地以服务青年为立足点,这样制定出来的计划才是积极的,才能体现出团的工作计划的政策性、实践性、青年性和严肃性。

3. 重点工作要突出,做到有所为,有所不为

在制定工作计划时,不仅要考虑到有关的方面,认清它的地位和作用,而且还要分清主次轻重,抓住关键要害,着力解决好影响全局的问题,而不要同等对待,眉毛胡子一把抓。重点明确了,主次抓准了,往往可以事半功倍。

4. 依靠青年、发动青年,集思广益

在制定和执行工作计划的过程中,必须依靠青年、发动青年,广泛听取青年意见。这样,一方面可以集思广益,避免几个团干部坐在办公室里闭门造车,使工作计划更加完善可靠;另一方面可以调动青年的积极性,保证工作计划的顺利完成。

5. 注意检查和修订

工作计划一旦形成,就变成了指导行动的文件,应该严肃执行。在执行过程中,最好不要随意改动,以维护工作的稳定性。但计划毕竟是事先的设想,总不能制定得十分周到全面,完全符合客观情况的进程;加之在计划实施过程中,还会出现许多新情况、新问题。因此,计划在执行中常会作一些修订或重新制定,必要时,还应对被变动的部分进行一定的说明。这个说明,可作为"修订说明"附在计划后面,以防止由于执行者的变动,影响计划的衔接。

三、工作计划的结构和形式

1. 工作计划的结构

工作计划同其他许多事务文书一样,并没有严格统一的结构体式,应依其具体内容要求和表达需要而确定。但工作计划作为事务文书,在行使其职能的过程中,大多首先是以公文形式上行或下发。因此,这里的所谈工作计划的结构是与公文写作的要求是一致的,包括标题、前言、主体、结尾几部分。

(1)标题。工作计划的标题一般包括制定单位名称、时间期限、事由、文种名称四部分。例如:《××街道团工委 2012 年推进社区文化建设工作计划》等。还有一些计划的标题,因表述需要可适当调整为三部分或两部分,这种类型标题的计划,其标题中省略的部分,有的已在文头出现(如单位名称),有的在题下用括号注出(如时限),有的还在结尾后签署(如单位名称和日期)。但任何计划的标题,都必须至少具备以下两部分:事由和文种名称。计划如果是初步制定的或未经正式讨论通过的,可在标题后面或下面用括号注明"草案"、"讨论稿"、"征求意见稿"等字样,以别于已正式通过而将付诸实施的计划。

(2)前言。前言是工作计划的开头部分,主要概述制定计划的目的、依据和总任务等。制定计划的目的比较简单,一般用一两句话或几句话即可,如常用句式是"为了……",或是执行某指示、决议,或是实现某种目标等。制定计划的依据,主要包括政策依据、法律法规依据(如经××会议通过)、客观条件等。依据可在前言部分概括总述,也可分列于计划主体部分各个必要的章节,作为提出具体计划项目的基础材料。总任务是整个计划所要努力的总方向、总目标、总量度等,总任务的确定既要符合实际情况,又要具有开创性、突破性。前言是整篇计划的引言和总纲,用来引导主体部分的展开,统领全文各项具体目标和措施。前言部分的长短和繁简,是与整个计划的规模相适应的。规模大、项目复杂的计划,前言部分可相应长一些,可分几个段落述说,可涉及目的、任务、依据等各方面内容;规模小、项目单一的计划,前言部分可简短一些,用一两段文字表述即可,无须涉及的内容不必过多说明。

(3)主体。主体是工作计划的主要内容部分,即主干部分。计划的性质、规模、形式等,都是在主体部分体现出来的。计划的主体部分包括背景情况分析、具体任务目标、实施步骤措施与要求等方面内容。各方面内容根据行文需要可前可后,可详可略,合理调配。

① 背景情况分析。包括历史背景和现实情况、主观因素和客观因素、有利条件和不利条件等。阐述这些情况、因素和条件,是为提出具体目标作可行性证明,它能增强计划实施的现实性和有效性。因此,必须说明准确,分析客观,为提出奋斗目标奠定坚实基础,以避免目标空而不实。

② 具体任务、目标。根据前言中的总任务、总目标来确定各项具体任务目标。任务可以是所要进行的工作,也可以是所要解决的问题,还可以是所要实现的目标。目标是对任务的质和量的规定,在工作计划中,目标则是彻底、认真完成工作任务。具体任务、目标的确定,必须要同执行这些任务,实现这些目标的行业、部门的实际情况以及时限需求结合起来,合理分配,以便人尽其才,物尽其用。

③ 实施步骤、措施和要求。这是完成任务、实现目标的保证。步骤、措施属于方法问题,要求则是规范问题。步骤是说明怎样一步一步去完成任务、目标,措施是说明如何使用策略、条件、技巧去完成任务、目标,要求是说明要完成什么样的任务、目标(如标准、程度、时限等)和

如何更好地完成任务、目标(如强调、突出、提请注意等)。计划的实施步骤、措施和要求,是计划中最显示价值的部分。计划的任务、目标再高再远,如果没有坚实有效、新颖独特的实施步骤、措施做后盾,那么任务、目标就只能是空谈,计划本身就形同虚设;如果没有必要的要求限定,那么任务、目标实际上也难以真正实现。写好这部分内容,是写好计划的关键。

计划的主体部分在具体结构编排上,是灵活的、多变的,可以一层多及,亦可每层各及。对每层内容使用小标题、序码进行切分,可增强条理性。一些项目较多的主体内容,如指标、时限、地点、方式、方法等,还可使用简要的表格一一列出;一些复杂的图案、设计、式样,可以配备绘图加以说明。

计划的主体部分,除了上述几方面内容外,有时还有可行性分析、论证等方面内容,这是长远工作计划(工作规划)中所独有的,一般工作计划没有这些内容。

(4) 结尾。工作计划的结尾是计划的结束部分。可以单独成段,也可以续承在主体部分之后,不再起段。一般来说,篇幅长、规模大的计划大都是单独以一段文字结尾,明显形成结尾形式;篇幅短、规模小的计划,为使计划内容干练利爽,常在主体部分之后立即煞尾,没有明显的结尾段。计划在结尾时(无论有无结尾段),多用表决心、发号召和展示前景三种内容意向,以加强计划结尾的力度和强度,有时也以强调、提请注意等方式作为结尾,使计划结尾显得冷静、沉着,具有警世性。怎样结尾,这不是由计划的作者随意设置的,而是由上文的内容自然顺延而成,是根据行文需要和计划执行需求而确定的。

计划的前言、主体、结尾三部分构成计划的正文。在正文之后,有些计划还根据需要签署发布计划的单位名称和制定日期;还有些计划将内容量大、非主体性的表格和附录列在正文之后,以供参照执行。签署和附录不是一般计划必不可少的部分,因此这里没有单独列入结构内容之中。

2. 工作计划的形式

常见的工作计划正文有如下几种形式：

（1）陈述式。这种工作计划主要运用文字进行直接陈述说明，并将陈述内容分成若干条目或部分。大型计划、长期计划，多要分成章、节、条、项；小型计划、短期计划常用小标题和序码标示层次，两者都按照目标、措施、要求等顺序展开计划的具体内容。

（2）图表式。这种形式的计划主要采用图示和表格来表达内容。图示和表格是以直观的、系统的形式将各种任务项目、指数、承担人、完成时间、具体措施等标列其中，便于各所属部门。单位和个人完全依照执行。这种形式的计划克服了文字表述上抽象、杂乱的缺陷，使之条理清晰，一目了然，常用于单位、部门内部内容单一、时限较短、具体性强的专题工作计划。

（3）综合式。综合式计划是将文字陈述和图表标列依其所长加以结合的一种二合一式工作计划。文字陈述和图表标列都必然存在缺陷，两者相互结合，扬长避短，能较好地体现大多数计划内容复杂的特点，弥补单一形式的缺陷或不足。综合式计划不是文字、图示成分并举，而是往往各有侧重。或以文字陈述为主，适当附加图表；或以图表标列为主，伴随文字说明。

四、制定工作计划的步骤

一般来说，工作计划的制定要有一个上下反复的过程，就这个过程而言，大致可分为以下几个步骤：

1. 调查研究

工作计划的制定要有主客观依据，要了解青年的需求，听取他们的意见、要求，集思广益。在调查中。一方面要注意全面、系统地掌握第一手资料；另一方面也要注意解剖麻雀，有针对性地把问题追深追透。在全面、系统的调查基础上，再进行分析论证，提炼出正确合理的目标和切实有效的措施,而不能仅仅凭几个旧时的计划样本,就主观推定下期计划的目标和拟定实施措施。

2. 班子决策

在调查分析的基础上,初步定下工作目标和实施措施,然后依据民主集中的原则,召开团委班子会议,就该项工作的目标和措施进行讨论、修正和定夺。

3. 拟订方案

目标和措施确定后,就必须制定实施方案,将实施目标的条件、方法和可能出现的困难及克服办法、解决措施具体化。制定计划的过程不能闭门造车,要根据调查得到的数据和资料,审慎地提出工作计划的战略目标、主要任务、有关指标和实施步骤的设想,并附上必要的说明。通常情况下,一般要拟订几种不同的方案,以供选择之用。

4. 班子通过

在工作计划初步拟就后,应提交团委班子进行评估、筛选、修改和决策。必要时这一程序可反复多次,比较选择各种可行方案的合理性,从中选择一个满意的计划,最后由班子成员共同批准实行。

5. 下发文件

工作计划在团委班子决策通过以后,根据决策时提出的修改意见进行修改定稿,然后签发印文,下发给有关部门和单位。

6. 狠抓落实

一份工作计划在成文下发之后,并不是它的结束,更重要的是要对计划的实施进行大力推进,狠抓计划在基层的落实,并及时进行中途推进和阶段总结。

7. 及时调整

工作计划毕竟是预设性的,与具体实施过程中的客观实际之间存在着一定的差距。计划之所以有指导性而不具有规定性,也说明了这一点。因此,在计划的实施过程中,有时还要视其实际情况的变动而对计划作一些修改,以保持计划的稳定,提高信用度。

五、工作计划的写作要求

1. 工作计划的制定要遵循有关指示、政策精神

领导人的指示、意见和有关方面的政策、文件,是制定计划的依据和前提。工作行动所要实现的目标,最终完成的任务,都是上级统一布置的目标、任务的一部分,是上级领导、机关的目的、意图的具体反映。因此,在撰写工作计划时,不仅前言中要明确体现这一点,而且在确立具体的措施、步骤时,也要充分结合这一点来考虑。不符合政策法规,与上级组织统一布置相抵触、相违背、自行其是的计划条项必然要受到阻遏和淘汰。

2. 工作计划的制定要同调查分析结合起来

计划的制定要有主客观依据,包括工作基础、人员素质、工作条件等现实因素以及上期完成任务情况、历史发展状况等背景资料。对这些因素情况的调查、了解、分析、研究,是制定计划的基础。调查的对象范围:主要是承担计划实施的广大青年和其他有关人员,了解他们各方面的情况,听取他们的意见、要求,集思广益,收集有关政策文件和背景资料。在获取大量资料的基础上,再进行分析论证,提炼出正确合理的目标和切实有效的措施。

3. 工作计划的写作要具体明确

除了长远规划、要点、意见等类型之外,其他大多数专题工作计划

在编制写作时,都要求目标明确、任务清楚、措施具体、责任到人。计划好坏的具体程度,直接影响工作活动能否顺利展开。计划写作时要防止过多的口号、决心和概括、抽象,防止假大空和哗众取宠。

4. 工作计划要留有余地

应该看到,任何计划都只是预测性的,在工作计划的实施过程中,往往会出现某些特殊情况。因此,必须使计划具有弹性和灵活的应变能力,以及时适应客观实际各种可能的变化。为做到这一点,通常的做法是:①编制备用计划;②撰写工作计划时留有余地,切忌满打满算。

5. 写作者要具备一定的业务素质

计划的制定和写作,是一项艰苦而细致的工作。一般工作、学习计划的制定,要求不是十分严格,有的计划在实施过程中尚可作一定调整;而有些特定行业的工作计划的制定,则与写作者的专业水平、业务能力、意志、胆识等方面的素质及对计划项目的系统性、科学性、技术性、稳固性的把握程度有很大关系,没有经过相当的培训锻炼和自我提高,往往是难以胜任的。

6. 文字上要简明扼要

工作计划是以说明为主的文体,因此要写得简明朴实、准确具体,注意条理化,让人一看就明白。同时,计划也要尽量写得让人爱看。

第二章　调查研究

一、调查研究的目的

1. 调查研究是为了弄清问题的实质

我们正在进行的改革开放和现代化建设是史无前例的一次深刻变革，共青团工作也遇到了前所未有的机遇和挑战。随着改革的深入，有许多问题需要我们去解决，这就要求我们对实际情况进行深入的调查研究，了解它的历史和现状，分析它的内部、外部各方面的联系。情况明，才能决心大、方法对，这里情况明是前提条件。各行各业的工作特点和具体情况彼此各有不同，但在各不相同的具体工作中，有一点是共同的，这就是都在同一定的客观实际情况打交道，都从一定的客观条件出发进行工作，都是为了一个共同的目标而努力奋斗。因此，无论是哪一行，哪一业，都必须进行调查研究，都必须从"情况明"这个前提出发。

2. 调查研究是为了使执行政策更具针对性

"政策和策略是党的生命"。认真执行党的政策，是团干部的责任。要正确地执行党的政策，就必须深入青年，联系实际，对客观事实进行周密的调查研究。由于党的政策是针对客观存在的情况提出来的，是为了解决客观存在的问题而制定的。因此，只有对实际情况进行全面深入的调查研究，对客观事实有了清楚的了解，才能正确理解和深刻领会党的政策的实质，才能做好工作。

二、调查研究主题的确定

主题是中心。调查研究的主题就是调查研究的意图,就是我们计划通过调查研究要解决的问题,也就是通常讲的"调查中心"。明确了调查主题,就能把脑筋动在点子上,力气花在刀口上,步步深入。调查研究无主题,等于瞎子摸象,那是不会有什么大的收获的。如果调查研究缺乏明确目标,随便到一个地方去乱抓一把,不但不能收到应有的效果,反而会白白浪费人力、物力,给有关部门增添麻烦,造成不良影响。

一个好的明确的主题,必须从客观实际出发,把注意力放在改革和发展中最迫切需要解决的问题上。无论是关于工作的专题调研,还是对象调研,主题都应该集中。每个时期调查研究的主题不一定只有一个,但是每一次调查研究最好是围绕一个主题。如果这也想搞,那也想摸,不分轻重缓急,势必头绪纷繁,什么问题也调查不深,什么问题也解决不了。要抓住主要矛盾,它起着主导的、决定的作用。有了明确的主题,就可以集中精力,搞好调研。

共青团组织在从事青年工作中,一般需要明确的调研主题有:团的思想教育、团的组织建设、团的制度建设、团员队伍建设、团的干部队伍建设、共青团工作和青年事务的关系、青年素质状况、共青团为青年服务的手段等。

三、调查研究的准备工作

调查研究前一定要做到心中有数。除了确定主题以外,还需要做好以下两方面的工作:

1. 对需要调研的主题进行初步判断

尽管我们还没有对主题进行调查,但是已判定主题在整体工作中的地位,而这一地位是我们之所以要将此作为主题的理由,也一定是我们经常思考的问题。这就需要我们先做一个初步的判断,假设解决这一问题的方案,便于调研结束后,以事实结果和原先的初步判断进行对照,以培养自己的判断能力。

2. 准备好进行调研的方案

(1)工具和手段,包括问题的设计、统计方法、理论依据、数学模型、个别访谈的内容等。

(2)调查对象,包括需要什么人,哪些人更具代表性,调查对象的数量、分布等。

(3)调查时间地点,包括时间节点、阶段安排、单位等。

(4)培训好调查人员,让他们各司其职,明确目标,有序工作,提高效率。

四、调查研究的方法

1. 典型研究

根据已有的典型材料,跟踪调查,不断加强对材料的典型性理解,总结归纳出值得在一定范围内推广的典型经验或规律。典型研究切忌只看材料,不去调查;只看到材料成功的一面,对成功产生的过程和遇到的一般问题不清楚,从而使调研结果带来片面性。

2. 召开座谈会

通过座谈会的形式进行调查,每次开会的人不必太多,参与的人应有代表性。多了,不能给到会的人以充分发言的机会,不一定有好的效果。会前要尽可能把调查的主题告诉大家,让到会的人有所准备。开会的时候,调查者要口问手写,并认真同到会人员展开讨论。提出的问题要注意具体、生动,通俗易懂。一个大的问题最好能分成几个小问题,逐一发问,然后再联系起来加以综合。在调查会上,要虚心听取各种不同的意见,不但要听自己认为是正确的顺耳之言,也要听刺耳的意见和建议;对自己认为有用的话要听,自己认为无用的话也要听。

3. 个别谈话

个别谈话，或是进行家庭访问，是调查研究时经常采用的一个方法。个别谈话，可以使对方谈吐自如，畅所欲言，有些在开座谈会时不便讲的问题，也可能在个别谈话时毫无顾忌地讲出来；个别谈话的时间也往往比较宽裕，可以对座谈会上得到的线索或了解得不够深的材料，挖掘得更深刻，了解得更细致，把事情的来龙去脉弄得一清二楚。在确定个别谈话的对象时，要选择适当。谈话的时间、场合也要作适当的考虑。

4. 问卷调查

问卷调查即根据要调查研究的情况，设定一定内容的问卷，选择适当范围的对象开展调研，由调查者收集、汇总问卷后进行相应的统计和分析、判断。这是当前比较常用的调研方法，其优点是比较直观，便于用数据说明问题，但对于问卷的科学设计、调查样本的选择以及问卷填写的真实性要求较高。

5. 听取汇报，翻阅材料

在调查研究中，听取一些有关的汇报和翻阅有关的书面材料，也是很有必要的。这样做有助于全面了解情况，提高调查效率。不过，我们在阅读已有材料时，要善于进行分析，不能跟着现成材料转。

6. 利用其他会议，结合进行调查

在调查研究中，除了专门召开座谈会收集情况之外，还可以利用参加单位已经组织好的一些现成会议，结合搜集材料，研究问题。这样，可以节省许多时间，使工作进展更快。

以上六种方法是调查研究的常用方法。这六种方法也可以不同组合，综合运用于调查研究中，以取得最宝贵、最全面、最真实的资料和信息。

五、调查研究的分析

1. 材料分析

在调查研究中,搜集了一大堆材料以后,是把头脑当作"材料箱"还是"加工厂"？获得的大量材料只是感性认识,还有待于上升到理性认识。我们要得到正确的调查研究结论,必须以科学理论为指导,经过"去粗存精、去伪存真、由此及彼、由表及里",对第一手材料进行认真的选择与鉴别,去掉其中粗糙的、虚假的材料,保留精华的、真实的、反映事物本质的材料,并把这些经过筛选的真实材料集中起来,全面分析,综合判断,揭示问题的本质。

2. 政策分析

共青团工作是党的路线、方针和政策在青年工作中的一种体现。共青团干部作为党的干部的一部分,要积极成为党的路线、方针、政策的模范执行者,必须自觉实践党的路线、方针和政策,积极主动地在工作中加以贯彻和落实,不断提高理解、运用党的路线、方针和政策的水平。尤其是在应对新情况、新问题的挑战中,更要始终坚持党的路线、方针和政策。同时,在对问题进行调研、分析中,还必须认真学习、研究上级团组织的文件、政策,有针对性地分析和解决本单位共青团工作中的问题。

3. 团情分析

在改革开放和社会主义市场经济的条件下,我国的社会生活正在发生广泛而深刻的变化,经济成分、利益主体、社会组织和社会生活方式日趋多样化,广大青年的思想观念、价值取向以及人生发展轨迹等发生了分化。青年工作、共青团工作也面临前所未有的挑战。不同行业,不同单位,由于自身实际情况、青年结构以及原有工作基础不同,共青团工作的实际情况也存在较大的差异。在调查研究中,我们必须充分认识各个单位共青团工作的具体差异,在分析问题、提出对策的过程中认真考虑并予以体现。

4. 社会情况分析

共青团工作的改革发展离不开改革开放和现代化建设的大背景,同样,对共青团工作的调研也离不开对社会环境和社会发展形势的认识、把握。没有脱离社会发展的单纯的共青团工作,也没有脱离社会而存在的青年。所以,我们分析问题、研究对象必须从社会发展的大背景,从改革推进的大趋势来认识和理解。只有这样,对有关问题的理解才能深刻,提出的工作对策才能更有针对性和指导性。

六、建议对策的提出

1. 对于问题性的调研,要提出解决问题的办法

这类调研的目的是为了研究问题、分析对策,最终解决问题。因此,调研最重要的环节是要提出解决问题的办法。要正确、客观、切实地解决问题,必须经过仔细深入的调查研究,深刻分析事物的发展趋势,以辩证唯物主义的方法论,提出切实可行的、具有可行性和可操作性的解决办法。办法是否可行,要放置于实践中检验。

2. 对于趋势性的调研,要提出趋势性意见

这类调研强调在了解现有情况的基础上,对其未来的发展趋势作出预测和判断。而预测和判断又建立在正确的世界观、人生观和价值观,大量的深入了解、学习借鉴,正确的分析评价方法基础上,以调研体现对事物发展的预见和洞察。

3. 对于情况性的调研,要反映基本状况

这类调研着重在反映某一类现象,尤其是一些易于忽视、暂不被重视但带有趋势性、可能导致较为严重后果或者是发展方向的一类

现象,力求准确生动,实事求是。这类调研强调对社会生活的深入了解、观察和体验,强调对政策、方针的熟悉和对日常工作、生活的关注。

第三章　开展活动

团组织离不开活动的开展。从广义上理解，一个组织的任何行为都是一种活动，它通过各种活动实现目标和任务。本书讨论的"活动"是狭义的，它指一种形式较为活跃的、有较多元素参与、有组织、有一定目的的群体行为。

开展活动的第一原则是：活动是形式，是团组织扩大影响、实现目的的手段，它必须为目的和目标服务。开展活动的第二原则是：创新，永远创新。

一、活动设计的总体要求

活动既然是形式，那么形式就应追求尽善尽美。活动作为一个整体，它由各个环节组成，包括制定活动计划、落实活动经费、人员安排、与其他单位协调等。因此，应当重视活动的每一个组成部分，最终获得整体的成功。而成功的开端，源自于活动的设计。

（1）不要让活动成为负担。应当根据目的来审视是否需要开展活动。如果没有必要性，则尽量不要开展。活动不是游戏，它需要有确实的效应。

（2）不要让活动流于平淡。一个好的活动应当引人入胜，能够使团员、青年积极参与。有一些活动年年举行，尤其要注意形式的变化，并紧紧扣住时代发展的特点。例如，共青团上海市委举办了上海各界优秀青年到浦东国际机场植树活动。这一活动的特点有三：①新颖性。作为纪念"五四"的一个常规项目，组办单位能别具一格地突破会议等常规形式找到新的载体，同时通过具体劳动拉近优秀青年和普通青年之间的距离，更好地发挥优秀青年的示范作用。②参与性。上海优秀青年能通过植树活动亲身为浦东国际机场梳妆打扮，留下自己的一份耕耘和纪念,体现了上海优秀青年和上海日新月异的发展在同步成长。③时代性。当今社会对环境保护日益重视,一个现代城市的国际地位已不仅仅体现在经济实力上,更体现在人文与环境因素上。因此,这一活动的逻辑内涵就是:上海青年继承"五四"精神,用保护环境、美化上海的具体行动表示了为祖国现代化建设贡献青春才智的坚定决心。

(3) 不要让活动缺乏逻辑内涵。有一些活动开展得非常热闹,形式也很好,但就是在过后没有在团员、青年中留下很深的印象,甚至一些主办者也有些茫然,不清楚自己究竟做了什么。酿成这种结果的主要原因正是这一活动缺乏上述的逻辑内涵。这就是说,在明了活动目的的同时,活动的组织者要对该活动进行充分、合理的解释,所举办的活动要紧紧扣住既定目标。要合理安排各个活动组成部分的前后顺序,也要注重选取适当的形式。

(4) 不要让活动设计失于粗简。在实际操作过程中我们发现,越是严密的活动设计,对活动的开展越是有帮助。活动的设计应该是一个充分想象、小心求证的过程。对于任何一个环节,活动的组织者都应再三思考,寻找它的漏洞或者其他可能出现的情况。例如在工作中我们经常会遇到颁奖典礼,其中领导为荣誉获得者颁奖是活动的高潮。然而在许多颁奖典礼中,总会出现问题。颁奖确实是一个看似简单,其实变数较多的一个环节。例如,出席会议的领导数始终定不下来,荣誉获得者突然有事不能参加活动,礼仪人员送错了(或者是领导拿错了)奖状、奖品等,都有可能发生。这就需要活动的组织者仔细思考,采用最安全、最简单的方法防止错误的发生;也要考虑各种应变方案,及时应对场上的突发情况。所以,在活动设计中必须要从严过细,开拓思路,清晰具体,多做预案。

二、活动设计涉及的具体问题

(1) 怎样开始活动设计。一般而言,首先需要准备一份简要的设计思路报告,阐明活动的意义、主要形式、初步实施步骤等,交有关负责人审阅。经讨论通过后,可以开始进行详尽的设计。在详尽设计前:

①要再次提醒自己明确活动的目的和目标;②要进一步思考活动形式和活动目标之间的逻辑内涵;③要进行各有关部分的大略思考并做记录,以备在形成文字时进一步细化。活动方案设计一般由以下几个部分构成:活动宗旨(指导思想)、时间地点、实施步骤、人员分工、经费预算等。在具体写法上,实施步骤、人员分工、经费预算等可以穿插在一起,只要思路清晰、结构清楚即可。在具体方案中,务必要体现时间进度安排,并严格按照时间进度开展活动。建议采用树形结构框图对总体思路进行梳理,然后就各个环节进行细化。

(2) 怎样阐明活动宗旨。活动宗旨要简洁明了,说明活动的目的以及活动的逻辑内涵。例如,"中共'一大'会址的扩建工程将于6月中旬启动。'一大'会址是中国共产党的诞生地,是上海人民优秀革命传统的标志和骄傲。'一大'会址也一直是上海青少年'两史一情'教育的重要基地,她的扩建,是进一步在上海广大团员青年中开展这一教育的良好契机。动员各级共青团组织以各种形式积极参与、支持这项工程,是纪念'七一',表达上海广大团员、青年牢记革命历史,继承革命传统的有效形式;是展现在改革开放后成长起来的上海青年高度的政治热情和理想信念的一次积极行动。"

(3) 怎样安排人员分工。人员是开展活动的重要推动力量。合理的人员分工是活动组织者协调、统筹能力的反映。在开展活动时,人员宜精不宜多,宜发挥各人的特点,扬长避短。在一个活动中往往会有以下几种人员分工:①项目总体负责人,负责承上启下地全面安排各项工作,随时修正活动推进过程,推动活动的开展。②新闻宣传负责人,负责活动的新闻宣传报道,扩大舆论影响,增强活动的边际效应。在有大量文字工作的活动中,可以成立新闻宣传组,全面负责文字、宣传工作。③会务、保障工作负责人。其他的人员分工按照活动的具体要求确定。还可以根据时间进行统筹安排,使一人身兼数职。总之,人员的安排必须人尽其责。在一些活动的设计中,往往存在人员分工不尽合理的地方,这会使责任不清、分工不明,造成活动推进过程的混乱,甚至会导致互相埋怨或扯皮。人员分工的不明确,实际上也是活动设计总体思路不清的表现。

　　在活动开展时,还应当充分借助"外脑"、"外力",整合社会资源为活动服务。在涉及文艺演出的活动中,专业人员(如导演、舞美等)的介入不仅提高了活动的质量,并且他们的专业素养可以使筹备时间缩短并且减少漏洞。在群众性较强、影响较大、持续时间较长的活动中,志愿者的参与不仅是活动成功的重要保证,而且可使活动成本大大降低。

　　(4)怎样筹集活动经费。大多数的活动会有经费发生,活动设计方案中也应当阐明经费怎样落实。传统的方式一般是向党政部门提出专项申请。这需要形成单独的申请报告,活动方案可以作为附件报领导审阅。申请报告要基本准确反映活动所需经费,同时要求文风简洁明了。在共青团工作社会化发展趋势不断增强的今天,团组织面向社会筹集活动经费也正逐渐成为活动资金的重要来源之一。有些活动社会化较强,可以通过社会有关渠道获得经费支持。向社会筹资要注意以下几个方面:①这一活动应该是共青团所独有的项目,或者共青团在这一项目上占有较大优势。②面向社会筹资要注意摆正位置,此时的活动项目或多或少已经具有商品的特点,要注意给予出资方在舆论宣传等方面的回报。③正因为其具有的商品特点,出资方可能会关注每一个活动细节,关注每一笔投入的回报率,因此应提供尽可能详尽的活动方案,让出资方了解他们每一笔投入的去向。一般来说,反对向团员青年摊派筹集活动经费的做法。

　　(5)怎样开展宣传工作。团组织开展活动的目的是需要更多的人参与、了解、支持共青团工作,因此,必须做好舆论宣传工作。在信息技术和传媒日趋强大的今天,人的注意力成为极为珍贵的资源。在每天浩如烟海的各种信息里,哪一种信息被更多的人接受,这就意味着这种信息将会具有真正的价值。所以,①要注重宣传角度的选择,尽量使其不落俗套。活动设计的质量本身往往已经较大程度地决定了该活动的新闻价值,但在同等条件下,寻找宣传角度是否到位决定了此次宣传工作的成败和质量。例如曾经在社会上引起广泛反响的"吃苦夏令营"在设计之初并不是这个名称,而是"上海青少年贫困地区考察活动"。在具体实施过程中,活动设计者抓住了该活动的实质精神,在新闻宣传稿中突出了"吃苦"两个字,立刻吸引了人们的"眼球",活动取得了很大成功。此后,这一活动就正式定名为"吃苦夏令营"。②要去芜存精,主动为新闻界提供经过整理的新闻素材。在保证真实性的前提下要尽量提供经过整理的素材,如新闻统发稿等。这将提高新闻记者的工作效率,同时明确宣传口径。新闻单位的工作节奏很快,如果不提供有关素材,完全靠记者自己采写,则一是影响工作效率,二是可能表达的主题思想和举办方的想法不完全相同。另外,经过整理的素材毕竟更加集中。在上海世博会期间,为宣传好志愿者的精神风采,我们成立了新闻采写小组,每天到各个志愿者工作岗位搜集事迹材料,并访问参会的游人倾听他们对志愿者工作的反响,经过整理后形成简报送主新闻中心向来自各地的记者提供最新的志愿者的故事。这就是世博会期间志愿者工作消息不断见于报端和荧屏的重要原因。③新闻宣传要根据活动的主要进程,有设计、有安排。例如,由谁负责,何时发送新闻统发稿,何时安排人物专访,何时组织电视专题片等。总之,需要有一个宣传计划。④在一些大型的活动中,应当注意舆论宣传不仅是指新闻报道,宣传海报、活动标识设计、图片册、音乐等平面或无形的载体也是宣传的组成部分。要让宣传工作形成立体化、多层次、有实效的工作格局。

　　(6) 怎样联络、协调。在社会各系统相互协作、相互联系越来越频繁、紧密的情况下,活动中与其他单位协作以及邀请方方面面人员参与的情况在逐步增加。邀请领导和重要人物参加活动以及与其他单位共同举办某一活动是团干部经常遇到的情况。邀请领导出席活动,要把握以下两个方面:①郑重邀请,不应唐突。请领导参加要说明理由,呈上请柬,正确表述时间、地点等,同时告知希望领导何时到达,做些什么;提供活动背景资料,以便领导了解情况和准备讲话内容。要避免草率行事,以免引起工作和协调上的混乱。②认真接待,考虑周全。要考虑领导到达、出场、退场等时间段的安排,包括行进路线、主席台位置安排等,这些问题可以参考本书"如何组织会议"等章节。至于工作协调,不仅需要热情、灵活等个人素质,更重要的是活动实施班子对所需协调事务的把握和明确,避免与其他单位一事一协调,或者同一事项协调过多,或者协调一致之后推翻再协调。各单位应尽可能提高协调工作的效率,这是推进活动顺利开展的保证之一。协调工作最终落实到个人,因此,作为协调工作的承办人要清晰考虑所需协调的事务,并和领导等取得一致。所有的联络和协调工作,应该在活动设计时即有预案,因此,这也是活动设计的一个组成部分。在活动设计提交讨论时如发现联络、协调工作中有些内容不可行的话,则需要调整和修改。

(7) 万无一失、防止意外。活动中可变因素是非常多的,尤其是有舞台演出的活动或者人数众多的大型活动,以及户外活动。例如,邀请演员参加演出,可是时间已到演员却迟迟未到,此时的变通方法是让后面的节目先上,待演员到达时再插入;如果邀请的演员一直不到或者后面的安排不可变更,则删除这一节目。这需要组织者当机立断。再如,户外活动面临下雨的可能,在活动不可延期的情况下,①要为重要来宾准备雨具,如有舞台演出则要搭建顶棚,保证演出正常进行;②尽量缩短活动时间,减少场面混乱的可能;③做好思想动员和沟通,在活动正式开始之前和大家进行沟通。又如,有些活动在一开始就出现话筒无声等问题,这必然和组织者事先未进行有关测试存在很大关系;有的室内活动在参加人员进场后开始发现人数超出了原先估计,导致没有座位和场面混乱,这就需要组织者在活动开始前就准确计算座位数量,同时对可能出现的超人数情况进行相关的准备。所以,活动设计应当具有开放的思路,同时也要像金融家一般有对风险的防范设计。有些极端情况发生的可能性很小,这就不必体现在活动设计中,但作为项目负责人或设计人应有思想准备。

第四章　召开会议

会议就是把人们组织起来讨论和研究问题的一种社会活动方式。会议不是目的,而是工作方法,是为了做好工作,解决问题,是领导方法的一种,是我们工作过程中的一个重要环节。会议的构成要素有:主题、名称、时间、地点、主持者、参加者、方式方法以及结果。

一、会议的作用

(1) 从现代管理过程上看,一个领导系统的基本任务是决策。决策过程有四个环节,即收集信息、选择方案、控制管理、反馈调节,它们构成了一个闭合反馈控制系统。会议在领导决策过程中的作用:①收集信息;②选择方案;③控制管理过程;④反馈调节。

(2) 从领导方法上看,会议是各级领导布置任务、贯彻政策、调查情况、统筹协调和推动工作的基本方法之一。会议是发挥集体智慧,丰富领导经验,提高领导水平的需要;是沟通情况,密切协作的重要手段;也是实现管理民主化,增加透明度的重要途径。

二、会议的类型

1. 会议类型的区分

(1) 从会议的规模来分,有大、中、小三种类型。大型,一般指千百人以上,多到上万人,几十万人参加的会议;中型,三四百人或一二百人参加的会议;小型,如小组会、班组会,一般指几十人或几个人参加的会议,但最少不能少于三人。

(2) 从会议的内容容量来分,第一种是综合性的会议,它要讨论、研究多方面的问题;第二种是专业性的会议,它是研究某个部门的工作会议;第三种是专题性的会议,这类会议就某一个议题进行专门讨论;第四种是一事一议的会议,这类会议一般是为解决某一个具体问题又涉及几个方面的会议;第五种是咨询性的会议,是就某些问题而邀请某方面的有关人士、专家座谈、征求意见和进行咨询的会议。

(3)按会议的时间来分,可分为定期性会议和不定期的会议。前者如机关的办公例会,各种学会的年会;后者为根据需要而随时召开的会议,如防汛紧急会、抗灾紧急会。

2. 会议的主要类型

(1)例行会议。是指各机关、单位、部门领导人员研究和处理日常工作的一种定期会议。这类会议一般每周召开一次,主要是交流情况、相互通气、统一步调和安排工作。办公室应事先收集议题,询问各主管领导需要提交会议讨论的事项,经会议主持人平衡后,作为会上讨论、研究的议题。

(2)工作会议。这是各机关、部门为了贯彻中央和上级重要指示或部署一个时期的主要工作而召开的会议。这类会议不定期,是根据实际情况决定召开的。工作会议的内容比较集中,多是由领导机关主持,召集下属单位的领导人或有关人员参加,集思广益,研究、落实某一方面的工作和问题。

(3)现场办公会。这是上级机关领导干部改变作风,带领有关部门负责人,深入到基层或现场召开的会议。这种会议的特点是,一些扯皮拖拉的未定问题可以在现场进行研究,涉及到需要找很多部门办的事情也可以在现场当面协商或交换意见,主持会议的负责人当场就可以拍板,就地解决问题。

(4)专业会议。这类会议是指研究或解决某个部门的专项业务工作而召开的会议。这类会议一般是不定期的,可根据工作进展情况和需要来确定召开的时间,而且参加的人员也都是与所研究的各类问题有关的。

(5)联席会议。这是指为了搞好某项大型工程或开展某项大规模活动,需要有许多部门或单位共同协商而召开的会议。

（6）电话会议。这是领导机关临时要向下属单位布置某一项紧急任务而召开的会议。在时间紧迫的情况下,采取电话会议的形式既可以避免人员往返,争取时间,又能够及时把任务布置下去。

（7）各种形式座谈会。这类会议的形式灵活多样,有的是属于征求意见的;有的是议论某一个专门问题的;也有的是属于纪念性的。

（8）现场会议。这是为了推广某一方面经验或从某一事件中吸取教训到现场召开的会议。这类会议一般由领导部门召开,需要所在单位的负责人介绍经验或提出事件（事故）发生的经过,从典型事件中吸取教训,引以为戒,然后由领导根据会议中心内容提出具体要求或贯彻意见。

（9）各级代表会议和代表大会。这是各级共青团组织行使权力,决定方针、政策,选举领导机构而召开的会议。这类会议一般按规定定期召开,参加会议的人员根据各自的法规、章程而定。

（10）大型会议。是指会场规模较大、出席人员众多的会议。如重大节日的纪念会、模范人物的表彰会、重点工程建设的动员会和庆功会等。召开大型会议,必须采取有效措施,把参加大会的人员安排和时间要求层层落实到各有关单位,以保证会议的按时召开和顺利进行。

三、会议的组织工作程序

会议各个阶段的管理和服务工作,称为会务工作。会务工作主要包括会前工作、会场工作和会后工作三个环节。

1. 会前工作

（1）拟定召开会议的方案。在筹备会议时,首先要弄清开会的目的、内容、时间及参加人员,以及确定会议的地点。然后,根据会议的议题,再研究会议的开法。议题是根据领导意见确定的,一次会议的议题不能安排过多,一般以安排一个主要议题和一两个小议题为好。拟定方案包括：会议的目的、议程、日期、规模、参加范围、会议的组织领导以及经费开支等。

（2）起草会议文件。许多重要会议往往要产生一些相应的文件。大中型会议一般事先要组织相应的人员负责起草文件；小型或日常会议的文件主要由各职能部门负责准备。撰写的会议文件初稿，要报送领导集体研究或在预备会上审查，经过反复修改定稿后，作为会议正式文件编号、印刷，提前分发给与会同志阅读，准备意见。要尽量避免会上临时发文件的做法。

（3）制作会议证件。大中型会议需要专门制作证件，供出入会场、住宿使用。要制作代表证、出席证、列席证、旁听证、签到证、工作证、记者证、出入证、汽车通行证等。各种证件应注明会名、单位、姓名、职务、发证日期，有的还要贴上照片。证件设计应美观大方，既有珍藏价值，又有实用价值。小型会议一般发会议通知或入场券即可，不制作各种证件。

（4）会前要尽可能及早发出书面通知。会议通知必须简明扼要，内容包括：会名、内容、开会时间、地点、会期、参加人员范围、入场凭证和报到时间及地点。代表需携带的文件或有其他特殊要求也要写清楚。会议出席对象要考虑周全，会议过程中是否需要扩大听报告范围等，在起草会议通知时都要周密考虑。大型会议除发书面通知外，还应召开预备会议，明确会议的各项要求，同时还要注意抓好各单位落实会议情况的反馈，可用电话了解参加会议的名单与人数，以确保会议的顺利进行。

（5）布置会场。会场要根据人员选定，大小应适中。会场陈设应庄严、隆重、朴素、大方，体现出会议的中心内容。大中型会议可视不同需要悬挂红旗、会徽、会标、横幅标语，摆放鲜花和布置主席台。主席台成员名单应在预备会上确定，然后按照职务或姓氏笔画排好就座顺序，并在桌上放上名签。中小型会议一般不设主席台，会场布置可以从简，座位排列可采用弧形或方形。同时，还要对会场的扩音、录音、灯光、通风及饮水、安全服务等方面考虑周全。

附图：主席台名签按职务摆放次序示意

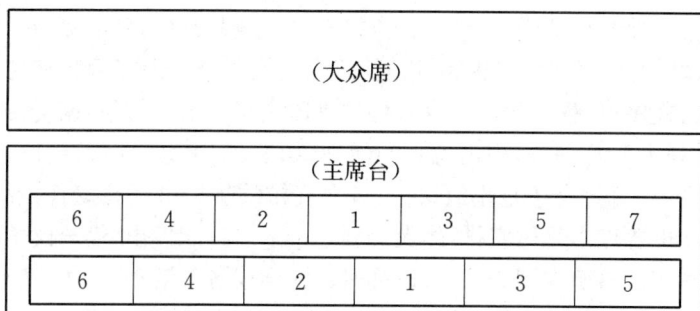

			（大众席）			

			（主席台）			
6	4	2	1	3	5	7

6	4	2	1	3	5

（6）妥善安排食宿。凡要连续几天集中住宿，并邀请外埠同志参加的会议，要热情做好接待工作，除发邀请信外，还要提前致电告诉对方报到的时间和地点，并根据对方抵达时间安排接站。同时，要根据出席会议的名额，提前编制住房分配方案，做到人员一到立即安置。会议期间的伙食和医疗要有专人负责。

（7）组成会议专门班子。要把会议充分准备好，必须组成专门班子。一般中小型会议有专人负责组织即可，但大型重要会议必须抽调各方人员组成精干的大会秘书处或会务组，全面负责会议的一切事务，也可以具体分设会务、秘书、宣传、资料、后勤等若干个组。大会的筹备工作要实行统一领导，分块包干，密切协作，各负其责，做到一切行动听指挥，防止各行其是。

2. 会场工作

在会议期间，大会秘书处或会务组要按照大会议程，协助会议主持人组织好会议的各项活动。

（1）做好会议签到。会议开始时，必须在入场时做好签到工作。签到有两种办法：一种是簿式签到，入场时在签到簿上签署会议参加者的姓名、职务、单位，表示到会。这种办法只适用于小型会议。如参加会议的人员多，将在会场门口造成拥挤，影响会议按时进行。另一种是采用证件签到办法，即事先发给与会者，进入会场时交出一张签有本人姓名的签到证,签到证印有会议名称、日期、座次号、住宿房号,这适用于大中型会议。与会者进入会场后,要及时、准确地把出席、列席会议及缺席人数统计出来,报送大会主持人,以了解会议出席情况。

(2)安排好会议议程和日程。议程是根据会议内容所制定的会议进行的程序;日程是每日会议进程的具体安排。因此,要根据会议的议程,排列大会日程表,列出每日的活动,如上、下午会议由谁主持,进行什么内容,开大会还是小组讨论,大会安排的领导讲话和发言,晚上有何活动也要作出具体安排,经大会领导审定后打印发出,供会议主持人掌握并印发给所有到会同志,以准时参加会议各项活动。

(3)做好会议记录。如实地记载会议情况,客观地反映会议的内容和进程,为研究和整理纪要提供主要依据。会议记录通常有两种方法:一种是摘要记录,另一种是详细记录。在会议进行时,如有上级主要领导同志到会讲话要搞好录音,及时整理成文。如不适宜录音,则要做好文字记录,以使贯彻落实。

(4)组织好分组讨论。大会期间往往有许多问题需要在小组会中进行讨论,小组会常常穿插在大会之间进行。有很多重要议题一般是先经过小组会充分酝酿和讨论,然后才拿到大会上通过。编组的基本方法有两种:一种是按地区和单位分组;一种是按专业研究的问题分组。各组可事先指定召集人和记录员。召集会议机关的领导干部可单独集中讨论;也可分别下到各地区、单位或专业小组。同时,为了及时了解讨论情况,要派工作人员分别下到各组,掌握会议的进展情况;出现非正常现象也能及时纠正。

(5)出好会议简报。会议简报的文字应简明扼要,内容应重点突出,可以反映会议的动态和进程,也可以选辑会上某领导与个人的发言、综合大家发言摘要,还可按问题分类整理会内、会外有内容的花絮等印发简报。内容的选择要严格,要有典型性和代表性,要注意质量,期数不作硬性规定,要做到及时印发。简报发送要根据内容来定,有时要根据发送对象分别出两种简报(范围小的可叫快报或内部反映等)。

(6)做好会议的安全保卫工作。为了保持良好的会场秩序,事先要拟好会议须知,要求与会者共同遵守。

3. 会后工作

（1）写好会议纪要。会议纪要虽然形成在会议之后，但在会议一开始就要确定专人负责，及早做好准备。会议纪要大体有三种：①决议性纪要；②情况性纪要；③消息性纪要。负责起草的同志要在选定纪要种类的基础上，了解会议的宗旨，掌握讨论情况，领会领导讲话精神，注意积累有关素材。会议纪要的观点要鲜明，内容要概括，文字要简洁。首先，写清会议概况，出席人员，召开的时间、地点，哪位领导到会讲话等，同时，讲明会议的主要宗旨；其次，写会议讨论和研究的主要问题及决定的事项；最后，写对会议的基本评价，以及会后如何贯彻的具体要求。

（2）做好会议文件的收退工作。在会议上发的文件、讲话材料、简报等，凡属机密性质需收回的文件，必须编号，会议临结束时按清单把文件全部收回。如来不及，一旦会议结束，会务人员要马上催退，万无一失地做好文件的退还工作。

（3）做好会议文件的整理立卷工作。会议要做到"一会一案"，会后要及时整理立卷，并按会议文件重要程度和时间进行排列。立卷内容包括：①会议正式文件，如通知、决定、计划、报告等；②会议参考文件；③会议上的发言稿；④会议文件的历次修改稿；⑤会议记录；⑥会议纪要；⑦记事表；⑧会议简报；⑨其他有关材料。立卷后，送到档案室保存。

（4）做好外地与会人员及时返程的服务工作。主要是：在会议结束前为与会人员登记购买返程车票、船票、飞机票，事先安排好送往车站、码头、机场的车辆和人员。为个别需要留下的与会人员安置好住宿。同时，要结清住宿的账目。

（5）协助新闻单位做好会议的宣传报道工作。除有些不宜公开报告的会议外，都要请示领导批准，并提出会议报道要点，提供有关资料，供新闻单位参考。会务工作是非常严密、细致的，在会议筹备阶段必须做出详细安排，逐项抓好落实，绝不容许有丝毫大意和疏漏。

四、会议的管理

1. 加强会议的计划管理

要坚持会议审批制度,大型会议要由单位领导审批,基层单位召开各种会议,应由办公室负责人协助领导把关。要根据工作需要,妥善安排好各种会议,统排好每周会议日程表。对本单位各种类型的会议,办公室要统筹安排,避免重叠和冲突。

2. 加强会议领导,明确会议的中心议题

会议期间应确定会议的主要负责人,会议要自始至终围绕中心议题进行,与会议中心议题无关的问题,不能拿到会上来讨论。

3. 端正会风,改革会议制度

秘书部门要制定严明的会议纪律,建立考勤制度,协助领导及时纠正会议中的不正之风和不良倾向。要提倡开短会,说短话。要充分运用现代化的手段,善于用电话、传真、报纸、广播、电视、录像等现代化手段指导工作。

4. 根据能级原理,建立严格的从上到下的岗位责任制

要把"能级原理"这个一般行政原理实际用于行文办会上:凡本地区、本单位、本部门的有关会议,应由相关的负责人主持会议、作报告,不必请上级领导到会讲话;一个地区、单位、部门的领导班子要真正实行集体领导和个人分工负责相结合的制度,要明确哪些问题应当拿到会上集体讨论;各部门的会议,由各自的负责人主持。

五、提高会议效率

会议的主题应单一集中,讨论问题要围绕主题开展。会议主持者

既要善于启发引导,放得开;又要能够归纳控制,收得拢,不致使讨论漫无边际或钻牛角尖。部署工作的会议,可以把几个内容合并到一个会上讲,然后分别去贯彻落实。一般中小型会议,不要搞形式主义的开幕式和闭幕式。在会议通知上,应写明会议具体时间。以书面代言,既已分发材料,不必再照本宣科。会议后期,要议而有决,结论要在当场确认。

六、团系统各类会议的职责、出席范围和时间安排

1. 团委全体会议

团委全体会议每年至少召开一次。其主要任务是:①根据党的中心任务,传达贯彻党委、上级团组织的有关指示精神和重要会议精神;②讨论决定共青团重要工作部署和共青团工作发展战略、规划、计划;③听取和审议团委常委会的工作报告;④讨论通过提请团代会、团代表会议审定的议案;⑤其他需要提请团委全会讨论决定的事项。

团委全体会议由团委常委会召集主持。会议的出席范围是:团委委员、候补委员以及需要列席会议的有关人员。

2. 团委常委会议

团委常委会议一般每两个月召开一次。其主要任务是:①传达贯彻党委、上级团组织的有关指示精神和重要会议精神,检查贯彻执行的情况;②检查团代会、代表会议和团委全会决定的贯彻执行情况;③酝酿、研究需提请团代会、代表会议、团委全会审定的议案;④讨论决定有关共青团工作的方针、政策与措施;⑤讨论需团委常委会议决定的其他事项。

团委常委会议由团委书记召集主持;团委书记因故不能召集主持时,由团委书记委托副书记召集主持。会议的出席范围是:团委常委以及需要列席会议的有关人员。

3. 团委党组会议

团委党组会议一般每月召开一次。其主要任务是：①学习、研究党的路线、方针、政策以及重要会议精神，提出在团内贯彻落实的意见；②研究加强领导班子自身建设的有关事项；③研究机关思想、组织建设和机关干部队伍建设的有关问题；④讨论需团委党组会议决定的其他重大事项。

团委党组会议由团委党组书记召集主持；团委党组书记因故不能召集主持时，由团委党组书记委托其他成员召集主持。会议的出席范围是：团委党组成员以及需要列席会议的有关人员。

4. 团委书记办公会议

团委书记办公会议一般每周召开一次。其主要任务是：①全面贯彻党委和上级团组织的指示精神，根据党的中心任务，对团委常委会制定的团的工作方针和政策，提出各阶段具体实施意见；②定期分析研究本地区、本系统、本单位政治、经济形势和青少年思想动态，交流工作中的重要情况，检查有关重大方针、政策的贯彻执行情况，讨论决定团的工作方针、政策与措施，为党政部门提供青少年工作决策的依据；③酝酿、研究需提请团委常委会讨论的重大问题；④讨论决定与横向单位、部门的重大工作协商，讨论决定下属团组织报送团委的重要请示的文件以及团委各部门向团委书记办公会请示的重要事项；⑤审议决定本地区、本系统、本单位共青团组织的各类命名、表彰；⑥审定团委向党委、行政、上级团组织的重要报告；⑦讨论决定以团委名义召开的工作会议，协调上级团组织或党委交办的重大会议、活动的组织落实；⑧讨论需团委书记办公会议决定的其他事项。

团委书记办公会议由团委书记召集主持；团委书记因故不能召集主持时，由团委书记委托副书记召集主持。会议的出席范围是：团委书记、副书记，团委秘书长以及需要列席会议的有关人员。

第五章　组织学习

人类社会即将进入一个由知识和智慧主导的知识经济时代，未来是学习型的人和学习型组织的社会。当代青年要担负起新世纪中华民族伟大复兴的重任，就要通过学习，全面提高自己的政治素质和科学文化素质。共青团在现阶段基本任务，就是要通过组织学习，加强对青年的教育引导，提高青年素质是共青团重要责任。

一、组织学习的目的

（1）通过组织学习，使青年进一步学习马列主义、毛泽东思想、邓小平理论、"三个代表"重要思想和科学发展观，学会用辩证唯物主义和历史唯物主义思想观点去分析和解决问题，正确理解党在社会主义初级阶段的路线方针政策，积极投身社会主义现代化建设。

（2）通过组织学习，使青年进一步树立正确的理想、信念和价值观，增强青年爱国主义、集体主义和社会主义精神，培养良好的社会公德、职业道德和家庭美德，培养坚苦创业的精神。

（3）通过组织学习，使青年掌握更多的科学文化知识，增强才干和服务社会的能力，提高科学精神和文化知识底蕴。

二、组织学习的基本方式

1. 形成组织学习的计划

要组织好青年学习，必须做好学习计划。学习计划可以有两种方式：①全面系统地组织学习，学习理论，学习形势政策，学习先进典型，学习当代科学文化知识，计划涉及的时间长，甚至是通过数年组织学习,达到全面提高青年素质的目的;②阶段性学习计划,主要是针对一个学习主题,开展学习活动,如科学发展观学习、IT知识学习月等。

2. 区分学习对象的层次

要加强组织学习的针对性和实效,必须根据不同对象,分层开展学习活动。对于青年党员、团干部、青年入党积极分子、团员、普通青年,有分层的要求;对于中学生、大学生、企业青年、农村青年、机关事业单位青年、社区闲散青年,有分层的要求;对于企业青年中的青年知识分子、青年工人、待岗青年,也有分层的要求。对于不同对象,组织学习的方式就要因人而异。

3. 注重运用各种学习组织手段

要根据本单位的实际情况,因地制宜,注重运用丰富多彩的组织学习手段,强化学习效果。可以运用团课、团的组织生活、专题讲座、座谈讨论会、现场会、先进事迹报告会、参观考察、社会实践、调研等手段,组织学习活动。

4. 加强学习阵地建设

要发挥政校育人的功能,运用党校、团校教育资源,通过培训班等形式组织团员、青年学习。发挥社团在组织青年学习中的独特作用,如加强青年"双学"小组、大学生邓研会、青年读书俱乐部、青少年读书基地建设等。

5. 创新组织学习载体

要不断研究现代科学技术丰富组织学习的手段,电影、电视等电化教育方式丰富了组织学习载体,研究互联网对于组织学习的作用,有不少团组织通过互联网组织学习活动。

6. 组织学习紧扣社会实际

要注重理论与实践结合,组织学习内容要更多地与实践相结合,以学习指导实践。加强组织青年到实践中去学习,学习书本上找不到的知识,提高社会实践的能力。要结合实际,通过学习,了解当今社会的诸多问题。

7. 形成学习反馈机制

要通过建立学习反馈机制,检验组织学习的成果。学习反馈机制可以有直接、间接两类:直接反馈机制可通过征求意见、测评、考核等形式;间接可观察对象经过学习,综合素质提高后各种表现的反映。可以通过学习反馈机制,不断调整组织学习的内容和方式。

8. 开展学习辅导和学习活动

开展学习辅导,就是要定期为各级团组织中的团干部和团员、青年提供学习指导,重点指导学习内容,可以通过报刊、简报等形式进行辅导。开展学习活动,主要是开展上海青少年新世纪读书计划、青年学习邓小平理论等学习活动。

第六章　宣传工作

一、共青团宣传工作的内容

1. 宣传的概念

这里所说的宣传,是一种意识形态意义上的宣传,它不同于其他的单一宣传,而是指一定的政党和社会集团系统地传播、阐释自己的理论、观点和政治支持,以影响群众的思想和行为朝着自己所期望的方向发展的社会活动。

2. 共青团宣传工作的概念

共青团宣传工作是中国共产党宣传工作的组成部分,是共青团在青年意识形态领域里的活动,集中表现为共青团向广大团员、青年传播、灌输马列主义、毛泽东思想、邓小平理论、"三个代表"重要思想和科学发展观,使其成为团员青年认识和改造世界的锐利武器和精神支柱的活动;表现为共青团向广大团员青年传播、解释党的纲领、路线、方针、政策和主张并使其成为团员青年的理想信念和自觉行动的活动;表现为共青团向广大团员青年传播、引导人类一切优秀文明成果和中华民族优秀思想道德风尚并使其成为团员青年思想道德体系的活动。

3. 共青团宣传工作的特征

共青团宣传工作以马列主义、毛泽东思想、邓小平理论、"三个代表"重要思想和科学发展观为理论基础,表现为理论性和实践性的统一;以宣传党的纲领、路线、方针、政策和主张为中心内容,表现为战斗性和策略性的统一;以团员所喜闻乐见为宣传方式、方法的尺度,表现为政治性和艺术性统一。共青团宣传工作是社会主义性质，是有中国特色社会主义经济制度和政治制度的反映，是有中国特色社会主义意识形态的重要组成部分。共青团宣传工作是为广大团员、青年服务的，坚持一切从团员、青年的利益出发、全心全意为青年服务的宗旨，其目的在于引导团员、青年充分认识自己的历史使命和力量，团结在党和政府周围，促进社会主义制度的巩固和发展，为实现党和政府的目标、实现青年自身的利益而奋斗。

二、做好共青团宣传工作

1. 共青团宣传工作必须明确的基本概念

（1）宣传者，指整个宣传活动的启动者和实施者，共青团所有干部和团员都有按照党的要求进行宣传的义务和责任。

（2）宣传对象，指宣传者预期的宣传所要到达和影响的对象，是有意识、有目的地从事着实践活动的具体的人。

（3）宣传手段，指宣传者开展宣传活动所采用的宣传工具及具体措施，宣传手段主要是通过语言、文字、画面三种媒介进行传播。

（4）宣传方式，主要指将宣传内容传递给宣传对象所运用的形式和方法，必须采用适应广大人民群众接受能力和习惯的形式和方法，必须因人而异，因地、因时而异。

（5）宣传效果，指经过宣传活动而实现宣传目的的程度。考察宣传效果主要有以下两个方面：①宣传对象思想认识提高程度和实际行为的变化程度；②社会政治环境、人们的道德行为以及意识的优化程度。

（6）宣传方针，指根据党的纲领以及不同时期的任务，为宣传工作确定的指导原则。

（7）宣传原则，指党的宣传工作在实施过程中必须遵守的基本准则。

（8）宣传纪律，指党的宣传部门和宣传工作者必须遵守的有关规章和制度,具有行政上的强制性。

2. 共青团宣传工作的基本原则

(1) 无产阶级党性原则。站在党和人民立场说话,在政治上与党中央保持一致;密切联系人民群众,努力为广大青年服务;服从党的领导,自觉遵守宣传纪律。

(2) 实事求是原则。坚持宣传的真实性、全面性;注意理论联系实际,注意采取符合青年实际的方式、方法;敢于坚持真理,勇于修正错误。

(3) 民主、平等原则。尊重广大青年的主人翁地位,以民主、平等的态度对待青年,用民主、平等的方法开展宣传活动,使宣传工作成为反映青年意见和建议的一个重要渠道;建立和健全宣传工作的民主管理制度,以提高宣传工作水平和效果。

(4) 依靠青年自己教育自己的原则。重视激发青年在宣传教育过程中的主动精神,广泛吸收青年直接参与各种宣传教育活动,增强宣传工作的群众性,不断创造青年自我教育活动的方式,反对脱离青年的命令主义和放弃团对青年政治思想引导的尾巴主义。

3. 共青团宣传工作的主要方法

(1) 共青团宣传工作的策略。要根据不同的宣传内容和宣传对象接受宣传影响的特点来选择宣传者,对于取得并增强预期的宣传效果十分重要。可以选择由熟悉宣传内容的"内行人"作宣传,选择与宣传对象有相同年龄或类似经历的人作宣传,由各种群体中有威信的人作宣传,或超脱于认识和利益冲突双方的"第三者"作宣传,这样的效果比较好。

把握好宣传时机对于保证取得预期的宣传效果具有重要意义。根据不同的宣传情境,以所要宣传的事件发生的时间为参照坐标,正确采用超前宣传、同步宣传和滞后宣传。超前宣传适用于事先要形成社会舆论,达成共识才能着手去做的事情;同步宣传是伴随事情发生过程进行宣传;滞后宣传适用于对情况一时难以作出判断,不利于社会思想稳定的事情。把握宣传时机的关键是要做到既适时又及时。

宣传的范围要根据宣传对象认识水平、觉悟程度、具体生活状况等存在的差异和多层次性进行科学划定。主要是注重领导与群众有别，国内与国外、大陆与海外有别，党内与党外有别，不同层次成员之间有别。

宣传角度的选择是事先预期宣传效果的重要环节，选择宣传角度就是要抓取某个层次或侧面来揭示事物本质。常用的方法有，突破直言即选择最能深刻反映事物本质特征的某个侧面作宣传；迂回侧进即选择宣传对象比较易于理解和接受的内容作为实现宣传目的的突破口。

(2) 共青团宣传艺术。宣传艺术是指依据宣传规律和具体的宣传条件，适当地运用宣传形式、宣传手法、宣传策略、宣传技巧以增强宣传影响力的综合性技巧。掌握和运用宣传艺术对于增强宣传吸引力、感染力和说服力是关键所在。共青团宣传艺术有以下几种方法：

① 渲染方法，即恰如其分地对宣传内容作超出一般常量的强化传播，增强其感情色彩，对宣传事物的原有意义作适度发挥以引起人们对宣传的关注和加深印象。渲染方法可以使某些宣传内容于平淡中显新奇，使原来饶有意思的内容锦上添花。如上海赴西部地区青年志愿者报告团的报告，就较多运用渲染方法，以浓烈的感情色彩描述了青年志愿者在云南等西部地区所见、所闻、所感，取得了震撼人心的效果。但运用渲染手法要适度，切忌过分，频率不要太快。

② 对比方法，即通过在宣传中摆出各种不同或对立的观点和事实，摆出事物发展过程中前后变化的状况等，说服人民接受宣传的观点。运用对比方法，一是选择用以对比的论点、论据(事例)要恰当，具有可比性；二要在宣传中通过论据(事例)的选择，宣传内容孰先孰后、孰详孰略的编排等，巧妙而明显地表明宣传者赞成什么和反对什么的态度。

③ 暗示方法，即通过有意识地选择和组合宣传内容，形成一定的舆论氛围，以及发挥宣传者个人的人格力量、风度等作用，使人们在没有明确动机的情况下接受宣传的影响。暗示的运用有助于减弱甚至于

完全避免简单说教的味道，使宣传收到"润物细无声"的效果。这种方法对于某些对宣传怀有戒备心理和逆反心理的人，可以开启心扉，诱导他们从无意识到自觉地接受宣传的影响。如针对青年再就业问题，我们通过宣传青年兴业带头人、青年再就业免费学校、青年人才交流市场和青年就业观念加以引导，而不是直接评论青年再就业问题的是与非。

④ 典型示范方法，即通过有选择地宣传有代表性的人和事，以引起人们的关注和从中受到启迪教育，并进而仿效被宣传人物的言行态度。典型示范方法要注意把握，一是典型要具有现实普遍意义，要代表事物发展的正确方向；二是典型的先进程度应同人们的思想认识水平相适应，既高于一般水平又能为大多数受众所理解和仿效；三是典型宣传要恰如其人，切忌人为拔高，吹得神乎其神，应增强典型的可亲性和可信性；四是要广泛树立各类青年典型，作为先进典型的人和事，同接受宣传者切身体验愈贴近，其示范性和可仿效性就愈强。

⑤ 转换角色方法，即通过吸引人们参与讨论、答问、演讲、自编自导节目、有关知识咨询等宣传活动，使得他们更关注宣传的内容，通过扮演宣传者角色，他们自然而然地变化观察和思考问题的立场和角度，更易于理解和接受宣传的观点。

⑥ 宣传语言文字运用方法。宣传语言文字最重要的是做到准确、通俗、生动、可亲。准确就是要保证宣传对象明白无误地理解宣传者所要表达的意思，宣传语言文字要符合语言文字规范，顾及在不同的政治、文化环境中长期形成的语言文字习惯。同时要注意运用语言文字应得体，宣传的用语同宣传者的身份相协调，不同的宣传形式应具有不同的语言文字风格。通俗易懂体现在受众对宣传的语言易于认识，易于唤起人们用储存在大脑中的表象来理解宣传的信息。要尽量多用更具体的、更易于理解的概念；要慎用专业名词和外来术语；要善于用形象语言描述抽象事物，易于为人理解又给人以深刻印象。生动活泼首先要力戒套话，言之有物；其次，应注重语言的创新，可以将社会上流行的某些口语规范后为我所用，也可以恰当引用古语并赋予其新意；第三，要恰当地引申某些自然科学概念来说明社会规律或社会现象，如"无序"、"有序"、"运行机制"等。此外，还可以运用"比喻"、"引证"、"设

问"，以及在保证表达和理解意思准确的前提下有意作些违反语法修辞逻辑的处理。亲切感人可以有效地消除宣传者与接受宣传者之间的隔阂，增强人们接受宣传影响的情感。因此，宣传用语应体现平等民主，尊重宣传对象，切忌居高临下、唯我独醒的语调语气，结合宣传的具体场合、对象特征，增强宣传用语的感情色彩。

⑦优化宣传环境的方法，即通过组织和利用一定的活动形式、活动场所、交流方式，形成有助于引起人们关注和接触宣传信息的物理环境和心理环境。优化物理环境，要求宣传场所的布置应依据不同的宣传内容，或庄严肃穆，或轻松活泼，保证宣传场景同宣传所要形成的氛围相协调；要保证人们在尽可能舒适的条件下集中精力接受教育；要尽量应用各种直观宣传手段，增强宣传的生动性和吸引力。优化宣传的心理环境，应做到选择或组织易于激发人们健康心理的场合进行宣传，借用公众普遍关注的人和事作为宣传的引子。

⑧ 充分发挥宣传载体的特色，尽可能地满足青年多层次、多样化的信息要求。各种报刊、视听传播节目等宣传载体要形成特色，赢得广大读者、观众、听众。同时要注重运用互联网等新型宣传载体，加强对如何运用互联网作好宣传工作进行研究。

(3) 宣传工作实施过程：确立宣传人物→分解人物与落实责任→制定实施方案→实验论证→普遍推行→信息反馈→效果检验评估。

4. 宣传报道的形式和写作方法

宣传报道有以下四种形式：

(1) 消息。消息是一种简明扼要报道新近发生的有社会意义的真实事件的新闻文体，其特征是真、新、快、短，以直接的叙述为主要表述方法。写好消息要题材集中，标题醒目，注重导语、主体、背景、结尾四个结构的安排。导语是关键，要由新鲜、重要、生动事实组成，起开门见山、引人入胜的作用。主体是消息主干，紧跟导语之后，是对导语所及内容的进一步揭示、补充和叙述。背景是对新闻事件发生的历史、环境、原因的说明，帮助人们更好地理解消息内容，达到烘托、深化主题的目的，背景一般穿插在其他部分中。结尾是消息最后一句或最后一个自然段,作用是加深读者的理解和印象。如主体已讲清楚了,有时背景和结尾可以省略。消息分动态消息、经验消息和综合消息。

(2)简讯。简讯又称短讯、简明新闻,属于新闻稿,是新闻中篇幅最短小的文体。简讯的特点是一短二快,短者是指每条简讯一般只有100～200字,快者是指以最快速度把新闻以简讯形式发出去,让读者尽快了解。简讯由于篇幅短小,不能完整报道新闻的全部,只能报道一部分。简讯写作要求用事实说话,内容真实准确,语言朴实、生动、通俗、简练。要把报道事实用短短几句话写清楚,突出关键点,文字要精粹,切忌啰嗦重复,但又要注意文字畅通易懂,需要写明的人和事一定要写清楚,使读者能看懂。简讯分要闻简编、一句话新闻、标题新闻等种类。

(3)通讯。通讯是一种比较详尽、完整地报道先进人物的先进事迹、重大事件的新闻文体。通讯又分为人物通讯、事件通讯、工作通讯、风貌通讯、小故事、特写、专访等多种。通讯的写作手法有叙述、描写、抒情、议论。叙述可以纵向层进、横向并列,曲折穿插。描写应使人如临其境、如闻其声、如见其人。抒情和议论应画龙点睛,油然而生,触景生情。写作通讯要注意从现实生活中发现、选择的典型人物和事件必须是已发生的真人真事,不许虚构、想象、夸大、缩小,从深入采访所得的材料中提炼出有积极社会意义主题,写作中要把握重点,精心组织高潮,突出人物形象,叙事完整。

(4)评论。评论的主要作用是讲道理,依据事实材料,进行逻辑推理,阐述观点,以理服人。选择论题是写好评论的关键,要抓现实生活中的方向性问题,抓实际工作中急需解决的问题,抓改革发展中的新问题,抓刚刚显露的思想倾向,分析透、把得准,才能提炼出较好的论题。评论写作应做到具体实在,避免泛论,思路顺畅,层次分明,评论风趣,平易近人。常见的评论有社论、编辑部文章、短评、编者按、思想评论等。

第七章 表达方法

一、团内表达的一般形式

语言是人类最主要的交际工具,人们运用它进行思维、交流、组织社会生产,推动历史前进。语言随着社会的产生而产生,随着社会的发展而发展,是一种社会现象。语言可以帮助你成功,也可能导致你失败。作为团的干部,从事的就是做人的工作,所以团干部一定要研究语言运用的基本特点和艺术技巧,通过得体的语言与青年进行交流,增强对青年的吸引力,树立团干部的良好形象,从而推动团的事业发展。

1. 团干部的语言运用能力

团工作是做人的工作,就需要用语言、行为来表达个人的思想和意图。"说话"是团干部达到工作目的的重要手段,所以团干部在"说话"时,要力求遵循语言行为规范的基本要求,即语言使用要标准,灵活掌握和学习民族语言、汉语方言,自觉使用"普通话";语言运用要确切、简洁,把握语调、语速,力避重复、啰嗦、词不达意;语言表达要文明严谨,努力做到热情、优美、感人,克服语病,不说脏话;努力提高语言表达艺术,发挥语言的最大功能。要做到巧妙运用语言,就要从语言的下列特性入手:

(1)目的性。"语言是思想的直接现实。"我们通过说话来表达自己的真实想法和真实情感,所以说话一定要言之有物,准确达意。对团干部来说,在与青年的交流过程中,一方面要准确表达自己的观点和意见,让青年听懂、弄清自己说话的目的和用意;另一方面,还要弄清通过与青年的谈话,我们要达到什么目标,是使他们接受思想政治教育,还是要让他们投身社会实践。就是说,团干部面对工作对象,借助讲话这个工作途径而达到教育、团结、引导青年的目的,这是团干部必须要明确的,也是语言的第一要求。这种目的性可以开门见山地提出来,也可以最后总结出来,但一定要使青年听得明白。

(2)条理性。说话也是一个系统,因此说话必须具有条理性。团干部在思考问题、研究问题、解决问题时要有层次意识,而不能"胡子眉毛一把抓"。谈话时尤其要注意这一点,力求做到:①把问题、职责讲清楚,明确目标,既要从整体出发,又要注意整体与部分、整体与层次、整体与结构、整体与环境的关系,不能太笼统、太模糊,致使青年感到一片茫然,无从下手。②要按照问题的固有层次进行交流,如无特殊情况,不要越级表达,否则也会使青年弄不清原委,陷入混乱。团干部与青年谈话时,最重要的是确定中心议题,中心议题一旦确定,就要保持相对稳定,而后围绕这个中心议题逐步展开,逐步深入。应该注意,与中心议题无关的要素无论从单个因素看如何重要,也应服从中心议题的需要而予以剔除;与中心议题有关的内容,无论难度多大,也要千方百计地安排落实,这样才算抓住了说话的层次性和条理性特点。

(3)逻辑性。客观事物的辩证法决定人们具体的辩证法,这是马克思主义认识论的基本观点。它告诉我们,现实世界中存在的一切事物和现象都是客观的,意识不过是客观事物在人们头脑中的反映,作为反映客观事物的具体过程,必须要遵循客观事物的逻辑。因此对团干部而言,与青年交流时提出的问题既要有创见,又不能逆情悖理。自己用以论证论题的经验材料或事实状况的论述和引用,应当清晰明确,恰如其分,而不是模棱两可,似是而非,甚至虚夸不实。与青年探讨问题时更不能"甲乙丙丁,开中药铺",用形式主义的方法,仅仅按照事物的外部标志罗列一大堆东西,既缺乏对历史的分析和对现状的把握,又不分主次,全无因果,这样的讲话只能使青年茫无头绪,索然寡趣。因此,团干部一定要注重对自己的思维训练,在讲话时善于从感性的具体上升到抽象,又能从思维的抽象到达思维的具体,从而在与青年交流时论证有力,一语破的,为青年信服。

(4)归纳性。团干部与青年谈话,不能随意发挥,漫无边际,而是要做到谈话内容紧凑,重点突出。与青年交流时,可以先举例子,多用数据,然后再加以归纳推理,进而论证自己的观点,这样做,一方面可以使自己的观点有理有据,立得住脚,使青年信服;另一方面对自己的讲话内容的篇幅也有所控制,容易突出主题,明确目标,使青年听得明白。团干部注意说话的"归纳性",对自己的逻辑思维也是一种训练,使他们能够在谈话中收放自如,伸缩有度,既不会因为言语过于简略单薄而表达不清,也不会因为拖沓冗长而使青年生厌。

(5)鼓动性。说话的目的,不仅是为了使人"懂",使人"信",更重要的是使人"激",使人"干",做团的工作更是如此。通过与青年、团员聊天、说话、探讨问题,就是要激发他们的兴致和情绪,鼓动他们去行动。如团干部经常要在广大团员、青年中开展倡议活动,就是要用语言激励青年行动起来,投入到我们指挥的活动中去。从这个意义上讲,团干部就是鼓动家。要使组织具有鼓动性,除了应该注意谈话内容的准确性、通俗性外,还应注意多用有力的短语、短句和恰当的修辞手法。

(6)专业性。团干部担负着教育青年的重要职责,在与青年交谈中经常要涉及到马列主义、毛泽东思想、邓小平理论、"三个代表"重要思想和科学发展观的有关内容。所以,团干部在与青年的谈话中,一定要有意识地把教育思想加进去,体现共青团工作和团干部的专业特点。这就要求团干部首先自己要学习、掌握好马列主义的基本观点,能够从理论与实践相结合上说清楚一些团员青年所关心的热点问题,如为什么要坚持四项基本原则,为什么说共青团是党的助手和后备军,为什么共青团的工作要围绕党的中心任务来进行,如何认识西方国家的"和平演变"阴谋等。通过与青年经常谈一些理论问题和专业知识,切实帮助青年提高运用马克思主义理论分析、认识事物的能力,使青年更加了解共青团的组织性质和职责任务,不仅使青年认识上有所提高,更要促使他们自觉、坚定地团结在团组织的周围。

(7)针对性。说话要讲究针对性,这是说话艺术的一项重要内容。毛泽东同志在著名的《反对党八股》中就列举出"党八股"的一条罪状是:无的放矢,不看对象。他指出:"共产党员如果真想做宣传,就要看对象,就要想一想自己的文章、演讲、谈话、写字是给什么人看,给什么人听的,否则就等于下决心不要人听,不要人看。"这就说明,善谈者,常常善于抓准对象,适人而谈。团干部与青年谈话,就要根据不同的谈话对象,采用不同的说话方式。如抓住他最关心的话题,就自己所了解的内容与他进行沟通,当对方心情舒畅露出欢愉的微笑时都是极好的谈话时机,抓住这个时机再进行专题性、实质性谈话,收效就会比较好。这就要求团干部了解青年的心理、爱好,甚至脾气、秉性、生活习惯等。有的青年性情憨直、豪爽,与他们谈话就不要拐弯抹角;而有的青年性格内向,好要面子,与他们谈话就不要急追猛打,而是要耐下心来,委婉交谈。

团内"谈话"有多种形式,需要团干部对各种形式加以研究、掌握,以达到感染青年,增强效果的作用。在下面的内容中,将对团内"谈话"的主要形式进行比较详细的阐述。

2. 团干部的谈话能力

(1) 谈话的概念和特点。谈话,是指谈话参加者(两人或数人)面对面进行交流的语言活动。谈话的过程,是参加者双方加入的、有来有往双向性的语言互动过程。谈话是团干部加强与青年的交流、沟通而经常使用的一种方法。

相对于其他人际交流形式,谈话有以下几个特点:①广泛性、实用性。谈话和人类文明同产生、共生存,它广泛存在于社会生活的各个方面,它所受限制最少,只要双方愿意,可以随时随地进行交流。②双向性、互动性。谈话是一种双向的信息沟通,参加双方平等加入谈话,既是谈话者,又是听话者,双方在增加信息流量的同时,可能随时有新的问题产生而进行问答。③灵活性、变异性。由于谈话者都是能动、有思维、有意识的个体,因此话题容易转换,这就决定了谈话的灵活性。同时会引出谈话的变异性,因为同样一句话,可能得到的反馈截然不同。④准确性、明了性。由于谈话采用的是"我说你问"、"我问你答"的双向沟通方式,这就大大提高了信息的准确性。谈话采取面对面的形式,使双方交流更加直截了当,所以可以精确表达自己的意念,并准确了解对方的意图。

(2) 谈话要注意的几个问题:

①谈话者要树立良好形象。谈话者双方在谈话过程进行的同时，树立了各自的谈话形象。谈话者的学识、经验和个性品质是谈话形象的主要方面。对团干部来说，广博的学识、丰富的工作经验都来源于学习和实践，也是树立团干部形象的重要方面。团干部要尽量多掌握各领域的知识，要善于观察、归纳和总结，在与青年交谈时使青年有所收获。个性品质是团干部尤其要注意的一点，热情、真诚、热爱生活的个性特征，必定会受到青年的喜爱和欢迎；相反，精神萎靡、心不在焉的人，必然从一开始就使人生厌，不受欢迎。团干部要力求培养良好的个性品质，这样才能趣味高雅，对事物的讨论不落俗套，对事物的评判比较公正，才能为青年所接受。

谈话能力是谈话者的另一个表现方式。对团干部来说，良好的谈话能力包括表达能力、发送能力和表演能力三个方面。表达能力就是要求团干部对谈话材料的创造、组织的能力，要注意选词用词的准确性，注意用合适的句式表达自己的议论。发送能力就是要求团干部要有控制谈话速度、声音高低、语速顿挫断连的能力，使青年乐于听自己讲话。表演能力就是指团干部谈话时要运用身姿、手势、眼神和面部表情去演示谈话内容。

谈话风格是团干部需要学习掌握的另一种方法。团干部的工作对象、交流对象是年轻人，所以一定要讲究谈话内容简洁精练，使青年感到在时间占用和理解能力上都能得到尊重。同时要讲究谈话委婉含蓄，年轻人好胜要强，自尊心强，在批评或意见不同时采用委婉含蓄的表达方式，会取得较好的效果。也要讲究谈话幽默风趣，青年的特点就是开朗、活泼、好动，用幽默风趣的谈话，能改变局促、尴尬的气氛，和缓抵触、偏激的情绪，容易和青年做朋友。

②谈话者要讲究艺术。我们在进行谈话时，由于采用不同的方式，往往会达到不同的效果。对团干部来说，要从小事入手，从细节着眼，巧妙使用谈话艺术，以求取得事半功倍的效果。

怎样接近青年？可以用得体的介绍消除青年的紧张和戒备，达到顺利接近对方的目的。谈话时要寻找共同点，从而缩短彼此的距离；舍弃自我就是要主动去接近青年，摆脱僵局；勤用"我们"，也是缩短距离的好办法。

怎样知晓青年？帮助对方树立自信，鼓励青年多说；赞同对方观点，可以让青年滔滔不绝地讲下去，使我们获得青年的更多信息；以对方为中心，让青年有表达下去的欲望；巧妙中断话语，用问句的方式使青年接住话头，道出真情。

怎样说服青年？用层层说服法：先确立一个与对方观点差距不大的要求，待对方接受后，再一步步引导；用自相矛盾法：不妨设置一些问题，在引导对方一一回答并使其处于自相矛盾之中，再去说服对方；用称颂赞扬法：青年有被别人认可的心理要求，如要说服青年接受某件事，可着手称颂、赞赏干那件事是有益的、光荣的，从而劝说青年去做；用直率表达法：说服青年时，采用理直气壮、充满自信、坚定干脆的口吻直接劝诫对方，也能取得比较好的效果。

怎样拒绝青年？借名言佳句拒绝，可委婉表达自己的意愿，不至于太露锋芒而使对方误解；以学习或工作理由拒绝，既能使对方认识到你是富有上进心的人，又能树立良好形象；用亲人的意愿拒绝，这是最充足的理由，别人一般不能强求；用沉默和微笑拒绝，可以摆脱困境；用干脆果断的方法拒绝，只要晓之以理，干脆拒绝不失为一种好办法。

怎样安慰青年？以"塞翁失马，焉知非福"安慰他，将生活中的失意视作人生的磨炼和转折点；以"比上不足，比下有余"安慰他，可使对方心理上还存在一种信心；以"佯装不知，避开话题"安慰他，不要提他的伤心事；以善意的谎言安慰他，可使不便透露的真相暂时有所隐瞒，对方不至于一下子丧失信心。

怎样赞美青年？正面赞美要谨慎，否则反而会引起反感；间接赞美往往更有效，它体现一种真诚借用他人的口吻赞美对方，使对方相信自己所言不假；把赞美放在后面，容易促其成事；全心全意赞美对方，对方捕捉到这种诚意，会欣然接受。

3. 团干部主持会议的能力

主持会议是开会的核心环节，也是团干部经常要"说话"的场合。会议能否取得成功，与会议主持者有着密切的关系。因此，团干部必须研究、掌握主持会议的方法技巧。

（1）掌握好主持程序。一般来讲，主持会议要经过四个阶段：第一步，开宗明义，介绍情况，说明议题，指出问题的关键和决策事项；第二步，引导大家畅所欲言，发表各自的意见；第三步，比较分析各种意见，综合整理出较系统的意见，进一步组织讨论；第四步，总结，把一致的意见归纳阐述，必要时"拍板"形成决议。主持会议最重要的一点，是主持者要自始至终牢记会议的"目标"，对要解决什么问题，解决到何种程度心中有数。主持会议时要保持讲话的"度"，讲话前自问一下此时该不该讲？该不该讲这些内容？要启发别人开口，自己尽量少讲，"引而不发"往往更主动。

（2）组织好会议发言：①组织好开始的发言，必要时可会前指定并预先准备好，为会议的讨论引好路，定好向；②引导与会者全面发言，特别要注意为不善发言者创造发言机会，给心情紧张的人制造轻松气氛，给易"开小差"的人加上"紧箍咒"，给"信马由缰"的人加上"辔头"；③避免出现冷场，一旦出现冷场，应相机采取对策，迅速恢复讨论，可提出大家感兴趣并与会议主题有关的问题，引导回答，活跃会场气氛。在组织讨论时，主持者切忌先入为主提出倾向性看法，但又要坚持正确的主张，善于引导与会者接受正确的意见。

（3）开会应注意的事项。为了使会议开得成功和有效，会议主持者还要注意以下问题：①会议议题的先后次序。需要与会者开动脑筋、集中献智的议题，应放在会议的前半部分，以便使达成的决议质量较高。②会议的议题，有的可能有完全一致，有的可能有相当分歧，开会时可以先分歧，后一致，也可先一致，后分歧，不管是哪一种，主持者都要有预案，最好开始就限定每个议题的时间。③避免琐事占据会议时间。主持人一定要抓住全局性、影响长远的议题，加以彻底的解决，切不可被琐事干扰。④会议必须准时开始，给迟到的人以教训。⑤对会议应实施有力的引导，既不让会议"跑题"，又不让会议"冷场"。

（4）为提高会议质量，应做到"会议八戒"：①不开无目的的会议；②不开有许多议题的会议；③不开无准备的会议；④不开可开可不开的会议；⑤不要无关的人参加会议；⑥切忌作离题太远的发言和讨论；

⑦不要重复别人的观点；⑧不开议而不决的会议。团干部召开的各种会议,应体现出年轻人的朝气和高效的风格,使会议始终遵循精简、高质、节约、适时的原则,并采取有力的措施,端正会风。

4. 团干部讲授团课的能力

讲授团课也是团干部经常遇到的一项很重要的语言活动,一般是在公共场合向青年进行一个或几个专题的讲话。讲授团课可以集中体现团干部的思想能力和语言表达水平。好的团课,不仅能使青年了解团的业务知识,也能增强共青团组织和共青团干部的吸引力,使青年愿意团结、凝聚在团的周围。因此,团干部应当掌握讲授团课这一工作方法。讲授团课的基本要求如下:

(1) 明确课题。团课是根据青年需要进行讲授的,所以讲什么内容,要涉及共青团的哪些方面的知识,是首先要确定的。团干部给青年讲课,团史、团学、团建、团情、团员、团干部等都是必然要涉及的内容,另外一块重要内容就是团的思想建设、组织建设和团的主题活动。确定了明确的讲题,才能做好准备,为讲授团课打下基础。为了把团课讲深讲透,每次团课的课题不要求多贪全,否则每个专题只能是表面点题,不可能讲得深刻透彻。在选题时,要遵循"精"、"深"、"新"的原则,使团员青年一听课就有兴趣,尤其要反对讲团课老调重弹。

(2) 广泛收集素材。随着社会的不断进步和不断开放,共青团工作也更加开放,团的工作领域、工作典型都在延伸增加。讲团课前如果不广泛地收集素材,很可能局限于一得之功或一孔之见,讲起课来没有新意,难有突破。所以,团干部要多见、多闻,才能使自己视野开阔,思路开阔,讲课时旁征博引,例子信手拈来,就会取得很好的讲课效果。

(3) 自己先学深学透。讲授团课的重要意义,在于它能够揭示事物的规律性,反映共青团及其工作、对象的本质。所以,团干部给青年讲团课,不能只是对现象进行描述,而是要通过团干部自己的思维对讲课内容、课题进行加工,使青年获得有关专业系统的知识。从这一点来讲,团干部自己必须对所讲的内容学深学透,才有可能让青年听了团课受益匪浅,团课讲授才有价值,而不能是"以其昏昏,使人昭昭"。所以,团干部要对本系统的工作情况、工作对象的有清晰的把握，对某项活动有可行性的调查分析研究，对成功的范例有详实的数据等，加强所讲授课题的精确度和专业性。

（4）围绕工作实际。团干部讲课的目的是为了让青年了解团情，积极参加团的活动。如果讲课不与团的实际情况结合、挂钩，那么就会犯理论与实践脱离的错误，使讲授团课成了形式主义。因此，团课所讲内容应当具有可操作性，至少要对实际工作有很大的借鉴作用。与实际工作有关的内容，无论讲解难度有多大，也要想方设法让青年听懂弄通；与实际工作无关的内容，哪怕从单个因素来看多么重要，也应尽量压缩篇幅，或干脆加以剔除。这样就能使青年既听得明白，又不至因信息量过大而冲淡主题，达到用科学理论指导实际工作的目的。

（5）阐述自己的鲜明观点。团干部讲课也好，回答青年的提问也好，都要有自己的鲜明观点和原则立场，不能马马虎虎，稀里糊涂。如关于青少年政治教育的团课，就要把报刊、媒体中健康与不良的舆论分开来，把社会公德、行为准则、革命理想等明确地灌输给青年。再如在团的主题活动中，对一些好的做法、典型案例就要旗帜鲜明地进行推广；反之，不良的做法或效果不佳的活动方式，应该明确指出其不足。当然，团干部鲜明的观点来自于本身具有过硬的政治素质和精湛的业务能力，在推理论证时有较为严密的逻辑思维，而且要在调查研究的基础上，用实事求是的观点、系统的观点、辩证的观点去看问题，分析问题，帮助青年科学地解决问题。此外，阐述自己的鲜明观点也代表着鲜明的个性色彩，在讲课中使青年感受到讲课人的个人特色，给他们留下真实亲切、难以遗忘的印象。

（6）给青年以启发和思路。讲团课的目的在于让青年了解团的业务，把团干部自己总结积累下来的经验、寻找探求到的工作规律直接传授给青年，使青年清楚共青团工作的预见性和可行性，而且便于他们轻松操作，给他们思路和启发。通过讲授团课，也要帮助青年养成很强的思维能力和创新能力，引导青年解放思想、大胆创新、勇于改革，甚至建立逆向思维，在青年崇尚个性的特点中，注重创新性和先进性内容，培养青年具有开阔的眼界、超前的思维、发展的思路和创新的精神，使共青团事业充满朝气,生机勃勃。

二、团内写作的一般形式

1. 程序性公文

(1)决议。经会议讨论通过并要求贯彻执行的事项,用决议。某些决议具有法规性质。根据决议的内容和性质,可以将它划分为以下三大类:①批准工作报告的决议。它是就重要会议的工作报告而形成的决议。如《关于共青团上海市第十二届委员会报告的决议》。②批准重要事项的决议。它是就相关议案、建议、请求等文件类事项而形成的决议。如《关于召开共青团上海市第十三次代表大会的决议》。③对某一重大问题作全面总结的决议。它是就人们普遍关注,涉及全局的重大现实问题或历史问题加以澄清、分辨和总结而形成的决议。一经议定,即成为人们社会行动或评价一个历史事件、一个历史时期的准则和依据。如《关于建国以来党的若干历史问题的决议》。

决议的一般写法:标题同于一般公文,但是要在标题下加括号注明通过的会议名称和日期。正文,较长的可分开头、主体、结尾,内容简单的一段括尽。对重大问题做全面总结的决议,因涉及的问题大多是政治、经济、工作方面带全局性、根本性的问题,写作要求较高。写作时应根据会议讨论的情况,对相关问题进行详尽的叙述,深入的分析,严密的论证,进而得出明确的结论。决议的写作要体现使用上的严肃性、手法上的说理性、统一行动的号召性、语言上的准确性。

(2)决定。就是对重要事项或重大行动做出安排的文种。它要求下级机关和个人必须认真贯彻执行。写作决定必须做到观点明确,语言准确,语气肯定,层次分明,要绝对避免发生与相关政策、法规相违背的情况。

根据其内容和性质,可以将决定划分为以下两大类:①对重要事项做出恰当处理的决定。此类决定侧重于对具体事项、具体问题的处理,带有明显的知照性质,如表彰、处分、机构设置(合并、撤销)、人事安排等。它一般由高级机关使用。有时中、下级机关也可使用，或以通报、通知替代。②对重大行动做出决策性安排的决定。此类决定侧重于工作指挥，带有明显的规划、规定性质。

决定的分类写法：①对重要事项做出恰当处理的决定。这类决定的结构内容包括标题、受文单位、正文、发文机关、日期五个部分。标题要求完整地写出发文机关、事由和公文文种。会议通过的决定，要在标题之下加括号注明何时由何会议通过。发出或公布的日期，既可加括号写在标题之下，也可写在落款处。正文，一般由决定根据、决定内容两部分构成。②对重大行动做出决策性安排的决定。结构、内容与前一类基本相同，但由于它是要求贯彻执行的，因而，正文除写明决定根据、决定内容外，还要写明执行要求，且大多采取分条叙写的形式。

（3）批复。上级机关对下级机关的书面请示或报告的事项作出答复，指示下级应该做什么，应该怎么做的批答公文。批复有如下特点：①专用性，即对应下级机关的请示、报告而印发，是为专门解决问题而印发；②时效性，对请示机关的请示或报告要及时批复或用电化手段告知对请示问题的答复意见；③指示性，即针对下级机关的请示，要明确表明同意与否或是否可行的态度，并对此提出指示性意见；④针对性，即批复必须针对所请示问题进行批复，批复内容不能超越请示的范围。结构上批复由标题、主送单位、正文和落款四部分组成。标题的列法有全标题和缺项标题之分。全标题包括发文机关名称、批复意见、受文机关和文种。缺项标题包括发文机关名称、批复意见和文种。批复的开头一般写"你单位于××××年××月××日来函收悉"字样，并概括出请示的文号和主要内容，结尾有"批复""特此批复"字样。写作批复态度应慎重、严谨，应在对所请示问题、事项进行充分深入调查研究后作出答复。批复的内容必须写得准确、具体，切忌答非所问。批复必须依照党和国家的方针、政策，有关法律条文、条例规定，根据所请示或反映的问题有原则地、切合实际地予以明确的答复。

（4）任免通知。是上级机关、单位任命或者免除主管的下级机关、单位的领导人员职务的公文。此外，任免通知也用于上级机关、单位的任免情况有必要知照下级机关、单位的情形。惯例上，国家级、省部级机关任免领导职务用任免令,而其他机关、单位一般用任免通知,较少用决定。任免通知必须写明任免的时间、通过任免决议的会议、任免时所适用的法律条款、法规性文件,以及任命新职务、免去原职的具体项目和内容。有时,还有被任命新职务领导的简历。任免通知在用语上有使令性,语言应把握分寸,用语准确凝练。作为知照性公文的任免通知,在结尾处还应列出报送机关、呈送机关和发送机关。

(5)通报。它是表彰先进、批评错误、传达重要精神或情况的一种公文文体。通报也属发布性和周知性公文。它有一定范围,多用在机关体系内部。通报的类别及其写法:①表扬通报。表扬好人好事的,正文应包括事实、意义、决定三部分内容;表扬先进典型,介绍先进经验的,正文应包括事迹、经验、决定。②批评通报。批评事故的通报,正文要包括经过情况、原因和决定(包括防止办法);批评坏典型的通报,要有清楚的情况介绍、合理的因果分析和正确的指示决定,一般有附件。③情况通报。传达重要情况和要各机关知道的事项,以情况为主,可以有分析,提一点要求。领导人的重要讲话精神,也可作为情况通报发布。通报的标题与一般公文相同,正文一般包含事实、说明和决定三部分。

写作通报时需要注意以下三点:①时机要合适,注意与全局布置协调,但又不是赶浪头;②态度要诚恳、严肃;③事实要确定,用词要恰如其分。总之,要达到表彰起感召作用,批评起教育作用。

(6)请示。它是适用于向上级机关请求指示、批准的公文。请示的内容繁多,形式多样,常用的有:请求指示性请示、请求审核性请示、请求批准性请示、请求帮助性请示、请求批转性请示等。请示的写作格式,一般是由标题、受文单位、正文、附件和落款五部分组成。①标题一般有两种写法:一种是采用完全式公文标题,即由发文机关、事由、文种三要素组成;另一种是标题只有请示事由和文种,大多数请示都采用这种不完全式标题。②受文单位,即接受请示的上级机关。在标题下面,正文之前,顶格写明接受请示的机关。若写给领导个人时,则应姓名之后加上"同志"等称呼,如×××同志等,其后加上冒号。③正文一般要交代清楚三方面的内容:一是请示缘由,即提出请示的缘由或根据,这是请示事项的基础,也是能否得到满意批复的重要条件。因此,应开门见山,直接写明请示什么问题,为什么要请示,力求做到文字既简洁凝练,理由又充分有力。然后用"请示如下"之类的用语承启下文,其后多用冒号。二是请示事项,即要求批准、答复或具体解决的问题和事情,这是正文中最主要的部分。一般要讲清楚问题和事情的基本情况,遇到的困难,还要写明本单位处理和解决的建议和设想。请示事项要写得简洁明了,条理清楚,提供的情况要真实完整,确凿可靠,提出的建议和设想要符合党的有关方针、政策,要准确具体,切实可行,这样,才能使上级一目了然,便于作出有针对性的、切合实际的处理,也才能使请示迅速及时地得到回复。三是请示要求,即请示的结语部分,要明确提出请示的要求。并且,一般均应另起一行写。请示的结语,有一些常用的规范用语,如"当否,请指示"、"以上意见如无不妥,请批准"、"特此请示请批复";如果是为了请求转发的,可以写"以上意见如无不当,请批转各地执行"等,其后多用句号。④附件,即附属于正文的材料。许多请示需要对正文进行补充说明,往往在正文之后,附有图表、统计表及其他文字材料等。附件应顶格写在正文与落款之间,并注明附件名称和件数。⑤落款,即在文尾右下方处署上请示单位名称,在请示单位名称下一行注明年、月、日,并加盖公章。

　　撰写请示应注意以下四点:①要力求一事一请示。请示应一文一事。如果是几件事,必须是同与一个问题相关的不同侧面的几件事,方可一道成文主送上级机关,这样便于一次研究回复。切忌把两个以上互不关联的问题搅在一起,以免因其中一件事不能解决而将整个请示搁置下来。②要主送一个上级机关。若请示单位是受双重领导的,在请示时涉及不止一个上级机关,可用抄送的办法来解决。不要搞多头请示,以免互相推诿,延误批复时间或各有各的批复,以致无法执行。③要力求表意明确。请示和报告在使用时应区别开来,请示和报告是两种不同性质的公文文种,使用目的、写作要求都不相同,使用时要严格区分,不能将请示事项写在"报告"中,也不能写"请示报告"之类的标题,否则,上级机关从标题中看不出是请示还是报告,以致所请示的问题得不到及时解决,贻误工作。④请示语气要谦恭。请示不能以决定的口吻说话,在写请示事项时,只能写"拟"怎么办,不能写"决定"怎么办。同时,语言运用要通俗易懂,简洁洗练,真切诚恳。

(7) 报告。报告适用于向上级机关汇报工作,反映情况,提出意见或者建议,答复上级机关的询问。报告的种类很多,可以从不同的角度去划分。①按内容分,有综合报告、专题报告;②按性质分,有工作报告、情况报告、答复报告、报送报告;③按作用分,有上复性报告、知照性报告、调查报告;④按时间分,有年度报告、季节报告、月份报告、工作进程报告等等。

报告的写作格式,一般由标题、主送机关、正文和落款四部分组成:①标题一般有三种写法:采用完全式公文标题,即由发文机关、事由和文种三要素组成;标题只有事由和文种两个要素;有些报告的内容比较紧急,就必须在标题中注明"紧急"两字。②主送机关,即在标题下面,正文之前,顶格写明接受报告的机关、团体名称。如"共青团上海市委员会",其后加上冒号。③正文一般要交代清楚三个方面的内容:一是报告的缘由,即为什么要写报告,或者是为了上级机关掌握情况,或者是为了答复上级机关提出的问题,或者是为了使自己的经验在面上推广,或者是为了使自己的建议得到上级机关的重视和采纳。无论哪种目的都要求开门见山,直截了当,集中概括,并用"现将有关情况报告如下"之类的话承启下文。二是报告的内容,即报告的事实和问题。这部分如果报告的是事件,就要将事件的起因、经过、结果写出来;如果报告的是问题,就要将问题产生的原因、影响、解决办法等写出来。无论是哪种情况,都要注意重点突出,力求做到既有概括性又有具体性,点面要融洽结合。三是报告的结束语,即对正文的总结,它也是正文的最后组成部分。这部分有两种写法:一种是根据报告的事实或问题提出几点建议或意见,供领导参考,但应注意不要把这些意见或建议当作请示事项,要求上级机关批准或指示;另一种是报告完事实或问题后,另起一行写上"特此报告"或"以上报告如无不妥,请批转各地执行"等结束语。④落款,即在文尾右下方处写上报告机关、团体的名称,下一行注明年、月、日,并加盖公章。

撰写报告,应注意以下四点:①报告要真实准确。写报告必须实事求是,对所报告的人物、事件、时间、地点、数字、语言都要反复核实,准确科学地表述,切忌言过其实,道听途说,添枝加叶。②报告要突出重点。报告应一事一报,要自始至终围绕一项工作、一件事情进行叙述和说明,与此同时,还要把握本质,去伪存真,提炼观点,归纳出结论。反之,会使人不得要领,不知所云。③报告要简洁凝练。报告语言应干净利落,简洁明快,清楚达意,使人一目了然,切忌啰嗦重复,拖沓冗长。④报告要不失时机。要根据实际情况,迅速、及时地报告。这对领导机关掌握有关情况、指导工作起着十分重要的积极作用,否则,时过境迁再去报告,那就失去意义了。

2. 工作推进性公文

(1) 会议纪要。适用于记载和传达会议情况和议定事项,其性质由会议性质决定:一种是决定性纪要,要求下级贯彻;一种是协议性纪要,要求协议各方共同遵守。有些重要会议,可以用决议、决定等公文郑重发布议决的问题;有些较为一般的会议,则可采用会议纪要的形式。会议纪要可由会议的主持机关加按语下达,也可上呈后经上级领导机关或主管部门加"通知"批转下达,还可出诸报端。

会议纪要因会议的性质、任务和具体情况的不同而不同。主要有两种:一种是例会、办公会议的纪要,这是机关研究日常工作和日常事务的会议纪要。这类会议纪要,往往办成长期的,类似简报。另一种是专题的、大型会议纪要。会议纪要通常由标题、正文、文尾构成,其中正文由开头、主体、结语构成。①标题。一种是简括标明决议的问题,然后以副题写明是什么单位召开什么性质的会议纪要;另一种是严肃朴实地写下何种会议纪要,让人一目了然。标题下面注明日期。②正文。正文写什么,何先何后,语气口吻,既有一般的格局,又有变化的余地。开头,写基本情况,即开会的动因,依据什么指示或实际的情况,目的是解决什么问题;时间、地点、会议全称,与会范围及主要负责人,来了什么领导人,有何指示、讲话;会议的基本议程和主要活动,会议结果及对它的评价。主体,写会议的主要精神、对过去工作的评述和会议讨论的工作的意义,今后工作的指导思想和原则精神、工作要求和具体措施。

结语，一般是发出号召，鼓舞人心，展望未来。有的可以不写。③文尾。除公开发布外，作为文件发布或上送下达，要按公文要求注明主送、抄送、发送的范围。

会议纪要的写作要求：①必须正确反映会议的实际情况，客观反映与会者的意见。要做到这一点，撰写者需要参加或列席会议，并做好会议记录，或搞好发言录音，因为这是写好会议纪要的原始材料和基础。②要分析研究会议宗旨，综合概括与会者的意见，选好重点，真正地摘出会议的"要"来。③要对会议上各种意见分析综合、加工整理、概括复述，尤其要注意以下两个问题：一是条理化，以会议宗旨为中心，把会上讨论的意见分类、分层地加以整理、叙述，可以分部分、加标题，分条条、列条目，以显豁清晰为目的；二是理论化，即采用会上讨论的意见时，要保留它的理论性和说服力，对一般意见，要进行一些理论概括，不要只有几句公文用语。

（2）通知。适用于批转下级机关的公文，转发上级机关和不相隶属机关的公文；发布规章；传达要求下级机关办理和有关单位需要周知或者共同执行的事项；任免和聘用干部。通知具有多方面的功能，应用范围十分广泛。告知性是通知的基本属性，"通知"一词的含义就是告诉下级机关或有关方面知道。由于内容不同，告知的具体性并不完全一样。有的只要知道即可，并不要求具体办理与执行；有的除知道外，还要求办理与执行，如开展工作、参加活动、报送材料、办理手续等，这类通知大多是上级机关或业务主管部门对下级机关或相关单位提出的指示性意见或作出的规定和安排。所以，通知又是带有指示性和规定性的公文文种。此外，通知还具有一定的通用性，这主要表现在以下两个方面：①它具有替代的功能，可以代行命令、指示、决定、通告、通报乃至会议纪要的部分职能；②它的使用一般不受发文机关级别和隶属关系限制，上级机关对下级机关可以使用，同级机关和互相隶属机关之间也可以使用。但是，通用性决不等于滥用性。动辄通知，则不仅破坏通知的权威性，也会损害其他文种的权威性。通知内容的多样性和应用范围的广泛性，给通知的分类带来一定的困难，本书暂按其原性质划分为以下五类：批示性通知、事项性通知、指示性通知、会议通知、任免通知。

通知的写作要求:①通知事项要具体明确。事项是通知的基本内容,特别是贯彻、周知性的通知,更要具体写清事项。正文开头要阐述通知的理由,提出事项是通知的主体部分。通知事项必须写得具体明确,应采取的措施、办法也要写得切实可行,以便于下级机关和有关人员执行。②按语要有针对性。批转、转发性通知的正文,即是为批转、转发的公文所加的按语。不同性质的通知,按语内容各不相同,必须注意其针对性。批转性通知的按语,内容主要是对被批转的公文表明态度,对公文内容作出精确的分析和恰如其分的评价,提出执行的要求以及注意事项。转发性通知的按语较为简单,但也有针对什么写的问题。有的颁发性通知的正文,在结构形式上类似于转发性通知的按语,同样应针对所颁发的公文来写。③语言文字要准确、简明,防止重复拖沓、东拉西扯、篇幅冗长等毛病。

(3)会议报告。它是领导人代表一级组织或机构在大型会议或重要场合就一些重大问题所做的发言的书面文稿。会议报告是会议的重要文件,是起草会议决定、决议、纪要、公报的基础,对相关工作和活动有较强的指导性和约束力,对统一人们的思想认识有重要作用,是有关部门开展工作和检查工作的基本依据之一。因而,会议报告具有一定的行政权威性。

根据会议报告的内容,可以把其分为下述六种:①政治报告。侧重阐述党和国家路线、方针、政策的会议报告。②工作报告。对前一阶段工作作出总结,部署下一阶段工作任务,阐明工作方针、原则、措施等所做的会议报告。③形势报告。对经济、政治等形势进行分析评述,提出对策,展望前景的会议报告。④动员报告。在开展某项重要工作或重大活动之前,为动员群众积极参与和投入该项工作或活动所做的会议报告。⑤传达报告。为传达上级有关会议或指示精神,部署贯彻执行意见和安排所做的会议报告。⑥纪念报告。为纪念某一重大节日、重要人物、事件所做的会议报告。

写作会议报告应注意体现以下特点:①从实际出发,实事求是;②统观全局,重点突出;③具体分析,科学论证;④语言准确、简洁、通俗。

（4）发言稿。它是发言人事先草拟或精心准备的用于会议讲话、典礼致词、欢庆大会讲话或其他公共场所集会讲话的文字材料。发言的内容必须针对发言对象、发言环境、发言集会主题，并且要求发言人观点鲜明、突出、集中。写发言稿时还必须注意发言人的身份，不能越俎代庖。行文上，发言稿要求条分缕析，层次分明，语言简短、精练、顺畅、富有激情。分类上，发言稿包括演讲稿、会议报告、大会祝词、讲话提纲、总结讲话、庆典祝词等。

（5）办法。它是国家机关、社会团体、企事业单位的主管部门针对某些具体事务或某领域的工作活动而制定的具体规定，同时也包括因某一特定条例、法令而确定的办理方法。办法适用于具体领域、具体问题、具体条例的现实实施，有些办法甚至是对常务性、例行性小事的规定。详尽性、具体性、规定性是办法的特色。办法的内容要求具体，要对问题的各方面细节都加以具体规范，要不然就会出现众说纷纭、意见不一的局面。办法的标题多由发文事由和文种构成，在标题下还要注明发文单位和发布时间，并用括号括上。办法的正文一般由发文依据、具体规定、实施说明、发布的作用等内容构成。在具体行文上，可以以条款式分列，也可采用总起分述列写。有的办法是暂行的，一定要标明"暂行"字样。在制作上，要求办法有具体的实施措施。具体的办法制定要根据问题的难易、繁简程度采用不同的分列方式。如较简单的可以采用条款式，稍复杂的可采用总起分述式等。

（6）规定。它是国家机关、社会团体、企事业单位为处理一些重大问题或某项具体工作而作出的规范性要求。性质上它属于法规性文体。规定最明显的特征是它的规范性、约束性、事务性和临时性。规定适用于国家党政机关、社会团体、企事业单位。规定在结构上一般由标题、正文、落款组成：①标题由发文机关、发文事由、文种组成，也可只包括规范内容即只由事由和文种组成。②规定的正文一般由原因、条款、实施三部分组成。正文开头以说明文体写出制定规定的依据，交代制定本规定的原则精神（政策条文、法律）或实际情况，尔后以"特作如下规定"等文字引出正文条款。正文一般分条列项交待具体要求。正文结尾是为保证规定的顺利实行而提出的实施要求,它可另起段列述,也可用条款方式紧接正文主体之后。③落款应注明发文机关和制定规定的年月日。在规定的具体制作上要注意实事求是,分别情况,分别对待。条文规定要有很强的合理性和可执行性,内容切忌假大空。

（7）计划。它是一种预先对一定时期的工作制定的工作安排和行动步骤的文体。计划是对未来的工作、将要进行的某项任务、将要完成的某种目标进行超前性的策划、规划和布局,也是一种管理手段。计划的结构分为:标题、正文、落款。①标题即计划的名称,要体现单位名称、计划的时限、计划内容。如果计划需要修订,属非正式文稿,还应在标题后面注明"初稿"、"修订稿"、"征求意见稿"。②正文即计划的主体。包括:指导思想,要求写明计划的目的、主旨意义、主要目标和任务;工作安排,要求写明计划的具体项目、具体指标、数量和质量要求、行动步骤、实施要求等;执行要求,要求写明完成的期限、完成的质量、规定的有关处罚和奖励等。③落款要注明制定计划的单位及个人、制定计划的时间。计划的内容要求,可采取条文式或图表式予以规定。

（8）方案。它是计划的具体化,是比照计划制定的办事的具体实施要求。方案在制定过程中要充分考虑到各种可能出现的情况,针对可能出现的情况制定相应措施。一般地,方案都应有实施方案和应急方案（即预备方案）。主方案的制定应由承办该事的人完成,后交由负责人审批,经批准后方可执行。在内容上,方案包括实施的进度,人、财、物的分配,措施,步骤,办事的时间、地点,安全等。方案有如下特点:可实施性,因为方案是马上就要执行的,所以内容上它必须符合现实情况,有执行的实际可能;针对性,方案要针对可能情况,采取应急措施;可变更性,方案要有一定的灵活性,一旦遇到阻碍时,应考虑予以变通。

（9）总结。它是对已做过的工作进行总的回顾检查、分析研究、肯定成绩、找出差距、寻求规律的一种应用文体。总结的作用是及时总结经验,推广典型,找出存在的问题,为领导提供有关情况,是对计划实施的检查,也是加强管理的重要手段。总结的结构分为标题、正文、落款三个部分:①标题。一是单标题式:单位名称+有效时限+文种。二是双标题式:分主标与副标。主标:表现为总结的主旨、内容、性质;副标:表现为补充主标的单位、范围、时间、地点。三是报道式:运用文学手法表现总结内容。②正文。分四个方面:概述基本情况,概述工作的内容、性质、事项、时间、地点、人员、效益及总结的目的;介绍主要成绩和基本经验,选择具有典型性、代表性的事例,介绍具体的行动步骤,采取的措施和方法,归纳有指导性的经验和做法,促进工作;找出存在的问题和教训,分析产生问题的原因、背景及存在的差距;提出今后改进工作的方法及努力的方向,以及供领导决策的建议和设想。③落款。写明撰写的单位、撰写的时间。总结按性质分,有综合性的工作总结、专题性的总结及个人总结。总结的写作方式有一文到底式、分类撰写式、小标题式、条文式等。

(10) 开幕词、闭幕词。开幕词是在比较重要或比较隆重的会议上由领导人以个人名义发表的会议的第一篇讲话文稿,是会议的序幕。开幕词对确定会议的基调,引导与会者情绪有重要作用。开幕词的内容一般包括:首先说明会议名称,宣布会议开幕,并简要说明会议的筹备及出席会议的人员等情况;然后着重说明会议的背景、意义、目的和主要任务;最后对会议提出希望、要求或祝愿。闭幕词是在比较重要或比较隆重的会议上由领导人以个人名义发表的会议的最后一篇讲话文稿,是会议的结束语。闭幕词对进一步明确会议的意义和历史地位,促进会议基本精神的贯彻落实具有重要作用。闭幕词的内容一般包括:简要评价会议的成果、收获,对应开幕词所提出的会议任务作出明确肯定的答复;重点总结会议取得的重要成果和会议讨论通过的重要事项,进一步明确会议的基本精神,提出贯彻执行会议议决事项和精神的意见要求;也可以对会议期间认识到的应引起注意的问题加以强调,以引起与会者和有关方面的重视;最后,用一句话庄严宣布会议胜利闭幕,或发出希望和号召。开幕词、闭幕词共同的要求是:①紧扣会议中心,内容集中概括,重点突出;②热情诚挚,富有鼓动性和号召力,体现个人的语言风格;③文字简练明快,结构层次清晰,篇幅短小精悍。

3. 礼节性公文

（1）祝辞。泛指对人、对事表示祝愿和希望的言辞或书面文稿。祝辞是常用的礼仪性实用文种，对表示美好的祝愿和希望，融通人际关系，体现积极向上的良好的社会风尚具有重要的作用。根据祝辞对象的不同，大体可以将它分为祝贺辞、祝寿辞、祝酒辞三种：①祝贺辞，有三种情况：纪念性祝贺辞，即在新年、国庆等重大纪念日发表的祝愿继往开来、再创佳绩的祝贺辞；事务性祝贺辞，即当重要会议开幕、重大工程开工、展览会剪彩时发表的祝愿圆满成功、蒸蒸日上的祝贺辞；交往性祝贺辞，即在友好国家重要领导人任职，乃至亲朋好友之间事业、学习、生活等取得进步时发表的祝愿贡献卓越，再创佳绩的祝贺辞。②祝寿辞，即在老年人寿诞之时，赞颂其取得的成绩、作出的贡献，并祝愿其幸福长寿的祝辞。③祝酒辞，指各级领导人在吉庆的宴会上对宾客发表的表示热烈欢迎和诚挚谢意的祝词。

写作祝辞要求：①要了解对象，有针对性地表示对对方的敬意、祝愿、感谢和希望，也可以简要说明致祝辞者的身份及致祝辞的原因和目的；②篇幅一般短小精悍，选择要点，点到为止；③措词得体，态度诚恳，感情真挚，感染对方，起到祝福、激励的作用。

（2）欢迎辞。指主人在集会场合下发表的对客人来访、应邀赴宴等表示诚挚、友好之情的言辞或书面文字材料。欢迎辞应力求简短、语势充沛、感情真挚，多用短句。在内容上，欢迎辞要求有具体而实在的内容。致欢迎辞一般由主人方的领导人承担。格式上，欢迎辞分为以下三部分：①称呼，一般用"尊敬的××"；②正文，正文开头就应对客人的莅临表示诚挚的感谢，接下来为核心内容部分，这部分主要叙写相关情况，但不宜涉及具体事务；③感谢语。此外，欢迎辞无论在称呼用语上，还是在发言身份上都应注意符合民族、传统习惯。欢迎辞要热情洋溢，情感真实，用语简短。

（3）请柬。也称请帖，是邀请有关人员出席隆重的会议、典礼或活动时制发的简便书信，是社会活动和人际交往中常用的礼仪性文种之一，主要表明邀请者对此项活动的郑重态度和对客人的尊重，而且有一定的凭证作用。由于请柬用于吉祥喜庆隆重的活动,因而多用红纸书写,或以红色为封面,并有固定的书写格式要求。请柬格式包括:①首行居中大字书写"请柬"两字,或单独用一页做封面;②抬头顶格书写被邀请人或单位名称,并根据具体情况确定恰当称谓;③主体内容,另起行空两格,书写活动时间、地点、内容,也可对被邀请者需事先准备的事项提出要求;④另起行空两格,以"敬请光临"等惯用语结尾;⑤右下方署邀请单位名称或个人姓名,并注明请柬发出的年、月、日。

请柬写作要求:①根据会议、典礼、活动的内容、目的等方面的需要,慎重书写邀请单位或人;②主体内容简洁明确,交待清楚时间、地点,活动内容不需详细说明;③根据具体活动内容和场合的不同,仔细斟酌词句,做到分寸得当,礼仪周详,态度诚恳;④语言明确简练,通顺文雅。

(4) 贺信。表示庆贺的书信的总称。就其使用范围而言,主要有以下两种:①专用贺信,用于上下级之间、同级单位之间,或以单位名义写给名人、领导等;②私人贺信,对自己的长辈、同辈、晚辈表示祝贺和赞扬。

贺信的格式:①标题。首行居中写"贺信"或"祝贺信"。②称呼。第二行顶格写明被祝贺单位名称或个人姓名(可加职称、职务等),加冒号。③正文。第三行空两格写起,内容应据具体情况而定,一般包括:先概括说明祝贺的事由,之后或赞扬所获得的成就及其重大意义;或陈述会议的重要意义,提出希望;或赞扬对方的贡献和品德,表示祝愿。④结尾。写上祝贺之词,如"祝大会圆满成功"等。⑤署名。另起一行,右侧写明发信单位名称和个人姓名,注明年、月、日。专用祝贺信的标题应写明具体名称。

贺信的书写应注意:①表示祝贺的感情应热烈、充沛、真挚;②文字应明快流畅,精练中肯;③评价恰当,篇幅短小。用电报传达祝贺、赞扬之意的,称为贺电。

4. 其他类型公文

(1) 调查报告。泛指反映调查研究成果的一种常用的应用文体。

调查报告是对典型事件、重要情况或社会问题,通过调查研究,深入进行理论分析和解剖,寻求其规律,提出新理论或决策,用于指导理论工作的一种实用文种,具有很强的现实性和价值性。调查报告的结构包括标题、正文、署名三个部分:①标题。一是单标题式,直接揭示主旨。二是双标题式:主标表示主旨、内容;副标:表明对象、范围。②正文。分引言、主体、结尾三个部分:一是引言,写明调查的概况,包括调查的对象、单位、事项、人员、范围、事件的背景、社会原因、采取的调查方式、调查报告的目的、意义和作用,并提出中心论点。二是主体,即调查的内容,概述典型事例,围绕中心论点,运用理论,层层剖析,可采用分论点式,小标题式加上评论,提炼观点,寻求规律,探求真理,形成共识:用事实证实观点,用理论深化观点,并提出新的观点。同时,要分析存在的问题,引起人们的重视,通过分析和评论,形成调查研究的成果,用于指导现实工作。三是结尾,即调查的结论,归纳全文,重申主旨,提出创见性的、新颖独到的建议和设想,具有探讨性和价值性。③署名。并要写明撰写的时间。

调查报告在写作上要注重内容与党的政策相统一的原则,注重观点统率材料的原则,注重叙述与议论相结合的原则,注重逻辑推理的原则。

(2)简报。泛指各单位用来汇报情况、指导工作、交流经验、互通信息的一种简短的报告材料。简报的种类较多,最为常见的有:①业务工作简报;②会议简报;③专题经验简报;④专业简报。不论哪种简报,都要求内容单一、篇幅短小、语言简明、编发及时、实事求是、真实可靠。简报的格式一般分为三部分:报头(包括名称、期数、编号、密级、编发单位和印发期)、主体(包括标题、正文、编者按和供稿者)、报尾(包括报送单位、发送范围和共印份数)。主体部分的写法没有固定的格式,但总的来说,标题应简明、突出,开头一般采用新闻导语写法,正文部分一般采用横式结构或纵式结构。此外,还有讲话发言摘要、转发材料(经过加工、删节、编排、加按语)、动态集锦、数据、图表分析等。简报要写得有质量,必须在四个字上下工夫:简、快、新、实。

(3)倡议书。泛指单位、团体、个人之间或者单位、团体内部为推动某项工作或重大社会工程、社会活动的开展,公开提出一些具体建议并用书面形式写出加以公布的一种应用文体。共青团组织的倡议书的作用是在较大的范围之内调动团员青年的积极性,使大家团结一致,共同奋斗,以完成预定目标。倡议书可在大会上宣读,也可用于张贴、刊登或印发给有关的单位、团体和个人。倡议书在结构上一般分三部分,即开头、正文和结尾:①开头。包括标题和称呼,标题首行居中写"倡议书"三字,再空一行写倡议的对象。②正文。在开始必须交待清楚发倡议的背景和目的,尔后再分条列项或者以其他逻辑方式明白、具体地写出倡议的具体内容,之后还要写出倡议人的希望,即以祈使性的语句表出决心。③结尾。要署上倡议单位或个人的名称,然后在名称下面填上年、月、日,是单位的,要加盖公章。在操作上,倡议书必须配合形势的需要,针对现实,结合本地区或行业、个人情况,合理提出,以便付诸实施。作为实用文件,倡议书的语言必须简练,条理清楚,感情充沛真挚,富有较强的鼓动性。此外,倡议书应避免使用敬意性用语。

(4)通讯。泛指以叙述、描写为主要表达方式,反映具有新闻价值的人物、事物和情况的新闻体裁。它要求比较生动、具体地报道新闻事件或新闻人物发生(成长)的经过及结果(经验)。通讯是由消息演化而来的。通讯的内容多反映典型人物和典型事件。强调思想性和群众性;材料丰富多样,全面系统;综合运用叙述、描写、议论、抒情等多种手法,形象生动,事件富有故事性,有细节。记叙是通讯最常用的一种形式。通讯可按照事物发展或人物成长顺序来安排材料,也可以通讯的主题思想为核心,对材料进行归纳、加工、组合,按照问题的性质进行归类,以体现主题,开掘、深化文章的思想内容。通讯按照内容可分为事件通讯、人物通讯、风貌通讯(概貌通讯)、工作通讯四种;按照表现形式则可分为记事通讯、访问记、小故事、新闻故事(小通讯)、集纳通讯(主题通讯)、巡礼、速写、特写、侧记、散记、采访札记、旅游通讯等。统发稿也属通讯的一种形式。

第六篇　上海共青团品牌工作

第一章　理论研究工作

一、上海青年发展年度报告（蓝皮书）

1999年以来，共青团上海市委通过实证研究的方式，对上海青年生存发展状况实施全过程追踪，先后形成《世纪之交的上海青年》、《传媒力量与当代青年》、《开放世界与当代青年》、《社会组织与当代青年》、《政治文明与当代青年》、《追求卓越的上海青年》、《和谐社会与当代青年》、《网络文明与当代青年》、《就业创业与当代青年》、《改革开放与当代青年》、《拥抱世博的当代青年》、《民生为本与当代青年》、《创新转型与当代青年》、《文化创新与当代青年》共14本报告集，为全面反映和预测上海青年的发展状况及其趋势提供了大量的翔实资料，为上海市委和共青团中央开展青年和共青团工作的科学决策提供了客观依据，为上海共青团和青年工作的开展提供了理论支撑，也有力地促进了社会各界对青年生存与发展状况的关注，具有积极的理论和现实意义，已经成为上海共青团研究工作的一项品牌，在全团具有较大的影响。

二、青年工作重大课题调研

共青团上海市委围绕上海经济社会发展大局，着重于思考解决青少年发展的紧迫问题和共青团建设的突出问题，定期开展上海青年工作重大课题调研，积极为上海市委、市政府决策青年工作提供建议，努

力推动共青团事业创新发展。2008年开展了"促进上海青少年全面参
与世博会的研究"等16个重大课题研究,为上海市十三届团代会召开
做好理论和思想准备。2010年开展了后世博系列课题研究,提前谋划
后世博上海的共青团工作。2011年开展了做好青年群众工作系列课
题研究,为共青团做好群众工作、参与社会建设提供理论支撑。2012
年开展了"强化共青团职能建设,提高共青团工作科学化水平的研究"
等20个系列重大课题研究,着重谋划和思考"十二五"期间上海共青团
工作,为上海市十四次团代会召开做好思想准备。

三、青年工作课题研究

为持续推进上海青年工作和共青团事业发展,共青团上海市委从
2001年开始,全面组织、开展上海共青团系统青年工作课题研究,推动
全市各级团组织研究青年和青年工作的现状,提高分析和解决现实问
题的能力,不断为党政部门提供青年工作的决策依据和政策建议。从
2002年起,共青团上海市委又专门设立"上海共青团信息调研奖",进
一步推动上海共青团大兴调查研究之风,鼓励和支持各级团组织深入
开展调研工作。12年来,累计推动基层团组织开展课题调研1500项,
提供课题资助经费和优秀调研成果奖励100多万元,编辑、出版《密切
团青关系的探索与实践》等调研课题集12本,在全国共青团系统产生
广泛影响。

四、青年发展战略论坛

上海青年发展战略论坛由共青团上海市委、上海社会科学院、上海
青年管理干部学院主办,旨在进一步全面整合全市青年和青年工作研
究的资源,提升全市青年和青年工作研究的综合实力,形成持续有效的
研究机制,进一步汇集党政有关部门、青年组织、高校及科研院所、民间
青年研究机构在内的各种力量,形成各方参与的研究态势,为构建党的
青年工作新格局提供思想、理论和政策基础。上海青年发展战略论坛

一般每年举行一届，从 2001 年起，先后以"公民道德建设与当代青少年发展"、"未来五年上海青年和青年工作发展战略"、"公共政策与青少年发展"、"党的执政能力建设与上海青年工作新发展"、"网络与青少年成长"、"和谐社会与政府青年事务创新"、"未来五年上海青年和青年工作的走势与展望"、"改革开放与当代青年"、"社会建设与共青团组织发展"、"志愿精神与青年责任"、"青年融合与城市发展"等为主题，共计举办了 12 届。

第二章　组织工作

一、党建带团建工作项目

　　《党章》在第十章"党和共产主义青年团的关系"中明确规定了"党建带团建"的根本原则。上海市九次党代会、市十三次团代会以来，全市各级党、团组织紧紧围绕上海改革发展稳定大局，以党的建设带动团的建设，以带团干部队伍建设为关键，以带基层组织建设为基础，以创先争优活动为载体，为推动上海科学发展和社会和谐作出新的贡献。2011年4月，上海市委组织部、共青团上海市委联合召开全市基层党建带团建暨共青团系统深入开展创先争优活动推进会，就大力加强全市基层党建带团建工作，进一步推动共青团系统深入开展创先争优活动进行部署。上海市委组织部、共青团上海市委组织召开基层团干部座谈会，走访党政领导干部，广泛听取各方意见，在2011年7月联合下发《关于加强新形势下本市基层党建带团建工作的实施意见》，针对基层党组织带团干部队伍建设、带基层团组织建设、带共青团创先争优以及加强党建带团建机制保障等方面提出了明确要求，为基层党建带团建工作的开展进一步明确了方向。2011年9月，上海市委出台《中共上海市委关于加强和改进工会、共青团、妇联等人民团体工作做好新形势下党的群众工作的意见》。根据会议精神和《意见》要求，上海市委组织部、共青团上海市委于2012年10月联合下发《关于开展基层党建带团建工作调研的通知》及《基层党建带团建工作重点指标体系》，推动全市257家市属党、团组织开展党建带团建工作自查；组成基层党建带团建工作联合调研组，针对部分地区、系统、单位落实《意见》情况进行实地调研走访，并向有关党、团组织负责同志反馈有关建议，进一步推动《意见》的贯彻落实；联合向各调研对象书面反馈《关于基层党建带团建工作调研的反馈意见》,指出有待提升的薄弱环节。同时,以党建带团建为重点的党建带群建工作被列为 2011 年、2012 年全市基层党建工作责任制检查重点内容,共青团上海市委多名干部参与到由上海市领导带队的检查组,对浦东新区、市国资委、市公安局等 28 家地区、系统、单位党建带团建情况进行实地检查。此外,还通过汇编、印发《全市基层党建带团建文件汇编》等多种形式,总结推广先进经验,形成工作示范。

二、共青团创先争优活动

按照上海市委和共青团中央的部署,共青团上海市委坚持党建带团建,在党组织和党员创先争优活动的引领下,组织动员全市各级团组织和广大团员青年,以"密切团青关系,服务转型发展"为主题,以"创建'五四'红旗团组织,争当优秀团员团干部"为主要内容,深入推进创先争优活动。

(1)开展"争红旗、创特色"活动。组织、指导基层团组织积极争创"上海市'五四'红旗团委"、"上海市'五四'特色团委"、"上海市'五四'红旗团支部",通过深入开展互访互评活动,增进创建单位间的交流和学习,推动组织建设和工作水平提升。

(2)开展"一团一品"建设工程。鼓励基层团支部摒弃"求全求大"的工作思路,在做好各项基础工作的同时,根据实际,凸显特色,确定重点建设方向,形成工作品牌。围绕党政中心和青年需求,通过集中开展某些适合本支部特点的特色工作,来带动团支部的整体建设,真正发挥战斗的堡垒作用。

(3)开展"走千访万·听研评荐"主题活动。发动全市各级团干部走千家基层团组织、访万名普通青年,坚持深入基层联系点,围绕"听"、"研"、"评"、"荐"四项内容,创造性地开展工作,在推动密切团青关系、提升团干部群众工作水平等方面取得了一定成效。

三、"上海市青年五四奖章"评选活动

"上海市青年五四奖章"是共青团上海市委、上海市人力资源和社会保障局以及上海市公务员局为表彰先进,大力宣传在本市加快推进"四个率先",加快建设"四个中心"工作中作出突出贡献的青年典型,引导和激励全市广大青年锐意进取、开拓奉献,而授予青年和青年集体的最高荣誉,一般在每年"五四"青年节期间进行表彰。

评选活动分为"上海市青年五四奖章"集体和个人两类。其中,集体评选范围为40周岁以下青年占60%以上,建立时间2年以上并保持相对稳定性的青年组织、青年团队;个人评选范围为年龄在14周岁至40周岁的本市各行各业青年模范人物。每年,全市评选产生"上海市青年五四奖章"集体200个、"上海市青年五四奖章"个人400名,并从中产生"上海市青年五四奖章标兵"10名。

"上海市青年五四奖章"获得者来自各行各业,是上海城市发展和社会主义现代化建设实践中涌现出来的优秀青年典型。评选活动集中展示了上海青年的优异成绩、良好形象和精神风貌。同时,引领全市广大青年在新的起点上推动科学发展、和谐发展、跨越发展,为推进上海实现创新驱动、转型发展作出新的更大贡献。

四、外省区市驻沪团组织建设

2008年胡锦涛同志在同共青团中央新一届领导班子和团的十六大代表座谈时,对团组织提出了"力争使团的基层组织网络覆盖全体青年,使团的各项工作和活动影响全体青年"的总体要求,这是当前共青团组织的根本政治目标。在城乡二元结构和青年流动性增强的背景下,大量农村青年外出务工,其居住关系、人事关系、组织关系较不稳定,传统的团组织难以实现对其全面覆盖。为贯彻落实胡锦涛同志"两个全体青年"的总体要求,扩大对外出务工青年群体的组织覆盖和工作覆盖,2010年以来,全团将驻外团工委建设作为加强基层组织建

设和基层工作的重点工程大力推进,河南、安徽等务工青年主要流出省份的省、市、县三级团组织在务工青年相对集中流入的北京、上海、广东等地区普遍建立省、市、县三级驻外团工委。

目前,河南等省各级团组织在上海已广泛建立省、市、县三级驻沪团工委,各级驻沪团工委建立了直属非公企业团组织、新社会组织团组织、网络团组织,同时还建立了志愿者服务队、维权服务站、在沪青企协、各类青年自组织、兴趣组织等团的外围组织。各级驻沪团组织独立开展并与本地团组织联合开展服务来沪务工青年的工作和活动项目,受到了务工青年的热烈欢迎,取得了良好的社会反响,在来沪务工青年中的吸引力和凝聚力不断提升。

五、共青团干部党性教育专题培训班

为贯彻落实胡锦涛同志"七一"重要讲话精神、新时期中央和上海市委关于党建带团建的工作要求,加强新时期团干部队伍建设,上海市委组织部、市委党校、共青团上海市委共同举办共青团干部党性教育专题培训班,以党性教育为主线,以理论武装与基层实践相结合为主要方式,围绕"走进基层、走入农村、走进百姓,增强群众感情、增强党性修养、增强实践能力"主题,让团干部了解国情民情,了解群众甘苦,提升加强党性修养的自觉性主动性,坚定走中国特色社会主义道路的信念和信心。

培训班以党性教育为主线贯穿始终。在实践学习阶段,学员们在农村开展农业生产劳动,进行农村课题调研,走访农民家庭,慰问困难群众,参与镇村工作,开展志愿服务等;在理论学习阶段,学员们认真学习理论课程,听取先进人物报告,同优秀党员干部座谈,赴信访部门参观,参观教育基地;在党性分析阶段,学员们认真撰写分析材料,坦诚向组织汇报,全面查找不足,深刻自我剖析,提出改进措施。

共青团干部党性教育专题培训班形式新、内容实、要求高。选拔表现优秀的市属团组织主要负责人参与培训。培训班以自我管理为主,成立班委及专门工作小组,召开专题党组织生活会,开展分组讨论,编发培训班简报,还举行了丰富多彩的班级活动。通过培训,团干部们增进了群众感情,提升了理论底气,增强了党性修养,为打造高水平的上海共青团干部队伍作出了积极贡献。

六、青年英才开发计划

根据上海市委、市政府《上海市中长期人才发展规划纲要(2010～2020年)》和《上海市人才工作协调小组实施〈上海市中长期人才发展规划纲要(2010～2020年)〉任务分工方案》的要求,上海市委组织部、共青团上海市委、市委宣传部、市科技工作党委、市科委、市教卫工作党委、市教委共同负责制定、实施"青年英才培养计划","抓紧培养造就青年人才,采取特殊政策措施,使大批青年英才不断脱颖而出"。该计划是上海16个重大人才工程之一。共青团组织制定、实施"青年英才培养计划"就是要按照"及早选苗、重点扶持、跟踪培养"的基本思路,确定将青年人才培养工作的端口前移,从发现、培养、凝聚、举荐四个环节入手打造青年人才培养的完整链条;完善组织架构、政策服务、经费投入、质量管控,为青年人才的培养和输送提供有力保障,发挥桥梁和纽带作用;以组织选拔发现人才,以优质服务培养人才,以专业平台凝聚人才,以多重渠道举荐人才,形成体系化推进和项目化运作的模式,在管理、创新创业、社会建设等重点领域制定子计划,并重点实施和开展一系列工作项目,为上海经济、社会发展培养和输送青年英才。

七、团建布点试验

根据上海共青团"争红旗、创特色"活动有关要求,上海市五四红旗团委创建单位在创建期内须完成一项团建布点试验,并把开展团建布点试验的情况作为评审的依据之一。团建布点试验旨在着力研究和解决新形势下团的建设和工作面临的新情况、新问题,形成符合时代发展要求、富有实效和特色、具有一定普遍意义的工作新机制、新方法。上海市五四红旗团委创建单位要从团建布点试验重点方向中选取一个方向或自行确定重点方向,制定团建布点试验计划。团建布点试验重在实践,上海市五四红旗团委创建单位在调研的基础上,边实践,边总结,边研究,边提高,扎实有效地开展团建布点试验,撰写形成《团建布点试验报告》。

《团建布点试验报告》的基本要素主要包括:①背景与概述,即团的工作存在什么样的困难、挑战或机遇,反映出团的建设中存在的深层次问题是什么;②实施目标,即布点试验的目标方向,要解决的问题和达到的效果;③具体举措和实施情况(重点),即如何围绕目标,有目的、分步骤地开展布点试验;④工作成效与体会,即布点试验取得的成效或阶段性成效。团建布点实验注重分析影响布点试验成败的主要因素及其作用机理,力图提炼出具有普遍性的工作规律,总结出相应的工作方法、工作模式、工作机制等。

第三章　宣传文化工作

一、"永远跟党走"主题教育实践活动

为进一步巩固党执政的青年群众基础，共青团上海市委每年围绕"五四"、"七一"等重大时间节点，开展"重温党的历史，继承优良传统，坚定永远跟党走中国特色社会主义道路"信念的主题教育实践活动，这也是共青团中央"学党史、知党情、跟党走"主题教育活动的重要组成部分。

该实践活动的内容包括：① 开展主题纪念活动，引导广大团员青年坚定信念永远跟党走。各级团组织把纪念"五四"运动、"七一"建党与宣传党的光辉历史、弘扬党的优秀传统、歌颂党的伟大功绩有机结合起来，通过开展书画展、演讲会、寻访、主题征文、歌咏比赛等多种形式引导广大团员、青年深入了解党的历史，增进对党的感情。②开展主题实践活动，引导广大团员、青年在上海城市发展中建功立业。如深化推进大学生科技创新行动，组织开展大学生创业计划大赛，增强大学生的创新意识；在职业青年中大力开展青年文明号、岗位能手、创新创效等活动，提升青工的技能水平，激发青年科技工作者的创造活力，引导广大团员、青年提升创新素质，发挥聪明才智，争创一流业绩。③开展思想意识教育，引导广大团员青年提升素质、增强责任感。各级团组织积极加强团干部的培训工作，增强团干部的大局意识和综合素质，增强团干部为党工作的责任感，提升团干部做好群众工作的能力；积极做好推优入党工作，在"五四"前后开展"高举团旗永远跟党走宣誓"活动，在"七一"前后开展"新党员入党宣誓"、"老党员重温入党誓言"活动，在广大团员青年中形成努力提升综合素质、积极向党靠拢的良好氛围，吸引更多更优秀的团员青年，为党组织源源不断地输送新鲜血液。

二、"我与祖国共奋进"——上海青少年爱国主义教育活动

为进一步激发广大青少年继承和弘扬爱国主义光荣传统,上海共青团深入推进"我与祖国共奋进"青少年爱国主义教育活动。

该教育活动的内容包括:①围绕"十一"国庆节等重大时间节点,以庆祝新中国成立周年纪念为主题内容,通过举办升国旗仪式等标志性仪式活动,在全市广大青少年中深入开展"我与祖国共奋进"——上海青少年爱国主义教育活动。自2002年起,共青团上海市委每年10月1日国庆节当天在人民广场等重要地标,组织来自全市各行各业优秀青少年代表千余人,举行隆重的升旗仪式,宣誓牢记历史使命,勇担祖国发展重任。此项活动已经成为上海青少年爱国主义教育的品牌项目,弘扬民族精神和城市精神的重要载体。②在平时,通过采访先进青年代表、对话革命老前辈、诗歌创作、青年倡议、对祖国祝福寄语等活动形式,进一步加强和改进青少年思想道德建设,加强爱国主义正面引导,适应形势发展变化和青少年的接受特点,从实际出发,创造性地开展活动。

三、"真理的力量"——上海青少年理论宣讲活动

为扎实推进上海青少年理论宣讲工作,进一步在全市各级团组织和广大团员青年中唱响热爱党、热爱祖国、热爱中国特色社会主义的时代主旋律,近年来,共青团上海市委结合纪念建党90周年、纪念新中国成立60周年、纪念建团90周年、学习贯彻党的十八大和上海市第十次党代会精神等主题,结合实际和基层需求,开展了"真理的力量"——上海青少年理论宣讲活动。

该宣讲活动主要分为政治、经济、文化、社会、生态、党(团)建、青年工作等专题,结合国民经济和社会发展规划等经济、社会发展形势热点,邀请中共上海市委党校、上海社会科学院以及上海其他高校的知名

教授学者、青年教师、在沪"两院"院士、百老德育讲师团成员、资深党史工作者以及部分优秀青年典型人物近百余人，共同组成上海青年理论宣讲讲师团和专家团，为广大青少年进行宣讲，讲座内容总计近200项。

该宣讲活动由共青团上海市委根据相关单位提供的讲课资源，下发"宣讲活动师资及课题一览表"，各基层单位在一览表中选择自己希望邀请的讲座，向共青团上海市委宣传部提出书面申请。共青团上海市委与基层团组织确认选课内容后，将基层讲课需求与相关单位沟通联系，确定宣讲时间、主讲人和选题，并反馈给申办单位团组织，将优秀讲师和课程送到基层。该活动受到广泛欢迎，每年全市基层团组织通过此机制共举办各类宣讲活动千余场。

四、"上海文化新人"评选

上海文化事业的繁荣发展，迫切需要培养和凝聚一批优秀青年文化人才，通过他们生动的实践和创造，为上海国际文化大都市的建设贡献力量。为加强本市青年文化艺术人才队伍建设，促进优秀青年文艺人才脱颖而出，推动上海青年文化事业繁荣发展，从1998年开始，共青团上海市委组织开展"上海文化新人"评选（从2011年起，上海市委宣传部加入到主办单位的行列）。

"上海文化新人"评选每两年一次，面向年龄在35周岁以下，活跃在本市社会科学、文学艺术、新闻、出版、文化经营以及创意设计等文化产业及新兴领域的优秀青年文化人才。评选面向社会公开举行，接受组织推荐、专家举荐、个人自荐等多种形式的申报，并由上海宣传文化系统的领导和专家学者组成评委班子，候选人通过官方网站、微博互动、候选人网上展示专区、候选人参与公益项目路演展示、公众投票等渠道，评选结果具有公正性和权威性。

截至2012年4月，上海先后举办了八届评选，共产生文化新人86名，提名奖89名，经过十多年的积累和磨炼，在他们中间走出了像廖昌永、黄豆豆、董卿、张军、王珮瑜、罗小慈、潘向黎等一批优秀文化艺术人才,还有许多人走上了上海宣传文化领域的管理岗位,"文化新人"们日渐成为上海文化舞台的领军人物和中坚力量。"上海文化新人"评选活动已成为本市具有权威性和影响力的推荐、选拔和培养青年文化人才的特色工作品牌。

五、"唱响青春——上海青年文化风尚季"活动

为贯彻落实中央和上海市委相关精神,用社会主义核心价值观引领广大青少年,用"公正、包容、责任、诚信"的价值取向指引青少年,创新青少年思想教育方式,激发青少年文化创造活力,共青团上海市委于2012年在全市团员、青年中广泛开展"唱响青春——上海青年文化风尚季"活动,推出一批优秀的、青年喜闻乐见的文化作品,为上海基层团组织和团员青年提供优质公共文化产品和服务。

文化风尚季的总体布局是"风、雅、颂"三大板块,立足于传统文化的土壤,寻求青年文化继承与创新的主脉络。

在"风"系列活动中,共青团上海市委推出上海青年原创舞台,征集31台青年原创艺术作品和58个优秀原创小节目并进行展演,近万名青年免费享受到这一文化大餐;推出上海青年文艺巡演,26家基层团组织进行31场文艺巡演,15000名青年参与此项活动;推出上海青年风尚节,近2000名青年组建近300支风尚小队完成公益任务;推出上海青年网络文化节,"听道讲坛"吸引了共4000余名观众参与。

在"雅"系列活动中,共青团上海市委推出上海青年书法美术展,汇集、呈现了一批当代上海青年书法家、篆刻家、美术家的数百件展品;推出上海青年诗歌征集活动,共收到1981首诗歌作品应征,《青年报》选登了优秀诗歌作品,并编辑、出版了优秀诗作集;推出上海青年人文经典读书活动,在上海七家书城(店)设立品读专区,组织了十余场人文经典专题讲座,为全市5万余名团员、青年免费发放个性化上海青年读书卡;推出上海青年文化讲坛,连续四个周末在上海图书馆举办主题讲座,吸引了1200余名青少年和市民群众参与。

在"颂"系列活动中,还举办"唱响青春——2012上海青年文化风尚盛典",汇聚上海青年文化英才,融合多种艺术表现方式,使观众在接受难忘的文化艺术熏陶的同时,受到一次深刻的爱国主义教育。

六、"创意城市,创意未来——上海青年创意汇"系列活动

为认真贯彻落实中央和上海市委有关精神,主动参与服务本市"创意城市"和"设计之都"建设,大力推动上海青年创意文化建设,共青团上海市委联合相关部门,从2010年起,连续开展"创意城市,创意未来—上海青年创意汇"系列活动。

每年的创意汇活动一般由"上海青年高端创意人才促进计划"(内容详见本章项目七)与"上海青年创意日"组成。

"上海青年创意日"每年在标志性创意园区或公共场所举行,通过不同的活动内容,演绎"设计点亮生活,创意改变未来"的主题内涵。2010年创意日汇聚沪上创意音乐、创意舞蹈、创意设计、创意戏剧、创意娱乐、创意生活等六大领域的知名人士和青年新锐,举行生动讲演、现场互动与精彩呈现青年创意主题秀。2011年创意日共推出包括"2011上海青年高端创意人才论坛"、"流动的灵感"上海青年创意帐篷设计展等12个创意项目,首创"上海青年优秀创意大展",分为高端展示区、品牌交易区和用品集市区三大板块,共吸引来自全市的184家优秀创意企业、独立设计师及创意达人进驻参展。2012年创意日活动由"一展两节"构成活动主体,其中上海青年优秀创意大展让300个创意企业和设计达人齐聚一堂,在固定的摊位上展示自己的原创设计作品;上海青年"蚂蚁设计节"汇聚灵感,近600位青年设计师倾情参与,对蚂蚁造型的模型进行再创作与设计,诠释青年拼搏进取精神;上海青年"蚂蚁音乐节"助推原创音乐,一支支优秀乐队、一位位年轻音乐人献上了文化饕餮大餐。

创意汇活动开展三年来,受到党政领导、各级团组织和广大团员、青年的热烈欢迎,取得了良好社会影响,形成了品牌效应。

七、上海青年高端创意人才促进计划

为贯彻上海市委、市政府创意城市推进工作会议精神,以"设计之都"建设为契机,进一步促进上海创意产业发展,贯彻落实《上海市中长期人才发展规划纲要(2010～2020年)》要求,创新上海青年创意人才的培育机制,加快提升上海青年的创意能力,发掘、宣传和培育一批青年高端创意人才,共青团上海市委、上海市经济和信息化工作党委以及市经济和信息化委自2010年开始联合实施该计划。

该计划主要面向18～40周岁从事工业设计、时尚设计、建筑与城市设计、室内装饰设计、平面与多媒体设计、创意管理等相关工作的上海市民或在沪工作一年以上的青年,通过团体推荐和个人自荐等形式,使其纳入到人才促进计划的选拔过程中。每年选拔20名左右的优秀青年进入高端创意人才库,通过不断的滚动,形成青年高端创意人才选拔、培养、支持等相关工作机制,最终建设一支善于创新创业、促进创意产业发展的高素质青年创意人才队伍。

截至2012年底,已有青年高端创意人才30人、提名奖31人脱颖而出,入选上海青年高端创意人才库。他们来自多个创意领域,其中既有走在时尚前沿、引领时尚潮流、屡获国际大奖的青年设计师,也有跨国时尚媒体集团的领军人物;既有从事工业产品外观设计和工业机械设备数字化设计的青年人才,也有为人师表,不断培养创意设计人才的青年教师;既有新兴互联网创意平台的领军人物,也有在创意管理、园区运营等领域创新突破的优秀青年管理人才。该促进计划日渐成为上海高端创意人才领域颇有影响力的工作项目。

八、上海青少年"城市文明新约"推广计划

根据上海市第十次党代会的精神要求,上海在加快建设社会主义现代化国际大都市进程中,城市"软环境"建设十分重要。上海市民,特别是上海青少年的公共礼仪和文明素养,是展示城市软实力的一张名

片。为此,从 2012 年 11 月起,共青团上海市委推出了上海青少年"城市文明新约"推广计划,充分发挥青少年群体引领社会新风的作用,积极推动市民提升文明素养。

　　上海青少年"城市文明新约"提倡的核心理念是"我和文明有个约定",倡导"爱护环境我先行,公共场所小声说,交通法规要遵循,排队守序懂礼仪"。该计划创新运用"乐米兔、叨叨狗、小马哥、绅士鹿"四个动漫卡通形象,分别代言"城市文明新约"推广的四个核心内容,传播青少年文明礼仪规范。通过一系列文化产品的推出、推广,积极发挥青少年群体引领社会新风尚的作用,以"小手牵大手",推动市民文明素养的提升,力争覆盖全体青少年人群,为上海城市"软环境"建设作出贡献。

　　上海青少年"城市文明新约"推广计划已被正式纳入 2013 年度上海市政府为民办实事项目,并面向社会公布。该计划主要内容包括:在全市建立"城市文明新约"宣传推广青年志愿者队伍,在公共场所开展"城市文明新约"宣传推广和志愿服务行动;发放装有"城市文明新约"系列风尚生活衍生品的"文明行囊";制作"城市文明新约"公益宣传片并进行投放;组织开展"城市文明新约"公益广告设计大赛,生活衍生品创意作品征集等活动,联合相关媒体和网络,开展"城市文明新约"媒体推广;制作宣传推广漫画口袋书,并编发、推送相关手机报和电子杂志。

第四章 统战工作

一、"上海十大杰出青年"评选表彰活动

为了表彰和宣传在上海改革开放和社会主义现代化建设事业中作出突出贡献的优秀青年,树立当代上海杰出青年的典范形象,在上海市委、市政府的关心支持下,共青团上海市委、市青联于 1993 年 11 月提议立项,1994 年 2 月正式发起"上海十大杰出青年"评选表彰活动。

该活动由共青团上海市委、市青联、市文明办、杰青协会联合上海相关媒体共同主办。活动由主办单位负责人、上海市有关委办负责人、各界知名人士、专家学者及有关方面权威人士组成组委会,负责评选活动的组织工作,迄今已举办 15 届,共选出 150 名在上海工作生活、具有时代精神和真才实学的杰出青年代表人物。活动组委会办公室设在市青联秘书处和杰青协会秘书处,在组委会领导下具体负责活动的实施。

在社会各界的参与和支持下,"上海十大杰出青年"评选表彰活动不断规范流程、完善机制、扩大影响,已经成为社会化、规范化程度高,权威性、客观性强的青年荣誉奖项,一个个耳熟能详的名字和上海的改革发展紧密结合在一起,成为一代上海青年与城市共成长的缩影。评选活动为上海青年人才搭建了一个重要的展示舞台,进一步激励了上海各族、各界青年创业奋斗、成长成才,拓展了青年人才的发现渠道,实践了以社会公认为基础的优秀青年人才评价标准,为上海青年提供了符合时代要求的成长坐标。

二、沪港澳青年经济发展论坛

为了进一步加强沪港澳三地的交流,联络三地青年的感情,共同促

进三地的繁荣、发展与稳定,为中华民族的伟大复兴增添力量,主办方于1999年创办一年一次的高层次青年经济论坛——"沪港青年经济发展论坛",并在2007年发展成为目前的"沪港澳青年经济发展论坛"。论坛现由中共上海市委统战部(上海海外联谊会)、共青团上海市委(上海市青年联合会)与香港青年联会、澳门青年联合会、沪港经济发展协会、沪港青年交流促进会、澳门苏浙沪同乡会青年委员会七家单位共同主办,轮流在上海、香港、澳门三地举办,已有超过3000名各界优秀青年代表参加。

沪港澳青年经济发展论坛始终紧跟国内外经济发展大势,把握三地经济发展热点,先后围绕企业管理、信息技术、现代服务业、后世博发展机遇、国际金融中心建设等主题,邀请三地政府官员、知名企业家、相关领域专家学者、各界青年代表人士以及香港学生领袖代表参加论坛。上海市领导韩正、冯国勤、屠光绍,香港特区梁振英、梁爱诗,澳门特区谭伯源,经济学家林毅夫等沪港澳三地政、经界重要人士先后担任论坛嘉宾参与研讨。

沪港澳青年经济发展论坛已经发展成为三地青年和青年组织拓宽交流领域、搭建合作的崭新平台,为团结凝聚沪港澳优秀青年代表、加强沪港澳三地紧密合作、推进沪港澳经济与社会发展起到了积极的促进作用,赢得了良好的社会声誉。

三、青联委员"走进"系列活动

为积极探索服务大局和服务青年的有效路径,共青团上海市委、市青联充分发挥组织和人才优势,开创并重点打造青联委员"走进"系列活动。活动通过组织青联委员深入区县、行业一线考察调研、座谈交流,搭建青联委员与区县、行业之间近距离互动的平台,发挥他们的专业优势和行业特长,为区县、行业发展出谋划策,积极提升共青团和青联组织在服务经济工作大局中的贡献率;同时,推动产学研转化和产业的项目化运作,直接服务于经济事业发展。

从2011年起,上海市青联组织委员、代表集体前往部分区县,开展交流座谈，为当地经济社会发展建言献策。2012年，组织召开"市青联与区（县）、行业青联结对共建主题活动"，将区（县）、行业青联与市青联各界别有机对接，使青联委员"走进"系列活动在机制性、长效性和规范性上得到进一步提升。

活动组织青联委员通过参观考察的形式了解区域、行业的区位优势、产业特点，并通过座谈交流的形式进一步了解区域发展规划、重点项目建设、投资政策情况，与区域、行业领导就相关领域建设情况深入交流，为区域和行业发展献计献策；同时，鼓励青联委员进行资源对接，在服务区域经济建设的同时，也服务自身发展。共青团上海市委、市青联积极促进项目落地，并把青联委员的重要观点和建议及时整理，供有关部门决策参考，并通过人大代表、政协委员提出提案议案，推动政策制定和完善，大力推动各类研究成果的形成和转化。

四、上海市金融青年服务实体经济行动计划

为了充分发挥上海金融行业青年的聪明才智和积极作用，为上海国际金融中心建设作出积极而有效的贡献，共青团上海市委、中国人民银行上海总部、市银监局、市经信党委、市经信委、市金融党委、市金融办、市金融青联等单位共同主办实施了上海市金融青年服务实体经济行动计划。计划主要分为三大板块：

（1）金融青联对话实体经济计划。主要通过组织金融行业与实体经济企业面对面交流，解决企业金融服务困难，聚焦重点行业中的中小微企业，由金融企业提供专人、专项、专属的融资指导和融资服务，直接解决发展中的资金问题。

（2）金融青年助力国际金融中心建设计划。主要依托金融企业团组织开展各类主题活动，通过行业专家授课、交流座谈会、参观学习等丰富多彩的活动形式，带领广大金融青年立足岗位、刻苦钻研、锤炼本领、增长才干，为上海建设国际金融中心奉献智慧和才华。

（3）金融青联服务中小微企业成长计划。联合中小微企业发展进程中的相关主管和服务单位，编写、出版实用有效、生动形象、简明扼要

的"口袋本"实用手册,为企业提供服务政策、项目融资等方面的咨询信息,解决实体经济与金融机构融资信息不对称的问题。

行动计划通过具有实效性的活动和举措,为服务国际金融中心建设、服务中小微企业发展壮大、服务青年金融人才成长贡献力量。

五、"心手相牵 健康同行"——上海青年医学专家"创先争优"志愿服务系列行动

为进一步探索共青团和青联组织更好地服务上海医药卫生事业发展的有效载体,服务人民群众日益增长的医疗卫生需求和健康生活要求,为构建和谐医患关系贡献力量,上海市医药卫生青联与市卫生局团委从2012年起联合开展"心手相牵 健康同行"——上海青年医学专家"创先争优"志愿服务系列行动。

该系列行动以"凝聚·服务"为宗旨,在前期"健康面对面"活动取得良好成效的基础上,坚持市区联动、资源共享的工作理念,充分发挥共青团和青联的组织优势和人才优势,结合卫生工作的特点和热点,重点关注外来务工人员、来沪青少年、生命晚期人士和郊县困难村民等群体,每次走进一个区县,针对一类需要重点帮助的困难群体,邀请技术精、讲奉献的优秀青年医学专家开展"四进八送"活动,即进社区、进学校、进工地、进农村,送义诊、送讲座、送培训、送体检、送资金、送慰问、送家庭药箱和送健康书籍,使群众得到实惠。活动将根据需要持续开展,覆盖全市各区县,集医卫青联人才之志,求满足市民需求之效,打造全新品牌,为服务大众民生、创造和谐医患关系作出突出贡献。

六、博士服务团

为进一步服务西部大开发战略,促进区域经济协调发展,全面建设小康社会,按照中共中央组织部和共青团中央的工作要求,上海市委组织部、共青团上海市委于2003年启动了博士服务团选派工作,将博士

服务团作为上海服务全国、服务西部的有效手段，既为西部地区实现跨越式发展提供智力支持，也为上海培养造就一批复合型高层次青年人才。

在该项工作中，各单位分工协作，推进有力。上海市委组织部制定政策，规划方向，充分发挥主导作用；共青团上海市委努力发挥共青团的优势，主动、积极配合市委组织部做好服务和后勤保障工作；各派出单位大力支持，选派精干力量，并从工作、生活等方面为博士们解除后顾之忧。参团的博士们扎实融入，成绩显著。他们在新的岗位上和环境里，积极践行"了解国情、服务地方，积累经验、增长才干"的宗旨，不断提升"谦虚学习、勤于实干"的形象，努力实践"三个代表"重要思想，带头宣传科学发展观，在实践中不断锤炼党性，树立艰苦朴素的优良思想作风，积极服务地方，积累基层工作经验，实现了为人民群众谋利益和向人民群众学习的有机结合，实现了知识与实践的有效对接。截至目前，共选派9批计50名博士服务团成员赴云南、贵州、陕西、甘肃、新疆等西部省区进行服务锻炼，受到了用人单位的一致好评。

七、香港大学生暑期内地（上海）实习计划

为帮助香港青年了解内地的经济发展和社会进步的实际状况，增强香港青年爱国爱港的热情，增进内地与香港青年一代的相互了解和友谊，同时提升上海企业在港知名度，根据共青团中央、全国青联与香港中联办的统一部署，上海市青联于2011年起开始实施香港大学生暑期内地（上海）实习计划。

香港大学生暑期内地（上海）实习计划每年为120名左右的香港大学生提供为期一个月的在沪实习机会。上海市青联每年组织安排10余家青联委员所在的企业接纳来自香港多所高校的实习生，企业根据香港大学生的专业特长及岗位要求，落实大学生的实习工作和学习生活。同时，为更好地了解内地经济建设及社会发展，感受上海的生活和企业文化，香港大学生积极参与由各企业组织安排的社情考察寻访及

文化活动,感受上海的独特魅力。

　　该项活动得到了共青团中央、全国青联和香港中联办的大力支持以及上海广大青联委员的积极响应。20余家企业接待了来自15所香港高校的实习大学生200余人。通过在沪实习工作,使香港大学生对内地的经济、社会发展有了进一步的直观认识,增进了对祖国内地的感情,对其未来事业发展方向有了更多的思考。通过实习计划这一纽带,更加密切了沪港两地之间的友谊,为两地共同繁荣发展打下坚实的基础。

八、上海市区(县)、行业青联与市青联各界别结对共建活动

　　为有效发挥青联组织在平台和资源上的优势,不断加强市、区(县)、行业青联组织之间的互动合作,促进青联组织在工作上相互借力、活动上共同参与、资源上共建共享,不断提升青联组织的活跃度和影响力,市青联联合各有关青联组织共同开展上海市区(县)、行业青联与市青联各界别结对共建活动。

　　结对共建贴近各级各类青联的实际,按照有利于广大青联委员的自身发展,有利于推动区(县)、行业青少年工作,有利于推动各青联组织在本区域、本行业的发展,有利于推动青联组织全面活跃和自身建设的原则,将各级各类青联组织分成若干小组,并和市青联有关界别结对。各结对共建小组采取轮值单位负责制,负责召集和组织成员联合开展活动。结对共建小组的活动聚焦经济社会建设、青少年成长成才、委员服务工作等三个方面。

　　结对共建的工作机制让各级各类青联组织密切沟通,互相交流,促进了工作,交流了友谊,广泛吸引和凝聚青联委员积极参与,服务经济社会和青少年发展,形成了良性互动机制。

第五章　网络信息工作

一、2009～2013年上海共青团信息化发展规划

为进一步促进信息共享、资源整合和协同互动,推动共青团事业更好地发展,从 2008 年起,共青团上海市委结合团中央《共青团工作五年纲要(2009～2013)》和上海市十三次团代会精神以及对未来五年上海共青团事业总体发展的定位,制定了新一轮共青团信息化发展规划,并于 2009 年 8 月 18 日正式发布。规划明确提出,要逐步建立起上海共青团信息化"521"整体框架,即建设 5 个平台、2 大体系和 1 套保障措施。5 个平台包括基础设施平台、信息资源平台、应用支撑平台、业务应用平台和公共服务平台;2 大体系包括安全体系和制度体系;1 套保障措施包括组织保障、人才保障、资金保障等。这一整体框架的建成,成为了上海建设"数字共青团"的重要里程碑。规划明确了上海共青团信息化建设进一步围绕加强共青团凝聚力建设的目标,深化信息技术在共青团工作中的应用,加强团内信息资源的开发与利用,努力在推动团建创新、拓展服务领域、提升工作效率、促进青年和谐互动上取得突破,将进一步推动上海共青团事业全面、协调、可持续发展。

二、"上海IT青年十大新锐"评选活动

"上海 IT 青年十大新锐"评选活动旨在评选和表彰在上海信息化建设中作出突出贡献的青年,树立上海 IT 青年的典范,是上海在信息化领域青年中开展的第一个综合性奖项评选,也是团结、凝聚 IT 青年为上海加快实现"四个率先"、建设"四个中心"作出应有贡献的重要举

措。2002 年评选活动由共青团上海市委、原市信息委、市青联等单位首次联合主办，此后每年一评。从 2010 年起，该活动改为由共青团上海市委、市经信党委、市经信委、市青联指导，市信息化青年人才协会等单位主办，至今已举办了十一届。

11 年来，活动成功塑造了"党政关注、社会认同、IT 青年向往"的信息化领域青年荣誉品牌，陈天桥、邵亦波、梁建章、江南春等一大批优秀 IT 青年典型在活动中脱颖而出。评选活动充分展示了 IT 优秀青年的风采，广泛宣传了他们的先进事迹，激励着更多青年为上海信息化建设的美好明天建功成才。上海市委、市政府领导对评选活动高度重视，多次出席颁奖典礼并为获奖者颁奖。上海各主要新闻媒体和专业媒体多次对评选活动及获奖者进行了报道。

三、上海 IT 青年创新创业行动

上海 IT 青年创新创业行动是在共青团上海市委、市经信委、市科委、市青联、市学联等单位指导下，由共青团上海市委所属上海市信息化青年人才协会开展的一项上海信息化领域优秀青年创业项目评选和表彰活动，覆盖范围包括信息基础设施领域、信息产业领域、软件开发领域、经济与社会信息化领域以及信息化环境营造领域等，旨在进一步搭建 IT 青年创业者与创业服务平台、政府部门、投资机构以及创业成功人士之间的沟通平台，积极鼓励、扶持本市信息化领域广大青年勇于创新、敢于创业，帮助大学生增加就业创业锻炼并最终实现创业梦想。自 2006 年以来已成功举办四届，主要面向上海18 至 40 周岁青年，重点是大学生创业者。通过举办 IT 青年创业大赛、创意大赛、校园巡讲、创业培训、创业沙龙等活动，设立了"IT 青年创业发展基金"和"IT 青年创业孵化基地"，一大批具有创新精神的优秀青年和具有发展潜力的精品项目脱颖而出。活动的开展为青年创业提供了有力支撑，充分体现了青年人的创造力，营造了基于新媒体开展创新创业的环境。

四、共青团参与新媒体舆论引导和宣传工作

近年来，共青团上海市委密切关注新媒体的发展动态，在新媒体舆论引导和宣传方面形成了上海共青团的工作特色。

在新媒体舆论引导方面，2005年7月，共青团上海市委、原市网宣办共同组建了上海青年网络评论员队伍，2006年12月又组建了青年网络信息员队伍，与青年网络评论员队伍一起统称为上海青年网宣工作队伍。依托这一工作队伍，及时掌握、研判并跟进互联网上的社会特点、青年动态，并根据共青团上海市委和相关主管部门要求，开展舆情引导工作。2011年以来，共青团上海市委陆续推出了"@青青上海"、"@共青团上海12355"、"上海青年志愿者"等官方微博，通过运用生动活泼的网络语言，唱响青少年思想道德教育的主旋律，成为共青团上海市委参与舆论引导，营造积极向上互联网环境的又一重要阵地。全市各级团组织、团干部也纷纷开设微博，与团员、青年开展互动，上海共青团微博工作格局初步形成。

在新媒体宣传工作方面，共青团上海市委一方面继续做强上海共青团网（www. shyouth. net）和上海青年电子社区（www. why. com. cn）等团属网站建设，不断扩大网站的影响力，打好网宣主动仗，扩大宣传覆盖面，增强工作和活动的吸引力，大力宣传党的基本理论、基本路线、基本纲领和基本经验，在互联网上唱响青少年思想道德教育的主旋律；另一方面，共青团上海市委进一步梳理整合上海共青团的信息资源，编制"上海共青团信息资源目录"，成立"青春上海"编辑部，负责编制"青春上海"手机彩信报、"青春上海"电子杂志，策划"青春上海"微博专题活动，打造了覆盖全面、定位清晰、功能完善的全媒体青年品牌，通过线上线下联动，多方位拓展宣传空间，走出了一条有共青团特色的新媒体建设之路。

五、"青春上海"官方发布微博

2012年1月1日,共青团上海市委"@青春上海"官方微博在新浪、腾讯、东方网和新民网正式上线,随后又相继在人民网、中青网等平台开通。截至2013年3月1日,"@青春上海"官方微博粉丝总数达到230176个,发布信息24668条,累计转发及回复129353条。根据青年学习、工作、生活的特点,"@青春上海"微博开设了"青春·城市"、"青春·校园"、"青春·公益"、"青春·加油站"和"青春·人物"等栏目,对重大活动进行现场直播,对各基层单位的活动信息进行内容转播,把上海新闻、团的信息、青年需要的信息通过微博及时发布,拉近了与青年的距离,在青年中形成了良好互动。在做好日常信息发布的基础上,结合社会热点、青年关注点和上海共青团工作重点,开展"微访谈"、"微话题"等专题活动;注重把握重要节点,加强正面宣传。在纪念建党九十周年、建团九十周年系列活动以及上海"两会"召开等重要节庆、重点会议和活动期间,共青团上海市委官方微博组织专题讨论,切实做好新媒体的内容建设方案,从青年的视角,运用网络的语言对活动进行跟踪报道,弘扬时代的主旋律,形成了积极向上的舆论导向。

第六章　青少年权益工作

一、上海共青团牵手行动

上海共青团牵手行动是上海共青团贯彻落实上海市委和共青团中央关于加强青年群众工作，不断加强社会建设，创新社会管理的工作要求，进一步密切团青关系的探索性实践；是统筹优势项目和资源，全面服务来沪青少年群体需求，深入参与上海社会建设的战略性品牌；是广泛开展社会化合作，打造广泛社会影响力，体现团组织积极作为的统揽性工作。

上海共青团牵手行动针对来沪青少年群体健康成长、维护权益、融入发展等现实需求，推出"融汇计划"、"成长计划"、"乐业计划"、"护航计划"、"共进计划"和"平安计划"等六大工作计划；计划通过三年时间，依托全市各级团、队组织、团属青年组织、广大团员青年和青年志愿者及社会各界力量，以来沪青少年群体为主要工作对象，整合各类社会资源、工作载体和服务项目，关注和服务于来沪青少年的愿望和诉求，支持其和谐融入上海，并在上海各青年群体中形成"共同发展、相互支持、携手进步"的良性成长和发展模式。

上海共青团牵手行动采用社会化合作的工作模式，要求全市各级团组织广泛发动青年组织和团员、青年积极参加，欢迎党政机关、企事业单位、社会组织和志愿者加盟，接受社会各界支持、帮助来沪青少年健康成长、融入上海发展的资源和合作意向。

二、12355青少年公共服务平台

12355上海青少年公共服务平台于2005年6月19日开通，是共青团上海市委在承担2005年上海市政府实事项目——市民（青少年）信息服务平台的基础上，经过整合资源、强化队伍和拓展功能后形成的一个面向广大青少年的综合性、一体化、一站式服务平台。为了更好地运营及维护，12355上海青春在线青少年公共服务中心于2011年申办民办非企业，于2011年10月正式获准成立，中心的口号是"凝聚力量、关注成长"。中心下设12355上海青少年维权服务热线，面向全体青少年提供权益维护、心理健康、法律咨询、就业创业等各类咨询和综合性服务。在日常工作中，12355邀请25名沪上知名的心理、法律、职业发展等相关行业的资深人士组建专家委员会，从专业角度指导工作，成立12355上海青少年维权志愿者俱乐部，目前拥有执业律师、国家二级心理咨询师、职业发展导师、创业导师、职业医师、媒体记者等各类专业志愿者370余人。12355充分发挥执业律师、心理咨询师、青少年社会工作者的作用，为青少年提供法律帮助、心理咨询、矛盾调处和困难救助等志愿服务。2012年，依托12355专家工作室团队，继续开展"家长学堂"、"员工心理援助"（EAP）等工作项目，邀请知名心理学家为参与项目的中心志愿者专题授课，推动中心服务专业化、多样化发展。仅2012年1至9月，共开展以"你不知道的青春期"为主题的家长大讲坛大型公益讲座7次，家长沙龙团体活动12次；员工心理调查和分析540例，员工心理健康讲座4次；开展"轻松备考12355阳光行动"，举办280次专题讲座培训，直接服务青少年和家长42000人次。

三、共青团与人大代表、政协委员面对面活动

共青团与人大代表、政协委员面对面活动是共青团组织维护青少年合法权益工作的一项重要活动载体。共青团组织通过深入调查研究，在了解、掌握广大青少年普遍性利益诉求的基础上，代表青少年向各级人大代表、政协委员集中反映并提出建设性的意见和建议。人大代表、政协委员按照法定途径进行呼吁，推动有关青少年普遍性权益问题的解决。这是引导青少年有序政治参与的一种有效方式，是共青团代表和维护青少年合法权益的重要举措。自2008年起，上海共青团围

绕"互联网与青少年健康成长"、"新生代农民工的社会融入"、"新生代农民工的精神文化生活"和"社会教育与青少年全面发展"等主题,开展专题调研,开通热线、微博、邮箱、网站等形式,多方征求青少年意见,了解青少年诉求,形成相关素材,并广泛联系人大代表和政协委员,在市、区两级两会上提出 250 余份书面意见和提案,得到相关职能部门的高度重视,解决采纳率超过 90%。

四、创建"青少年维权岗"活动

为切实维护青少年的合法权益,预防和减少青少年违法犯罪的发生,为青少年健康成长营造良好的环境,1998 年底共青团中央等 13 个部委联合在与青少年成长密切相关的领域开展创建"青少年维权岗"活动。上海的创建活动在由共青团上海市委、市综治办、市高院、市检察院、市公安局、市民政局、市司法局、市人保局、市工商管理局、市质监局、市文广局、市新闻出版局等 12 家单位组成的创建活动组委会的领导下,本着统一部署、逐步推进的工作方针,从各系统、各行业、各区县的实际出发,制定周密细致的工作计划,采取切实有力的措施,创建活动在全市范围内卓有成效地开展。在创建过程中,各系统基层单位认真履行职责,运用各种手段为青少年健康成长提供服务和保障,涌现出一批为维护青少年合法权益作出积极贡献的先进集体。截至目前,上海已有全国级"青少年维权岗"63 家,开展了 6 届市"青少年维权岗"创建评选活动,评选出市级"青少年维权岗"463 家,青少年维权服务网络单位 42 家,形成了"青少年维权岗"创建工作的规模效应,为青少年提供大量切实有效的维权服务。

五、"冬日阳光"上海团员、青年青春温暖行动

"冬日阳光"上海团员、青年青春温暖行动是共青团上海市委贯彻落实上海市委、市政府和共青团中央关于每年元旦、春节期间帮困送温暖工作要求,结合"上海共青团牵手行动"的整体要求,以真诚的服务和

有效的工作,切实为广大青少年和所在家庭,尤其是为困难家庭的青少年、贫困大学生、进城务工青年和孤残病青少年等特殊青少年群体送温暖、献爱心的活动。

共青团上海市委从 2006 年起,把每年元月的第二或第三个周六定为本年度"冬日阳光"上海团员、青年青春温暖行动的集中行动日。集中行动日当天,来自全市上千个团组织和 12355 上海青少年公共服务平台、"阳光中心"、青年家园中心等团属青年社会组织的近 10 万名团员、青年在共青团上海市委的号召和组织下,积极行动起来,为那些急需帮助的青少年送去了冬日的温暖。共青团上海市委所有领导都参与当天的活动,书记班子分别带队前往全市各地,深入重点工程建设工地、社区、学校,开展走访和慰问活动。

六、"为了生命的希望工程"——上海青年造血干细胞捐献志愿者行动

自 2001 年起,共青团上海市委与市红十字会联合开展"为了生命的希望工程"——上海青年造血干细胞捐献志愿者行动,发动广大上海热心青年共同参与中国造血干细胞捐献者资料库上海市分库的建设。在各级党政领导的关心、支持下,在社会各界的参与、帮助下,共青团上海市委与市红十字会紧密合作,充分发挥自身的组织优势和活动优势,引领广大团员青年积极投身公益事业,参与造血干细胞捐献志愿者行动。十年来,全市团组织积极行动,设立上海青年造血干细胞捐献志愿者报名点,组建医务青年造血干细胞捐献志愿者宣讲队,公演"点燃生命的希望"大型情景剧,大规模利用平面、电视、网络、电话、户外广告等传媒广泛宣传造血干细胞捐献活动。每年的集中活动周期间,先后在人民广场、上海市八万人体育场、东方明珠、徐家汇等上海重要地标、区域,在复旦大学、上海交通大学、上海汽车制造总公司、宝山钢铁总厂等单位举行集中报名血检活动。截至 2012 年底,上海造血干细胞志愿者已成功捐献超过 250 例。

七、青少年寒暑期自护工作

为了切实提高广大青少年的安全意识和应对突发事件的避险自救能力,最大限度地预防和减少各种安全事故发生,共青团上海市委每年寒暑假期间在全市范围开展"自护我能行"青少年自护教育主题活动。

每年,共青团上海市委面向全市各区县发布"自护教育主题活动的通知"和"假期自护提示",开通12355假期自护热线、"自护我能行"主题微博和网页。

2011年,共青团上海市委组织编写《未成年人自护宝典》,以生动活泼的漫画并穿插提示文字为表现形式,围绕儿童在暑期预防溺水、交通安全、居家安全、防灾减灾等方面的重要内容,帮助未成年人和家长认识与了解日常意外伤害,掌握最基本的自救与自护常识。2012年,举办了以"彩虹救生圈"为主题的上海青少年暑期防溺水自护活动,开通"12355微博危险水域举报随手拍"和"12355危险水域举报热线",共树立400余块"危险水域、珍爱生命、请勿野泳"警示牌,做到全市17个区县联动、排查危险区域全覆盖。此外,共青团上海市委还通过购买专业自护救助社团服务,为区县、社区的青少年送去多场生动详实的专场应急救助自护体验讲座。各区县团组织还组织青少年事务社工、青年社团志愿者赴来沪青少年较为集中的社区、学校,开展应急救援自护教育体验活动,为青少年安全度过暑期营造了良好的氛围。

八、"爱心上海"上海青年公益行动

"爱心上海"上海青年公益行动包括三个活动项目:"爱汇浦江"、"爱满申城"和"爱行无疆"。

"爱心上海·爱汇浦江"困难青少年综合扶助计划,以社会工作的专业理念为指导,通过组织大手牵小手"一帮一"志愿结对等活动机制,建立和拓展贫困青少年的社会关系,解决青少年的贫困问题。从2010年起,整合上海市民政局、星美国际影城、万裕国际影城、杜莎夫人蜡像馆、上海高新技术产业化展等社会资源,组织5000余名青年志愿者与贫困青少年及来沪务工人员子女结对看世博活动,寻访上海城市的足迹。

"爱心上海·爱满申城"上海共青团12355益友圈青年交友系列活动主要面向广大基层团组织中的团员、青年,通过网上互动、线下公益活动等多种方式,扩大青年交友面,促进青年交流,增进青年感情。从2008年起,开展了如"天黑请闭眼"、"浪漫酒吧交友派对"、"音乐心理讲座"、"12·5百万青少年迎世博百日文明行动"、"益友圈交友沙龙——桌游日"、"绿色交友派对"、"关爱住院白血病儿童"等内容丰富、形式多样的活动。

"爱心上海·爱行无疆"系列公益活动通过社会化的活动内容和形式,传达"爱行无疆"的美好理念,让公益成为青年时尚,吸引更多青年参与公益活动,参与上海社会建设。此系列公益活动着重将"青年造血干细胞捐献志愿者行动"、"新春帮困送温暖活动"、"青春红丝带行动"、"城市爱心、传递温情——关注住院白血病患儿"等原本分散的公益主题活动进行整合、充实,在活动的策划和组织上精心考虑,力求营造互助、和谐的社会氛围。

第七章 青年志愿者工作

一、联合国上海志愿服务发展项目

联合国上海志愿服务发展项目是上海青年志愿者工作实施可持续发展战略、拓展国际合作领域的重要内容。项目外方合作伙伴为联合国开发计划署(UNDP)和联合国志愿人员组织(UNV),项目中方合作伙伴为中国国际经济技术交流中心。该项目旨在借助与联合国开发计划署、联合国志愿人员组织全面合作的优势与机遇,加强志愿服务机构能力建设,扩展上海青年志愿者工作的地区与范围,倡导企业的社会责任以建立志愿者工作社会资源的良好保障机制,提升上海青年志愿者工作的国际影响力。项目内容主要包括两个计划:①实施《500个志愿者组织能力建设计划》,在上海地区培育发展500个志愿服务组织,为志愿组织提供全流程、一站式的服务支持,构建志愿者项目、团队、技术、资金等资源相集成的一体化供需平台;②同步实施《以志愿服务实现公共医疗健康体系,促进地区减贫计划》,在云南省挑选2个有代表性县所属的农村地区,选择1~2种发病率较高的、与日常生活方式紧密相关的疾病,试点开展部分免费医疗志愿活动,示范实施预防医学服务对农村减贫的意义,探索推广扶贫志愿工作的新理念、新模式。

二、上海共青团"一团一志愿"行动

"一团一志愿"行动是上海共青团致力于深入推进上海青年志愿服务事业的转型发展,构建后世博上海青年志愿服务工作新格局的一项重要举措。该行动围绕"引领培育一代青年的核心价值观"的目标,以推进服务民生、服务青年,推进新的品牌和示范建设,形成新的组织动员体系为重点,通过每个团组织或社会组织至少形成一个自己的志愿者团队和一个志愿服务项目,每一名团员青年都参与到一个志愿者团队和项目中去的方式,壮大团队、激发活力、树立品牌,形成规模多样、覆盖有效的组织体系,资源整合、协调有方的工作体系,特色鲜明、影响广泛的项目体系,机制完善、服务有力的运行体系和落实到位、管理有序的支撑体系。"一团一志愿"行动从培育团队、发展项目、夯实阵地、构建机制等内容入手,践行"快乐志愿,随手公益"理念,做大做强大型赛会志愿服务,做实做优援外志愿服务,拓展创新社区社会志愿服务,不断健全上海青年志愿服务运行的机制和模式,逐步形成后世博青年志愿文化,努力凸显共青团组织青年、引领青年、服务青年和维护青年权益的职能和影响力。2012～2015 年,4 年内力争打造 1000 支市级"一团一志愿"行动优秀志愿者团队和 500 个市级优秀志愿服务项目。

三、"百团进千居,携手志愿社区行"——上海青少年社区志愿行动

"百团进千居,携手志愿社区行"社区志愿服务行动是共青团上海市委围绕社会现实需求,深入推进上海青少年学雷锋活动的重点项目。该活动旨在鼓励和引导青少年走进社区、贴近实际、服务他人,在服务社区管理和民生需求中锻炼自我、实践成长,弘扬和践行为民服务、助人为乐、从身边做起、小事做起的雷锋精神。"百团进千居"活动以社区、居民区为服务基地,以各级团组织为核心,带动以各类青年志愿者服务队、青年文明号、青年公益社会组织、学校公益社团以及少先队雏鹰小队等为主体的 1000 多个志愿服务团队,整合各类青年志愿服务资源,形成能够贴近居民区,贴近群众需求的千余个青年志愿服务项目。同时,依托各团区县委及其街道(乡镇)团组织,根据居民区需要的服务内容,开展"社区文明、邻里和谐、关爱服务、社区便民"等四大类内容的服务,让青年志愿者服务队与居民区在服务项目上实现对接,形成结对互助的长效服务机制。2012 年 3 月 3 日,在徐汇区康健社区和杨浦区延吉社区举行启动仪式,百余家团组织、青年文明号、青年志愿者团队

和青年公益组织走进社区、走近群众,开展扶贫助弱、助老携幼、环保、科普、节能、促进邻里融合等服务活动。

四、共青团关爱农民工子女志愿服务行动

2010年4月,共青团中央启动共青团关爱农民工子女志愿服务行动。"关爱行动"是以农民工子女为工作对象,用"结对+接力"的方式,围绕学业辅导、亲情陪伴、感受城市、自护教育、爱心捐赠五个方面开展的志愿服务活动。上海共青团深入贯彻落实共青团中央"关爱行动"精神,聚焦进一步密切团青关系的实践,重点关注来沪青年中的进城务工人员及其子女,发动全市各级团、青组织,整合各类工作资源,为这些青年群体开展有针对性的服务。两年多来,上海共青团已开展了"圆梦世博,1+1"、"牵手志愿周末行"、"乐拍上海"、"暑期爱心课堂"等多项关爱行动主题活动,为上海的农民工子女的成长提供形式多样、切实有效的志愿服务,把党和政府的温暖送到农民工子女身边,努力营造全社会关心农民工子女的良好氛围。

五、大学生志愿服务西部计划

为配合国家西部大开发战略,鼓励和引导高校毕业生到西部基层工作,自2003年起,共青团上海市委、市教委、市人保局和市财政局等单位按照全国统一部署,共同组织、实施了上海市大学生志愿服务西部计划。该计划的实施主要采取项目运作的方式,各相关单位联合成立项目领导小组和项目管理办公室,由共青团上海市委和市教委的主要领导担任领导小组组长,项目办设在共青团上海市委。西部计划项目按照公开招募、广泛宣传、自愿报名、组织选拔、开展培训、集中派遣的方式,组织优秀应届毕业生赴西部地区部分贫困县的乡镇一级从事为期1~3年的志愿服务。在志愿服务期间,共青团上海市委不断加强管理服务,建立内部组织机构,制定队长、组长负责制度,工作月报制度等管理条例,积极引导志愿者自我管理、自我教育和自我服务。此外,共

青团上海市委不断推动相关部门在奖励评优、升学就业、贷款贴息、生活补贴等方面制定了一系列配套政策。2005年底,上海市政府专门设立了"上海市大学生志愿服务西部计划志愿者奖励金",有力地激发了上海青年学子的奉献激情。九年多来,上海总共选拔了1932名优秀大学应届毕业生参加西部计划。上海大学生志愿者在云南、重庆、西藏、新疆等地区扎根基层、艰苦创业、顽强拼搏、开拓进取,受到了当地群众的热烈欢迎和党政部门的高度肯定,同时他们也在服务西部、奉献西部的过程中了解了国情,经受了锻炼,增加了阅历,增长了才干。

六、上海青年志愿者援外服务计划

上海青年志愿者援外服务计划主要包括上海青年志愿者援疆服务接力计划(以下简称"援疆计划")和上海青年志愿者赴滇扶贫接力计划(以下简称"援滇计划")。援疆计划由上海市文明办、共青团上海市委、市援疆前方指挥部主办。项目自2011年开始组织实施,是上海青年志愿者响应党中央、国务院新时期新疆工作总体部署、加大上海对口支援新疆喀什地区人才支持力度、深化上海青年志愿者服务接力成效的具体举措。项目每年在全市范围内公开招募、选拔青年志愿者赴喀什地区开展为期半年的志愿服务工作。两年来,共选派2批29名青年志愿者,分赴喀什地区喀什市、莎车县、泽普县、巴楚县开展工作。援滇计划由上海市文明办、共青团上海市委主办,是引导上海青年积极开展智力扶贫、参与服务全国的有效举措。项目自1998年启动至今,先后选派330名来自上海各行各业的优秀青年志愿者赴云南迪庆、红河、文山、思茅、德宏等地州的20余个市县,开展为期半年的医疗卫生、基础教育、农业种植、畜牧养殖、心理咨询、企业管理、环保建设等方面的志愿服务接力活动。据不完全统计,志愿者们累计进行医疗门诊、教学查房、会诊等64586人次,主持、参与各类手术3539例,抢救危重病人2406例。上海青年志愿者援外服务计划实施以来,青年志愿者勤奋工作、开拓进取,立足服务岗位取得优异成绩,赢得了服务单位党政领导的充分肯定和各族群众的信任支持,为服务地的经济社会建设作出了积极的贡献。

七、上海青年文化志愿服务项目

为贯彻落实党的十七届六中全会和上海市委九届十六次全会精神，积极倡导"公正、包容、责任、诚信"的价值取向，大力弘扬"开放、多样、求新、务实"的城市文化特色，自 2011 年 10 月以来，共青团上海市委联合上海市文明办、市文广局等单位，充分利用一批由原世博会场馆改建而成的文化活动场所，积极培育和开展各类文化志愿服务项目，进一步深化青年志愿服务的文化内涵。其中，上海世博会纪念展项目依托原世博会城市足迹馆，自 2011 年运营至今，来自全市各区县、高校逾 600 余名青年志愿者为超过 45 万人次的参观游客提供了秩序维护、问询引导、展品讲解和盖章等服务；中华艺术宫、上海当代艺术博物馆项目依托原世博会中国馆、城市未来馆，自 2012 年 8 月启动招募以来，已面向全社会选拔录用约 800 名具有一定专业素养的市民志愿者，并定向针对全市十余所具有美术类专业的大专院校招募 700 余名大学生志愿者。运营至今，他们不仅以自身的艺术积累和理论功底为参观者们提供展品导览、观众接待和预约讲解等各类服务，同时，还有不少志愿者配合组织方共同完成了展览策划、展品布置、学术资料收集及整理等具有相当难度和挑战性的工作任务。后世博时期，上海青年文化志愿服务项目将努力展示当代青年志愿者"儒雅、博学、热情与专业"的精神面貌，志愿者们将以自己的知识积淀与智慧表达，为中外观众展现文化的魅力。

八、赛会志愿服务项目

赛会志愿服务项目是一种标志性、展示性、辐射性和带动性都较强的志愿服务活动，是上海在走向国际化、现代化发展进程中逐渐兴起的，具有明显时代特征的志愿服务项目。近年来，共青团上海市委围绕重要国际国内会议、重大体育赛事和重大文化艺术活动的开展，组织志愿者为上海合作组织峰会、北京奥运会、中国上海世博会、韩国丽水世博会等重要活动提供各类高规格、大规模的志愿服务。现阶段,共青团上海市委固定承接每年举办的 F1 中国大奖赛、上海 ATP1000 大师赛、上海电视节和上海国际电影节等赛会志愿服务项目。其中,F1 大奖赛和网球大师赛的举办时间为每年的 4 月和 10 月,志愿者主要承担观众服务、运动员服务、贵宾服务、安保服务、新闻服务和语言服务等50 多个服务岗位;上海电视节和上海国际电影节的举办时间为每年的6 月,志愿者主要承担影片翻译、布展协助、明星接待、评奖协助和活动协助等服务岗位。赛会志愿服务项目为上海志愿者工作提供了一个国际化舞台,使"奉献、友爱、互助、进步"的志愿精神付诸于实践,在平凡之中见光彩,细节之中出风采,全面提升了上海城市形象,提升了上海青年志愿者的形象。

第八章 城区(郊区)工作

一、非公有制企业和新社会组织团建

从1999年开始,上海共青团启动了非公有制企业(以下简称非公企业)和新社会组织团建工作。1999~2010年,全市共建立非公企业团组织5246家,建立新社会组织团组织183家。2011年,为深入贯彻落实党中央书记处重要指示,上海市委关于加强和改进工青妇等人民团体工作,做好新形势下党的群众工作座谈会以及《关于加强新形势下本市基层党建带团建工作的实施意见》精神,根据团中央的统一部署,共青团上海市委在全市范围内大力开展非公企业和新社会组织团建工作。

(1)完成指标,突出建团。2010年以来,上海共新建非公企业团组织14460家,新建新社会组织团组织803家,新建农民工聚集地团组织67家。截至2012年底,全市累计建立非公企业团组织17141家,新社会组织团组织1046家,合计18187家。

(2)强化服务,增强活力。通过给资金、给资源、给指导,加大对基层的支持、服务力度,通过开展"我与祖国共奋进、我与企业同发展"等活动,增强基层团组织活力。

(3)树立典型,引领示范。开展非公企业和新社会组织团组织"创先争优"活动,挖掘工作典型,并通过中国青年报、青年报、网络等媒体进行典型宣传。

(4)建立机制,强化培训。建立、健全工作联系、服务机制;举办非公企业和新社会组织团干部培训班,进一步提升团干部的业务能力和工作水平。

通过扎实推进团建工作,上海共青团的组织覆盖明显扩大,全市非公企业和新社会组织团组织数量由 2010 年底的 5429 家增加到目前的 18187 家,增长约 2.3 倍,有效填补了团组织在青年群体中的组织空白点。同时,团建长效机制基本形成,团建工作模式不断创新,服务青年的活动项目不断丰富,团的组织影响不断扩大。

二、街道、乡镇团的组织格局创新

2011 年,共青团上海市委按照胡锦涛总书记提出的"两个全体青年"的工作目标,大力推进团的基层组织建设,在完成 7 个街道、15 个乡镇团的组织格局创新试点工作基础上,按照团中央《关于全面推进乡镇、街道团的组织格局创新工作的指导意见》有关要求,以促进乡镇、街道团组织增强工作力量,拓宽联系青年渠道,丰富工作资源、载体和内容为目标,以优化、调整社区(街道)团工委、乡镇团委为枢纽的组织体系为路径,全面推进街道、乡镇团的组织格局创新工作。

上海街道、乡镇团的组织格局创新工作在共青团上海市委领导下,在团区县委、各街镇党委高度重视下,在各级团组织通力配合下,已经全面、顺利完成:①委员班子更为优化,街道团工委委员班子平均人数增加到 13.6 人左右,其中副书记 3 名,占委员班子的 22.1%;乡镇团委委员班子平均人数增加到 10 人左右,其中副书记由 1 名增加到 2.7 名;编制外副书记至少 1 名,实现了书记班子编制内外相结合、专兼职相结合,改变了以往团委班子力量薄弱、单一的状况。②工作机制更为完善,深化了街镇团(工)委日常工作机制,建立了以评价为导向的综合评议机制。③工作内容更为丰富,扩大了工作覆盖面,丰富了工作项目。④联系青年渠道更为拓宽,加强了街镇团(工)委的影响力。整合社会资源能力更为提高,提升了街镇团(工)委的工作能力。

三、区域化团建

在上海经济社会发展过程中,社区已经成为城市社会建设和管理的重心。2005 年,上海市委组织部下发了《关于进一步加强区域性大党建工作的若干意见》。构建区域化党建新格局,是上海市委实现基层党建工作"全覆盖、凝聚力、组织化"目标的重大战略举措。市委组织部和共青团上海市委先后联合下发了《关于印发〈关于进一步加强党建带团建 推进区域化大团建工作的意见〉的通知》等重要文件,对推进区域化团建提出了具体要求,对新形势下加强党建带团建、促进团的建设和发展进行了具体部署。

区域化团建是以区域化党建为依据,以有效影响非公有制企业和新社会组织、居民区(村委会)和行政事业单位团的组织为重点,以区域团的组织为枢纽,打破地域、行业、层级、所有制界限,通过组织创新和机制创新,以项目为载体,以共同发展为目标,以资源共享为抓手,构建起青少年积极参与,青年组织共同推进的开放、融合、共赢的团组织形态。区域化团建的基本原则是党团联动、资源共享、整体协同、共同进步。区域化团建工作的总体目标是团建有效、服务有力、协调有方、发展有成。区域化团建工作的主体内容是创新载体,探索区域化团建的组织形式;依托项目,丰富区域化团建的协同内涵;整合资源,拓展区域化团建的共享平台;建立机制,保障区域化团建的有效运行;在区域化团建的整体理念下,形成社区大团建的重要工作抓手。

在各区县党委的高度重视下,结合区域化党建的总体要求和青年工作实际,通过推进区域化团建,团组织对团员青年的有效覆盖不断扩大;区域化团建工作的整体协同机制和资源共享机制初步形成;团的服务能力不断增强,团青关系进一步密切。

四、青年中心建设

青年中心是在共青团的领导下,以联系、服务、凝聚青年为目的,以会员制、理事会制为主要运作方式的新型社区青年组织。从2003年开始,共青团中央在部分城市农村进行青年中心试点建设,并根据初步探索的情况,把青年中心作为一项战略任务写入共青团十五大工作报告。

自团的十五大提出青年中心建设任务以来,共青团上海市委按照团中央的部署,紧密结合上海社区发展的实际形势,积极探索青年中心建设工作,尤其在当前"两个全体青年"的目标下,不断探讨新的拓展方向和工作思路,取得了一定的成效和经验。目前上海青年中心建设工作呈现出以下特点:①因地制宜,形成了单独建立式、依托建立式、社团嫁接式等多种建设类型,多元化开展青年中心的阵地建设;②合作共赢,积极探索开放式运作和承接政府青年项目,不断加强青年中心整合社团资源的能力;③培育品牌,确保每个青年中心有工作亮点,有独立的工作品牌,实现青年中心品牌化、复合化服务;④扩大影响,不断发挥青年中心联系、服务青年的作用;⑤创新机制,深化青年中心四位一体建设,探索将青年中心建设成为"社区青年家园"。

自 2005 年启动此项工作以来,上海青年中心建设经过试点工作、全面开展、全新探索三个阶段,各级青年中心阵地逐步完善,功能逐步丰富,机制逐步创新,品牌逐步形成,各级团组织对青年中心的认识不断加深。目前,上海已建成青年中心 138 家,其中社区(街道)青年中心 71 家,镇青年中心 67 家。2004 年以来,上海有 12 个区、县被评为全国青年中心建设先进县(市、区),12 个青年中心被评为全国优秀青年中心,15 名骨干或会员被评为全国青年中心建设先进个人。2005 年,"跳蚤市场"等 12 个青年中心服务项目脱颖而出,被评为全国城市青年中心优秀项目;5 家青年中心的网站被评为全国城市青年中心网站设计大赛优胜奖。

五、居民区团组织直选工作

随着居民对社区事务的日益关注,在以社区建设为基础的新型城市管理格局形成过程中,基层自治以居委会变革为制度创新,推进基层的民主建设。共青团在推进社区团的建设的过程中,重点关注居民区这一社区基层的第一线。开展居民区团组织直选工作,是适应社区民主的不断发展与完善的需要,是青年日益增强的民主意愿的需要,也是激发团组织的内在活力的需要。

居民区团组织直选工作的运作流程主要体现为三个阶段,即直选的筹备阶段、直选的开展阶段和直选后的工作规划阶段。六个步骤,即建立组织机构,确定选举方案;广泛宣传发动,扩大团员参与;排摸区域团员,确认参选资格;开展提名推荐,确定候选人名单,并进行公示;召开团员大会,直接投票,差额选举产生书记、副书记和委员;深化团内民主,参与社区管理。七个环节,即成立筹备工作组织机构,发挥机构中的每个成员的作用;广泛、深入宣传发动,开展多种形式的宣传工作;候选人的产生可根据社区特点,采取多种形式;候选人的宣传展示多样化;选举投票方式,可积极尝试现场投票与委托投票相结合的方式、现场投票与设置流动票箱相结合的方式以及网上投票的方式;坚持直接选举的原则和方式;直选后团组织班子的工作运作上,要突出居民区团组织在社区青少年中的核心和引领作用。

居民区团组织直选工作开展以来,打破原有条块界线,把区域中的各类组织、各类青年纳入进来形成组织,并通过社会化动员的方式,逐步实现吸引青年、凝聚青年,有效激发了青年的归属感和民主意识,将这些"社会人"逐步转变为"组织人",最终实现社会的组织化,以真正的组织凝聚取代简单的机构覆盖。

六、郊区青年创业就业行动

近年来,上海共青团以邓小平理论和"三个代表"重要思想为指导,深入贯彻落实科学发展观,贯彻落实中央和上海市委关于农业、农村工作的方针政策,按照在工业化、城镇化深入发展中同步推进农业现代化的要求,充分发挥共青团系统组织化和社会化动员优势,以促进郊区青年创业就业为目标,以提高郊区青年职业技能和创收能力为着力点,引导郊区青年致富成才、创先争优,为加快上海农业创新驱动和转型发展、推进社会主义新农村建设作贡献。

(1)落实郊区青年创业就业行动。共青团上海市委联合上海市农委下发《关于实施上海市郊区青年创业就业行动的通知》,"十二五"期间,将通过开展郊区青年创业培训、促进农业科学技术普及、培养青年农业科研杰出人才、促进青年农技人员知识更新、支持郊区青年创办农民专业合作社、开展"上海市优秀(十佳)农业农村青年人才"评选活动等,提升郊区青年创业就业的综合能力。2011 年,成功推荐上海农科院成功申报 2011 年全国青少年农业科普示范基地,推报 5 家农民专业合作社申报 2011 年全国农民专业合作社青年示范社。2012 年,推荐上海农业科普馆松江馆、上海市农业学校等 2 家单位申报 2012 年全国青少年农业科普示范基地。

(2) 从三方面做好郊区青年创业小额贷款工作:①推进郊区青年创业小额贷款工作。2009 年 5 月,联合上海银监局下发《关于实施上海农村青年创业小额贷款的意见》,开展上海农村青年创业小额贷款试点工作。2011 年 8 月,联合上海农商银行下发《关于共同实施"上海青年创业小额贷款项目"的通知》,推进上海郊区青年创业小额贷款项目。2009~2012 年,累计为 431 名郊区青年发放创业贷款金额 11409.33 万元,带动就业 2014 人。②完成郊区青年信用示范户评定工作。联合上海农商银行在全市 9 个郊区的 103 个乡镇开展郊区青年信用示范户评定工作,2011~2012 年,累计评定郊区青年信用示范户 310 家,发放贷款金额 8289.65 万元。③开展"送金融知识下乡"活动。2009~2012 年,累计开展"送金融知识下乡"活动 56 次,服务青年 6577 人次。

(3) 从三方面积极开展郊区青年创业就业培训工作:①加强宣传、树立典型,转变青年就业观念。举办"春暖浦江"大学生就业创业大讲堂(郊区农村专场)15 场,足迹遍布松江、青浦、奉贤、嘉定等区、县,参与青年达 3500 多人。②一手抓团组织自主开展培训,一手抓与其他部门合作开展培训。2009~2012 年,累计培训郊区青年 63470 人。③认真落实团中央相关培训项目,与团中央农村青年工作部共同主办"促进农村青年就业创业——上海种都项目启动仪式"。2009~2012 年,累计推荐 40 名有志于在蔬菜行业创业发展的上海郊区优秀青年参加种都项目培训班。

七、青少年社区文明行动

青少年社区文明行动是城市内以街道为基础的特定区域,从区、街道团组织为主体,整合社区内外各级各类团组织的力量,配合党政有关部门,动员、组织广大青少年面向社区积极参与社区经济发展和思想、文化、卫生、体育、社会服务等方面的活动,在社区全面发展,特别是在精神文明建设中发挥生力军的作用,为提高社区的文明程度作贡献;同时在实践参与奉献社会的过程中,使社区青少年得到教育、培养、服务,不断提高他们的整体素质。

自1997年上海开展青少年社区文明行动以来,各级团组织以青少年社区文明行动为载体,以社区团建为基础,以服务项目为主导,围绕抓好社区服务工作,为居民和青少年的生活、学习需要提供帮助;介入社区教育工作,为社区青少年素质的提高提供帮助;参与社区文化活动,浓厚社区文化氛围;开展社区帮困助学工作,为特殊特困青少年和待岗下岗青年生存和发展提供服务等,有效提高了社区的管理水平和服务水平,改善了居民的生活环境和生活质量,促进了青少年成长成才,在文明社区建设中发挥了积极作用。

2009年,为广泛动员和引导社区广大青少年关注世博、了解世博、宣传世博、参与世博,为2010年世博会举办贡献智慧、青春和力量,上海共青团紧紧围绕筹办2010年世博会的重大契机,积极倡导"和谐·文明·绿色"的世博主题,开展"青春世博"上海青少年社区文明行动。世博会结束后,上海共青团积极利用世博期间积累的丰富经验,以志愿者活动为载体,以青少年为主体,以区企联合、区校共建、青年中心、社区社团组织、志愿者团队等为纽带,以参与社区服务、社区教育、社区文化和社区帮困助学为重点,整合团组织的优势和资源,广泛动员团组织和团员、青年积极参与社区两个文明建设,构建活动开放、资源共享、优势互补、共同发展的工作格局,为上海青少年社区文明行动注入新的内涵。

八、"保护母亲河·绿色希望工程"

1999年初,共青团中央、全国绿化委员会、水利部、国家林业局、中国青少年发展基金会联合发起了"保护母亲河行动",其宗旨是治理水土流失,保护生态环境,倡导和树立绿色文明和可持续发展意识,推动国家生态工程建设,为母亲河更好地造福于中华民族和实现全球性生态平衡作贡献。同年3月,上海成立了"保护母亲河·绿色希望工程"领导小组,由共青团上海市委、上海市人大环资委、市绿化委、市农林局、市园林局、市水务局、市环保局、市市容环卫局、农工商集团总公司、市苏州河环境综合整治领导小组办公室和上海青基会等单位组成,上海"保护母亲河·绿色希望工程"正式启动实施。

上海"保护母亲河·绿色希望工程"在保证实施全国保护母亲河行动重点工程的基础上,以保护上海的母亲河——黄浦江、苏州河以及中小河道的生态环境,参与上海绿化建设为重点,注重结合青年人关注的时尚热点,注重发掘青年自组织的新兴力量,围绕倡导绿色理念,广泛开展生态环保宣传和实践活动;围绕建设绿色家园,广泛开展青少年植绿护绿、美化家园活动;围绕培养绿色队伍,积极凝聚青少年生态环保社团力量;在全社会尤其是广大青少年中积极倡导树立绿色文明意识、生态环境意识、水土保护意识、母亲河意识和可持续发展意识。

十多年来,在各有关部门的大力支持下,通过全市各级团组织和广大团员青年的共同努力,上海"保护母亲河·绿色希望工程"逐步探索出一条围绕党政工作大局,服务经济社会发展,促进生态建设的新路子,已成为上海共青团组织服务城市文明的重点工作,倡导和激发了广大青少年内在的社会公益意识和志愿服务意识,赢得了社会各界的支持和广大青少年的积极响应,对促进上海生态环境保护和推动资源节约型、环境友好型城市建设起到了积极的作用。

九、来沪务工青年服务行动

随着上海城市建设和经济社会的不断发展,越来越多的外来人口涌入上海。根据上海市第六次人口普查统计,全市16~35周岁(不含)青年从业人口共有616.4万,其中外地户籍的从业青年为391.5万,占从业青年人口的63.5%。来沪务工青年已经成为上海城市建设的一支重要力量。共青团上海市委坚持从来沪务工青年的实际出发,从组织、服务、培训入手,着重从提高素质、人才培养、丰富生活三个方面加强教育、服务和引导,不断增强团组织在来沪务工青年中的影响力和凝聚力,切实发挥来沪务工青年在上海各项事业发展中的生力军作用。

(1)加强组织建设,不断扩大共青团在来沪务工青年中的组织覆盖。共青团上海市委深入贯彻落实党中央、上海市委和共青团中央指示精神,着力消除共青团组织在青年群体中的组织空白点,在全市范围,特别是在来沪务工青年较为集中的非公企业,大力开展非公企业团建工作。同时,加强对驻沪团工委的支持力度,与来沪务工青年较集中的流出地团委联系协调,协助成立驻沪团工委,并从组织建设、人员配备、工作经费、活动项目等方面对驻沪团工委进行工作支持。

(2)拓展服务项目,不断加大对来沪务工青年的服务力度。每年开展"冬日阳光"上海来沪务工青年关爱行动,向郊区来沪务工青年代表赠送大礼包、小药箱、电话卡和慰问金等,并举行大型义务健康咨询就诊活动;按照共青团中央的有关要求,结合上海实际情况,整合服务青年就业创业的有利资源,积极做好来沪青年农民工订单式培训工作。2011年,配合上海市人保局累计培训家庭服务行业人员6306人、烹饪行业人员1918人,经过培训有5045名家庭服务人员、1534名烹饪行业服务人员实现就业。

(3)做好人才举荐,不断加强对来沪务工青年优秀人才的培养。根据市农民工工作联席会议部署,共青团上海市委作为市农民工工作联席会议成员单位,每年推荐2名"上海市优秀农民工"和6名"上海市农民工先进个人"。

十、警地"四联"活动

警地"四联"活动即警地团组织"思想工作联抓、公益事业联做、文体活动联谊、人才培养联手",它是新形势下武警部队和地方团组织开展青年工作的有效载体,是实现资源共享、优势互补、区域联动、共同进步的青年工作新格局的有效途径。

警地"四联"活动发端于上海。2002年5月,共青团黄浦区委与武警上海总队一支队团委在总结十年来开展双拥共建活动经验的基础上,签订了"四联"活动协议书,开创了以"四联"为载体、以社区为平台、以互动为手段、以共进为目的的青年工作新局面,取得了丰硕成果。警地"四联"活动的成功做法受到共青团上海市委、武警上海总队以及共青团中央、武警总部政治部的高度重视。2003年,共青团中央和武警总部政治部联合向全国大中城市推广了上海开展"四联"活动的经验,短短几年来,"四联"活动已在全国各地生根发芽,开花结果。

上海警地团组织在工作谋划上,把"四联"活动列入年度共青团的工作要点,努力纳入部队、地方精神文明建设总体规划;认真细化各项工作内容,建立健全各项工作制度。在联系机制上,突破现有规模,在更多层面的武警大队、中队和街道、乡镇、居民区等基层团组织中发展"四联"活动,使之成为一种普及性、常效性的青年工作形式。在活动方式上,既努力开发有创意、受欢迎的新的活动项目,又在传统项目常抓常新上下功夫,为"四联"活动的开展提供强有力的支撑。2004年以来,共青团上海市委坚持每年与武警上海总队政治部举办一期百名优秀武警战士培训班,围绕国家发展形势、社会主义新农村建设、农村基层党群工作、发展农村经济、农村创业、素质拓展培训等内容,为即将退伍的农村籍优秀武警战士提供免费培训,至今已举办八期。

自"四联"活动开展以来,警地青年的素质能力显著提高,警民关系更加融洽和谐,警地社会道德风尚进一步优化,警地团组织的地位明显提升。共青团黄浦区委和武警上海总队一支队团委还分别被共青团中央、解放军总政治部评为"全国团建先进县(市)"、"全国'五四'红旗团委"、"全军十大红旗团委"和"全国警地'四联'活动十佳单位"等。

第九章　青工工作

一、青工技能振兴计划

2004年以来，围绕上海新一轮发展的总体目标，结合国际产业转移和上海产业结构升级调整的需要，各类企业共青团组织大力实施青工技能振兴计划：①职业导航，帮助青工成长成才。坚持通过思想教育、需求引导、规划设计等有效手段，帮助青工树立正确的职业发展观，对广大青工进行有效的职业指导。"导师带徒"成为许多企业培养技能人才的有效方式。②技能比赛，促进青工脱颖而出。开展技能竞赛、练兵比武、技术创新等岗位训练活动，是提高青工职业技能和综合素质的一项有效措施。③注重整合，纳入人才培养流程。团组织充分发挥在优秀青年人才培养和举荐方面的优势，积累了很多品牌项目，纳入了企业整体的人才培养体系。④加强激励，优化青工成长环境。各企业团组织联合人力资源部门开发新技术职务序列，形成科学的技术评价体系和与之相适应的薪酬制度，打破"千军万马过行政独木桥"的局面，让更多青年走技术成才的道路。许多企业党委制定了薪酬福利向一线技术人员倾斜的政策，切实提高了青年技术人员的待遇。该计划的实施，使青年技术人才培养工作机制初步确立，一批批青年技师和高级技师开始涌现，累计培养青年高技能人才2万多名，为构筑上海青年高技能人才高地作出了积极贡献。

二、青年岗位能手活动

青年岗位能手是指年龄在35周岁以下，有优良的思想品德和职业道德，敬业爱岗，熟练掌握本岗位各项业务技能和理论知识，能够优质并超额完成本岗位各项年度考核指标,创造较好经济效益的企业青年职工。青年岗位能手活动是 1994 年初由共青团中央、国家经贸委、劳动和社会保障部联合组织开展的一项在企业党政直接领导下,由共青团组织牵头组织协调、协同企业各部门一起实施,以企业青年职工为主体,以岗位为基本单位,以提高岗位文明、岗位技能、岗位效益为基本内容,以培养为中心环节,以规范、考核、评定、奖励为主要手段的活动,是跨世纪青年人才工程的重要组成部分。在该活动中,各级团组织主动争取党政领导支持,制定客观的评价标准,建立经常性的培训措施,设立奖励基金,逐步完善青年岗位能手活动的政策保障、科学评价、培训督导和激励推动机制。通过"2 小时学习计划"、"百万青工科技、技能双登高"、技术比武、导师带徒和各类青工技能培训、竞赛、鉴定等内容丰富、形式多样、行之有效的主题活动,不断提高青年工人的岗位技能。在近 20 年的青年岗位能手活动中,上海涌现出以知识型工人李斌、工人发明家王军、航天系统最年轻的双高技师苗俭为代表的优秀人才。目前,上海青年岗位能手每两年评选一届。

三、青年文明号创建活动

青年文明号是指在生产、经营、管理和服务中创建并经过活动组织管理部门认定,体现高度职业文明、创造一流工作业绩的一线青年集体。青年文明号创建活动是以促进青年成长成才和所在单位发展进步为目标,以倡导职业文明为核心,以行业规范和岗位职责为基本标准的岗位实践活动。上海自 1990 年开始共青团号创建活动。1994 年,共青团中央总结了上海共青团号、铁路系统青年文明示范班组等活动的成功经验,在全国开展青年文明号创建活动。1994 年 4 月 1 日,江泽民同志为青年文明号亲笔题词。20 多年来,青年文明号创建载体不断丰富,继"青年文明号服务卡"之后,又陆续推出千家共青团号服务千名困难青少年、青年文明号信用建设示范行动、青年文明号"学雷锋·树新风"活动、青年文明号与世博同行、青年文明号示范街(城)共建活动等创建载体,回应了社会期待,丰富了职业文明。青年文明号以良好的社会、经济和人才效益,体现了自身价值,成为深入人心的共青团品牌项目。

四、青年创业服务计划

上海青年创业服务计划在共青团中央实施的"帮助青年创业计划"的基础上,针对上海青年创业的全方位、多层次需求,在相关单位的大力支持下,集中精力打造一条从教育引导、能力培训、信息支持、项目推介、场地对接、资金扶持、咨询辅导等各个环节全畅通的青年创业服务链,为青年创业提供一站式服务。该计划的主要工作载体和项目包括:①建设青年创业公共服务平台。借助网络、电话、短信等信息化手段,为青年提供创业信息、创业评价、创业建议书、创业潜力测试等 24 小时在线服务。②建立创业咨询点。在各类创业园区管理机构和金融、培训、中介等服务机构建立咨询点 130 个,为青年提供咨询服务。③举办各类大赛和评选活动。"大学生创业见习大赛"以亲身体验创业的方式帮助大学生提高创业能力、积累创业经验;"青年创新创业大赛"推出"百万创业基金、百个创业咨询点、百位创业导师"等"三百"创业扶持措施,帮助脱颖而出的参赛选手实现自己的创业梦想;"青年创业先锋评选表彰活动"培育、宣传一批青年创业典型。④实施青年创业国际计划(YBC),建立 22 家服务站、10 个创业实训基地,发放创业扶助资金 1812 万元,扶持创业项目 324 个。⑤推进青年小额贷款项目。先后与多家金融机构合作,为青年创业企业融资提供"绿色通道"。⑥推动上海市青年创业就业基金会有效运转。通过无偿资助、小额贷款和股权投资等方式直接用于扶持青年创业。⑦举办青年创业沙龙。广泛吸纳各行各业有较大贡献、有较大发展潜力的青年创业者加入。⑧组建上海青年创业专家导师团。导师团成员与创业青年结对,义务为有志创业的青年提供一对一的咨询辅导服务,提高青年创业的成功率。

五、扶持失业青年就业"启航"计划

扶持失业青年就业"启航"计划是按照上海市委、市政府的相关要求,由市人力资源社会保障局和共青团上海市委共同实施的一项长期性工作。通过实施扶持失业青年就业"启航"计划,引导失业青年转变求职观念,帮助一部分失业青年积极求职,实现市场化就业;指导一部分失业青年参加培训见习,提升技能素质;扶持一部分失业青年自主创业,并带动其他人就业;对一部分确实难以市场化就业的失业青年,通过加强就业援助,予以就业安置。

扶持失业青年就业"启航"计划以开展三个"百、千、万"主题活动为抓手,通过"举办百场就业沙龙、邀请千位人事主管参与、面谈万名失业青年"、"举办百次招聘专场、动员千家用人单位、提供万个就业岗位"、"举办百场专题指导讲座、建立千个就业见习基地、组织万名青年(家长)参与参观"等活动,切实做好失业青年(包括应届大学毕业生)的公共就业服务。

六、青年职业生涯导航活动

青年职业生涯导航活动是 2001 年由上海江南造船厂团委率先探索,2003 年经共青团上海市委总结提炼后向全市推广的青年人才开发工作项目。青年职业生涯导航活动着眼于企业与青年共同发展的根本利益,通过各种有效的组织形式和活动载体,帮助广大职业青年在实践中科学规划职业发展方向,不断提升自身的全面素质,从而为增强企业核心竞争力提供人才和智力支持。青年职业生涯导航活动的主要任务包括:①对青年进行有效的职业指导。积极传播职业生涯规划知识,促进青年就业观念转变,帮助青年树立正确的职业生涯发展观;建立发展性的谈话制度,定期谈话、经常谈心、个别访谈,及时了解和引导青年的思想动态和职业发展需求;进行青年职业发展自我评估,帮助青年找准职业发展方向。②以培训教育和实践锻炼为重点,积极协助企业有关职能部门,针对青年职业发展所缺乏的能力和素质提供有针对性的服务。充分利用企业内、外的各类培训资源,倡导和组织青年积极参加各类学习培训,增强岗位认识,提高岗位技能;建立青年岗位训练基地,实施轮岗挂职和导师带徒制,不断丰富实践经验,提高实践能力。③建立以信息化手段、队伍建设、政策机制为重点的保障系统。大力运用信息化的技术和手段,及时动态地掌握青年的职业需求和素质状况,建立快速、互动的沟通反馈机制;建立由党团组织、工会、人力资源部门和各类社会专业化工作者队伍共同组成的工作队伍,形成整体领导、专人负责、齐抓共管的良好局面。目前,青年职业生涯导航活动已成为共青团组织参与青年人力资源开发,自觉服务社会发展大局、服务企业发展的重要工作载体。

七、青年创新创效活动

青年创新创效活动于20世纪90年代由共青团中央提出,是以青年为主体,以学习新知识、新技能为基础,以推动企业技术创新、管理创新、营销创新、服务创新为基本内容,以开发青年人力资源、提高企业经济效益为目标的群众性实践活动。经过多年的探索和实践,上海青年创新创效活动已形成清晰的工作思路、规范的工作机制和成熟的工作品牌,取得了良好的社会效益、经济效益和人才效益。共青团上海市委通过在团员青年中广泛开展"2小时学习计划",引导青年树立学习意识,提升科学文化素质,提高创新能力;通过积极开展"上海青年创新创意大赛"等活动,搭建舞台,营造氛围,广大青年职工在竞赛中比技能、比创新、长才干,一大批青年创新成果和青年创新人才脱颖而出。同时,通过各类宣传媒介,在全市范围内营造关心、支持青年创新创业的良好氛围。各基层单位团组织也积极创新活动的载体,扎实推进青年创新创效活动。在活动项目方面,积极推进导师带徒、揭榜攻关、岗位创效和创新论坛、沙龙等活动;在活动机制方面,积极梳理和建立与企业的工作流程相衔接的青年创新创效的工作机制;在活动组织方面,成立青年创新协会等创新组织;在活动激励方面,积极树立、表彰、举荐、奖励创新创效先进典型,促进活动的开展,为企业发展作出了贡献。

八、青年突击队、青年工程立功竞赛活动

上海市青年突击队、青年工程立功竞赛活动是以"建队育人、科技育人、工程育人"为宗旨,以建设上海市委、市府确定的重大工程、实事项目和完成企业中急、难、险、重、新任务为主攻方向,引导青年岗位建功、岗位成才的实践活动。20世纪80年代初,上海共青团组织亮出了"青年突击队"的旗帜。1986年,共青团上海市委与上海市建设党委、市建委、解放日报、上海电视台等组成上海市青年突击队和青年工程立功竞赛活动组委会,围绕重点工程建设,开展立功竞赛活动。1991年,江泽民同志为"青年突击队"题写队名,充分体现了党中央对青年突击队的重视和关怀。从20世纪90年代起,活动组委会开始探索青年突击队的新形式,分层次地组建和管理青年突击队,1995年,组委会制定并下发了《上海市青年突击队、青年工程立功竞赛管理条例》,标志着青年突击队活动走向科学化、规范化、制度化。新世纪初,上海市青年突击队活动创新性地提出"青年与城市管理"的理念,青年突击队活动呈现出从体力型向智力型、从临时型向稳定型、从劳务型向管理型等方向发展的特征。2003年,组委会修订了《上海市青年突击队、青年工程立功竞赛管理条例》。2011年以来,组委会逐步将创建范围从建设和交通领域向经济、金融、信息等领域拓展,并正式引入"互访互评"的理念和方法,促进青年突击队之间的交流和提高。30年来,上海市青年突击队、青年工程立功竞赛活动始终坚持与时俱进,不断开拓创新,建成了一流工程,形成了一流精神,培育了一流人才,为上海社会、经济发展作出了积极贡献。

九、青年安全生产示范岗

青年安全生产示范岗创建活动是指以青年职工为主体,以安全生产示范为导向,以安全思想教育、安全技能培训、安全文化营造、安全监

督管理为主要内容,以确保企业安全生产为根本目的的青年群众性实践活动。该创建活动源自于 2000 年宝钢集团开展的青年安全监督岗活动,自 2001 年开始,共青团中央联合国家安全生产监督管理总局开展全国性的青年安全生产示范岗创建评比工作,截至 2012 年,全市共有 39 个集体荣获全国青年安全生产示范岗称号。

2001 年以来,上海共青团把青年安全工作有机融入到"青年文明号"、"青年突击队、青年工程立功竞赛"等活动之中,取得了积极成效。随着安全工作越来越受到全社会关注和各级政府部门的高度重视,2012 年 6 月,共青团上海市委联合市安监局共同启动了上海市青年安全生产示范岗创建活动,并推出了"青安岗"卡通人物宣传大使——螺钉兄弟和主题曲《螺钉兄弟讲安全》,动员青年积极参与安全生产管理的落实,共同营造"安全发展、和谐有序"的文化氛围。青年安全生产示范岗创建活动以一年为周期,跨年度开展,即从当年 6 月启动,至次年 6 月完成市级青年安全生产示范岗的评比表彰。共青团上海市委、市安监局按照"好中选优"的原则,命名表彰市级的青年安全生产示范岗集体,并按照团中央和国家安监总局的要求,从中选择推荐优秀集体参加全国青年安全生产示范岗创评活动。

十、青工战线专题工作委员会

为主动适应上海共青团青工工作面临的新形势、新任务和新要求,进一步整合工作力量,扩大团内民主,凝聚各方共识,建立、健全广大基层团干部参与面上重点工作谋划和实施的长效机制,推动青工战线共青团工作的进一步活跃,2012 年 7 月,共青团上海市委在广泛征求意见的基础上,正式组建上海共青团青工战线专题工作委员会。青工战线专题工作委员会是谋划和推进青工战线重点工作的决策咨询机构,在共青团上海市委青工部的领导下开展工作,总体职责是:深入研究、分析本专题的工作现状、发展趋势、基本经验及突出问题,为共青团上海市委科学决策和合理部署青工战线重点工作提出意见和建议;参与策划和实施与本专题相关的重大工作项目。首届委员会设青工战线基层团建、青年就业创业、青年文明号和青年创新创效四个专题委员会。专题工作委员会委员由青工战线基层团组织主要负责人和共青团上海市委机关干部组成,委员人数原则上不超过 10 人,并兼顾各方面平衡。专题工作委员会中的基层委员采取轮值制,每年调整一次。每一年度的委员安排,通过个人自荐或共青团上海市委青工部提名等方式协商产生,报请共青团上海市委分管领导批准后公布。各专题委员会设召集人 2 名,由共青团上海市委青工部提名。同时,可根据工作需要,邀请 1～2 位专家学者或已转岗团干部担任顾问。

第十章 科教卫体工作

一、大中学生理论学习活动

多年来,上海学校系统共青团组织带领广大学生深入学习邓小平理论和"三个代表"重要思想,贯彻落实科学发展观,以大中学生理论学习组织建设为重要抓手,逐步形成了"重组织机制、重学习形式、重成果示范"的基本工作模式,取得了显著成绩。在学习形式方面,大中学生理论学习注重拓展教育手段,充分运用历史背景教学法、案例分析教学法、多媒体教学法和兴趣激励教学法等方法,使理论学习"进组织生活,进团校教学,进学生头脑"。在学习中注重理论学习与实践教育的有机结合,开展社区志愿服务、博士团西部行、挂职锻炼、参观考察、"三下乡"等活动,增加广大学生对社会的了解,增进同人民群众的感情。同时,充分结合迎接世博会、建党 90 周年、建团 90 周年、党的十八大召开等时代主题,发掘新时代教育资源,引导大中学生把理论学习活动不断推向新的高潮。在组织建设方面,自 1996 年 4 月上海交通大学成立大学生邓小平理论研究会以来,上海大中学生相继自发成立各类理论学习型组织,目前全市共有近 500 个校级大中学生理论学习型社团组织,成员近 5 万人。在全市层面成立了上海市大学生理论学习型社团联盟,成为大学生学习实践邓小平理论、"三个代表"重要思想和科学发展观的重要载体。联盟成立后本着"以兴趣促覆盖,以活动展风采"的原则,把握关键节点,紧扣时代主题,发挥自身特色,开展理论学习研讨会、党史报告会、党章学习研讨会和理论学习型社团论坛等丰富多彩的学生活动。理论学习型社团联盟每年还通过召开年会的形式,总结理论学习经验,展示理论学习成果,创新理论学习的方式和方法,提高学生思想政治教育工作的针对性和有效性。

二、优秀大学生"选苗育苗"工程

为实现党中央关于培养和选拔跨世纪优秀年轻干部的战略部署，根据上海市委关于做好培养高素质年轻党政领导干部的要求，从2003年起，上海市委组织部、市教卫党委和共青团上海市委共同组织、实施上海市优秀大学生"选苗育苗"工程。从源头抓起、从优秀的在校大学生抓起，在就读期间发现、选拔一批有志于从事党政事业、有发展潜力的优秀青年人才，在广泛考察的基础上，通过理论研修学习、暑期挂职锻炼、强化培训班等方式，多方位、全过程开展优秀大学生培养工作。工程的实施主要分为四个阶段：①大学一年级考察培养阶段，着重"早播种、早选苗、早培养"，重点关注和考察新生中的学生党员、高中阶段的入党积极分子、省市级"三好学生"和"优秀学生干部"。②二年级锻炼培养阶段，形成全市约2000名具体人选名单，依托各相关高校的党校、人才学院等优秀大学生培养实体，通过主题讲座、专题讨论、学习考察、校内挂职、志愿服务、参与大型活动等多种形式，对学生进行全面锻炼培养。③三年级重点培养阶段，着重抓实践锻炼，结合大学生人生发展导航行动，对表现突出的学生，有意识地安排青年党政领导干部担任其导师，进一步从思想上、实践上促进其尽快成长成熟。在三年级末，从各高校的重点培养名单中推荐约500名优秀大学生赴全市各委办局和区县的基层单位开展为期两个月的优秀在校大学生暑期挂职锻炼。④四年级强化培养阶段，着重抓选拔，上海市教卫党委、共青团上海市委在汇总各高校挂职锻炼工作情况的基础上，遴选其中约200名优秀学生，并在四年级开展为期两周的集中强化培训，重点提高政治理论水平和加强党性教育。优秀研究生的培养选拔工作主要在二、三年级开展。每年学生分配去向明确后，上海市委组织部开展跟踪考察，遴选其中比较优秀的100名学生，进行重点跟踪培养。此工程覆盖全市本科院校的最优秀学生和先进典型。几年来，已选拔培养推荐百余名优秀大学毕业生进入全市各级党政机关工作。

三、18 岁成人仪式教育活动

18 岁成人仪式教育活动首创于 1989 年上海市嘉定县黄渡乡,迄今为止,全市已有 90％以上的适龄在校学生参加成人仪式,在青少年成长的道路上留下深刻的印象。1993 年 12 月 18 日,上海市第一届 18 岁成人仪式在外滩上海人民英雄纪念碑前隆重举行,自此,这一仪式教育活动在社会上引起强烈反响,同时也得到了中宣部、共青团中央和中共上海市委的充分肯定和高度重视,被列入《跨世纪青年文明工程实施计划》和《爱国主义教育实施纲要》,正式向全国推广。此后,共青团上海市委联合上海市教卫党委、市教委等有关单位,分别以"党在我心中"、"永远跟党走"等为主题,每年举办大型 18 岁成人仪式。为体现 18 岁成人仪式的严肃性和神圣性,共青团上海市委逐步对全市各区县、学校开展成人仪式活动提出一系列规范化的要求,包括仪式基本内容和程序的规范化、仪式举行时间的规范化、仪式系列用品的规范化、仪式管理上的规范化等,并确定仪式主题歌、标志和成人誓词。近年来,为适应素质教育的发展要求,共青团上海市委积极拓展 18 岁成人仪式的教育内涵,现已形成一项系统教育活动,包含 16 岁身份证颁发仪式、18 岁成人仪式等仪式教育和 16～18 岁成人预备期教育活动,即 16 岁高一阶段注重进行公德教育,17 岁高二阶段注重进行公益教育,18 岁高三阶段注重进行公民教育。上海 18 岁成人仪式教育活动经过多年发展历程,已经成为上海中等学校系统团组织的主体工作和品牌项目,成为加强和改进未成年人思想道德建设的有效手段,成为新时期对青少年进行爱国主义教育和社会责任感教育的有效载体,今后将在加大普及力度、创新有效形式、完善机制措施、加强课题研究等方面重点加以推进。

四、青年人文经典读书工程

上海青年人文经典读书工程启动于 2009 年,是由共青团上海市委发起,旨在推动各界青年多读书、读好书的活动。青年人文经典读书工程期望通过读书活动提升全市青年市民的人文素养,培养一代具有人文关怀的青年公民,进而激活当代青年的人文精神,推动整个社会对人文、艺术的关怀。系列活动包含五个方面:人文经典系列论坛、人文经典精品课程、工程系列丛书、大学人文经典竞赛以及长辈荐书行动。人文经典系列论坛面向沪上高校青年学子,共有近50家高校人文类社团参与,共开展讲座200余期,每年推荐沪上人文类讲座、活动百余场;在校外,读书活动特设人文经典精品课程,每月选取一个主题推出2～3讲,讲座地点安排在市中心,时间为每周周末,方便工作中的青年人参与,迄今共举办27期74场次;2011年推出工程系列丛书《先典新识——名家人文与经典演讲录》第一辑,曾任中共上海宣传部副部长、解放日报总编辑的丁锡满同志欣然为该书作序;大学人文经典竞赛是读书活动一年一度的赛事,迄今共成功举办了三届,共有40余支学校代表队参与竞赛,共覆盖沪上大学生近20万人;长辈荐书行动是读书活动在2011年推出的品牌活动,邀请文化、艺术、政经领域名家、学者共同参与,以长辈身份推荐好书,共推荐近百本书刊,推荐各类主题书目若干。上海青年人文经典读书工程,正在成长为沪上规模最大的市级公益青年读书项目,读书活动迄今共被50余家各类媒体介绍,媒体报道达年平均百余次。在2012年第14届上海读书节上,读书活动被评为"经典传承项目",在上海市振兴中华读书活动30周年中被评为"十佳读书活动项目"。

五、高校共青团干部赴县级团委挂职工作

为深化实施高校青年马克思主义者培养工程,切实加强和改进高校共青团干部队伍建设,共青团中央、教育部党组决定自2011年起,每年从全国高等学校(含民办高校、独立学院)中选派共青团干部到县级团委开展为期一年的挂职工作。要求选派干部深入了解基层团组织的基本状况,注重利用本校的人才、资源等优势,推动当地团工作的全面开展;充分发挥自身的知识技能优势,为挂职所在地基层的经济社会发

展提供规划咨询、技术支持、项目引进等服务,推动校地建立长期合作,履行高校服务社会功能;充分利用到基层挂职的机会,深入了解我国区域发展的不平衡性和部分区域的相对落后性。2011年上海选派高校挂职团干部74名,其中赴本市区县18名,云南38名,西藏18名。2012年选派65名,其中赴本市区县40名,云南25名。广大高校挂职团干部发挥智力优势,以课题调研谋划破题之道,针对区县团的工作中的热点和难题,以专业团队重点立项研究破题,每年完成调研报告百余篇。聚焦重点项目,在推动非公企业建团、乡镇街道团组织格局创新、组织培训青年就业创业人员、帮助青年贷款、协调资金物资支持基层、协助基层单位团组织引进项目等方面都取得丰硕成果。努力提高组织能力、协调能力、沟通能力、复杂问题处理能力以及谋划工作、创新工作的能力等综合素质,在全身心投入工作的过程中密切与基层和群众的联系,在艰苦的环境中磨炼意志品质,锤炼优良作风。

六、大中学生科技创新活动

多年来,在中共上海市委、市政府领导的高度关心和大力支持下,在市教委、市科委、市科协等相关部门的全力配合下,共青团上海市委广泛开展上海市大中学生科技创新活动,成效显著。建立了以"挑战杯"全国大学生课外科技、科技学术作品竞赛为龙头,由大学生课外学术科技作品竞赛、大学生创业计划竞赛以及中学生创意设计竞赛等组成的竞赛体系;形成了以大中学生科技创新类社团、协会为依托的群体性科技创新和科技普及体系;设立了以"上海市青少年科技创新市长奖"为主导的优秀青少年科技创新评选机制。在竞赛体系方面,自1989年以来,共青团上海市委以积极参加"挑战杯"全国大学生课外科技学术作品竞赛和大学生创业计划竞赛为龙头,相应组织、开展上海市大学生课外学术科技作品竞赛和上海市大学生创业计划大赛,引领全市高校积极开展相应比赛,形成了全国、市级和校级三级竞赛机制。在科普体系方面,目前,上海共有大中学生科技创新类社团近千个,以全面参与和广泛普及为目的,组织开展了丰富的科技创新和科学普及活动。2012年起,共青团上海市委每年与市教委、市科委联合开展"创新,我们在行动"上海市青少年创新人才主题宣讲系列活动。在评选机制方面,通过"上海市青少年科技创新市长奖"和"中国青少年科技创新奖"的评选和推荐活动,建立大中学生的创新人才选拔机制,选拔和树立大中学生科技创新的典型。2003年,共青团上海市委率先在全国设立"青少年科技创新市长奖",成为面向上海市青少年的一项具有导向性、示范性和群众性的科技创新最高荣誉奖项。

七、大学生就业创业支持行动

近年来,上海共青团组织围绕凝聚力建设的要求,把服务大学生就业创业作为服务凝聚青年学生的具体举措:①树立正确的成才观。共青团上海市委组建了由知名企业家、青年创业先锋、资深创业讲师、基层创业青年代表等近百人组成的讲师队伍,每年举办百余场"大学生就业创业大讲堂",共吸引3万余名大学生参加论坛、讲座等活动。上海市学联向全市广大应届毕业生发出"青春我就创"的倡议,成立上海市大学生创业社团联盟,促进高校创业类社团、大学生创业者和社会支持力量相互交流合作。②为大学生就业进行职业规划和职前培训。共青团上海市委贯彻落实团中央建设青年就业创业见习基地精神,积极建成548个基地,每年上岗见习学生6000余人次。2005年开始,联合中国大学生就业见习网开展"走好成功职场第一步"上海市大学生成才择业校园巡讲活动,介绍各行业发展现状与前景,对大学生的职业规划、管理知识、心理素质等各方面进行全方位的培养,同时,引导用人单位走进高校参与人才培养,参与对大学生的毕业就职前培训。③为青年学生创业提供更完备的服务。定期汇编、整理政府和各单位支持学生创业的优惠政策及成功案例,编辑并向全市大学毕业生发放《青春我就创——上海市大学生就业创业攻略》3万册,书中包括免费风险评估与培训、无偿贷款担保和部分税费减免等内容,为学生创业提供信息服务;与教育部门合作,在大学中开设创业教育课程,为学生创业提供理论服务;以"挑战杯"中国大学生创业计划竞赛为主,继续开展各类创新创业竞赛;帮助学生申请上海市大学生科技创业基金,为学生创业提供资金支持渠道;组织优秀律师与大学生创业企业结对,为上海自主创业青年提供三年免费法律咨询服务。

八、上海市青少年科技创新市长奖

上海市青少年科技创新市长奖是经上海市人民政府批准,由共青团上海市委、市教委、市科委、市科协和市学联等单位共同组织实施的一项具有导向性、示范性和群众性的科技创新奖项,每两年评选一次。此项评选主要是激励广大青少年更广泛地参与科技创新活动,提高科技创新意识和培养科技创新能力,营造一个全社会共同关心、支持青少年科技创新活动的良好氛围,全面促进青少年综合素质的提高。自2003年首次评选以来,得到全市广大青少年的热烈响应。开展五届以来,共评出"市长奖"获得者52名,提名奖获得者48名。他们身上集中体现了当代上海青少年刻苦钻研、勇于创新、开拓进取、奋发创业的精神风貌,成为广大青少年开展科技创新实践活动的优秀典范和杰出代表。

九、大中学生社会实践活动

大学生社会实践活动是顺应国家发展对人才的要求、高校改革实施素质教育、大学生成长发展需求而产生发展的,已经成为在大学生成长成才、全面提高综合素质过程中不可缺少的重要环节,成为大学生思想政治教育的重要途径。20多年来,在上海市委宣传部、市文明办、市教卫党委、市教委、共青团上海市委、市学联等主办单位的共同领导下,上海市大学生社会实践活动覆盖面不断扩大,据不完全统计,20多年中全市共有100多万大学生参与社会实践活动,足迹遍及包括台、港、澳在内的全国各省、市、自治区。活动形式从最初的学习考察,发展为现在的志愿支教、扶贫义诊、法律援助、挂职锻炼等多种形式。组织手段从单一利用暑期组团出访,发展为覆盖平时、双休日、寒暑假,项目化、经常化的活动形式。此外，为了进一步鼓励社会各界参与大学生社会实践的积极性，形成大学生社会实践工作的长效机制，2005年，上海市委宣传部、市文明办、市科教党委、市教委、共青团上海市委共同命名了上海科技馆、上海市市容环卫局等一批与学校联系广泛、合作成效突出、有典型示范意义的街道社区、农村乡镇、爱国主义教育基地、企事业单位、部队、社会服务机构为上海大学生社会实践基地。2009年起，共青团上海市委推出"知行杯"上海大学生社会实践大赛。

为进一步加强和改进中学生思想道德教育，全面提高中学生的综合素质，依据中学生身心发展特点，注重个性化要求，上海共青团通过开展以理想信念教育、良好道德品质养成、城市精神培育、素质拓展训练为重点的社会实践活动，引导广大中学生深入学习科学发展观和社会主义荣辱观，进一步培养和提高中学生的综合素质，进一步激发中学生成长进步的积极性、主动性和创造性。在全市中等学校系统各级团组织的精心组织下，中学生社会实践活动得到了青年学生的积极响应和广泛参与，形成了居委会见习主任助理、"青春辉映夕阳红"敬老服务等优秀实践项目，取得了良好的育人效果和社会效应。

十、"知行杯"上海大学生社会实践大赛

为充分发挥社会实践作为加强和改进大学生思想政治教育重要途径的优势，进一步引导青年学生为推动"创新驱动、转型发展"、建设社会主义现代化国际大都市贡献力量，自2009年起，共青团上海市委和上海市学联每年开展"知行杯"上海市大学生社会实践大赛，鼓励大学生将关注的目光投向上海的城市管理，从城市运行、科技创新、医疗卫生、绿色低碳、文化建设等方面入手，结合上海市相关委办局的指导需求，充分发挥高校师生的专业特长和组织优势，走进社会、亲身体验，在调查研究的基础上提出相应的对策和建议，"知行合一，奉献社会"，每年都吸引近50所高校的500余支团队参赛，完成经济社会发展调研课题近千个。在实践选题上，越来越聚焦社会热点，引导大学生心系社会，关注民生；在实践指导上，注重整合社会资源，邀请委办局共同关

心、形成联动;在交流方式上,结合"90后"特点,开通了上海市大学生社会实践网站和微博群,鼓励大学生进行网络互动。

十一、大中学生社团建设

近年来,上海市大中学生社团发展十分迅速,在凝聚青年学生、繁荣校园文化、开展有效的思想政治工作、促进学生就业创业等方面发挥越来越重要的作用。截至2012年3月,上海市大学生社团共有3097个,社团注册成员数达219887人,约占上海市普通高校学生总数的31%;上海市中学生社团共有3596个,社团活动覆盖的学生数达90260人,约占全市中学生总数的38%,有80%以上的学生参加过学生社团举办的各类活动。为了进一步加快学生社团发展,共青团上海市委于2006年12月出台《关于进一步加强和改进上海高校学生社团工作的意见》和《上海高校学生社团管理办法》。在活动建设方面,共青团上海市委、上海市教委、市学联从2000年起,每年举办一届上海市大(中)学生社团文化节,它已经成为展示上海学子青春风采和校园文化丰硕成果的盛会,并已纳入中国上海国际艺术节群众文化活动之中。此外,社团发展论坛是上海市大中学生社团沟通交流的平台,内容包括主题演讲、社团文化展示、参观社团活动基地等,同时还邀请长三角地区著名高校的学生社团参与交流。从2009年开始,共青团上海市委、市学联探索建立分类别、跨学校的上海市大学生社团联盟,目前已经建立起金融理财类、经典读书类、理论学习类、中国(上海)高校传媒、环保类、法政类、健康类、创业类、就业类和公益类等十种类型的社团联盟。各联盟紧扣热点,开展特色活动。理论学习类社团联盟在建党90周年之际,先后在复旦大学、华东政法大学等学校举办理论学习研讨会、党史报告会等活动;金融理财类社团联盟与《上海证券报》合作,共同打造针对青年群体尤其是在校大学生的理财专版——Young财经;绿色环保类社团联盟连续两年与世界自然基金会(WWF)合作开展"地球一小时"宣传活动。

十二、"共青团健康快车"上海医务青年志愿服务行动

从 2003 年开始,共青团上海市委联合上海市卫生局每年联合开展"共青团健康快车"上海医务青年志愿服务行动,组织广大医务青年到全市各区县的街道、乡镇、企业、高校开展巡回医疗志愿服务活动,义务为人民群众送医送药,宣传卫生保健知识,倡导科学、健康、文明的生活方式。该行动由共青团上海市委统一领导,采取分片分块负责的原则,分别成立了由市卫生局团委、申康医院发展中心团委、复旦大学团委、上海交通大学团委、同济大学团委、上海中医药大学团委、第二军医大学团委等单位负责牵头的七个工作小组。按照总体部署,每个工作小组具体负责组织相关各级医院团组织在对口区县、企业、高校开展活动。"共青团健康快车"定点、定时、定人开出,车上配备一批基本医疗器材、一批卫生保健知识宣传资料和书籍以及一批"家庭小药箱"。每次行动为期一天,由不同医学专业的十余名医务青年志愿者组成,开展咨询义诊、医疗知识讲座、疑难杂症会诊、病例讨论等志愿服务,并为困难家庭赠送"家庭小药箱"。九年多来,"共青团健康快车"总共开展 2000 余场志愿服务,服务人民群众达 30 万余人次,3000 多名青年医务工作者参与活动。特别是在 2003 年抗击非典的斗争中,广大医务青年一方面坚守岗位,默默奉献,与非典作顽强的斗争,另一方面以更大的热情投入到志愿服务中,开展了"共青团健康快车"防非特别行动,开展了 45 场"防非"专场,20 场网上专场,分送"防非爱心袋"2500 个、"防非宣传资料"24000 份。目前,"共青团健康快车"已经成为上海医务青年志愿服务的一个品牌,成为加强医务青年行业作风建设的主要载体,在社会各界树立了良好的声誉,受到了广大人民群众的热烈欢迎。

十三、团干部运动会

为了进一步增强全市团组织和广大团干部的凝聚力,展现上海团

干部蓬勃向上、积极进取的风采，丰富团干部的文体生活，增强团干部的身体素质，促进各条线团干部之间的沟通和交流，共青团上海市委从2008年起，每年举办一届上海市团干部运动会，已逐渐成为上海市民运动会的一个品牌项目。

运动会分为竞赛项目和体验项目。竞赛项目分团体项目、球类比赛、田径项目、游泳项目等；体验项目根据各承办场地的不同，适时开展，一般有定点投篮、打地鼠、射击项目等；还结合团干部的兴趣爱好，设置了大怪路子、美式台球等比赛。运动会受到了全市广大团干部的热烈欢迎，来自全市各系统、条线的1000余名团干部参加了比赛。

第十一章　少先队工作

一、少先队创先争优活动

2010年11月,上海少先队积极学习、贯彻第六次全国少代会精神,围绕少代会主题:"高举队旗跟党走,为着理想勇敢前进,紧跟全党、全团创先争优步伐",在各级少先队组织和广大队员、辅导员中发起少先队创先争优活动,加强党、团、队组织意识与教育内容的衔接,培养少年儿童对党和社会主义祖国的朴素感情。

上海少先队创先争优活动坚持"理想引领、党团带领,重心下移、典型示范,儿童为本、队建为基",分为三个层次推进:①少先队员要对自己的成长怀有理想并承担责任,牢记党和人民重托,争当"四好"少年;辅导员要树立职业理想,提升专业素质,为人师表,争当"敬业、民主、科学、创新"的好辅导员。②少先队员和辅导员都要对自己组织的发展怀有理想并承担责任,团结起来,将大、中、小队建设成"快乐、自主、友爱、向上"的好集体。③少先队员和辅导员都要对自己国家、民族的未来怀有理想并承担责任,为中华民族的伟大复兴时刻准备着。

上海少先队创先争优活动开展以来,广大少先队员、少先队辅导员以及各级少先队组织按照创先争优的标准和要求,不断完善自身、开拓进取,涌现了一大批优秀少先队员、少先队辅导员和先进少先队组织,活动取得了良好的效果。

二、全团带队工作

1958年,共青团三届三中全会决议提出"带领好少先队是党交给共青团的一项崇高的任务",并确定了"全团带队"的工作路线。此后,几乎历次有关共青团召开的少先队工作的重要会议,都要重申"全团带队"的重要性,并对它的途径、内容、要求不断地有所发展与创新。

多年来,"全团带队"思想内涵与时俱进,不断发展和完善,其涵义包括以下十个基本方面:①在每一历史阶段,共青团依据党对少年儿童工作的指示精神及少年儿童发展状况,对少先队的重大问题作出决策,引导少先队的前进方向;②共青团通过召开少先队代表大会与少先队工作会议,指导并推动少先队事业蓬勃发展;③选派最好的干部领导少先队工作,并在中央到地方各级团委下建立少年部,作为儿童团和少年先锋队的领导机关;④全团带队,坚持思想带队、组织带队和工作带队;⑤共青团机关各个职能部门、各条战线部门,都有责任配合少年部做好少先队工作;⑥凡是有少年儿童的单位,团的基层组织都设少年儿童委员,具体负责少先队工作;⑦建立各级少工委,改善和加强团对队的领导,密切团、教两家及社会各方面的联系和合作;⑧团委会同教育行政部门选聘与培训少先队辅导员,努力建设一支高素质的辅导员队伍;⑨发动各行各业的团组织为少先队选派和聘请校外志愿辅导员,多方面关心和支持少先队工作;⑩宣传、动员全党、全社会都来关怀、支持少先队,依靠教育行政部门、校外教育机构,依靠工会、妇联、人民解放军以及工厂、企业、机关等社会力量,共同教育、辅导少年儿童,做好少先队的工作。

上海全团带队工作开展以来,出台了一系列政策性文件,召开全市性的全团带队工作会议,充分营造共青团关心、支持少先队开展工作的良好氛围,取得了良好的效果。

三、"雏鹰争章"活动

"雏鹰争章"活动是1993年启动的"中国少年雏鹰行动"的重要组成部分。根据江泽民同志"自学、自理、自护、自强、自律,做社会主义事业的合格建设者和接班人"的题词精神,全国少工委把对少年儿童的思想道德素质、科学文化素质和健康素质等方面的要求,具体化为若干枚"雏鹰奖章",鼓励少年儿童通过定章、争章、考章、颁章和护章,不断为自己确立新的目标,不断争取进步。

"雏鹰争章"活动面向全体少年儿童,打破了传统的单纯靠分数评价优劣的模式,成为衡量少年儿童综合素质的重要依据。各种奖章把社会各方面的力量凝聚在一起,把校内与校外教育有机结合起来,为社会各方面关心、支持素质教育提供了有效的载体。

上海少先队从1992年率先推出"雏鹰争章"活动,先在部分学校试点,后在全市推广普及,最后在全国开展。经过多年实践探索,"雏鹰争章"活动规范操作,逐渐成为少先队组织的品牌项目。上海市少工委与教育部门合作编写供队员使用的1～9年级《争章手册》,列入上海市新课程选择性教材序列,"雏鹰争章"活动还纳入《上海市学生成长记录册》。2011年,市少工委抓住庆祝建党90周年的有利时机,结合"四好少年"的具体要求及世博精神,调整了新一轮"雏鹰争章"章目,修改了《争章手册》,推出一批设计新颖、创意独特的系列雏鹰奖章,设立体现综合性评价内涵的"四好少年"奖章,增加了体现爱党教育的向日葵章和体现爱国教育的五星红旗章,把原组织章调整为体现党、团、队组织意识衔接的接力章,调整后的《争章手册》共有42枚奖章。

四、"红领巾心向党"主题教育活动

2011年,为庆祝建党90周年,延续"民族精神代代传"活动的成果,共青团中央、全国少工委号召全队开展"红领巾心向党"主题教育活动,发动基层少先队组织立足本地实际,充分运用红色教育资源,普遍开展"红领巾心向党"六个一活动。

活动要求各级少先队组织紧扣"红领巾心向党"的主题,引导少先队员做到"六个一":学唱爱党歌曲,了解党史故事,观看红色影视剧,参观革命纪念地,了解党的新成就,寻访优秀党员,在实践中增强党、团、队衔接的组织意识,培养少年儿童对党和社会主义祖国的朴素感情。

上海少先队积极响应全国号召,开展了"红领巾心向党·从小学先锋"、"红领巾心向党·红歌红舞同欢庆"、"红领巾心向党·我把幸福告诉你"等活动。各级少先队组织以小队为单位,组织少先队员、儿童团员做到"六个一",积极开展"从小学先锋"90人90谈采访活动,发动少先队员、儿童团员参加演唱红色歌曲,讲故事,演情景剧和课本剧,开展体育运动、趣味游戏等文体活动,开展红色文体节目案例征集活动,发放了105万张"我把幸福告诉你"记录卡,反映少先队员、儿童团员参与"红领巾心向党"主题活动的情况。通过一系列活动,使每一名少先队员了解党带领人民进行革命、建设、改革的奋斗历程,珍惜今天来之不易的幸福生活,从小培养对党和社会主义祖国的朴素感情。

五、"好习惯伴我快乐成长"活动

"养成道德好习惯"活动是在全社会学习、贯彻《公民道德建设实施纲要》背景下发起的。2002年2月,上海市红领巾理事会向全市少年儿童发出"新世纪我能行,养成道德好习惯"实践体验活动的倡议,号召少先队员重点养成"十个好习惯"。2006年,上海市少工委在"养成道德好习惯"活动的基础上又提出"好习惯伴我快乐成长"主题活动。近年来,市少工委不断丰富活动内涵,在学校、家庭、社区三个层面充分开展。

上海少先队员要养成的"十个道德好习惯"是:微笑待人、每日为父母做件事、主动打招呼、及时感谢别人的帮助、按规则办事、说了就要努力做、用好每一分钱、集体的事情一起干、用过的东西放回原处、干干净净迎接每一天。"好习惯伴我快乐成长"主题活动分为五个系列:①"微笑行动"。围绕微笑待人,主动打招呼等好习惯展开。②"感恩行动"。围绕每日为父母做件事,及时感谢别人的帮助等好习惯展开。③"承诺行动"。围绕按规则办事,说了就要努力做等好习惯展开。④"合作行动"。围绕集体的事情一起干,干干净净迎接每一天等好习惯展开。⑤"节约行动"。围绕用好每一分钱,用过的东西放回原处等好习惯展开。在2010年上海世博会期间,上海少先队将"好习惯伴我快乐成长"行动化为"微微笑、弯弯腰、排排队、擦擦亮"的行动倡议,引导少先队员担负起世博小主人的责任。进入到2011年,上海少先队开展了"好习惯在家庭、好习惯在学校、好习惯在社区"活动。

"好习惯伴我快乐成长"活动立足于少年儿童身心特点,融合素质教育要求,有效地服务于少年儿童的成长需求。

六、"手拉手"互助活动

"手拉手"互助活动始于20世纪90年代初,由共青团中央、全国少工委联合有关部门共同发起,旨在倡导城市和农村、富裕地区和贫困地区、健康的和有残疾的以及不同民族的少年儿童之间相互通信交往,互帮互助,共受教益。

"手拉手"互助活动的宗旨是:通过少先队员与队组织之间的交流、互助、服务,引导少年儿童了解国情,认知社会,从小培养爱国主义、集体主义和社会主义精神,培养乐于助人、团结友爱的健全人格。

每一位参加"手拉手"互助活动的少先队员都要经过以下三个步骤:①"手拉手找朋友"。基层少先队组织提供贫困地区或有困难的少年儿童的名单,填写"友情卡",找到需要帮助的小伙伴。②"手拉手交朋友"。参加活动的队员要做到"五个一":交一个手拉手好朋友,写一封手拉手交友信,给小伙伴寄一本好书(或一份报纸、一件文具),为小伙伴做一件好事,向小伙伴学一种新知识(或新本领)。③"手拉手看朋友"。各级少先队组织要利用寒暑假组织少先队员就近就便看望手拉手小伙伴,共同参加各种活动。

上海积极推进多层次的"手拉手"活动,受到广大少年儿童的欢迎。开展城市少年儿童与进城务工人员随迁子女、外省市困难少年儿童手拉手,与云南、四川都江堰、新疆喀什建立起对口帮扶关系,两地少先队员、少先队辅导员、少先队组织一起手拉手,共同发展进步。

七、少先队学科建设

2012年,共青团中央、全国少工委围绕少先队的根本任务,积极推动少先队学科建设,要求各省级少先队组织联系本省相关高校,在教育学一级学科下开设"少年儿童组织与思想意识教育"二级学科,招收硕士研究生。全国少工委组织编写《少年儿童组织与思想意识教育原理》《少年儿童组织与思想意识教育方法》等教材,全力推进少先队学科建设。

根据共青团中央、全国少工委的统一部署,共青团上海市委、市少工委与华东师范大学充分沟通,华东师范大学在教育学一级学科下自主设置"少年儿童组织与思想意识教育"研究生教育二级学科,将"少年儿童组织与思想意识教育"定位为学术学位研究生专业,并在中国学位与研究生教育信息网二级学科自主设置信息平台公示。这是国内第一家985高校设置"少年儿童组织与思想意识教育"二级学科的网上公示。并于2012年10月启动面向全国的"教育学原理——少年儿童组织与思想意识教育"学术研究生的招生工作,报考者将参加2013年1月举行的全国硕士研究生统一招生考试,并于2013年秋季入学。

根据"少年儿童组织与思想意识教育"二级学科的基本理论、学科体系、师资队伍、教材体系建设的需要,共青团上海市委、市少工委、上海社会科学院青少年研究所、上海青年管理干部学院、上海少年儿童研究中心与华东师范大学教育科学院、研究生院共同组建联合研究机构,共同推进上海少先队学科建设。

八、上海市少先队辅导员带头人工作室

2011年,为深入贯彻落实科学发展观,构筑上海市少先队工作队伍的人才高地,进一步推进上海市少先队辅导员队伍专业化、职业化建设,上海市少工委联合市教委、市中小幼教师奖励基金会下发了《关于推进少先队工作带头人工作室建设的意见》,在全市范围评选少先队工作带头人,建立工作室,招收学员进行培养。市中小幼教师奖励基金会、各区县教育局、少工委配备专项资金,切实保证工作室运转。

工作室建设围绕少先队工作者专业化发展的实践和理论研究,以形成高质量的研究式的培训孵化机制为目标,在全市范围内评选出首批八名有实践经验和研究成果的"上海市少先队辅导员带头人",为其建立"上海市少先队辅导员带头人工作室",作为上海市普教系统名师

培养系列工程的后备力量。同时,选拔具有高度事业心和较大发展潜力的中小学骨干大队辅导员进入工作室进行重点培养,一年半为一轮,每个工作室每轮培养十名学员。市级层面建立专家顾问团,联系每个工作室,帮助确立1～2个研究课题,定期开展业务指导、专家咨询、专题讲座、经验总结等工作。

通过工作室建设,有力提高了少先队辅导员的业务水平,推动学员成为爱岗敬业、勤奋工作和专业能力精良的优秀辅导员骨干,产生了一批在全市乃至全国有一定影响的少先队辅导员带头人,有力地推动了少先队事业的发展。

九、少先队工作示范校

为进一步加强少先队基层组织建设,发挥各区县少先队工作的示范效应,以点带面,影响并提高少先队整体工作水平,2011年"六一"期间,上海市少工委通过评审,命名了上海市首批36所少先队工作示范校和1个上海市少先队示范实训基地,为全市树立了一批少先队工作先进典型。

评比中,上海市少工委要求示范校争创单位按照创建的标准和要求,着力研究新形势下少先队工作面临的新情况,解决新问题,形成富有实效和特色的工作新机制、新方法,体现较强的针对性、创新性和实践性。示范校命名工作注重学校办学思想先进、少先队工作经验具有普遍示范推广意义、本校少先队工作在当地有一定的影响力。各区县均有一所中学和一所小学入选。共青团上海市委、上海市教委、市少工委在"六一"期间,向首批上海市少先队工作示范校颁发了奖牌和证书。

为进一步加强对上海市首批少先队工作示范校的指导,总结示范校典型经验,上海市少工委还开展了走访少先队工作示范校活动,全面了解学校少先队工作情况,对学校少先队工作进行指导,挖掘学校少先队工作特色,充分运用各种平台宣传推广示范校经验,扩大示范效应。

通过创建活动,在全市形成了一批成绩突出、特色明显、具有典型带动作用的少先队工作示范校,实现了对基层少先队组织先进经验与典型做法的梳理,对全市少先队工作起到了显著的推动作用。

十、少先队工作专项督导

为贯彻胡锦涛同志建队 60 周年贺信精神,进一步推动上海少先队工作发展,发挥少先队组织在加强未成年人思想道德建设工作中的作用,2011 年,共青团上海市委首次联合上海市教委、市政府教育督导室在全市范围开展少先队工作专项督导。

共青团上海市委联合上海市教委、市政府教育督导室共同下发关于开展少先队工作专项督导的通知,要求各区县对区域内义务教育阶段学校少先队工作开展自查、督导,市督导组对各区县少先队工作进行专项督导抽查。督导设立一级评估指标 3 项,二级评估指标 8 项,检测点 18 个,从制度建设、队伍建设、基层建设三个方面督导各区县少先队工作。共青团上海市委、市教委、市政府教育督导室组成联合督导组,抽取部分区县进行督导。督导组依据评估指标,通过听取区县少工委自评报告、访谈辅导员、观摩中队主题会、召开少先队员座谈会、问卷调查、查阅文献资料等途径了解区县少先队工作情况,从制度建设、队伍建设、基层建设三个方面对区县少先队工作进行评估,形成专项督导报告,以市政府教育督导室文件形式下发。

上海在全国范围内首次开展明确纳入教育督导范畴的省级少先队工作专项督导,标志着上海少先队的规范化、制度化建设取得了重要进展,专项督导找到了团教合作推动少先队工作的新增长点,进一步明确了少先队工作的基础性标准,巩固了少先队在学校教育中的地位。

第十二章　青年社会组织工作

一、上海青年风尚节

上海青年风尚节是共青团上海市委主办,上海青年家园民间组织服务中心承办,为青年组织搭建展示组织风采、倡导青年文化、促进相互交流的创新项目。经过八年时间,青年风尚节已逐步成长为极具社会影响力的品牌。

上海青年风尚节主要采取集中展示的形式,在同一时间、同一开放式场地组织内容涵盖公益、户外、交友、创意、健康、运动、文化娱乐等几乎所有青年喜闻乐见活动类型的青年组织展示自己的风采。从2007年起,上海青年风尚节更是融入了系列活动的概念,风尚节逐步演变成"风尚月"。2011年风尚节以"2011·尚海·尚爱"为主题,开展包括"爱·公益"、"爱·运动"、"爱·牵手"、"爱·传递"等四场主题活动和数十场系列活动;2012年风尚节以"我们的年轻范"为主题,从低碳生活、创意无限、随手公益、多元包容四个方面展现青年群体在倡导和践行"够范"的生活方式和人生态度。活动还创新性地采用"以物劝募"的方式,共有近2000名青年自发报名,组建了近300支风尚小队,共同为至少1000名低视力的来沪务工子女筹款近28万元,帮助他们免费验光配镜。

2005年至今,上海青年风尚节已成功举办8届,累计吸引超过600家各类青年组织,数十万青少年参与其中。有了青年风尚节这个平台,积极健康的青年组织有了向社会展示的舞台和机会;有了青年风尚节这个平台,社会也已开始关注、认可这些在公众视野中若隐若现,但正为社会建设默默奉献的青年组织;有了青年风尚节这个平台,更多的青年社会组织被发掘,得到发展。

二、"青年影响社会"上海青年十大公益项目评选

为了更好地激发青年的公益热情,体现青年群体和青年社会组织参与社会建设的力量,支持、助推公益事业发展,汇聚上海青年公益合力,展示上海城市人文精神,同时在更广泛的青年群体中提升共青团的影响力,共青团上海市委在全市范围开展了"青年影响社会"上海青年十大公益项目评选活动。

评选工作分为海选征集、项目初评、中期评审、网络票选、专家评审等阶段,参选的公益项目主体来源广泛,包含各类以青年为工作主体或服务对象的社会组织、引领青年公益文化的社会企业以及推出青年公益项目的其他各类单位、组织。评选标准上凸显"影响"二字,体现创意性、服务性、文化性、广泛性等原则,主要从"创意了一个理念、创新了一类项目、塑造了一种文化、助推了一项事业"四个方面对公益项目进行考量。

2010年至今,"青年影响社会"上海青年十大公益项目评选已成功举办两届,每届从近200个候选项目中评选出十大"最具影响力"公益项目和十大"最具潜力"公益项目。获奖的公益项目都是近年来运作成熟、执行力强,并具有相当影响力和发展潜力,是上海公益领域优秀项目的代表。评选出的优秀公益项目除获得荣誉及资助奖金外,还可免费参加主办方组织的项目路演和由公益合作伙伴提供的能力建设培训,并有机会获得合作媒体免费宣传报道,同时入选《"青年影响社会"案例集》。"青年影响社会"上海青年十大公益项目评选为青年公益机构搭建了广阔的平台,推动青年公益事业不断向前,使其逐渐成为共青团上海市委引领青年投身公益事业、参与社会建设的重要工作。

三、青年影响社会——微行动计划

为了更好地发现和助推青年优秀公益创意,引领青年社会组织以新颖、简单、易参与的微行动方式影响和改变社会,共青团上海市委推

出青年影响社会—微行动计划,面向社会,发现和征集青年社会组织参与社会建设、引领社会热点、激发社会关注、服务社会特定人群的金点子和项目方案。

青年影响社会——微行动计划除了传统的征集、申报形式,还采用快闪、微博话题讨论等时尚的宣传、征集方式,向社会和青年公开征集"微创意"、"微倡议"、"微公益"、"微活动"、"微调研",根据项目可预计的实施力度和覆盖面进行选拔,对于其中优秀的点子、方案给予一定的资金支持、宣传配合,对于缺少实施、落地团队的入选项目,依托所建设的项目链和咨询研发中心等,帮助其寻找并实现落地可能,提供必要的策划、包装,并向企业、基金会等推荐。整个活动包含五大亮点:①申请主体多元,且主推青年;②申请领域宽泛,且主打公益;③申请方式简易,且过程规范;④支持方式多样,且聚焦重点;⑤择优纳入十大公益项目评选。

2011年首届青年影响社会——微行动计划,最终对精选出的16个项目给予5000～10000元/项的"微资助";2012年的青年影响社会——微行动计划以"碎片时间"为关键词,以"快乐志愿,随手公益"为主题,举办历时2个月的"寻找'碎片时间'的微公益创意——万人微公益创意征集行动",对遴选出的100个优秀创意予以奖励和支持。通过青年影响社会——微行动计划的开展,挖掘了一批公益"金点子",进一步激发青年的志愿精神和公益热情,并在全社会营造出"快乐志愿,随手公益"的理念。

四、上海青年社会组织领袖培训计划

为打造上海青年社会组织领袖的核心人才群体,提升青年社会组织能力,搭建各类组织交流融合的平台,共青团上海市委和上海市社会建设青年人才协会共同定期举办上海青年社会组织领袖培训班。

2011年,先后举办了两期上海青年社会组织领袖培训班,培训班培训采取全免费、全脱产、含住宿的形式,邀请多位专家学者、政府官员和公益组织专业人士为68名青年社会组织领袖授课,使青年社会组领袖在理论知识、政策法规、实务操作、领导力等多方面的能力得到提升,并为其组织运行过程中实际遇到的现实问题提供指导。2012年,培训班总结了前一年的工作经验,创新性地采取"社会组织领袖研修生培养模式",围绕CSR的主题,在短期理论授课的基础上,青年社会组织领袖、大学生公益训练营营员共同组成研究小组,在导师的指导下,走进各企业社会责任部门进行实地调研,通过项目设计等方式开展课题研究,并最终在企业、社会组织的共同推动下,形成可执行的企业社会责任项目,将社会组织与企业的资源进行有机整合,实现"1+1>2"的叠加效应。

上海青年社会组织领袖培训计划的实施,有力地提升了青年社会组织领袖的综合能力,促进了青年社会组织的良性发展,同时在各类社会组织以及企业与社会组织间搭建起深入交流的平台,实现相互间的信息共享,并通过资源整合,努力促成合作,更大地发挥青年社会组织在社会建设和社会公益事业中的能量。

第十三章　青少年事务工作

一、青年工作联席会议制度

上海市青年工作联席会议(以下简称"市联席会议")设立于2002年,是上海市委统筹规划和指导全市青年工作、提出青年政策、协调青年事务的指导、协调和督查组织,旨在发挥共青团组织在青年工作中的核心作用,加强相关党政机关、人大、政协、人民团体、社会组织之间的沟通和联系,针对不断变化的青年需求和青年问题,以会议的形式,加强交流、促进合作、达成共识、完善政策。目前,市联席会议成员单位共66家,涵盖中共上海市委、市政府、市人大、市政协相关职能部门,大口、区县党委以及工青妇等群团组织,议事范围涉及公民素养、身心健康、教育学习、就业创业、参与融合和维权及犯罪预防等多个领域。青年工作联席会议制度是加强对青年事务统筹整合的有力依托。通过联席会议制度的有效运作:①实现系统化统筹,打破职能部门之间的壁垒,将有关青年的行政事务梳理、统合,形成服务青年的整体效应;②实现社会化协同,将工作平台进一步向社会延伸,鼓励和引导社会力量广泛地参与青少年服务;③实现项目化运作,把工作设计开发成具体项目,并配备人员、资金、场地等资源保障。

二、《上海市青少年发展"十二五"规划》的编制实施

《上海市青少年发展"十二五"规划》(以下简称"《规划》")的编制工作始于2009年7月,历时两年,并于2012年3月正式对外发布。《规划》以"让青少年生活有更好憧憬"为主题,共分为"上海青少年的基本状况及发展趋势"、"指导思想和总体目标"、"优先领域及主要任务"、

"实事项目"、"保障措施"和"组织实施和监测评估"等六大部分,确定了公民素养、身心健康、教育学习、就业创业、参与融合和维权及犯罪预防等六大优先领域,提出了研究推进上海市青少年活动中心扩建项目、出台《上海市预防未成年人犯罪条例》、实施上海市青年英才培养计划、建设青年就业创业综合服务平台、推进青少年科学素质提升计划、开展上海共青团牵手行动、完善12355上海青少年公共服务平台、建立青年社会组织枢纽式服务管理体系和实施扶残助学春雨行动等九大实事项目。为切实贯彻实施《规划》,上海市青年工作联席会议专门制定了"《上海市青少年发展'十二五'规划》任务分解表",明确了每个工作任务对应的牵头单位和相关部门,以及每个成员单位对应的工作任务。通过《规划》的全面实施,上海市青年工作将得到社会各界的有力支持,上海青少年的健康成长将获得更加坚实的保障。

三、《上海市预防未成年人犯罪条例》的立法工作

为推进上海市预防犯罪工作的法治化进程,提高预防未成年人犯罪的工作水平,保护未成年人健康成长,促进社会平稳发展,维护社会和谐稳定,2009年开始,共青团上海市委积极推动《上海市预防未成年人犯罪条例》(以下简称"《预防条例》")立法工作。2011年,经过充分的立法调研和专家论证,共青团上海市委形成了《预防条例(草案)》和《立法项目论证报告》,并报送市人大,经审批被列入2012年市人大立法调研项目。《预防条例(草案)》共分为七章三十九条,从体例上分为总则、一般预防、不良行为的干预、严重不良行为的矫治、重新犯罪的预防、法律责任、附则七章。《预防条例》坚持了对未成年人犯罪"预防为主"的方针,将传统的一般预防与特殊预防融入到预防工作中,明确了各职能部门针对处于不同阶段的未成年人采取不同的预防措施。《预防条例》在机构设置、案件管辖、社会参与等方面积极创新,明确了预防未成年人犯罪工作的领导组织架构及其常设性办事机构,规定了来沪未成年人犯罪的属地化管理,提出了建立、完善预防未成年人犯罪信息管理系统和预警机制等,这些在全国来看都是非常先进的,对预防未成

年人犯罪,维护未成年人合法权益都具有非常重要的积极作用。

四、上海市青少年发展状况指标监测

为了全面、客观、科学地把握上海青少年发展的状况和趋势,为党和政府改进有关青年事务管理的政策和决策提供参考,上海市青年工作联席会议决定在全市范围内全面开展上海市青少年发展指标监测工作。在上海市青少年发展状况指标体系的基础上,从人口与基础信息、公民素养、身心健康、教育学习、就业创业、参与融合、维权及犯罪预防和政策与服务等八个板块对上海青少年进行研究分析。市青年工作联席会议办公室每年通过联系有关部门以及问卷调查等方式,对上海市青少年发展指标体系中 43 个一级指标和 42 个二级指标进行监测,每五年进行一次总体监测。在此基础上,共青团上海市委、市青年工作联席会议办公室与复旦大学社会发展与公共政策学院合作完成了《"十一五"期末上海市青少年发展状况指标监测报告》,并于 2012 年 4 月对外发布。该报告的研究成果一方面为今后五年《上海市青少年发展"十二五"规划》的实施评估提供客观监测和对比依据;另一方面也为协助上海市委、市政府改进有关青年事务管理的政策和决策提供参考。

五、重点青少年群体服务管理和预防犯罪工作

2010 年 8 月,中央综治委预防青少年违法犯罪工作领导小组、中央综治委办公室联合下发《关于开展重点青少年群体教育帮助和预防犯罪工作试点的通知》,要求在全国范围内开展"闲散青少年、不良行为或严重不良行为青少年、流浪乞讨青少年群、服刑在教人员未成年子女群体、农村留守儿童"等五类群体教育帮助和预防犯罪试点工作。上海市闵行区承担了不良行为或严重不良行为青少年的全国试点,浦东新区、长宁区、崇明县分别承担服刑在教人员未成年子女群体、闲散青少年、农村留守儿童的上海试点。试点工作开展两年以来,上海市一方面加强调查研究,形成了预防青少年违法犯罪工作对象信息共享机制、青

少年犯罪思想意识干预模式等研究成果；另一方面形成了项目化运作的机制，如闵行区开展的社工驻所、进驻工读学校、联校和社工进驻大型商企市场，长宁区开展的社区青年助学大专班项目、浦东新区开展的边缘家庭项目、崇明县开展的"守护星"关爱留守儿童项目，有效推动了这项工作的可持续发展。

六、社工职业晋阶

为推进社会工作人才队伍的职业化、专业化建设，建立、健全以体现专业人才价值为导向的社会工作人才激励机制和多层次、全方位的社会工作人才保障机制，2009年，上海市社区青少年事务办联合市禁毒办和市矫正办研究制定了《关于建立禁毒、社区矫正、青少年事务社会工作者职业晋阶制度的实施细则》和《薪酬管理的实施细则》，从而正式建立了青少年事务社工职业晋阶制度。这一制度创造性地提出了"双梯制"晋升、评聘分离、"薪点法"计算方式和以岗定酬、以绩定奖等社工职业晋阶模式，加大了社工工资的增长幅度，提高了绩效考核的合理性、科学性，提升了青少年事务社工的工作能力，调动了青少年事务社工的积极性。2011年，上海市阳光社区青少年事务中心据此制定了《关于开展2011年中级社会工作师评审工作的方案》，并于2012年5月，首次启动了中级社会工作师晋阶评审工作，经过资格审查、面试、笔试、过往业绩评定四个阶段，最终评定出首批中级社会工作师46人。

七、预防青少年违法犯罪工作核心指标体系

2011年，上海市综治委预防青少年违法犯罪工作领导小组联合市综治办、市高级人民法院等七家单位，共同下发了《关于全面推进预防青少年违法犯罪工作核心指标体系建设的实施意见》，在全市范围内全面推进预防青少年违法犯罪工作核心指标体系（以下简称"核心指标体系"）建设。核心指标体系围绕青少年涉罪率（年度青少年犯罪嫌疑人人数/年度青少年人口数）这一核心指标构成，同时建立了预防青少年

违法犯罪工作信息共享平台、区县青少年违法犯罪工作对象数据库和后续跟踪服务体系等相关配套措施。在市级层面,定期收集上海市公安局、市检察院、市法院、市矫正办和市教委等部门提供的预防青少年违法犯罪工作相关数据;在区县层面,定期收集区县公安分局、检察院、法院、矫正办和教委等部门提供的预防青少年违法犯罪工作相关数据。通过核心指标体系的建设,实现了以下三个目标:①有效监测上海市青少年违法犯罪状况;②科学评价预防青少年违法犯罪工作成效;③建立承担预防青少年违法犯罪工作的各机构、部门之间工作数据的沟通共享机制等。

八、对违法犯罪情节较轻的未成年人的考察教育

对违法犯罪情节较轻的未成年人的考察教育始于 2005 年,由上海市综治办牵头,联合公、检、法、共青团上海市委等部门共同下发了《关于对违法犯罪情节较轻的未成年人实行考察教育制度的意见》,规定在行政处罚或刑事诉讼阶段,司法机关与家庭、学校和社会组织密切配合,对违法犯罪情节较轻的未成年人开展考察教育。共青团上海市委、市社区青少年事务办指导相关社会组织据此制定了《关于进行考察教育工作的实施方案》。在涉罪未成年人考察教育期间,由青少年事务社工对其提供专业服务;考察教育结束后,由青少年事务社工向司法机关提供考察教育报告,作为相关司法决定的参考。截至 2011 年底,全市共开展考察教育个案 1000 余例,合理疏导了考察教育对象对进入司法程序的疑惑和恐惧,有效化解了他们的消极情绪,在一定程度上弥合了他们在心理上、人格上存在的缺陷,有力重建了他们的家庭意识、社会公德意识和是非价值观,受到了考察教育对象、家长和相关部门的一致好评。

九、社工作为合适成年人参与未成年人刑事诉讼

社工作为合适成年人参与未成年人刑事诉讼始于 2005 年,是指公

安机关、人民检察院、人民法院讯问或审判（含二审）涉罪未成年人，在其法定代理人无法或不宜到场时，依法由办案机关通知负有未成年人保护责任的机关、团体选派符合一定条件的成年代表，作为诉讼参与人到场，行使法定代理人的部分诉讼权利，维护涉罪未成年人的合法权益，并履行监督、沟通、抚慰、教育等职责。2010年，上海市高级法院、市检察院、市公安局和市司法局等四部门联合颁布《关于合适成年人参与刑事诉讼的规定》，对合适成年人参与未成年人刑事诉讼进行了系统的规范。社工作为合适成年人参与未成年人刑事诉讼的主要力量，截至2011年底，共开展个案1600余例。在刑事诉讼过程中，行使未成年人法定代理人的部分诉讼权利，帮助消除涉罪未成年人的抵触情绪和对抗心理，有效维护了涉罪未成年人的合法权益，切实配合了司法机关针对未成年人开展的帮教活动。同时，社工在判处非监禁刑的涉罪未成年人刑罚执行期间，继续参与对其的帮教矫正工作，对涉罪未成年人接受教育、重返社会发挥了积极作用。

十、青少年禁毒教育宣传活动

为进一步贯彻落实禁毒工作要求，使广大青少年认清毒品的危害，提高禁毒意识和自觉抵制毒品侵袭的能力，共青团上海市委指导上海市阳光社区青少年事务中心承接政府禁毒项目，开展"青苹果"禁毒宣教系列活动，使更多青少年了解毒品的危害性，自觉远离毒品，共同唱响"珍惜生命，远离毒品"的主旋律。①拓展服务内容，创新项目管理。进一步完善禁毒项目运作的方式，调动区县积极性，探索高校禁毒宣传，使禁毒工作贯穿全年。②运用专业方法，创新宣教方式。2011年在开展网吧及娱乐场所外展、"星空乐园"等品牌活动的基础上，社工在禁毒宣传上融入了年度流行元素，如徐汇区工作站将爱国教育与禁毒宣传相结合，虹口区工作站开展"庆祝建党90周年——青少年禁毒主题日"等禁毒宣传活动。③共创禁毒环境，推广禁毒资讯。积极建构社会服务机构、企业及政府、志愿者整合的服务模式，充实禁毒志愿者队伍的力量，组织动员全社会力量抵御毒品侵害，参与禁毒斗争，推动各项禁毒工作的开展。截至 2011 年底,市阳光社区青少年事务中心共开展系列禁毒社区活动 75 个,受益人群达 3.2 万人次,招募相关志愿者 200 余人。

附录一 共青团工作相关重要文件汇编

一、综合类

共青团中央办公厅关于印发《中国共产主义青年团团旗团徽制作和使用的若干规定》的通知

中青办发(1999)28 号

共青团各省、自治区、直辖市委,总政组织部,武警总部政治部,全国铁道团委,全国民航团委,中直机关团工委,中央国家机关团工委,中央金融团工委:

共青团中央曾先后于 1959 年 5 月 13 日颁布《关于团徽使用和徽章颁发的暂行规定》、1983 年 3 月 12 日颁布《关于团旗和团徽的使用规定》((83)中青字第 08 号),对于规范团旗团徽的制作和使用起到了积极作用。为适应当前的实际情况,进一步规范团旗团徽的制作、使用和管理,经共青团中央书记处同意,对上述规定进行了部分修订。现将修订后的《中国共产主义青年团团旗团徽的制作和使用的若干规定》印发给你们,请认真遵照执行。以往有关规定与此规定不一致的,以此规定为准。

共青团中央办公厅

1999 年 11 月 5 日

中国共产主义青年团团旗团徽的制作和使用的若干规定

第一条 为维护中国共产主义青年团团旗团徽的庄重和严肃性,使团旗团徽的制作、使用更加规范,根据《中国共产主义青年团章程》,制定本规定。

第二条　中国共产主义青年团团旗团徽是中国共产主义青年团的象征和标志。团的各级组织和每一个团员,都应当自觉地尊重和爱护团旗团徽。

第三条　中国共产主义青年团团旗旗面为红色,象征革命胜利;左上角缀黄色五角星,周围环绕黄色圆圈,象征中国青年一代紧密团结在中国共产党周围。

中国共产主义青年团团徽的内容为团旗、齿轮、麦穗、初升的太阳及其光芒,写有"中国共青团"五字的绶带。它象征着共青团在马克思列宁主义、毛泽东思想的光辉照耀下,团结各族青年,朝着党所指引的方向奋勇前进。

第四条　团旗团徽的制作

(一)团旗的制作

团旗为长方形,它的长与高之比为 3∶2,通用的尺度有三种:

1. 长 288 厘米,宽 192 厘米;

2. 长 192 厘米,宽 128 厘米;

3. 长 96 厘米,宽 64 厘米。

团旗的制作方法是:黄圈围着的黄色星,缀在旗面左上方,制旗时,先将旗面对分为 4 个相等的长方形,将左(它的反面为右)上角长方形上下分为 12 等份,再以左上角长方形中心点为圆心,3 等份及 4 等份长为半径画两圆周,两圆周之间就是黄色圆圈。再在内圆周上定出 5 个等距离的点,其中一点位于圆周正上方。将此 5 点中各相隔的两点相联成直线,此 5 直线之外轮廓线就是黄色五角星的外缘。

在特定场所需要使用非通用规格团旗的,报县级或县级以上团的委员会批准。

(二)团徽的制作

团徽涂色为金红二色。团旗的旗面和绶带为红色,团旗的五角星和环绕它的圆圈、旗边、旗杆、齿轮、麦穗、初升的太阳及其光芒、"中国共青团"五个字为金色。红为正红(徽章则用珐琅烧制成靠地红色),金为大赤金。

团徽徽章的直径为 2 厘米。

第五条　团旗团徽的生产和销售

(一)团旗团徽由省级团委指定企业,按照上述制作要求生产。非定点企业一律不得私自生产团旗团徽。省级团委要加强对定点企业的产品质量、价格和售后服务工作的检查、监督和管理。

(二)团组织订购团旗团徽,可由省级团委与定点企业联系,亦可由地(市)、县(市)团委和基层团组织直接与定点企业联系,定点生产企业负责供货,实行团组织内部供应销售。团旗团徽不得作为商品在市场销售。各级团组织和团员不得在市场上购买团旗团徽。

第六条　团旗的使用范围

（一）团的各级代表大会和代表会议、团员大会、举行新团员入团宣誓仪式的会场，应悬挂团旗，也可以同时悬挂党旗。团旗和党旗同时悬挂时，党旗应挂在面向的左方，团旗挂在面向的右方。

（二）团内举行重大庆祝、纪念活动、团日活动，可以使用团旗。当团旗与国旗、党旗同时使用时，团旗应摆在国旗、党旗的后面。

（三）团的各级机关的会议室可以悬挂团旗。

国旗法规定应升挂国旗的场所只悬挂国旗，不悬挂团旗。

除上述情况外，使用团旗及其图案需经县级和县级以上团的委员会批准。

第七条　团徽的使用范围

（一）召开团的各级代表大会和代表会议，应悬挂团徽。

（二）团的各级机关的会议室，可以悬挂团徽。团的各级机关的门口不悬挂团徽。

节日游行庆祝活动，不要抬团徽。

（三）团的各级组织颁发的奖状、奖旗、奖章、证书和其它荣誉性文书、证件上，可以印团徽图案。

（四）团内出版物上可以印团徽图案。

（五）团徽制成徽章，颁发给共青团员和保留团籍的中共党员佩带。团的徽章应佩戴在左胸前。

团的徽章不能作为转移团组织关系的依据。

团的徽章由团的基层委员会保管。团支部接收新团员，向上级团组织报送新团员名单时，领取团的徽章。在举行入团宣誓仪式时，由基层团组织发给新接收的团员。

团的徽章不得转让他人。团员遗失团的徽章，可以申请补发。团员离开团的组织后遗失团的徽章，不再补发。

团员被开除团籍时，应交回团的徽章。

除上述情况外，使用团徽及其图案需经县级和县级以上团的委员会批准。

第八条　悬挂团旗团徽，应当置于显著位置。使用团旗团徽及其图案，应当严肃、庄重。

第九条　不得使用破损、污损、褪色或不符合制作规定的团旗团徽。

第十条　团旗团徽及其图案不得用作商标、广告等商业性活动。

　　第十一条　团的各级组织应对本规定的执行情况进行监督检查,对违反本规定的团组织和团员应进行批评教育,情节严重的应给予当事人团的纪律处分。

　　第十二条　本规定由共青团中央组织部负责解释。

中共上海市委批转团市委党组《关于进一步加强和改善本市青年工作的若干意见》的通知

沪委(2000)6号

各区、县党委,市委各部、委,市人民政府各委、办、局党组(党委),各市级机关党组,各人民团体党组:

市委同意团市委党组《关于进一步加强和改善本市青年工作的若干意见》,现转发给你们,请结合实际认真贯彻执行。

中共上海市委员会
2000年9月2日

关于进一步加强和改善本市青年工作的若干意见

进一步加强和改善党对青年工作的领导,充分发挥共青团在青年工作中的核心作用,对于更好地动员、组织和激励全市青年投身上海两个文明建设,实现上海新世纪发展的宏伟目标,具有十分重要的意义。为此,提出如下意见:

一、从全局和战略的高度,把握青年工作发展的要求和方向

(一)充分认识新时期加强青年工作的重要意义。青年是国家的未来、民族的希望。我们党历来十分重视青年和青年工作,始终把青年工作作为党的群众工作的重要组成部分。当今世界正在发生深刻变化,世界多极化和经济全球化日趋明显,科学技术突飞猛进,知识经济初露端倪,掌握现代科学文化知识的当代青年在社会、经济、文化生活中发挥着越来越重要的作用。同时,在当代社会政治生活中,青年也是各种政治力量争夺的重要对象。因此,重视和关心青年一代的健康成长,是巩固党在青年中的群众基础、赢得未来的必然要求。从现在起到下世纪的前10年,上海将基本形成国际大都市的经济规模和综合实力,初步确立国际经济中心城市的地位。要实现这一目标和任务,需要青年一代的不断努力和奉献、需要充分发挥广大青年的创造热情、青春智慧乃至全部力量。我们必须按照江泽民同志关于"三个代表"的重要思想,站在确保党的事业后继有人,确保中华民族

始终充满生机与活力,确保上海面向新世纪的宏伟目标得以实现的战略高度,进一步重视和加强党的青年工作。

(二)深入研究青年工作面临的新情况、新课题。随着改革开放和社会主义市场经济的发展,青年工作面临的形势、任务也发生了深刻变化。在经济成分和经济利益多样化、社会生活方式多样化、社会组织形式多样化、就业岗位和就业形式多样化的情况下,青年的价值观念、利益需求、发展方式、群体构成等也日益呈现出多样化,使青年工作的内容、方式、手段出现了一定程度的不适应,给青年工作和团的建设带来了一些新情况、新课题。因此,要以实事求是的精神、求真务实的态度和创新发展的思路,努力从理论和实践的结合上,抓紧研究新情况,提出新对策,解决新问题,积极探索党在新时期加强和改善青年工作的途径和方法。

(三)进一步明确新时期青年工作的总体目标。始终把培养和造就面向新世纪的社会主义现代化事业接班人作为青年工作的出发点和落脚点,在适应社会主义市场经济发展和推动社会主义现代化建设的过程中,进一步改进和完善青年工作的内容和方式,发挥共青团作为党的助手和后备军作用、作为国家政权的重要社会支柱作用、作为党联系青年的桥梁和纽带作用,在党的统一领导下,构建既能充分发挥共青团在青年工作中的核心作用,又有社会各方广泛参与、面向基层、充满活力的青年工作新格局。

(四)正确把握新时期青年工作的指导原则。必须坚持以邓小平理论和党的基本路线为指导,保证青年工作正确的政治方向;必须坚持党对青年工作的领导,动员全社会力量支持和关心青年工作;必须坚持从适应、满足、引导和服务青年成长、进步的需求出发,充分发挥共青团在青年工作中的核心作用;必须坚持以改革的精神、创新的思路和发展的观点,不断探索新时期青年工作的新途径和新方法。

二、切实加强党对青年工作的领导

(五)健全和完善党对青年工作领导的工作制度。各区、县党委常委会、各委、办、局(公司)、高校党委(党组)会议,每年安排一至两次专门研究解决青年工作中的重大问题。各级党组织要及时研究解决共青团和有关青年工作机构提请讨论的问题,并由一名书记分管共青团和青年工作。要进一步完善党建带团建、团建带队建的工作机制,切实把团建目标任务纳入党建目标任务,把团的阵地建设纳入党的阵地建设,把团建考核纳入党建考核。市委建立青年工作联席会议制度,由分管领导召集。各级党委会讨论与青年及青年工作有关的议题时要吸收团组织的主要负责人参加或列席。要能过健全青年工作的领导责任制和督查机制、真正把青年工作的各项任务和工作制度落到实处。

（六）支持共青团依照法律和团章独立自主地开展工作。各级党组织对本地区、本部门、本单位共青团和青年工作作出重要决定前，要充分考虑上级团组织的意见，并根据实际情况作出决定。团组织应认真执行党组织的决定。各级党组织和行政应支持共青团独立开展日常工作和适合青年特点、健康有益的活动。在机构改革中应保持共青团机构的稳定。

三、切实加强和改进青年的思想政治工作，充分发挥共青团作为党的助手和后备军的作用

（七）加强青少年思想道德建设。要坚持用邓小平理论和党的基本路线武装团员、青年，广泛开展爱国主义、集体主义、社会主义和艰苦创业精神的教育，深入进行社会公德、职业道德和家庭美德教育，引导广大团员、青年树立正确的世界观、人生观、价值观。要针对青少年各个发展阶段的不同特点，按照青少年思想道德形成、发展的规律，积极探索青年思想政治工作的有效形式，着力体现思想教育的分层性。在青少年学生中要坚持和巩固组织化的教育方式，在职业青年中要坚持运用和拓展社会化的教育方式。在开展群众性青年思想教育活动中，既要注意分层分类，防止简单化、"一刀切"，也要注重运用先进典型影响和带动青年群众，大力培育和宣传具有时代特征、事迹感人、品质高尚的优秀青年典型，努力扩大青年先进群体的队伍。

（八）进一步发挥青年在两个文明建设中的生力军作用。要鼓励青年投身上海改革开放和社会主义现代化建设的伟大实践，广泛开展争当青年岗位能手活动、争创"共青团号"活动以及青年创新创效活动等，引导青年在推动社会生产力发展中创造新的时代业绩；要围绕提高城市文明程度和市民素质的总体目标，组织和引导广大青年参加文明行业、文明单位、文明社区、文明小区和文明村镇的创建活动，把青年学习活动、青年志愿者行动、希望工程、青少年社区文明行动等青少年精神文明创建活动作为青年思想政治工作的重要载体，引导青年在促进中国先进文化前进和发展中开风气之先。

（九）为党源源不断地输送新鲜血液。要组织政治上积极要求进步的团员、青年深入开展"学理论、学党章"活动，重点面向大中学生和社会各个领域中的优秀青年，进一步做好推荐优秀团员、青年作为党的发展对象和举荐优秀青年人才的工作，为党的建设新的伟大工程源源不断地输送新鲜血液。

四、依法完善共青团的社会职能，充分发挥共青团作为国家政权的重要社会支柱作用

（十）积极推进共青团协助政府管理青少年事务职能的探索和实践。当前主

要是:协助政府尽快建立青少年生存发展状况的评价指标体系;建立青少年社会调查系统,定期组织开展青少年生存发展和青少年工作状况的调查研究;参与青少年工作和青少年事业发展规划的制订和实施;参与青年和青年工作的政策、法规的制订、实施和监督;配合政府处理、协调、督办与青少年权益相关的事务,做好青年就业服务、指导等工作;依法对市级青年社团和青少年活动阵地的有关工作实行归口管理或业务指导;依法对本市青年团体的有关对外交流事务实行归口管理并提供服务,加强青年和青年工作的国际交流与合作等。

（十一）建立和完善共青团在政府和社会事务管理中的民主参与、民主监督制度。当前应做到:一是各级政府及其有关部门在研究制订经济和社会发展计划时,要包含青少年事业发展的内容;二是各级政府制订教育、劳动和社会保障以及其他涉及青少年切身利益的重大政策、措施时,要以各种方式吸收团组织的代表参与,听取他们的意见;三是各级政府设立的涉及青少年权益的专门机构,要吸收团组织的代表参加工作;四是各级党政部门可以就某些涉及青少年切身利益的重大问题转发团组织文件,或与团组织联合制发文件;五是各级政府要指定一位负责人加强同团组织的联系,帮助他们解决一些具体问题,同时团组织要及时将有关问题向政府反映;六是企业职代会、学校校务委员会、街道(镇乡)居(村)委会等组织要注重吸收团组织的代表参加。

五、加强同青年的广泛联系,充分发挥共青团作为党联系青年的桥梁和纽带作用

（十二）充分发挥青联、学联、少先队广泛联系青少年的积极作用。要进一步巩固和加强青联、学联、少先队组织的建设。充分发挥共青团在青联中的核心作用和对学联的指导作用、对少先队的领导作用。要充分发挥青联组织最广泛地团结、联络各界优秀青年的优势,改进和完善青联的组织、联系方式,逐步探索在青年人才集聚的各类开发区和各种行业中建立基层青联组织。要重视发挥学联组织自我教育、自我管理、自我服务的作用,活跃学联工作,促进大、中学生的素质教育。要坚持"全团带队",发挥少先队组织在中、小学生素质教育中的重要作用。

（十三）积极探索广泛联系青年的新型纽带。要大力培育和发展各类青年社团组织和青年中介服务机构,并切实加强监督管理。要按照"一手抓培育发展,一手抓监督管理"的原则,加强对本市青年社团发展的整体规划和分级分类管理,强化职能建设,完善管理机制,充分发挥团组织对青年社团的领导或指导作用。要逐步探索建立各类为满足青年多样化发展需求提供帮助服务的专业性、公益性、

社会性的青年中介服务机构。从内容和形式上实现为青年服务、为社会服务的新发展。

六、坚持以党建带团建,切实增强基层团组织的活力

(十四)把团的基层建设纳入党建的总体格局。要从全面推进党的建设新的伟大工程出发,切实在思想建设、组织建设、班子建设和队伍建设上带动团的基层建设,不断优化基层团组织的工作条件。要指导共青团把工作重心放在基层,努力实践党的群众路线,树立为基层服务、为青年服务的思想,切实增强基层团组织的凝聚力和战斗力,增强基层团工作的影响力和渗透力,把团的基层组织建设成为政治坚定、组织有力、基础牢固和充满活力的先进青年的群众组织。

(十五)巩固和活跃团的基层组织。要重点抓好企业、学校、社区团的建设。要适应现代企业制度的要求,进一步加强企业青年工作委员会建设,巩固企业党政各方齐抓共管青年工作的良好格局;要进一步探索团组织参与企业民主决策、民主管理、民主监督的途径和方法;要根据现代企业生产组织形式和经营管理方式转变的要求,探索灵活多样的组织设置和活动方式。要适应教育体制改革和学生素质教育的新要求,进一步巩固学校团的基层组织,注重对学校团干部和学生干部的教育培养。要适应新型城区管理体制的新要求,充分发挥社区团的建设在全市青年工作中的综合载体、综合依托和综合推进作用;街道党工委要切实加强对社区团的建设的领导,选优配强街道团工委书记;要进一步发挥社区青年工作委员会的组织协调作用,积极探索建立多种形式的社区青少年活动组织,引导在职、在校的团员、青年参与社区两个文明建设;要把青少年社区文明行动纳入文明社区的考核体系。要进一步巩固和加强农村、机关和事业单位团的组织建设。

(十六)大力加强新经济组织、社会组织的团建工作。在加强新经济组织党建工作的同时,要认真解决新经济组织、社会组织中有团员无组织、有组织无活动、有活动质量不高等问题。要指导和带领共青团依照团章规定,通过多种途径和方法,抓紧在新经济组织、社会组织中建立健全团的各级组织。要从实际出发,针对新经济组织的不同特点和情况加强分类指导,建立和完善多层次的新经济组织建团责任制和工作管理体制。要特别关注各类经济开发区、高科技园区、私营经济城等新经济组织和团员、青年比较集中的地方,通道多样化的组织方法、活动方式,把团的活动和影响覆盖、渗透到广大青年。各级工商行政管理部门和工商联、个体劳动者协会、私营企业协会及各类经济开发区管委会等组织,都要为加强新经济组织建团工作创造条件、提供支持。

七、大力加强团干部队伍建设，为青年工作提供组织保障

（十七）努力把优秀青年选拔到团的工作岗位上来。要把共青团作为党培养年轻干部的重要基地，按照干部"四化"方针和德才兼备原则，选优配强团的各级领导班子。要适应干部人事制度改革的要求，把党管干部的原则、公务员管理的有关规定以及公开选拔、竞争上岗的选拔方式同团内民主选举制度有机结合起来，不断探索和完善团干部选拔的新机制，切实把思想好、能力强、素质高、作风正的优秀青年选拔到团的领导岗位。各级团组织的主要负责人一般应按照同级党委职能部门主要领导或下一级党政主要领导的条件配备，并享受相应的政治、生活待遇。

（十八）切实加强团干部的培养教育。要把团干部的培训纳入党的干部培训工作规划，有计划地安排团干部到党校和其他教育培训机构学习进修，以增强理论修养、提高政治素质、优化知识结构。要通过挂职、蹲点、轮岗、交流等多种形式，使团干部在实际工作中接受锻炼、丰富阅历、增长才干。要以"三讲"要求切实加强团干部的思想作风建设，努力培养求真务实的作风、自觉奉献的品格和服务青年的意识。要进一步贯彻落实党章中对团干部培养的有关规定，党员团委书记可以提名为同级党委委员候选人，不是党委委员的党员团委书记可以列席党委会或常委会的有关会议，各级团组织负责人应参加同级党组织的中心组学习。

（十九）进一步加强对团干部的管理。团干部实行双重管理，以同级党组织管理为主，上级团组织协助管理。各级党委在任免同级团委书记、副书记时，应先征求上级团委意见。各级团组织对下一级团组织领导班子成员负有教育、培养、举荐的责任，并可协助党委组织部门对其进行考察。要保持团干部的有序流动，任期一般以一至两届为宜。要高度重视团干部的转岗输送工作，把团干部的转岗输送同党政干部交流轮岗和下派锻炼结合起来，积极为团干部的转岗创造条件。要注重团的后备干部队伍建设，保证团组织在不断向党输送优秀干部的同时有充足的后备力量。要切实加强兼职团干部的培养和管理，保证兼职团干部至少有三分之一的工作时间从事团的工作，所兼职务原则上应以党群、人事等与共青团关联度较高的工作为主。

（二十）加强专业化青少年工作者队伍建设。要把团办事业单位、青少年理论研究部门、青少年中介服务机构和各类青年社团中的管理者、研究者、组织者以及志愿者作为共青团干部的有机延伸，不断优化整个青少年工作者的队伍结构，努力建设一支热爱青少年事业、具有相应专业知识和社会工作能力的专、兼职相结合的青少年工作者队伍。要积极探索专业化青少年工作者的培养、管理和激励机

制,用相对稳定和不断优化的工作队伍保证青年工作的持续、健康发展。

八、全社会形成合力,为推进青少年工作和青少年的健康成长创造良好环境

(二十一)依法维护青少年的合法权益。各级人大要加强青少年立法问题研究,加强对有关青少年的法律、法规贯彻实施情况的监督。各级人大、政协要关注有关青少年的议案、提案的落实工作,督促政府和社会有关方面为广大青少年办好事、办实事。各级人大、政协常委会中要有共青团和青联的代表,充分发挥青年参政议政的积极性。要进一步贯彻实施《中华人民共和国未成年人保护法》和《中华人民共和国预防未成年人犯罪法》,加强青少年保护委员会办公室的职能建设,支持共青团依法维护青少年的合法权益,积极创造有利于青少年健康成长的良好社会环境。

(二十二)为共青团和青年工作提供必要的经费保障。各级党委可以划出一定比例的党费用于与青年党员教育和青年干部培训有关的共青团工作,可以从精神文明建设的有关经费中划拨一定比例的数额用于本地区、本单位的青少年群众性精神文明创建活动。各级政府和企事业单位要为青年工作提供必要的经费保障。要继续完善青年工作基金运作机制,保证青年工作物质依托的可持续性。

(二十三)加强青少年活动阵地的建设和管理。要认真贯彻执行《中共中央办公厅、国务院办公厅关于加强青少年学生活动场所建设和管理工作的通知》(中办发[2000]13号)的精神。各级政府要加大对具有公益性、社会性、专业性、服务性特点的青少年工作项目和团办事业的投入力度,并可实行优惠政策。要将青年宫、少年宫等青少年活动阵地和团校等教育培训基地的建设、改造列入城市建设总体规划。在社区和小城镇建设中,要通过政府投资、社会兴办、各方捐赠等多种途径,加强青少年活动阵地、爱国主义教育基地、社会实践基地和素质测试基地等的建设,为青少年提供更多的活动空间。各类有利于青少年身心健康的文化、体育场所和公共活动设施,如革命烈士陵园、纪念馆、陈列馆、展览馆、博物馆、图书馆、体育场馆、主题公园等,要进一步向青少年开放,并可实行免费或优惠。

(二十四)充分发挥各类宣传阵地在青年工作中的重要作用。要进一步加强青年工作的舆论阵地建设、充分发挥青年报社作为宣传青年和青年工作的主阵地作用。广泛建立起新闻出版、文化广播影视部门与团组织的沟通、协作机制,使各类宣传舆论阵地为青年工作提供有力的服务。各类新闻媒体要多宣传具有时代

特征的青年典型,电视台、电台播放的节目要更有利于青少年的健康成长,为青少年提供良好的舆论导向和文化环境。政府有关职能部门要重视和加强对网络媒体的有效管理,使网络媒体更好地为青少年的健康成长提供服务和帮助。

中共中央组织部、共青团中央印发《关于加强新形势下基层党建带团建工作的意见》的通知

组通字〔2010〕76 号

各省、自治区、直辖市党委组织部、团委，各副省级城市党委组织部、团委，中央和国家机关各部委、各人民团体组织人事部门、团（工）委，解放军总政治部组织部，新疆生产建设兵团党委组织部、团委，中央各金融机构党委组织部、团委，中央金融团工委，部分国有重要骨干企业党组（党委）、团委，部分高等学院党委、团委；

现将《关于加强新形势下基层党建带团建工作的意见》印发给你们，请结合本地区本部门本单位实际，认真贯彻落实。

中共中央组织部
共青团中央
2010 年 12 月 25 日

关于加强新形势下基层党建带团建工作的意见

为深入贯彻落实党的十七大和十七届四中、五中全会精神，切实加强新形势下基层党建带团建工作，根据中央有关要求，结合工作实际，提出如下意见。

一、充分认识加强新形势下基层党建带团建工作的重要性和紧迫性

共青团是党领导的先进青年的群众组织，是党的助手和后备军。党中央高度重视共青团工作，始终把共青团建设纳入党的建设总体规划之中。近年来，各级党委及组织部门从思想、组织、作风和制度等方面积极探索基层党建带团建的有效途径，取得了明显成效。实践证明，加强基层党建带团建工作，是充分发挥共青团生力军和突击队作用，完成党的中心任务的重要保证；是活跃基层、打牢基础，扩大党的工作覆盖面和影响力的迫切需要；是为党的队伍源源不断注入新鲜血液，保证党的事业薪火相传、后继有人的战略任务。

随着我国经济社会的深刻变革,青年的流动更加频繁、思维更加活跃、诉求更加多样,团的建设面临许多新机遇和新挑战,这对基层党建带团建工作也提出了新的更高的要求。各级党组织要牢固树立赢得青年就是赢得未来的思想,切实加强对共青团工作的领导,深入研究基层党建带团建和团建工作的特点和规律,解决突出问题,加强薄弱环节,以改革创新精神推进基层党建带团建工作,努力使团的基层组织网络覆盖全体青年,团的各项工作和活动影响全体青年。

基层党建带团建的总体要求是:以邓小平理论和"三个代表"重要思想为指导,深入贯彻落实科学发展观,紧紧围绕改革发展稳定大局,以带团干部队伍建设为关键,以带基层组织建设为基础,以创先争优活动为载体,推动建立广泛覆盖、富有活力的团的基层组织,教育团员带头坚定信念、带头勤奋学习、带头争创佳绩、带头弘扬新风,造就一支忠诚党的事业、热爱团的岗位、竭诚服务青年的团干部队伍,不断增强基层团组织的吸引力、凝聚力和战斗力。

二、带团干部队伍建设,提高团干部素质和能力

从优选拔配备团干部。坚持德才兼备、以德为先标准,用民主、公开、竞争、择优的办法,把政治过硬、作风扎实、自律严格、善于做青年工作的优秀青年党、团员充实到团干部队伍。特别是选好配强团委书记,加强团组织带头人队伍建设。严格遵守干部选拔任用回避和监督等制度,防止不按照标准、程序和规定把青年干部照顾性提拔到团的领导岗位上。加大竞争性选拔基层团干部的力度,注重从青年岗位能手、青年创业人才和大学生村官等优秀青年党、团员中选拔基层团组织书记。有条件的地方,可推行村、社区团组织书记按程序进入两委班子。

从严教育管理团干部。党组织要按照中央关于从严管理干部的要求,加强对团干部的教育、管理和监督。重视带好团干部的思想作风建设,引导团干部眼睛向下、重心下移,帮助团的领导干部养成讲政治、讲大局、讲原则的作风,查实情、说实话、干实事的作风,不求名、不计利、不争官的作风。建立健全党组织负责人和团干部谈心谈话制度,发现问题早提醒早纠正。加强对团干部的成长观教育,引导团干部用党性原则指导自己立身行事、干事创业,讲原则、重品行、守纪律,经得住政治、事业、名利、生活的考验。大力加强团干部培训,把团干部教育培训纳入党的干部教育培训总体规划,建立新任职县以上团委书记到党校培训制度,加强对基层团干部特别是团组织书记的培训。市级党委组织部和团委每年至少举办1期乡镇、街道团组织负责人培训班,县级党委组织部和团委每年至少举办1期村、社区团组织负责人培训班。增强教育培训的针对性,注重加强理论武装和党性锻炼,提高团干部服务大局和做好青年工作的本领。

注重团干部的培养锻炼和考验。党组织要根据青年干部成长的特点和规律，采取交流轮岗、任职挂职等方式，把团干部放到艰苦环境、危难险重任务中加强锻炼和考验。完善团干部考核考察制度，对发展潜力大的优秀团干部长期培养、跟踪考察，全面了解其德才素质和工作实绩，特别是完成重大任务和关键时刻的表现。把培养团干部作为培养党的年轻干部的重要任务，及时把优秀团干部用到条件艰苦、任务艰巨的工作岗位上。

三、带基层组织建设，巩固扩大团的组织和工作覆盖面

加强团的基层组织。巩固和加强农村、街道社区、国有企业、学校、机关、事业单位等领域团的基层组织。指导团组织创新基层组织设置方式，重点抓好在非公有制企业、社会组织中建立团组织工作，已建立党组织的要尽快把团组织建立起来，不具备建立党组织条件的可先建立团组织。规模以上非公有制企业要实现团组织全覆盖。探索在农民专业合作社、专业协会、产业链、外出务工经商青年相对集中点建立团组织工作，加强对流动团员的教育管理和服务。整顿农村软弱涣散党组织要把健全团组织作为重要内容，推进城市社区区域化党建工作应同步考虑团建工作。党组织要指导团组织按照规定换届。继续指导基层团组织做好推优工作，加强对优秀团员的培养教育，及时把优秀团员推荐为党的发展对象。

重视发挥团组织的作用。党组织要经常给团组织交任务、压担子、搭平台，为团组织发挥作用创造条件。重视发挥团组织的动员优势，组织和动员广大团员青年积极投身推动科学发展、促进社会和谐第一线建功立业，特别是在危急时刻、重大任务中，组织青年突击队、抢险队、志愿者等，冲锋在前、拼搏奉献。

推动基层组织阵地共建共享。党组织要有效整合基层组织阵地资源，发挥最大效益。农村和城市社区的所有党组织活动场所，都要让团组织使用，向团员青年开放。农村党员干部现代远程教育网要为团组织开展活动提供支持、开设窗口，满足团员青年学习新知识、新技能的需要。指导和支持团组织加强网络阵地建设，开设青少年主题网站，拓展团组织工作和活动空间。

四、带创先争优活动，形成党团共建齐争共创的良好局面

创先争优同推进。以党组织和党员创先争优带动团组织和团员青年创先争优。紧紧围绕本地区本单位的中心工作，确定创先争优主题，制定党团共建创先争优方案，做到党团组织争创目标相一致、活动载体相衔接、推进节奏相协调。指导团组织把广大团员青年创先争优的积极性凝聚到做好本职工作、完成中心任务

上来,争科学发展之先、创社会和谐之优,以一流的态度、一流的作风、一流的工作,创造一流的业绩。支持团组织开展创先争优活动,帮助解决实际困难,特别要注意为团组织帮助青年干实事、解难事创造条件。

创先争优同点评。把党组织和党员公开承诺、践诺、评诺等有效做法,运用到团的创先争优活动中。领导干部下基层调研指导创先争优活动,要把党团共建创先争优作为重要内容,同时点评党组织和团组织的创先争优。基层党组织自评或请群众评议,要把对团组织和团员创先争优的评议同时纳入。

创先争优同表彰。重视发挥表彰和宣传的激励引导作用,及时发现和树立团组织和团员青年创先争优先进典型,与党组织和党员创先争优先进典型同宣传、同推广、同表彰,促进形成学习先进、争当先进、赶超先进的浓厚社会氛围。

五、立完善基层党建带团建长效机制

建立党建带团建工作制度。党组织书记和领导班子要树立抓党建必须抓团建的意识,切实加强对基层党建带团建工作的领导。定期研究共青团工作,每年至少听取1次共青团工作汇报,及时帮助解决存在的困难和问题。建立领导干部党建带团建工作联系点。重视团干部转岗工作,保持团干部队伍合理的年龄结构。党组织负责人要加强对团的重要工作的指导,参加团的重要会议。

落实团组织书记列席党的领导班子会议制度。共青团县级和县级以下各级委员会书记,企事业单位的团委书记,是党员的,可以列席同级党委和党委常委的会议。让团组织书记参与有关决策,更好地了解大局、服务大局。

建立考核和保障制度。把党建带团建工作纳入地方党委领导班子党建工作考核内容。加大对团的工作物质支持和经费保障,帮助改善工作环境和条件。真心爱护、真情关心、真诚帮助基层团干部。注意发现和树立党建带团建工作先进典型,总结推广先进经验,加强宣传表彰,形成良好的工作导向和社会氛围。

共青团上海市委关于进一步加强和改进新形势下团的建设的若干意见

沪团委发〔2010〕20号

为深入贯彻落实《中共上海市委关于贯彻〈中共中央关于加强和改进新形势下党的建设若干重大问题的决定〉的实施意见》和共青团中央《关于认真学习贯彻党的十七届四中全会精神全面加强团的自身建设的决议》精神,紧跟党建步伐,进一步加强和改进新形势下团的建设,提出如下意见。

一、充分认识进一步加强和改进新形势下团的建设的重要性和紧迫性

团的建设是团的事业可持续发展的重要保证,是共青团实现所有功能的基础,是必须一以贯之的工作主线。近年来,上海各级团组织坚持把加强团的建设同推动团的事业发展相结合,团建工作取得了新的发展。当前,深入推进党的建设新的伟大工程与全团大力加强基层组织建设和基层工作对全市团的建设提出了新要求;举办2010年上海世博会和推进社会建设为共青团事业发展带来了新机遇;青年流动分化日趋明显、青年自组织迅猛发展以及信息技术的普及给共青团组织带来了新挑战。上海共青团在团的建设方面还存在一些不适应新形势和不符合新要求的问题,必须抓紧加以解决。当前和今后一个时期,上海各级共青团组织必须按照新要求,抓住新机遇,应对新挑战,紧紧围绕"两个全体青年"的目标,全面履行团的四项基本职能,紧密结合上海共青团和青年工作实际,进一步加强和改进团的建设。

进一步加强和改进新形势下团的建设的总体思路是:认真学习贯彻党的十七届四中全会和九届市委九次全会精神,深入贯彻落实科学发展观,紧紧围绕上海城市发展要求和青年发展需求,坚持党建带团建,坚持服务促建设,以深化自身建设为着力点,以参与社会建设为生长点,以加强信息化建设为支撑点,以改革创新精神推进团的各项建设,更加注重基层,不断加强对基层的指导和支持力度;更加注重服务,不断提升服务大局和服务青年的能力和水平;更加注重创新,不断优化组织设置,创新活动方式和工作机制,提高团建科学化水平,引导全市团员青年为上海加快推进"四个率先"、加快建设"四个中心"和社会主义现代化国际大都市奉

献青春、智慧和力量。

二、紧跟党建步伐，推动党建带团建工作深入开展

坚持党建带团建，是党对共青团领导的重要方面，是新形势下加强和改进团的建设的关键。各级团组织要紧跟党建新要求，充分借助党建工作近年来在基层形成的新格局和新成果，努力实现团建在工作空间、工作内容上与党建相融合。

1. 推动团建有效纳入党建布局

党建带团建关键在"带"。各级团组织要主动汇报工作，积极争取党组织的支持。进一步完善党团工作统一研究、统一规划、统一部署、统一检查、统一考核的机制，切实推动带思想、带组织、带班子、带队伍、带工作发展、优化工作条件等"五带一优化"和工作目标、组织建设、队伍建设、阵地建设、检查考核等"五个纳入"的贯彻落实。

2. 紧扣党建脉搏推动团建创新

党建带团建根本在"建"。各级团组织要深入学习和借鉴党建理论与实践成果，紧跟党建总体要求、目标任务和工作部署，结合共青团实际，积极发挥主动性和创造性，借势发力，实现党团工作同步推进。同时，大力开展团建创新，注重提升团建工作对党建工作的贡献率。

3. 推动党团重点工作实现联动

探索团建与党建更为紧密的衔接方式，实现党团建设资源共享，在加强工作领导、基层民主建设、思想政治教育、干部队伍建设、阵地建设、大学生"村官"和社会志愿服务等领域主动寻求与党建的紧密结合，实现党团联动。

上级团的组织工作要靠前一步，在团的重要工作部署与反馈，下级团的组织换届和干部配备、输送等重要方面，主动加大与下级团组织的同级党组织沟通的力度，积极推动团的重要工作、团的组织设置、团干部配备和政治生活待遇等政策落到实处。

三、大力加强思想建设，推进学习型团组织建设和团员经常性教育

各级团组织要把思想理论建设放在首位，深刻领会引导青年坚定跟党走中国特色社会主义道路这一根本任务；充分认识保持共青团组织吸引力、影响力和生命力，首先要靠各级团干部和广大团员的共同信念；各级团干部必须带头真学真懂真信真用，不断提高自身的思想政治水平。

1. 推进学习型团组织建设

加强团的思想建设,关键要靠学习和实践,要靠理论与实践相结合。坚持团市委和团区(县)委党组中心组学习制度,每年集体学习研讨时间不少于12天;坚持团的各级领导班子务虚制度,每半年召开1次务虚会;处级以上领导班子每届任期内至少开展1次以坚定理想信念为主题的集中学习教育;坚持领导干部调研制度,处级以上领导干部每年下基层调研时间不少于1个月;定期举办领导干部理论学习专题研讨班。各级团组织要通过集体学习制度、学习交流活动、教育培训、调查研究等方式,加强中国特色社会主义理论体系的学习和社会主义核心价值体系的教育,深入开展学习实践科学发展观活动,努力提高团干部理论素养,把共青团建设成为用马克思主义中国化最新成果武装的学习型组织。

2. 加强团干部教育培训

各级团组织要制定和实施团干部教育培训计划,分期分批分层开展团干部集中轮训。团市委每年对团各区、县委,各局(公司)、大专院校团委和各市属单位团组织新上岗的主要负责人进行培训。整合各级各类干部培训资源,发挥各级党校、团校和干部培训机构的主阵地作用,建立团的领导干部与党校、团校教师相结合的师资队伍,切实落实大规模培训团干部、大幅度提高团干部素质的要求。团的领导干部要带头到基层讲课。重点做好对街镇一级团组织主要负责人的轮训。把团的领导干部述学评学作为民主生活会和述职的重要内容,把理论素养和学习能力作为选拔任用团干部的重要依据。

3. 加强团员经常性教育

按照团中央要求,扎实做好分类引导青年试点工作。各级团组织要创新工作项目,丰富教育载体,强化实践体验,提高团员教育的有效性。要以世博会为契机,切实加强对团员的思想教育引导。要履行好组织团员学习的职责,切实坚持和完善"三会一课"制度,不断增强广大团员的政治意识、组织意识和模范意识。要结合重要节日、重大事件等节点,有针对性地在团员青年中深入开展爱国主义教育和民族团结教育。要深化"青年马克思主义者培养工程"、"我与祖国共奋进"、"今天我们怎样成长"和"我爱读经典工程"等主题教育实践活动,引导团员青年进行正确的社会观察,形成更加理性、深刻、稳定和全面的思想意识,切实做到坚持爱国主义、社会主义与党的领导的有机统一。巩固和完善青年"学理论、学党章"小组,进一步做好"推优入党"工作,源源不断地为党输送新鲜血液。

四、进一步加强团的基层组织建设和基层工作,提升基层团组织的有效覆盖和生机活力

团的基层组织是团全部工作和战斗力的基础,是落实党的工作要求和团的各

项任务的战斗堡垒。加强团的基层组织建设和基层工作是团中央在全团着重部署的重点工作,是关系共青团履行根本职责、实现各项职能、保持自身活力的"生命力工程"。各级团组织必须从党团政治关系的高度,从党对加强基层工作的要求的高度,从团在广大青年中的生命力体现标志的高度,进一步加强团的基层组织建设和基层工作。

1. 进一步完善既服从团的政治目标又适应青年群体变化的团的组织体系

按照市委和团中央加强基层组织建设的要求,遵循青年群体分布、聚集、沟通、联络方式变化的特点和内在规律,大胆探索和创新基层团组织建设的有效载体和途径,努力构建党领导下的,以共青团为核心,以青联、学联、少先队为骨干,以青年中心、团属青年社团为外围,以青年自组织为延伸的、开放的组织体系,推动各类青年群体组织化,扩大共青团的基层组织覆盖。要巩固学校、机关、企事业单位等传统领域团的工作,加强规范化建设,夯实工作基础,激发基层活力,把团员青年紧密团结在党的周围;针对非公有制经济组织、新社会组织等新兴领域团的建设,要注重组织创新,探索团建新模式,切实加强组织覆盖和工作覆盖,努力扩大对团员青年的有效联系和有效影响。

理顺市级团工委的管理体制和工作职能。对应本市党的系统工作委员会的调整,建立健全市级团的工作委员会,构建合理的组织管理体制,重点完善市级团工委的管辖范围和工作职责,进一步巩固传统领域团的组织覆盖。机关、国有企业和事业单位团组织要积极探索把多种用工制度下的团员、青年和团组织纳入本单位团组织的管理和服务。

抓紧在非公有制经济组织、新社会组织中建立团组织。按照"党团对口"的原则,推进规模以上非公有制企业团建工作。要力争到 2013 年实现符合建团条件的规模以上非公有制企业动态 100％ 建团的目标。对于暂不具备独立建团条件的,积极依托物业管理、园区管委会、市场管理等部门,在楼宇、园区、市场等建立联合团组织;或通过派驻团建联络员、建立青年社团组织、联合开展活动等方式,把团的活动和影响有效覆盖到团员青年中去,为建团创造条件。按照市委关于新社会组织党建的要求,在律师、会计师等比较成熟的行业加强团的组织覆盖和工作覆盖。

构建城乡统筹的基层团建新格局。适应特大型城市统筹城乡经济社会发展的要求,积极推进基层团组织设置创新。探索成立城乡一体的产业、行业性团组织,探索在来沪务工人员聚集的公寓、企业和园区等领域建立团组织。按照属地化管理原则,完善工作机制,探索同外省市驻沪团工委齐抓共管的工作协作机制。研究本市团组织对来沪团员属地化管理机制,逐步探索沪籍团员与来沪团员统筹、城市与农村统筹的属地化团员管理新格局。

加强青联、学联、少先队的建设。增强青联组织的凝聚力,继续探索金融青联、医药卫生青联等行业青联的工作模式,充分发挥青联在举荐人才、国际交流等方面的作用。扩大学联组织在广大学生中的影响力,充分发挥自我服务、自我管理、自我教育的作用。要切实履行好"全团带队"的职责,加强少先队的各项建设,广泛开展争当"四好少年"活动,做好团队衔接和推优入团工作。同时,进一步发展青年企业家协会、信息化青年人才协会、青年志愿者协会等团属青年社团以及青年中心,使之成为广泛团结凝聚各界青年、推动青年群体组织化的组织平台。

加强对青年自组织的引导。将青年自组织纳入共青团发挥核心作用的青年组织网络体系,发挥其在促进青年成长和服务社会方面的积极作用;强化上海青年家园民间组织服务中心联系青年民间组织、进行枢纽式管理的新型载体和平台的作用。各区、县团组织要把青年自组织建设作为区域团建的重要内容,通过成立区级青年民间组织服务机构,搭建服务平台,加强有效联系,并积极探索在有条件的青年自组织中建立团组织。

2. 创新团的工作和活动,加大对基层的支持力度

按照团中央要求,坚持着眼普遍性,着力破解重点难点,扎实推进共青团、少先队基层组织建设和基层工作试点工作,推动团建创新,务求取得实效。进一步明确各类共青组织的具体功能。围绕市场经济条件下社会中存在的各类组织的根本任务和功能,找准基层团的工作的切入点。在社区(街道)、乡镇,发挥社区(街道)团工委和乡镇团委的桥头堡作用,增强在区域内的协调、牵动能力。在农村,围绕上海新农村建设的要求,努力在经济发展、文化生活、青年民生和青年人才培养等方面发挥积极作用。在国有和国有控股企业,以服务企业生产经营为前提,找准服务企业与服务青年的结合点。在机关,围绕服务中心工作、增强宗旨意识,着力提高青年干部思想政治素质和工作能力。在学校系统,围绕育人目标找准工作切入点,推行中学"团支部成长计划"和高校"活力团支部"建设,进一步加强民办高校和中等职业学校团建工作。在医院、科研院所、中小学校、文化机构等事业单位,围绕提高业务素质、提高服务质量、推动事业发展来发挥作用。在非公有制经济组织、新社会组织,围绕促进健康发展、团结凝聚青年职工、维护合法权益等方面发挥作用。

加强对基层团组织的指导和支持。按照团中央的要求,做好选派团市委机关干部到团区(县)委驻点工作。各级团组织要牢固树立"基层第一"的理念,切实加强对基层团组织工作指导的力度,坚持眼睛向下、重心下移,坚持分类指导、靠前指导,努力把团的工作的桥头堡推向街镇一级的组织。各级团组织要进一步加

强对基层团组织支持的力度,为基层团组织工作开展优化环境、搭建平台、提供资源、创造条件。要加强基层团支部建设,提高团员参与积极性,提高团组织生活有效性。团市委机关要进一步坚持和完善每周四下基层调研的制度,加强对基层的服务和指导;各级团组织要建立下基层调研工作制度,走进基层、服务基层。

3. 推动区域化、网格化团建,加强团组织互联互补互动

按照"覆盖有效、管理有序、服务有力、协调有方"的原则,在地区系统,进一步明确区县、社区(街道)、乡镇团组织的功能定位,建立健全区域化团建工作的协调机制。充分整合区域内外资源,努力形成全市各级团组织积极参与、整体推进区域化团建的工作合力。强化社区团建功能,促进团员青年树立社区意识,培育公益精神。按照团中央要求做好街道、乡镇团的组织格局创新试点工作,增加街道、乡镇团组织的工作力量,拓宽联系青年和整合资源的渠道,发挥街道、乡镇团组织在社区、郊区基层团工作中的重要作用。在青工系统,进一步深化"网格化"团建,突破传统的单位、系统、行业和地域的限制,努力扩大团的工作范围和工作领域,促进资源共享、信息互通、工作互动。在学校系统,积极探索建立高校学生社团联盟,引导和推动全市各级各类学生社团健康发展。同时,深入开展团建联建工作,在全市范围内推动单位团建、行业团建、区域团建互联互补互动。深入开展重点工程建设团建联建工作,动员全市各级团组织积极行动起来,为迎接世博会、办好世博会作贡献。继续探索和深化基层团组织互帮互助机制,积极推动城乡基层团建工作资源共享、功能互补、双向受益、共同提高。

五、以服务促建设,提升团组织服务大局和服务青年的能力

新形势下,服务是共青团组织履行根本职责、凝聚广大团员青年的重要途径。要把服务作为共青团组织应对挑战、体现作为和加强团的建设的重要任务。要寓联系、教育于服务、活动中,树立大服务的理念,提升服务能力,构建服务体系,改变单一活动型组织的形象,以服务促引导,以服务强建设,推进团的事业科学发展,树立共青团良好的服务形象。

1. 体现服务大局的有效作为

全面参与和服务世博会的筹办、举办。各级团组织要认真做好世博会志愿者招募、选拔和培训等工作,积极参与世博会志愿者工作站的建设和管理;大力开展青春世博行动,积极参与城市文明建设,不断深化"迎世博、讲文明、树新风"活动,努力营造参与世博、奉献世博的良好社会氛围。精心筹办、全力办好世博青年高峰论坛、世博系列青年论坛和世博青年周等重点活动。要注重在服务和参与世博会的过程中探索建立推动共青团工作和加强团的建设的长效机制,为"后世博"时

代上海共青团事业的发展创造经验。

主动服务经济建设主战场。围绕上海经济发展大局,激发全市团员青年积极投身"四个中心"建设。深化青年职业生涯导航活动,广泛开展青年岗位能手活动、青工技能振兴行动和青年就业创业行动,引导百万职业青年爱岗敬业、勇于创造、甘于奉献,为上海现代化建设作贡献;深入开展青年突击队、青年立功竞赛活动,围绕全市重点工程建设等,引导青年建设者在上海城市建设和发展中建功立业。

2. 竭诚服务团员青年生存发展

完善上海市青年工作联席会议制度。充分发挥市青年工作联席会议规划、决策和协调的功能,制定实施《上海青少年"十二五"发展规划》。完善上海青少年发展指标体系,定期开展监测工作,推动政府部门为青少年生存发展提供政策保障。推动各区县建立青年工作联席会议制度。进一步深化探索共青团协助政府管理青年事务的方式和路径。

大力实施青年就业创业行动。切实服务青年民生,充分发挥共青团的组织优势,依托政府政策,借助社会支持,统筹青联、青企协、信息化青年人才协会等资源,为广大青年就业创业优化环境;建立和完善"青年就业创业见习基地",建立青年就业创业基金会,做好青年就业创业培训,实施青年创业小额贷款项目,完善青年创业服务平台,为青年就业创业提供有效支撑。

代表和维护好青少年合法权益。要深入团员青年,建立机制性通道,切实把握普遍性利益诉求。建立有效网络,及时反映青少年关注的问题和要求。针对涉及青少年利益、生存、成长等方面的重大问题,及时发表意见,给予关注,发声发力,提供服务。主动参与和推动有关青少年法规、政策的制定和落实。深入开展《未成年人保护法》《预防未成年人犯罪法》和《上海市青少年保护条例》的宣传教育活动,增强青少年知法、懂法的意识,提高青少年依法自护的能力,营造全社会关注青少年健康成长的氛围。依托"共青团与人大代表、政协委员面对面"等活动,探索建立依靠各级青年人大代表和青年政协委员维护青少年合法权益的有效方式。要努力探索和不断完善诉求表达、矛盾调处、权益保障等经常性工作机制,建立相应的工作队伍,拓展合法、有序、有效的组织化渠道。

六、大力推动共青团参与社会建设

社会建设是新形势下共青团组织加强团的建设的重要领域和发挥作用的重要平台。按照市委加强社会建设的有关精神,在"党委领导、政府负责、社会协同、公众参与"的社会管理格局中探索共青团参与社会建设的工作路径、工作载体和工作机制。

1. 构建共青团参与社会建设的基本框架

构建在党的领导下,以社会发育为背景,以扩大青年社会参与、增进青年社会认同为目标,以社区、网络等领域为主阵地,以社会领域团建、青年志愿者行动、青年社会组织工作、青少年维权服务工作、协助政府管理青年事务等为主要抓手,以社会化动员为主要方式,以共青团组织体系为依托,以社会工作人才开发为保障的开放性、社会化、创新型工作体系,进一步扩大共青团在社会领域的组织覆盖和工作影响,建立起适应党政所需、青年所需、发展所需的基本工作框架。

2. 提升共青团在社会领域的动员能力

建设基层社会动员的平台。在青年中心建设运行的基础上,搭建社区、社团、社工联动的组织平台,进一步整合社工站、青年联谊会、各类社团和青年自组织等资源,引导青年积极参与社区建设。同时,努力推进园区、楼宇青年工作,联办文化活动、共商青年事务、共享社区资源、共建社区家园。

培育各类青少年社团和专业性的青少年服务机构。积极扶持有助于展示青年形象、促进青年交流,有助于改善民生、提高公共服务水平,有助于化解社会矛盾、促进社会和谐的各类青少年社团、青年社会组织和青少年服务机构,努力突破在人员配置、运作机制和发展模式等方面的限制,推动其专业化和职业化发展,形成以共青团组织为枢纽,以各类社会组织、青少年服务机构依法自主运作为主体,以社会化和市场化机制为主要方式,有选择地提供支持和服务为基础的新的工作体系。此外,通过上海青年社团(组织)领袖沙龙,广泛吸纳各类青年社团领袖;积极试点车友、动漫等青年社团联盟的拓展方式,扩大对不同类型青年社会组织的纵向联系。

3. 积极培育社会建设青年人才队伍

成立上海市社会建设青年人才协会,吸纳和整合本市社区建设与管理、社会组织、社会工作等领域有职业精神、专业素养和奉献精神的社会建设青年人才,搭建共青团参与社会建设的人才平台。建立健全"政府购买服务"工作机制,进一步壮大青少年事务社工队伍,建设联校社工、网络脱瘾社工、深宵外展社工等专业工作队伍,进一步扩大社工服务范围、拓展工作空间。在实践中积极探索本土化的社会工作方法。

七、充分运用信息网络,拓展团建工作内涵和空间

各级团组织要把信息网络作为加强团的建设的重要手段和载体,主动研究,积极运用,不断拓展工作领域,改进工作方式。认真落实《2009～2013年上海共青

团信息化发展规划》。

1. 完善青少年公共服务网络，增强综合服务能力与服务水平

通过网络、电话、手机等通讯手段，完善上海青年公益门户网站"一站式"公益服务网站和12355热线"一线式"公共服务呼叫中心，切实为广大青年学习、生活、工作、娱乐、交友等提供有效服务。主动运用新媒体实现共青团工作手段和工作能力的创新，促进共青团与青年的和谐互动。推出世博会志愿者博客，利用网络平台激发广大团员青年参与、服务世博的热情。探索同知名网站建立合作关系，借助社会力量提升青少年公共服务网络的影响力。

2. 完善共青团协同工作平台，提高组织工作效率

进一步加强上海共青团工作门户网站建设，提高使用便捷性，加强工作协同。结合共青团工作实践，建设一批团的业务应用系统，优化团内工作流程。进一步改进和完善电子邮局、短信群发、视频会议、自主建站、网上组织空间、即时通讯等信息系统，提升共青团的网络动员力。

3. 建立共青团信息资源体系，提高信息资源开发利用程度

开展共青团基础数据库建设、信息资源目录体系和信息交换平台建设，提升信息挖掘与再利用的能力，促进档案信息资源的共享利用。探索建立团干部信息库、共青团及青年组织库、电子档案数据库，努力提高信息化建设的水平和质量。

4. 增强团组织在网络上的影响力和引导力

探索通过新媒体对青年进行舆论引导和思想教育的有效方式。经常性开展团的领导干部与青年网民"网上面对面"活动。注重加强对青年网络舆情的收集和分析。组织和引导团员通过网上互动社区、即时通讯系统、手机短信等多种方式参与网络活动和舆论讨论，使团组织在网络上对党的方针政策全面理解和社会现象科学解读等方面赢得话语权、掌握主动权。

八、积极发展团内民主，保障团员民主权利

加强团内民主，广泛凝聚全团意愿和主张，形成科学、民主、高效、和谐的民主运行机制，充分发挥各级团组织和广大团员的积极性、主动性和创造性。

1. 保障团员主体地位

以落实团员知情权、参与权、选举权、监督权为重点，进一步提高团员对团内事务的参与度，充分发挥团员在团内生活中的主体作用，不断增强团员意识。拓宽团员意见表达渠道，在团内营造讲真话、讲心里话的良好氛围。逐步扩大基层团组织领导班子成员直接选举的范围。

2. 推进各级团组织团务公开

规范团务公开项目,包括贯彻执行重要决策部署情况、团组织建设情况、班子建设情况、团费和团的工作经费管理使用情况以及涉及团员切身利益的重要问题等。按照"事前公开、征求意见,过程公开、扩大参与,结果公开、接受监督"的要求,将团务公开贯穿于团内重要事务的酝酿、决策、实施、监督全过程。

3. 完善团内民主决策机制

完善常委会向全委会负责、全委会向团代表大会负责,定期报告、通报工作并接受监督的机制。发挥全委会对重大问题的决策作用,扩大全委会讨论决定重大问题的范围,健全议题形成机制,加强全委会对重大决策执行情况的检查评估。完善集体领导与个人分工负责相结合的制度,执行重大问题集体讨论决定制度,提高运用民主方法形成共识、开展工作的本领,注重听取各方意见,防止个人或少数人说了算。

4. 落实团代表大会代表任期制

扩大代表知情权,拓宽代表履职渠道。建立团代表提议制度,建立和完善提议处理和回复机制。建立健全代表列席全委会制度、代表组学习调研制度。做好代表联络工作,保障代表充分行使各项权利,充分反映团员意见和建议。

九、切实加强团干部队伍建设

团的干部是共青团最可宝贵的人力资源,要把团干部的成长和团的事业发展放在同等重要的位置。

1. 拓宽视野选拔团干部

按照德才兼备的原则,把政治素质好、善于做青年工作的优秀年轻党团员,选拔到各级团的工作岗位。结合各级团组织换届工作,优化团干部结构,加强梯队建设,逐步扩大基层直接选举范围,吸引更多热心从事青年工作的优秀青年充实到基层团干部队伍中。积极争取党政支持,加强对社区、乡镇团干部的力量配备,特别是结合大学生村官计划和"三支一扶"工作,配齐配强乡镇和村团干部。

2. 广辟途径培养团干部

坚持在实践中锤炼团干部,鼓励团干部在条件艰苦、问题复杂的岗位上培养服务意识和群众观念,在推进重点工作、完成重大活动中经受锻炼、增长才干。完善团干部导师带教、挂职锻炼、轮岗交流等制度,提高团干部的工作能力。充分发挥各级团校作用,树立"按需培训"的理念,进一步加大团干部培训的规模和力度。树立正确的团干部转岗输送导向,不断拓宽团干部转岗输送渠道。

3. 热情爱护和严格要求团干部

坚持以人为本,重视对团干部政治上关心、工作上支持、生活上帮助、心理上关怀。落实谈心制,各级团组织的主要负责人与班子成员谈心每年至少1次、与下级单位团组织主要负责人每届至少1次。坚持严格要求与关心爱护相结合,进一步优化团干部人事协管程序和流程。在团干部选拔、输送和换届等环节加强同党组织沟通,逐步推行"任职后必访、团代会前必访、转岗前必访"制度。探索试行下级团组织述职制度,加强工作考核督查。

4. 不断壮大青少年工作者队伍

要把团务工作者、党群工作者、青少年事务社工等作为共青团和青年工作的重要补充力量。加强对团务工作者、青少年事务社工等青少年工作者队伍的培养力度。积极争取党组织支持,推动党群工作者参与社区团的工作;积极将青年自组织领袖、热心青年工作的志愿者等纳入青年工作队伍,充实共青团事业发展的队伍基础。

十、加强作风建设,努力做到让党放心、青年满意

团的作风直接影响到共青团能否完成党交给的任务,直接影响到团组织同广大普通青年的关系,直接影响到共青团的生存基础。各级团组织和团干部要始终按照"政治上要过硬、作风上要扎实、自律上要严格"的要求,大力加强作风建设。

1. 力戒浮躁,树立正确的成才观

要充分认识到共青团工作是党的群众工作的重要组成部分,团的岗位政治性、思想性、综合性强,能够锻炼团干部综合素质和工作能力,是大有可为的岗位。团干部要切实克服浮躁的情绪,沉下心来干事业,把工作激情、科学精神和务实作风结合起来,在工作中锤炼扎实的作风和过硬的本领,把自己锻炼成党的事业所需要的合格干部。

2. 谦虚谨慎,不断提高自身修养

谦虚谨慎,戒骄戒躁,是我们党对干部作风的一贯要求。团干部要清醒、正确地认识职级的变动,组织越是对年轻干部关心,团干部自身越是要谦虚谨慎,既要耐得住寂寞,也要经得起夸奖,把注意力和精力放在本领的增长上。要在修身上下功夫,克己慎行,踏实做事。要多看到自己的短处,借鉴别人的长处,不断提高自身修养。

3. 真抓实干,务求工作实效

求真务实是开创共青团工作新局面的根本要求。要把认识转化为行动,把要求转变为成果,狠抓落实。要立足长远,以干事业的精神投入工作,对于看准的工作要长抓不懈。要敢于迎难而上,在解决问题和矛盾的过程中锻炼本领,增长才干。要克服形式主义、短期行为,不搞没有实际意义的形式和花样。提倡开短会、

讲短话,把时间用在干工作上,把精力放在抓落实中。

4. 防微杜渐,保持艰苦奋斗的精神状态

团干部要常修为政之德,常思贪欲之害,常怀律己之心,在思想上筑牢拒腐防变的坚强防线。要倡导良好的生活作风和健康的生活情趣,坚决抵制腐朽没落的思想观念和生活方式的侵蚀。要慎重对待交友,多同普通青年交朋友,同先进模范交朋友,同专家学者交朋友。要把艰苦奋斗作为立身之基,作为一种精神追求。

进一步加强和改进新形势下团的建设,是上海共青团的重大政治责任。全市各级团组织要以改革创新精神全面推进团的各项建设,坚持团要管团,坚持继承和创新相结合、当前和长远相结合、全面推进和突出重点相结合、科学性与有效性相结合,努力体现针对性和可操作性,在党建的带动下,全面落实团建工作责任制,建立健全团建工作长效机制,确保团的建设各项部署落到实处。

中共上海市委组织部、共青团上海市委关于印发《关于加强新形势下本市基层党建带团建工作的实施意见》的通知

沪委组(2011)发字53号

各区县党委组织部、团委,市委各部委、市人民政府各委办局党组(党委)、各市级机关党组、各人民团体党组组织部门,各市属单位团组织:

现将《关于加强新形势下本市基层党建带团建工作的实施意见》印发给你们,请结合本地区本部门本单位实际,认真贯彻落实。

中共上海市委组织部
共青团上海市委员会
2011年7月27日

关于加强新形势下本市基层党建带团建工作的实施意见

为深入贯彻落实中共中央组织部、共青团中央《关于加强新形势下基层党建带团建工作的意见》精神,进一步加强和改善党对共青团的领导,进一步密切团青关系,切实做好新形势下党的青年群众工作,不断巩固和扩大党执政的青年群众基础,现就加强新形势下本市基层党建带团建工作,提出如下实施意见。

一、新形势下加强本市基层党建带团建工作的总体要求

近年来,各级党委及组织部门从思想、组织、作风和制度等方面积极探索基层党建带团建的有效途径,取得了明显成效。当前,团的建设面临许多新机遇和新挑战,各级党组织要以邓小平理论和"三个代表"重要思想为指导,深入贯彻落实科学发展观,紧紧围绕上海改革发展稳定大局,以党的建设带动团的建设,传承和发展上海世博会党建带团建的宝贵经验,以带团干部队伍建设为关键,以带基层组织建设为基础,以创先争优活动为载体,推动建立广泛覆盖、富有活力的共青团组织网络体系,教育团员带头坚定信念、带头勤奋学习、带头争创佳绩、带头弘扬

新风,造就一支忠诚党的事业、热爱团的岗位、竭诚服务青年的团干部队伍,不断增强基层团组织的吸引力、凝聚力、战斗力,努力使团的基层组织网络覆盖全体青年,团的各项工作和活动影响全体青年,发挥广大团员青年生力军和突击队的作用,为推动上海科学发展和社会和谐作出新的贡献。

二、带团干部队伍建设,打造高素质的团干部队伍

1. 加强团干部的选拔配备。坚持德才兼备、以德为先标准,用民主、公开、竞争、择优的办法,把政治过硬、作风扎实、自律严格、善于做青年工作的优秀青年党、团员充实到团干部队伍,选优配强团委书记。加大竞争性选拔团组织负责人的力度,积极探索多种形式的竞争性选拔办法,团各区、县委,各市级团工委,各局(公司)、大专院校及市属单位团委每届书记班子成员中,通过竞争性选拔方式产生的应不少于总数的三分之一。注重从青年岗位能手、青年创业人才和大学生村官等基层一线优秀青年党、团员中选拔基层团组织书记。各级团的委员会书记,应按同级党委(或行政)职能部门和下级单位党组织(或行政)主要负责干部的条件配备,并享受相应的政治、工作待遇。团各区、县委,各市级团工委,各局(公司)、大专院校及市属单位团委新任书记年龄一般不超过33岁。如因工作调动等原因出现组织书记、副书记空缺时,应在6个月内配齐。按照有关规定配齐配强团的专职干部,确保专职团干部的编制不被占用,专职要专用,兼职要兼责,保证基层专、兼职团干部从事团工作的时间。社区(街道)、乡镇至少要配备1名专职团干部。建立动态调整的团干部梯队体系,按照1∶1的比例确定团组织的正、副书记后备干部人选,并报上级团组织备案。

2. 强化团干部的教育管理。要按照中央关于从严管理干部的要求,加强对团干部的教育、管理和监督。建立健全党组织负责人与团干部谈心谈话制度,重视带好团干部的思想作风建设,教育引导团干部坚持和发扬党的理论联系实际、密切联系群众、批评与自我批评等优良作风,勇担责任、勇敢创新、勇于实践,努力在团的岗位上作出实实在在的业绩。大力加强团干部培训,把团干部教育培训纳入党的干部教育培训总体规划,提高各级党校中青年干部培训班的比重和青年干部培训班中团干部的参训比例。有计划地举办团各区、县委,各市级团工委,各局(公司)、大专院校及市属单位团委主要负责人党校专题培训班。建立新任职社区(街道)、乡镇以上团(工)委书记到党校培训制度。区县党委组织部和团委要加强对社区(街道)、乡镇团组织负责人的培训。

3. 注重团干部的培养锻炼。把培养团干部作为培养党的年轻干部的重要任务,对综合素质好、工作实绩突出、发展潜力大的优秀团干部要重点培养。要根据

青年干部成长特点和规律，采取交流轮岗、任职挂职等方式，把团干部放到艰苦环境、急难险重任务中锻炼，帮助团干部提高服务大局和做好青年群众工作的本领。要丰富团干部基层实践经历，完善团干部赴基层一线挂职锻炼制度，有计划地选派团干部到社区（街道）、乡镇、企事业单位（包括非公有制企业）、社会组织、上海对口支援地区及其他中西部地区挂职锻炼。专职团干部在任期内挂职锻炼的时间一般不少于 6 个月。

4. 完善团干部的双重管理。坚持和完善同级党组织管理为主、上级团组织协助管理的团干部管理体制。各级党组织要将同级团组织负责人及后备干部的考核纳入相应的干部考核序列。各级党组织在调动、输送同级团组织负责人及酝酿同级团组织负责人人选时，应事先同上一级团组织充分协商，取得一致意见。重视团干部转岗工作，把团干部的转岗纳入干部交流计划，努力形成团组织积极推荐、党委组织部门支持关心的团干部转岗输送机制。

三、带基层组织建设，巩固扩大团的组织和工作覆盖面

1. 加强团的基层组织。要做好抓基层打基础工作，进一步巩固和加强社区（街道）、乡镇、国有企业、学校、机关、事业单位等领域团的基层组织和各项团的基础工作。要按照"灵活、务实、便捷"的原则创新基层团组织设置方式，已建立党组织的要尽快把团组织建立起来；拟建立党组织的要同步考虑建立团组织；未建立党组织但具备建团条件的应先建立团组织；暂不具备建团条件的依托楼宇、园区、市场等建立联合团组织或通过派驻团建联络员、创建青年文明号、建立青年社团等方式扩大团的影响。重点抓好在非公有制企业、社会组织中建立团组织工作，规模以上非公有制企业要实现团组织全覆盖。推动在来沪务工青年聚集度较高的行业及集中居住区建立团的基层组织。加强对团员青年的教育、管理和服务，尤其要加强对流动团员青年的关心帮助。进一步健全团的组织生活和"三会两制一课"制度。

在区县、社区（街道）、乡镇，要以区域化党建带动区域化团建，通过组织共建、人才互动、党团员联管、活动互助等方式，在服务群众和优化社会管理等方面发挥驻区单位团组织和全体团员的积极作用。团员应主动接受居住地团组织的管理，积极参加居民区团组织的工作和活动。推进社区（街道）、乡镇团组织格局创新，采取编制内外相结合、专兼职相结合的方式，吸纳优秀青年充实社区（街道）、乡镇团的委员会。在具备条件的社区（街道）、乡镇，应吸纳团（工）委书记成为社区（街道）、乡镇综合党委委员。要把指导和推动团建工作（尤其是非公有制企业和社会组织团建）纳入基层党建工作指导员和专职党群工作者的工作职责，并加以考核。

推进青少年社工等青少年工作者队伍建设。

在党政机关、企事业单位,要巩固和发展世博会党建联建的宝贵经验,以党建联建带动团建联建,在党组织结对联建的同时促进团组织结对联建。指导推动"网格化"团建,即以项目、行业、产业链、区域、满足青年需求等共性特征为纽带,推动单位团建、行业团建、区域团建互联互补互动。各市委工作党委要支持推动本系统市级团工委和青工委建设,加强专职干部力量配备和资源保障,切实发挥市级团工委的带动和牵动作用。

在学校,要紧密围绕学校党政育人工作中心,指导和推进团的组织建设与加强学生骨干培养、社会实践、科技创新、校园文化、就业创业等工作有机结合,支持推进中学"团支部成长计划"和高校"活力团支部"建设,扶持和加强民办高校、独立学院和中等职业学校团建工作,指导和加强各级学联学生会组织建设,引导和推动各级各类学生社团健康发展,促进团组织全面活跃。

2. 推动团的民主建设。以党的基层民主建设带动团的基层民主建设,拓宽团员参与团内事务和民主管理的渠道,加强团务公开,保证团员的知情权、参与权、监督权和表达权。党组织要指导和推动团组织健全按期换届制度,扩大团组织换届选举工作中的民主,尊重和保障团员的民主权利,完善委员候选人产生方式,增加基层一线青年代表比例。加强团的各级委员会建设,健全全委会的议事和决策机制。建立健全团代表任期制,扩大团代表知情权,拓宽履职渠道,建立健全团代表列席全委会制度。

3. 重视发挥团组织的作用。要经常给团组织交任务、压担子、搭平台,为团组织服务党政中心工作、发挥积极作用创造条件。积极探索党团联动项目载体,重视发挥团组织的动员优势,组织和动员广大团员青年服务上海创新驱动、转型发展,特别是在危急时刻、重大任务中,攻坚克难、创新实干、岗位建功;发挥团组织在参与社会建设中的积极作用,推进青年志愿者、青年社会组织及青少年维权服务等工作,促进社会和谐;发挥团组织在青年人力资源开发中的发现、培养、举荐作用,加大青年人才培养力度。

4. 推动基层组织阵地共建共享。坚持"党团合用、共建共享"原则,有效整合党团组织阵地资源。基层党组织已建的所有活动场所,都要让团组织使用,向团员青年开放。依托社区党员服务中心,加强社区青年中心和流动团员联络站建设。支持志愿服务站、青少年维权岗、青年就业创业见习基地等团的工作阵地建设。以基层党建信息化带动基层团建信息化,借助党员干部现代远程教育网络等平台加强对团员青年的经常性教育。加强团的网络、舆论阵地建设,拓展团的工作和活动空间,强化对青年的舆论引导。发挥各级党校资源优势,指导和加强各级团校师资队伍和培训设施建设,完善团干部培训基地功能。

四、带创先争优,形成党团共建齐争共创的良好局面

1. 从思想上引导团员青年树立创先争优理念。党团要联合开展理论学习和思想教育活动,推动加强团员青年中国特色社会主义理论体系的学习和社会主义核心价值体系的教育,将创先争优活动与推进学习型党团组织建设紧密结合。党组织负责人要通过给团员青年上党课、做形势报告、参加团的主题教育活动或参加团员青年座谈会等多种形式,关心、了解和掌握团员青年的思想动态,引导团员青年树立正确的世界观、人生观、价值观。坚持党团组织和党员团员创先争优先进典型同宣传、同推广,注重发挥先进典型的示范引导作用,促进团员青年形成学习先进、争当先进、赶超先进的浓厚社会氛围。

2. 扎实推进团组织和团员青年创先争优活动。党组织和党员要带动团组织和团员青年创先争优,推动党团组织共建、队伍共建、阵地共建、齐争共创。坚持党团创先争优同推进、同点评、同表彰,使党团组织争创目标一致、活动载体相衔接、推进节奏相协调。指导团组织和团员青年围绕"密切团青关系、服务转型发展"主题,紧扣本地区本系统本单位中心任务,履职尽责创先进,立足岗位争优秀。推动团组织建立健全团员团干部联系服务青年的有效机制,针对青年最希望团组织和团员发挥作用的问题设定活动载体,抓实承诺、践诺、评诺工作。党组织领导要同时点评党组织和团组织的创先争优,尤其要指出不足、提出努力方向。党组织自评或请群众评议,要把对团组织和团员创先争优的评议同时纳入。

五、进一步健全基层党建带团建长效机制

1. 落实党建带团建领导责任。建立健全党建带团建工作责任制,各级党组织书记是抓党建带团建工作的第一责任人,一级抓一级,层层抓落实。进一步发挥好市青年工作联席会议制度的作用,在区县和市委工作党委建立健全青年工作联席会议制度或党建带团建联席会议制度,协调解决党建带团建工作中遇到的突出矛盾和问题,推动工作落实。各级党组织领导班子每年至少安排1次会议专门研究共青团工作,听取共青团工作汇报,及时帮助解决存在的困难和问题。党组织领导要定期深入基层联系点了解掌握党建带团建工作情况,加强工作指导,确保取得实效。积极落实党章中"团的县级和县级以下各级委员会书记,企业事业单位的团委员会书记,是党员的,可以列席同级党的委员会和常务委员会的会议"的规定。让团组织书记参与有关决策,更好地了解大局、服务大局。

2. 完善推优工作制度。党组织在制定发展党员规划时,要对团组织推优工作提出明确要求。党团组织密切配合,按照党员标准做好推优对象的培养教育工作,注重育优环节与推优环节的衔接,规范推优工作制度和程序,不断提高推优工作质量。28周岁以下青年入党一般应从团员中发展,发展团员入党一般应通过团组织推荐,使团员成为发展青年党员的主要来源,使推优成为党组织发展青年党员的主要渠道。

3. 强化考核检查。将党建带团建工作纳入到全市基层党建责任制检查的重要内容,根据工作需要定期进行专项检查。基层党组织要对检查过程中发现的问题认真总结梳理,及时制定落实整改意见。把党建带团建工作纳入党组织领导班子党建工作考核内容,尤其要把党建带团建工作有关政策的落实情况作为重要考核指标。凡是团建不合格的,党建不能评优。

4. 加强保障支持。根据经济社会发展水平和实际需要,结合35岁以下青年数量,按一定额度将团的工作经费列入预算。各级党组织要对青年党员教育和青年干部培训等工作给予一定的经费支持,要划拨一定比例的精神文明建设有关经费用于支持青少年群众性精神文明创建活动。注意发现和树立党建带团建工作先进典型,将党建带团建机制健全、成效显著的基层党组织要加大宣传力度,推广先进经验,形成经常性的工作示范。利用党的舆论宣传资源加强团的工作宣传,为团组织开展工作营造良好社会氛围。

二、团员队伍类

共青团中央组织部关于印发
《中国共产主义青年团团员证
试行条例》的通知

共青团各省、自治区、直辖市委组织部,总政组织部青年处,武警总部政治部组织处,全国铁道团委、全国民航团委、中直机关团委、国家机关团委组织部:

《中国共产主义青年团团员证试行条例》是在广东省团员证试点工作的基础上制订的,并根据各地意见作了修改。现印发你们,请在试行团员证制度过程中参照执行。在试行过程中,有何问题以及有何修改补充意见,请告团中央颁发团员证领导小组办公室。

共青团中央组织部
1987 年 4 月 17 日

中国共产主义青年团团员证试行条例

总　　则

第一条　为了适应新时期团的工作要求,加强团员管理,严密团的组织,增强团的战斗力,根据团章的基本精神建立团员证制度并制定本条例。

第二条　中国共产主义青年团团员证的封面为墨绿色,象征着青春和朝气蓬勃的青年运动;正面上方印有红色烫金团徽,象征着共青团是团结教育广大青年的核心。团员证包括:团员自然情况团组织关系接转、团籍注册、团员超龄离团、备注等项目,并附有团费收缴卡片。

第三条　中国共产主义青年团团员证的作用是:

(一)证明团员的政治身份;

(二)接转团员组织关系;

（三）方便团员参加团的活动；

（四）团员年度注册；

（五）作为团员超龄离团后的永久纪念。

第四条　团员证使用的有效范围暂为经团中央批准试行团员证制度的省、自治区、直辖市，以及经省级团委批准试行团员证制度的市（地、盟）、县（旗）和基层单位。

团员证的制作与颁发

第五条　中国共产主义青年团团员证的样式由团中央组织部制定，委托中国青年出版社组织生产和发行。

第六条　团的县级（包括县级以上的企业、学校、机关等）委员会为团员证的颁发单位。

第七条　团的县级和县级以上委员会，可以授权下属的基层团委办理颁发团员证的具体事宜。

第八条　团员证由团的县级委员会统一编号。团员证贴有团员本人照片，加盖骑缝钢印方为有效（团员证编号和钢印制作、使用办法另行规定）。

第九条　团员证的颁发对象为具有正式组织关系的团员（包括团的专职干部和党员兼职团干部）。

第十条　新团员在其被批准入团后，团的组织应通过郑重方式将团员证颁发给本人。

团的组织关系接转

第十一条　在团员证的试行区域内，各机关、厂矿、企业、乡（镇）、学校、街道等基层团委及地方各级团委，通过团员证的"组织关系接转"栏，均可直接相互接转团员组织关系。

第十二条　团员工作、学习单位或居住地区变更需要转移组织关系时，必须持团员证及时接转团员组织关系。如果没有正当理由，超过半年（以团员调动时间和接收组织关系团委盖章时间为准）未接转组织关系的，应按自行脱团处理。

第十三条　转出和接收团员组织关系的团委，要填写团员证"组织关系接转"栏中的内容，并加盖团委或团委组织部门印章。团员档案由团员自己携带或随人事档案传递，其转移方式应在团员证"备注"栏内注明。

第十四条　临时外出团员不转移团的组织关系，团员证起"团员证明信"

作用。

第十五条 原"中国共产主义青年团团员组织关系介绍信"和"团员超龄离团纪念证"在试行团员证制度的地区和单位停止使用。向未试行团员证制度的地区和单位转移团员组织关系时,仍使用原介绍信,并注明已颁发团员证。同时在团员证"组织关系接转"栏中注明组织关系转出时间,并加盖公章。

第十六条 团员出团员证的试行区域或因公、因私出国,时间在半年以上的,其组织关系仍按团中央有关规定办理。

团 籍 注 册

第十七条 团员证每年注册一次,注册时间为每年的第一季度,如有特殊情况,注册的最后截止期为每年的六月三十日。

第十八条 团员证的注册单位是团的支部或总支部。团的支部或总支部要向团的基层委员会报告团员证的年度注册情况。

第十九条 团员持团员证注册时,须交回上一年度团费收缴卡片,经团支部或团总支核准后,在"团籍注册"栏内填写注册时间,并加盖团籍注册专用印章。团员证注册后,发给团员新年度团费收缴卡片。

第二十条 除组织上的原因外,团员没有按期办理团籍注册手续的,团的组织应及时提醒。经教育仍不注册者,按自行脱团处理。

参加团的组织活动

第二十一条 团员参加团的组织生活和有关活动,应携带团员证。

第二十二条 团员在上级团组织规定的范围内,可持团员证优先参加团内的政治、文化、科技、文艺、体育等方面的学习和活动。在条件许可的情况下,团员持团员证参加团组织办的各类青年设施的活动,可以享受优惠待遇。

第二十三条 临时外出团员凭团员证与所到地区或单位团的组织取得联系,经同意后参加团的活动。

第二十四条 凡三名以上同到一地工作时间在半年以上的临时外出团员,可以凭团员证组成临时团支部或团小组,经民主协商推选负责人,与所到地区或单位的团组织建立隶属关系,在其指导下开展活动。

团员入党和超龄离团

第二十五条 团员入党在预备期内,工作调动时应持团员证接转团的组织关系,并应办理团籍年度注册。

第二十六条　团员入党转为正式党员后,如果没有担任团内职务,就不再保留团籍。团的基层委员会应在团员证"备注"栏内注明该同志转为中共正式党员的时间,并加盖公章。

第二十七条　团员年满二十八周岁必须办理超龄离团手续。团的基层委员会应在团员证"团员超龄离团"栏目内注明该同志的超龄离团时间,并加盖公章。

第二十八条　团员入党转为正式党员或超龄离团,团员证经组织注销后,可以留作永久性纪念,由本人妥为保存,但不得继续使用。

团员证的管理

第二十九条　团的基层委员会负责团员证管理的日常工作。县级和县级以上团的组织部门是团员证制度的实施、指导和监督部门。

第三十条　团的基层委员会应建立"团员登记册"、"发展新团员、转入组织关系团员登记册"和"团员证转移、注销登记册",以准确掌握团员的变化和团员证颁发、转移、注销情况。团的支部或总支部,与应建立与团员证编号相对应的团员花名册。团员统计数字,以在册团员数字为准。

第三十一条　团员自行脱团、退团或被开除团籍,由团员所在单位团组织收回团员证,交团的基层委员会备案。

第三十二条　团员遗失团员证,应及时报告团的组织,在确认无法找回时,由团的基层委员会办理补发手续,并在新证备注栏内加以说明。

附　　则

第三十三条　各地区、各单位可依照本条例的基本精神,制定本地区、本单位的团员证管理细则。

第三十四条　本条例的解释、修订权属团中央组织部。

共青团中央关于贯彻执行共青团员
入党后保留团籍的规定的通知

共青团各省、自治区、直辖市委，总政组织部，武警总部政治部，全国铁道团委，全国民航团委，中直机关团工委，中央国家机关团委：

经党中央同意，团的十三大已将团章第一章第一条中关于"团员加入共产党在转为正式党员以后，如果没有在团内担任工作，就不再保留团籍"的规定，改为"团员加入共产党以后仍保留团籍，年满二十八周岁，没有在团内担任职务，就不再保留团籍"。团员入党后年满二十八周岁以前保留团籍，有利于党加强对共青团的领导，使共青团更加自觉地按照党的要求开展工作，有利于保留团组织的骨干力量，进一步加强团的建设。最近，中共中央组织部转发了共青团中央书记处《关于共青团员入党后保留团籍有关问题的报告》(组通字[1993]14 号)，团的各级组织要认真贯彻执行文件的各项规定，在各级党委的领导下和组织部门的指导帮助下，做好团员入党后年满二十八周岁以前保留团籍的工作。要充分发挥保留团籍的青年党员在团的工作、生活中的骨干、表率作用，不断增强团组织的战斗力，把团的工作提高到一个新的水平。

中共中央组织部转发共青团中央书记处

1993 年 10 月 22 日

关于共青团员入党后保留团籍
有关问题的报告的通知

组通字(1993)14 号

各省、自治区、直辖市党委组织部，中央直属机关、国家机关工委组织部，铁道部政治部，民航总局党委办公室，解放军总政治部组织部，武警部队政治部：

现将共青团中央书记处《关于共青团员入党后保留团籍有关问题的报告》转发给你们，请参照执行。

团员入党后年满二十八周岁以前保留团籍，是党在新形势下加强对共青团工作领导的需要，也是党组织加强对青年党员的锻炼培养的积极措施。各级党委组织部门和基层党组织要积极指导和帮助共青团组织做好团员入党后年满二十八周岁以前保留团籍的工作,支持保留团籍的青年党员积极参加团的生活和活动,更好地发挥共青团作为党的助手和后备军的作用。

关于共青团员入党后保留团籍有关问题的报告

中共中央组织部:

经党中央同意,团十三大已将团章第一章第一条中关于"团员加入共产党在转为正式党员以后,如果没有在团内担任工作,就不再保留团籍"的规定,改为"团员加入共产党以后仍保留团籍,年满二十八周岁,没有在团内担任职务,就不再保留团籍"。团员入党后年满二十八周岁以前保留团籍,将有利于党加强对共青团的领导,使共青团更加自觉地按照党的要求开展工作,有利于保留团组织的骨干力量,有利于青年党员密切与团员青年的联系,用自己的模范作用影响和带动广大团员青年共同进步。为了取得各级党组织的支持和帮助,落实好团章这一规定,现将有关问题报告如下。

1. 团员入党后仍保留团籍,是党组织赋予青年党员的光荣责任。保留团籍的青年党员应积极贯彻执行党的基本路线和各项方针政策,认真落实党组织对团的工作的要求,正确行使团员权利,模范履行团员义务,自觉遵守团的纪律,密切联系青年群众,在团员青年中发挥表率作用。

2. 保留团籍的青年党员应参加团支部的组织生活和活动,遇到党团组织活动时间出现冲突时,一般应参加党的组织生活和活动;也可以在征得党组织同意后,参加团的组织生活和活动。

3. 保留团籍的青年党员从取得预备党员资格起,应交纳党费,可不交纳团费,自愿交纳团费者不限。

4. 保留团籍的青年党员在工作、学习单位发生变更时,其团员组织关系随党员组织关系自然转接,到新单位团组织办理团员登记手续后生效。

5. 年龄在二十八周岁以下、已经办理离团手续的青年党员,自然恢复团籍,参加其所在单位团支部的组织生活和活动。

6. 团的组织应向党组织汇报保留团籍的青年党员参加团的组织生活和活动的情况,取得党组织的指导和帮助。团的组织在进行团的组织情况年度统计时,应将保留团籍的青年党员数计在团员数内。

以上报告如无不妥,请批转各地党委组织部门。

共青团中央印发《关于加强发展团员工作的意见》和《中国共产主义青年团发展团员工作细则（试行）》的通知

共青团各省、自治区、直辖市委，总政组织部，武警总部政治部，全国铁道团委，全国民航团委，中直机关团工委，中央国家机关团委：

现将《关于加强发展团员工作的意见》和《中国共产主义青年团发展团员工作细则（试行）》印发你们，请贯彻执行。

发展团员工作是当前和今后一个时期团员队伍建设乃至整个团的组织建设的重要任务。各级团组织必须从培养跨世纪社会主义事业接班人的战略高度出发，在坚持标准、保证质量的前提下，面向新的经济生长带，面向适龄青年集中的战线，加大发展团员工作的力度，努力使团员数量在今后几年内有较大的增长。团的各级领导机关要切实指导基层团组织做好发展团员工作，加强青年积极分子队伍建设，进一步规范发展团员工作，保证新团员的质量。

发展团员工作的情况和有关建议，请及时报告团中央。

共青团中央委员会
1993 年 12 月 20 日

关于加强发展团员工作的意见

发展团员工作在团的建设中始终处于十分重要的位置。近年来，发展团员工作相对滞后，团员数量徘徊，团员占青年的比例下降，一些地方和行业生产一线团员队伍出现萎缩现象，全国农村团员少于党员。这种状况不利于发挥团组织团结教育广大青年的核心作用，影响到基层团组织的战斗力。为了进一步贯彻落实党对共青团建设的要求和团十三大精神，切实加强发展团员工作，现提出如下意见。

一、进一步提高认识，明确工作目标和要求

团员是共青团的主体。一支数量宏大、能够发挥模范作用的团员队伍，是团

组织战斗力的重要源泉。由于共青团组织的特点所决定,全国每年有数百万名团员超龄离团,发展团员工作对加强团的建设具有十分重要的作用。只有坚持经常做好发展团员工作,不断吸纳新生力量,才能够保持团员队伍的蓬勃生机,提高团组织的战斗力。在进一步深化改革开放和发展社会主义市场经济的条件下,共青团事业的不断发展,对加强发展团员工作提出了更加迫切的要求。只有发展和壮大团员队伍,扩大团的组织在青年中的影响,共青团才能够充分发挥教育青年、带领青年、服务青年的作用,完成党和人民交给的光荣任务。为此,团十三大强调指出,要在坚持团员发展标准的前提下,大量吸收先进青年加入团组织,并将"做好经常性发展团员工作"作为基层团组织的重要任务写入了团章。各级团组织要从培养跨世纪的社会主义事业接班人的战略高度,充分认识加强发展团员工作的重要性,以强烈的责任感和高度的自觉性,加强对青年的教育和培养,将他们中的先进分子及时吸收到团组织中来。

在新的形势下,发展团员工作要继续贯彻"积极地、有计划地发展团员,向一切先进青年敞开团的大门"的方针。在当前和今后一个时期,贯彻这一方针的总体目标和要求是:在坚持标准、保证质量的前提下,面向新的经济生长带;面向适龄青年集中的战线;加大发展团员工作的力度,力争团员数量在今后五年内有较大的增长,到1995年底,使全国团员总数达到6500万名,全国团员占青年的比例达到18%左右(按照国家统计局统计的14岁至28岁青年数计算,下同);到1997年底(即团十四大召开前),使全国团员总数达到7000万名,全国团员占青年的比例达到20%左右。在壮大团员队伍的同时,使团员的分布趋于合理,素质不断提高。

二、建设一支数量众多的青年积极分子队伍,为发展团员打好基础

实现发展团员的工作目标,要求团组织把扩大青年积极分子队伍,提高积极分子素质作为基础性环节,切实抓好。

团的各级组织要以建设有中国特色社会主义理论为核心内容,加强青年思想教育,帮助青年理解和掌握党的基本路线,提高思想道德素质,激发青年的政治热情。要面向青年开展丰富多彩的活动,扩大团组织在青年中的影响。要热情关心青年的利益需求,积极创造条件,在学习成才、身心健康、择业就业、恋爱婚姻、文化生活、维护权益等各方面,努力为青年提供实实在在的帮助和服务,增强团组织在青年中的吸引力。团的基层组织要做深入细致的工作,对于那些各方面表现好,有进步愿望的青年,要引导和鼓励他们提出入团申请,不能坐等青年找上门来。

对于申请入团的青年,团组织要及时谈话,提出希望和要求,并列为入团积极分子。要通过确定培养联系人、团课教育等方式,帮助他们加深对团的认识,端正入团动机,提高思想素质。要吸收他们参加团组织围绕两个文明建设开展的活动,给他们交任务、压担子,使他们在实践中经受锻炼,发挥作用。对于经考察具备入团条件的,要及时将他们吸收到团内来。

团十三大修改后的团章规定:"中学少先队组织可以推荐优秀少先队员作团的发展对象"。中学团组织应注重发挥少先队的后备队作用,支持和领导少先队组织开展推荐工作。要帮助少先队搞好自身建设,办好"少年团校"、"中学生团校"、引导少先队员认识团的组织,积极要求进步。要逐步建立推荐制度,搞好团队衔接。

三、坚持发展团员标准,保证新团员的质量

加强发展团员工作,必须坚持团员标准,把质量放在第一位。看一个青年是否达到入团标准,除了要看他是否符合团章规定的团员条件外,还应从政治素质、思想觉悟和在本职工作或学习中的一贯表现以及道德品质等方面进行全面考察。要适应发展社会主义市场经济的要求,正确认识社会变革中的当代青年。

加强发展团员工作,要正确把握质量与数量的关系。团的组织在确定一个时期发展团员工作的目标时,必须同时制定切实可行的教育培养措施。要重视发展指标对工作的指导和推动作用,但要防止层层下达硬性指标,不能死扣比例,更不能为完成发展指标降格以求。同样,在坚持发展团员标准的同时,也要注意防止求全责备,对青年提出过高过严的要求,将符合发展标准的先进青年拒之于团的大门之外。

团组织发展青年入团,要认真执行团章和《中国共产主义青年团发展团员工作细则(试行)》的规定,做到程序完备,手续齐全,成熟一个发展一个。

四、把壮大团员队伍和改善团员分布结合起来,突出发展重点

贯彻新形势下发展团员工作的总体要求,必须把壮大团员队伍和改善团员分布结合起来,努力使各条战线各类地区的团员数量及其占青年的比例趋于合理。为此要在全面加强发展团员工作中突出发展重点。

第一,要大力发展生产和科研一线青年工人、农民、知识分子中的先进分子入团。青年是生产科研一线的生力军。加强生产科研一线的发展团员工作,对于团组织更好地带领广大青年投身经济建设主战场,提高自身的战斗力具有重要意

义。要在生产和科研的实践中,加强对青年的培养、教育和考察,激发他们的进步热情,引导他们为推动生产发展和科技进步做出积极贡献,并及时发展他们中符合团员标准的青年入团。要采取切实措施,加强农村团的基层建设,使一批松散瘫痪团组织健全起来,活跃起来,努力改变部分农村团组织长期不发展团员的状况,提高青年农民中团员所占的比例。

第二,要切实加强新型经济组织中的发展团员工作。目前,全国乡镇企业、外商投资企业、股份制企业和私营企业已达2000多万家,已有占全国总数近三分之一的青年聚集到这些新型经济组织之中,其中有相当数量是非企业所在地居民的外来青年。团的组织要关心他们的进步要求,尤其要打破地域概念的局限,关心外来青年的成长进步,在他们中建立起入团积极分子队伍,发展新团员,为他们的健康成长创造条件。在乡镇企业发展较快、外商投资企业较为集中的地区,团组织要及时将发展团员工作的重心转移到这些企业中来。

第三,要重视在中学生中发展团员。中学时期是青年成长的重要阶段,中学生是求知欲望强,进步热情高的群体。团组织要把中学作为发展团员工作的基础部位,切实加强中学发展团员工作,尤其要加强农村中学和城市的普通中学的发展团员工作。要在少先队组织推荐优秀少先队员作团的发展对象的基础上,经过培养和考察,发展初中学生中的少先队骨干入团,争取在初中二年级建立起班级团支部,在保证团员质量的前提下,适当提高中学生中团员的比例,使中学成为向各条战线输送合格团员的重要基地。

五、加强团的基层建设,为做好发展团员工作提供保证

加强团的基层建设,提高基层团组织的凝聚力和战斗力,发展团员工作才能得到保证并得以巩固。当前和今后一个时期,根据市场经济发展的要求,结合加强发展团员工作的需要,要在全面加强团的基层建设中重点抓好三项工作。

第一,狠抓"空白点"建团,扩大团组织在青年中的覆盖面。在改革开放和市场经济的发展过程中,经济结构的调整和青年从业流向的变化,使团的工作"空白点"增多,团组织在青年中的覆盖面下降,这是制约发展团员工作的重要因素。各级团组织必须下功夫、花力气,逐步解决乡镇企业、外商投资企业、股份制企业、私营企业以及个体工商户中的工作"空白点"的建团问题。要把建团工作纳入党的建设和经济建设的总体部署,依托建党带动建团。要根据不同新型经济组织的产权归属和管理方式,区别情况,采取灵活多样的组织设置形式,分类推进建团工作。

第二,加强团员教育和管理,巩固发展团员工作的成果。团员发展与团员教

育、管理紧密相连,不可分割。团的组织要适应新形势的要求,改进团员教育的方式方法,要重点对团员进行建设有中国特色社会主义理论的教育,帮助团员提高自身素质,增强组织观念,树立模范意识,用团员模范作用去吸引和带动广大青年。要以加强对外来团员的管理为重点,注重发挥团员证的功能,严密对流动团员的管理。共青团是一个有机统一的整体,必须明确,任何一个团组织都负有对本组织所在地区、单位范围内外来团员的管理责任。通过建立开放的、协作式的团员管理机制,进一步搞好转接团员组织关系中团组织之间的工作衔接,逐步解决团员在流动中流失的问题。

第三,深入开展"双推"工作,为青年的成长进步提供正确有力的导向。团的组织要把"双推"工作的着力点放在对团员青年的教育和培养上,为他们的政治进步和学习成才创造条件。通过卓有成效的"双推"工作,引导青年,激励青年,团结青年,增强团组织的凝聚力。

六、切实加强领导,推动发展团员工作持续稳定地向前发展

加强发展团员工作,实现发展团员的目标,需要全团共同努力。团的各级领导机关要坚持把发展团员工作列入重要议事日程,加强研究,认真部署,分类指导,狠抓落实。要从本地区、本系统的团员队伍构成、团员占青年的比例等实际情况出发,制订发展团员工作规划,明确工作目标,提出培养措施,突出发展重点,通过制定和落实发展规划,促进发展团员工作走上有计划、持续稳定的发展轨道。团的基层组织要认真贯彻落实发展团员工作的规划和要求,把发展团员工作作为一项经常性任务,克服紧抓一阵、松懈一阵的做法,及时把具备入团条件的优秀青年吸收到团内来。

要定期检查和考核发展团员工作,把发展团员工作作为检验一个地区、一个单位团的建设成效的重要方面。基层团委应每半年检查一次,团的各级领导机关应每年检查一次,掌握工作进程,解决存在问题,指导和帮助后进地区和单位做好发展团员工作。

中国共产主义青年团发展团员工作细则(试行)

第一章 总 则

第一条 中国共产主义青年团是中国共产党领导的先进青年的群众组织。

为了切实保证新发展团员的质量，壮大团员队伍，提高团组织的战斗力，依据《中国共产主义青年团章程》的规定，制定本细则。

第二条　发展团员工作要贯彻"积极地、有计划地发展团员，向一切先进青年敞开团的大门"的方针，做到坚持标准，保证质量，加强培养，积极发展。

第三条　坚持入团自愿和经常吸收，成熟一个发展一个，防止突击发展，反对关门主义。

第四条　团的基层组织要做好经常性发展团员工作，不断地把社会主义现代化建设中涌现出来的大批先进青年吸收到团组织中来，保持团员队伍朝气蓬勃的青年特点，使共青团真正成为团结教育青年的坚强核心。

第二章　对要求入团的积极分子的培养教育

第五条　团组织要加强对青年的教育和引导，面向青年开展团的各项活动，宣传团的基本知识，努力为青年健康成长提供服务，提高青年对团的认识，激发青年的进步热情，建立起一支数量众多的入团积极分子队伍。

第六条　团组织要主动了解青年，及时发现那些积极要求进步、各方面表现好的青年，鼓励他们申请入团。对于提出入团申请的青年，团组织要及时谈话，提出希望与要求，将他们列为入团积极分子。

第七条　团组织要高度重视对入团积极分子的教育、培养和考察，并形成制度。未经团组织培养考察的青年，一般不得发展入团。

第八条　团组织要利用团课等形式，对要求入团的积极分子进行马克思列宁主义、毛泽东思想和邓小平建设有中国特色社会主义理论的基本知识教育、团章教育以及团的优良传统教育，帮助他们提高思想觉悟，端正入团动机，牢固树立共产主义信念。

第九条　团组织要指定一至二名团员作入团积极分子的培养联系人，经常了解他们的思想、工作、学习和生活情况，通过谈心等细致的工作进行思想教育。

第十条　团组织要吸收入团积极分子参加团的有关活动，给他们分配适当的社会工作。动员和带领入团积极分子积极参加社会主义物质文明和精神文明建设，立足本职岗位，争创一流成绩，使他们在实践中受教育、起作用、长才干。

第十一条　团支部要及时对入团积极分子进行考察。入团积极分子一般经过三个月到半年时间的培养教育之后，团支部委员会应听取联系人和团内外群众的意见，从思想觉悟和政治素质、在本职岗位上一贯表现和道德品质等方面对他们进行考察，并为已具备团员条件的积极分子办理入团手续。

入团积极分子调动工作时，调出单位团组织应将培养教育的有关材料，转给调入单位的团组织。

第十二条　中学团组织要重视发挥少先队组织的后备队作用,支持、帮助和指导少先队推荐优秀少先队员作团的发展对象。要办好"少年团校"、"中学生团校",提高少先队员的思想政治素质,建立起推荐优秀少先队员作团的发展对象的工作制度。

第三章　新团员的接收

第十三条　接收新团员必须按照团章规定的程序办理。

第十四条　申请入团的青年要有本支部的两名团员作介绍人。入团介绍人一般由培养联系人担任,也可以由申请入团的青年自己约请,或由团组织指定。

受留团察看处分尚未恢复团员权利或尚在缓期注册期间的团员,不能作青年入团介绍人。

第十五条　入团介绍人的任务是:

1. 向团组织说明被介绍人的经历、对团的认识、入团动机、思想品质和现实表现。

2. 向被介绍人解释团的章程,说明团员的条件、义务和权利。

3. 指导被介绍人填写《入团志愿书》,并填写自己的意见。向支部大会介绍被介绍人的情况。

第十六条　团支部委员会经考察认为入团积极分子已具备团员条件,应发给《入团志愿书》,要求其认真如实填写。《入团志愿书》经支委会检查合格后,再提交支部大会讨论。

第十七条　青年入团必须经团支部大会讨论通过。讨论青年入团的支部大会必须有占整个支部半数以上有表决权的团员出席才能举行。表决时,赞成人数应超过到会有表决权团员的半数,才能通过接收新团员的决议。

支部大会讨论两个以上的青年入团时,必须逐个讨论和表决。

第十八条　接收青年入团的支部大会的程序一般是:

1. 申请人汇报个人简历、家庭情况和对团的认识、入团动机以及需向团组织说明的问题。

2. 入团介绍人报告被介绍人的情况及自己的意见。

3. 支委会报告对申请人的审议意见。

4. 与会团员就申请人能否入团进行讨论。

5. 采取举手表决或无记名投票的方式进行表决。

第十九条　团支部大会通过接收青年入团后,支委会要及时将支部大会的决议填写在《入团志愿书》上，连同本人申请书，报送上级团组织审批。

第二十条 接收新团员由基层团委审批。团总支一般不能审批接收新团员。县以上团委直接领导的独立单位的团总支和大型厂矿企业、大专院校直属的分厂、分校团总支，经县以上团委授权，可以审批接收新团员，但需要在审批意见中注明是授权审批。

第二十一条 基层团委审批接收新团员必须召开委员会，集体审议，表决决定。审议的主要内容是：申请人是否具备团员条件，入团手续是否完备等。审批意见要填写在《入团志愿书》上、并通知报批的团支部。

基层团委审批两个以上青年入团时，应逐个审议和表决。

第二十二条 团支部应通过支部书记或委员谈话的郑重方式及时将上级团组织批准青年入团的决定通知本人并在团员大会上宣布。对于未被批准入团的青年。团支部也应将情况及时通知本人，帮助其认识自己的不足，鼓励其继续努力。

被批准入团的青年，从支部大会通过之日起取得团籍并计算团龄，从上级团委批准的那个月开始交纳团费。

第二十三条 基层团委对团支部上报的接收新团员的决议，必须在三个月内审批。如遇特殊情况可适当延长审批时间，但不得超过六个月。凡无故超过规定时间而未予审批的，应追究有关人员的责任。

第二十四条 新团员应在团旗下进行入团宣誓。宣誓仪式可以由团的基层委员会、总支部委员会或支部委员会组织。在宣誓仪式上，由上级团组织的代表或本级团组织的负责人带领新团员宣誓，并向新团员颁发团员证和团徽。宣誓仪式可以邀请同级党组织的负责人参加。

第二十五条 团组织应加强对新团员的教育和管理，帮助他们不断提高思想政治素质和执行团章、履行团义务的自觉性。

第二十六条 团组织应将新团员的《入团志愿书》、入团申请书存入本人人事档案。无人事档案的，建立团员档案，由所在基层团委保存。

第四章 团员的追认

第二十七条 入团积极分子在申请入团期间，为革命事业英勇献身，事迹突出并在较大范围内有教育意义的，可以追认为中国共产主义青年团团员。

第二十八条 追认团员应由其所在单位团组织整理事迹材料，经其生前所在团支部召开支部大会通过和县级以上团委审查同意后，报送省级团委批准。

第五章　加强对发展团员工作的领导

第二十九条　各级团委必须把发展团员工作列入重要议事日程,切实加强领导,经常抓好落实。

第三十条　基层团委和地方各级团委要根据本地区、本单位团员占青年的比例和入团积极分子队伍的情况,确定每年发展团员的任务和目标,制定出切实可行的工作措施,保证发展团员工作持续稳定地向前发展。

第三十一条　要认真检查和考核发展团员工作。基层团委应每半年检查一次,省、地(市)、县团委应每年检查一次,检查结果要及时上报,并向下通报。

第六章　附　则

第三十二条　本细则自 1994 年 1 月 1 日起试行。此前有关发展团员工作的规定和解释,几与本细则不一致的,均以本细则规定为准。

共青团中央关于做好推荐中学优秀
少先队员作团的发展对象工作的意见

团十三大修改后的团章规定:"中学少先队组织可以推荐优秀少先队员作团的发展对象。"这是新形势下共青团赋予中学少先队组织的一项光荣任务,也是全团带队,充分发挥少先队作为共青团后备队作用的重要举措。为贯彻落实团章这一规定,做好推荐中学优秀少先队员作团的发展对象工作,现提出如下意见。

一、提高认识,积极开展推荐中学优秀少先队员作团的发展对象工作

推荐中学优秀少先队员作团的发展对象,是切实加强中学发展团员工作,壮大团员队伍,培养造就社会主义事业接班人的需要,也是进一步活跃中学少先队工作,增强中学少先队组织吸引力、凝聚力的需要。中学少先队员正处于少年向青年过渡的时期,加入共青团是他们追求政治进步的目标。开展推荐中学优秀少先队员作团的发展对象工作,可以进一步激发广大中学少先队员的政治热情,满足他们的进步需求,激励他们刻苦学习,立志成才,健康成长。各级团队组织要从培养跨世纪的社会主义事业接班人的战略高度出发,增强政治责任感,把推荐中学优秀少先队员作团的发展对象工作,作为加强中学团队建设的重要内容和团队衔接的基本手段,努力抓紧抓好。

二、立足培养教育,努力提高中学少先队员的素质

加强对少先队员的培养教育,提高中学少先队员的全面素质,是开展推荐中学优秀少先队员作团的发展对象工作的前提和基础。中学团队组织要把推荐中学优秀少先队员作团的发展对象工作的立足点放在对全体少先队员的培养教育上。要从中学少先队的生理、心理特点出发,运用生动活泼、丰富多彩的形式,开展富有中学少先队特色的教育活动,对广大少先队员进行爱祖国、爱人民、爱劳动、爱科学、爱护公共财物的教育。要在实施"跨世纪中国少年雏鹰行动"中,通过开展雏鹰奖章达标活动,全面提高中学少先队员的自学、自理、自护、自强、自律能力,把少先队综合素质的培养贯穿在推荐中学优秀少先队员作团的发展对象工作中。要从初中一年级开始进行团章和团的基本知识教育,采取创办中学生团校

和少先队中队成立团章学习小组等方法,帮助少先队员了解团的光荣历史和优良传统,进一步激发他们的进步热情,发展少先队员中要求入团的积极分子队伍,为开展推荐工作打好基础。

对提出入团申请的少先队员,团队组织要给予热情关心和鼓励,按照团员的标准来培养教育他们。要落实培养联系人,吸收他们参加有关团的活动,给他们分配适当的社会工作,使他们在实践中受教育,起作用。要帮助他们进一步了解团的性质、任务、奋斗目标以及团员的条件、义务和权利,自觉用团员标准要求自己。

中学生团校是对学生进行思想政治教育的有效形式。中学团队组织要努力办好中学生团校,以中学生团校为主阵地开展团前教育。有条件的学校应吸收初一年级的优秀少先队员进入中学生团校学习。少先队向团组织推荐的优秀少先队员一般都应经过中学生团校的培训。

三、建立推荐制度、保证推荐质量

推荐中学优秀少先队员作团的发展对象工作应以少先队中队为单位进行。推荐步骤是:由少先队中队委员会讨论,提出推荐对象,报大队委员会;少先队大队委员会对推荐对象进行审核后,签署意见向团组织推荐。推荐对象所在班级或年级已建立团组织的,应向该团组织推荐;如尚未建立团组织,则应向学校团委(团总支)推荐,由学校团委(团总支)责成有关团支部做好培养考察和发展工作。今后,未满十四周岁的中学少先队员入团,必须经少先队组织推荐。

学校团组织要重视少先队组织的推荐意见,及时进行讨论研究和考察。对于经少先队组织培养推荐和团组织考察已达到入团标准的优秀少先队员,可以在他们年满十三周岁未满十四周岁时,发展他们入团,按照团章和《发展团员工作细则(试行)》的规定,办理入团手续。少先队员入团后在年满十四周岁以前仍保留队籍。要通过开展推荐中学优秀少先队员作团的发展对象工作,力争在初中二年级建立起班级团支部。

少先队组织推荐优秀少先队员作团的发展对象,要坚持发展团员标准,保证推荐质量。在推荐工作中,既要防止盲目追求数量,降格以求;又要避免片面强调质量,提出不切实际的高要求,将已达到入团标准的优秀少先队员拒之于团的大门之外。

四、加强领导,保证推荐中学优秀少先队员作团的发展对象工作健康发展

推荐中学优秀少先队员作团的发展对象是一项严肃的工作,必须在团组织的

领导和少先队辅导员的指导下进行。

　　学校团组织要支持和帮助少先队组织开展推荐中学优秀少先队员作团的发展对象工作,并把这项工作作为加强学校团组织建设和德育教育的重要措施,认真做好。在制订发展团员工作计划时,要注意听取少先队组织的意见。要定期召开团队工作例会,通报交流情况,帮助和指导少先队组织解决工作中遇到的问题。可以采用建立有团干部和少先队辅导员参加的初中少先队建团工作小组,选派优秀共青团员和团干部担任少先队建团辅导员等措施,具体指导少先队做好推荐工作,协助团组织做好对推荐对象的培养考察工作。

　　中学少先队组织要把开展推荐优秀少先队员作团的发展对象工作作为加强少先队建设,活跃少先队工作的有力措施。少先队辅导员要指导少先队在深入实施"雏鹰行动"中开展对少先队员的团前教育,帮助少先队组织正确把握入团标准,把好推荐质量关。

　　各级团队领导机关要高度重视和认真部署推荐中学优秀少先队员作团的发展对象工作、搞好调查研究,总结成功经验,加强工作指导。要把推荐优秀少先队员作团的发展对象工作作为检查和考核中学团队工作的重要内容,推动和保证这一工作健康发展。

中共中央组织部关于进一步加强
在青年中发展党员工作的意见

中组发(1995)2 号

为了贯彻落实党的十四届四中全会精神,适应新的形势和任务的要求,进一步加强在青年中发展党员工作,现提出如下意见:

一、充分认识加强在青年中发展党员工作的重要性和紧迫性

近几年来,在各级党委的重视和领导下,一大批优秀青年加入党组织,给党的队伍增添了新鲜血液。但也应看到,当前在青年中发展党员的工作很不平衡,还存在着一些亟待解决的问题。主要是:有些地方和单位的党组织对发展青年党员工作的重要性认识不足,没有采取有效的措施,特别是有的农村基层党组织长期不发展党员;有些基层党组织忽视对青年的培养教育,对申请入党的青年关心帮助不够,挫伤了他们的政治热情;也有一些基层党组织负责人,存在着论资排辈、嫉贤妒能等思想观念,妨碍了在青年中发展党员的工作;随着改革开放和发展社会主义市场经济,大量农村青年外出务工经商,给培养教育青年和发展青年党员工作增加了难度。由于这些问题的存在,使许多地方青年党员数量逐年减少,如不采取切实有效的措施改变这种状况,势必影响党组织的生机与活力。

青年是影响当前、决定未来的重要力量。我们国家的这一代青年,朝气蓬勃、奋发向上。他们热爱党,热爱社会主义,拥护党的基本路线和方针、政策,在社会主义现代化建设的各项事业中,发挥了生力军和突击队的作用。他们中的大多数人有理想,积极进取,愿意以自己的知识和才能报效祖国,不少人迫切要求加入党组织。在全国 1290 多万名申请入党的人员中,35 岁以下的青年有 722 万名。抓紧抓好对要求入党的青年积极分子的培养教育,及时地把那些具备党员条件的先进青年吸收到党内来,是加强党的自身建设,提高党的战斗力的需要;是培养跨世纪的社会主义事业接班人,坚持党的基本路线一百年不动摇的需要;是保证党领导的社会主义事业后继有人、兴旺发达的需要。各级党组织应当增强紧迫感和责任感,高度重视并采取得力措施,认真做好这项具有战略意义的工作。

二、当前和今后一个时期在青年中发展党员工作的指导思想与基本要求

当前和今后一个时期做好在青年中发展党员工作的指导思想是:以邓小平同

志建设有中国特色社会主义理论和党的基本路线为指导,全面贯彻落实《中共中央关于加强党的建设几个重大问题的决定》,适应改革开放和社会主义现代化建设的需要,把那些决心为社会主义和共产主义事业献身的优秀青年吸收到党内来,提高党员队伍的整体素质,进一步增强党组织的生机与活力。

基本要求是:根据党的十四大和十四届四中全会精神,按照党章规定和《中国共产党发展党员工作细则(试行)》的要求,坚持标准,保证质量,改善结构,慎重发展,有领导、有计划地加强在青年中发展党员的工作。要注重在生产、工作第一线发展党员,着力解决好农村和企业生产一线青年党员数量下降的问题,力争经过二三年的努力,使现在每年发展35岁以下青年党员不足发展总数三分之二的省、自治区、直辖市,在目前的基础上提高2～3个百分点,保证党员队伍中35岁以下青年党员数量实现逐年稳中有升。

农村发展青年党员工作,要紧紧围绕深化农村改革,全面发展农村经济,建设精神文明,实现奔小康的目标和共同富裕、共同进步来进行。要同加强农村基层党组织建设,调整和充实村级组织领导班子的工作结合起来。对长期不做发展党员工作的基层党组织,要结合整顿软弱涣散和瘫痪状态党支部,制订具体规划,采取有效措施,务求在三年内有明显改变。

企业特别是国有企业发展青年党员工作,要紧紧围绕搞好企业改革,转换经营机制,提高经济效益,培养和建设“四有”职工队伍来进行。要加强企业生产一线党的力量,有计划地解决一些企业生产班组没有党员的问题,经过二、三年的努力,逐步做到绝大多数企业生产班组中有党员,有条件的建立党小组。逐步改变小型企业和新经济组织党员少、党的力量薄弱的状况。

要重视培养和吸收科技、教育、文化、卫生等单位的优秀青年积极分子入党,积极做好在大学生和青年教师中发展党员的工作,注意把具备党员条件的学生骨干和青年教师、学术和科技带头人、业务骨干中的优秀分子及时吸收到党内来。要加强在中专、高中学生中进行党的基本知识教育,对那些品学兼优,具备党员条件的,可以吸收他们入党。

要重视在青年妇女和少数民族青年中发展党员。

要注意克服阻碍在青年中发展党员的思想观念,排除一些地方宗族、宗教势力对发展党员工作的干扰。对于各条战线的优秀青年,都要加强培养教育工作,具备党员条件的,要按照党章规定,及时地把他们吸收到党组织中来。

强调做好在青年中发展党员的工作,并不是只吸收青年入党,对于35岁以上的入党积极分子,特别是生产、工作一线的骨干,也要进行培养教育。具备党员条件的,也应当及时地把他们吸收到党组织中来。

三、抓住关键环节，采取得力措施

加强在青年中发展党员的工作，要注意研究新情况、解决新问题，认真做好以下几方面工作：

1. 大力加强和改进党的基层组织建设，不断提高基层党组织的战斗力、凝聚力和吸引力。提高基层党组织的战斗力、凝聚力和吸引力，是壮大入党积极分子队伍，做好在青年中发展党员的前提和基础。各条战线的基层党组织，都要按照党的十四届四中全会决定的要求，结合各自实际情况，建立健全党内生活的各项制度，加强领导班子建设和对党员的教育管理，严格执行党的纪律，全面提高党员的政治和业务素质，坚决清除腐败分子，妥善处置不合格党员，努力把基层党组织建设成为团结和带领群众进行改革和建设的战斗堡垒。要以共产党员的先锋模范作用和良好形象，启迪群众加深对党的认识，将更多的青年吸引和团结在党组织的周围。对处于软弱涣散和瘫痪状态，以及长期不做发展党员工作的基层党组织，上级党组织要派出得力的党员干部，具体帮助，限期解决。

2. 强化对青年的培养教育，不断壮大入党积极分子队伍。对青年的培养教育，党、团组织要紧密配合，共同做好工作。对入党积极分子的学习和培训，在近期应结合在党员中开展的建设有中国特色社会主义理论和党章的学习活动来进行。培养教育要联系新的形势和任务，联系青年的思想实际，进行正面引导，帮助青年树立正确的世界观和人生观，明确肩负的历史使命，坚定走有中国特色社会主义道路的信念，自觉地为实现共产主义伟大理想而奋斗。党组织要关心青年的工作、学习和生活，创造有利于青年健康成长的良好环境。要教育和组织青年在社会实践和群众工作中经受锻炼，全面提高素质。要通过多方面的努力，保证青年入党积极分子的数量逐年稳步增长。

3. 支持和指导共青团组织积极开展推荐优秀团员作党的发展对象的工作。各级党组织要加强对共青团的领导，以党的建设带动团的建设，帮助共青团切实加强团的基层组织特别是农村团组织的建设，为"推优"和加强在青年中发展党员工作奠定基础。要进一步帮助共青团组织总结"推优"工作经验，研究和解决"推优"工作中的新问题，逐步完善"推优"工作。党组织在部署发展党员工作时，对"推优"工作要提出明确的要求；制订发展党员工作规划时，要重视团组织的"推优"意见。要重视吸收团干部中的优秀分子入党。要继续坚持28周岁以下青年入党一般应从团员中发展，和发展团员入党一般要经过"推优"的规定，真正使"推优"工作成为发展青年党员的主要渠道，使共青团成为党组织发展青年党员的主要来源。

4. 注意做好入党积极分子在流动过程中的培养衔接工作。在入党积极分子升学、毕业、参军和工作岗位变动过程中,原单位党组织要负责把培养教育的有关材料转给现所在单位党组织,其培养教育的时间应连续计算,避免入党积极分子培养教育和考察工作脱节。对外出务工经商的入党积极分子,要建立联系制度,落实相应的跟踪教育和考察培养措施。外出务工经商人员中建立的党组织,以及外出务工经商的党员,要担负起发现、培养和考察入党积极分子的职责。

5. 重视在新经济组织中发展党员特别是发展青年党员工作。要在青年比较集中的乡镇企业、外商投资企业、股份制企业、私营企业等新经济组织中建立健全党的组织,注意总结推广在这些经济组织中做好发展党员工作的经验。要加强对外来人员中青年入党积极分子的培养教育工作。在现单位连续工作一年以上,未间断培养、教育和考察工作,确实具备党员条件的外来务工经商的入党积极分子,现所在地或单位党组织,经征得原所在地或单位党组织的同意后,可以吸收他们入党。

四、坚持党员标准,确保新党员质量

加强在青年中发展党员的工作,既要有紧迫感,又不能片面追求发展数量,降低党员标准。各级党组织都要注意把好"入口关",保证党的先进性和纯洁性。

要正确理解和掌握新时期发展党员的标准,注意考察发展对象有无坚定的社会主义、共产主义信念,是否坚决贯彻执行党的基本路线,献身改革开放和现代化事业,诚心诚意为人民谋利益,带领群众为经济发展和社会进步做出实绩的先进分子。各级党组织必须按照党员标准来培养、教育和衡量申请入党的同志,决不能以所谓的"能人"标准或其他标准来替代党章规定的党员标准,保证吸收的每一名党员都是具有共产主义觉悟的工作阶级先锋战士。

要坚持个别吸收的原则,成熟一个,发展一个。要严格履行入党手续,防止各种不正之风的干扰。对于那些违反党章和有关文件规定,利用不正当手段入党的,一律不予承认,并应追究有关人员的责任,严肃查处。

要加强宏观指导,正确地制订和实施发展党员工作计划。不仅要注意防止和克服"分指标"、"卡比例"等简单化的做法,而且要防止出现发展党员数量大起大落和降格以求的现象。

五、切实加强对发展党员工作的领导和具体指导

做好在青年中发展党员工作,各级党委特别是市、县委负有直接的责任。要

把做好这项工作列入议事日程,制订规划和措施,建立责任制,实行分类指导,定期督促检查。各级党委组织部门要加强对新形势下发展青年党员工作的宏观研究和具体指导,总结推广好的经验。在帮助指导共青团组织做好"推优"工作的同时,要注意发挥宣传思想工作部门以及行政和工会、妇联等群众团体的作用,共同推进在青年中发展党员的工作。

要继续坚持和完善组织员制度。各地要认真贯彻执行中央组织部《关于在县(市、区)和国有大中型企业、普通高等学校中设置组织员有关问题的通知》精神,切实加强组织员队伍建设,落实组织员的编制、职级、待遇,明确组织员的职责任务,保证他们能够专司其职,充分发挥组织员在发展党员工作中的指导作用。为加强党、团组织配合,进一步做好在青年中发展党员的工作,可在优秀的党员团干部中聘任兼职组织员。

中共上海市委组织部、共青团上海市委员会关于新形势下进一步加强"推优"，切实做好在团员青年中发展党员工作的若干意见

沪委组(2004)发字085号

各区县、大口党委，团各区县委，各有关市属单位、局、高校、企业党组(党委)、团组织：

自1994年市委组织部、团市委联合发出《关于加强"推优"，进一步做好在青年中发展党员工作的意见》以来，"推优"成为上海党建带团建的一项经常性重要工作。1998年至今，上海申请入党的青年总计83.1万人次；2003年达18.8万，比1998年上升了3倍多；2003年经"推优"入党的团员1.38万人，占发展团员入党总数的83.4%。"推优"为各级党组织发现大批优秀青年发挥了重要作用。

为进一步贯彻落实党的十六届四中全会和全国发展党员工作会议精神，进一步加强"推优"，切实做好在团员青年中发展党员工作，现提出如下意见：

一、从巩固党的执政基础的高度，进一步认识加强"推优"工作的重要性

广大团员青年在社会主义现代化建设的各项事业中发挥着生力军和突击队的作用。抓紧抓好对要求入党的团员青年的培养教育，及时把那些具备党员条件的先进团员青年吸收到党内来，源源不断地为党培养输送新鲜血液，是巩固党执政的青年群众基础、确保党长期执政的迫切需要；是培养社会主义事业接班人、保持党员队伍生机与活力的迫切需要；是坚持党的基本路线一百年不动摇、保证党领导的社会主义事业后继有人的迫切需要；也是上海在新世纪率先基本实现现代化的迫切需要。

在改革开放和发展社会主义市场经济条件下，"推优"工作面临许多新情况、新问题。一是少数单位对"推优"工作没有引起高度重视，工作主动性、积极性不够强；二是"推优"工作还跟不上党员发展工作步伐，"推优"工作与发展青年党员的衔接环节还不够顺畅；三是"推优"工作制度不够完善，制度的坚持与落实不够到位；四是工作发展不平衡，高知识青年密集的新经济、新社会组织等领域"推优"工作相对滞后。

各级党团组织一定要从战略和全局的高度,充分认识新形势下进一步加强"推优"工作的重要性和紧迫性,坚持党建带团建,注重加强自身建设,切实增强"推优"工作的主动性、积极性和创造性。

二、新时期进一步加强"推优"工作的指导思想和工作重点

新时期进一步加强"推优"工作,要以邓小平理论和"三个代表"重要思想为指导,遵循"坚持标准、保证质量、改善结构、慎重发展"的方针,着眼于始终保持党的先进性,将"推优"工作作为基层团支部全面活跃的有效载体,使基层组织的凝聚力、战斗力不断增强,为巩固党的执政基础、提高党的执政能力、实现党的历史任务提供组织保证。

要坚持不懈地做好"一线、一流、团干部"的"推优"工作。要着眼于改善党员队伍的结构和分布,重点关注在改革开放和现代化建设中涌现出来的生产、工作第一线,高知识青年群体和海外留学归来人员中的各类优秀青年人才。同时,进一步强化源头意识,加大在大中学生中"推优"工作的力度。

要积极稳妥地开展在其他社会阶层和新经济、新社会组织中的"推优"工作。要根据各类组织的实际情况,通过有步骤地健全党团组织,采取多种形式,探索行之有效的"推优"工作方式方法。要激发广大青年从业人员的政治热情,积极主动地开展教育引导工作。同时,要坚持标准、严格程序、确保质量。

三、各级团组织要认真做好"推优"对象的发展导航工作

各级团组织要重视对"推优"对象的发展导航工作,进一步提高"推优"的针对性和有效性。

要发动"争优"。要通过普及党的基本知识、回顾党的历史、学习党的优良传统、感怀党的恩泽等各项生动而富有实效的思想政治教育活动,增进团员青年对党的认同和感情,使团员青年了解党、认识党、热爱党、追随党,引导和形成一种争当先进、奋发向上、积极向党组织靠拢的氛围。通过各种途径和方法使青年入党积极分子队伍日益壮大,为"推优"工作做好人员上的准备。

要注重"育优"。要巩固"学理论、学党章"小组、业余党校等理论学习型、社会实践型组织及活动,引导团员青年树立坚定的理想和信念,培养高素质的青年入党积极分子队伍;同时要针对不同行业、不同年龄、不同群体的青年入党积极分子的特点,积极研究和发育新型的组织和活动方式。

要规范"推优"。团组织要主动向党组织汇报,认真听取党组织的意见,使"推

优"工作的部署、指导、检查、考核与发展青年党员工作协同开展。要严格按照《关于推荐优秀团员青年作党的发展对象工作的实施细则（修订版）》的程序和要求，实施好"推优"的每一个环节。采用集体决定、自下而上、票决、公示等民主参与、民主评议、民主监督形式，不断扩大团内民主，提高"推优"对象的群众公认度。28周岁以下青年入党，一般应从团员中发展；发展团员入党一般应经过团组织推荐。要使"推优"工作逐步成为党组织发展青年党员的主要渠道，使团员成为党组织发展青年党员的主要来源，从制度上保证"推优"工作的质量。同时，要把推荐优秀青年入党和向党举荐优秀青年人才相结合，形成有利于优秀青年人才脱颖而出的良好机制和氛围。

四、各级党组织要切实加强对"推优"工作的领导

各级党组织要高度重视，建立健全工作制度，切实加强对"推优"工作的领导。

要坚持党建带团建。把"推优"工作摆上党组织的重要议事日程，纳入党建工作责任制，分管领导作为第一责任人。通过党团联席会议等制度，形成"推优"工作的合力。帮助和指导团组织在"推优"工作中研究新情况、解决新问题、总结新经验。要重视党组织的自身建设，扎实开展保持共产党员先进性教育，每个党员都要通过自己的模范言行影响和带动身边的团员青年积极入党。

要重视团干部队伍建设。注意选拔"忠诚党的事业、热爱团的岗位、竭诚服务青年"的优秀青年党员担任团干部，优秀的党员团干部可聘任为兼职组织员。加强团干部的理论学习和业务培训，不断提高团干部的政治思想素质和实际工作能力。

要主动关心青年成长。启发广大青年的政治觉悟，积极发现和培养入党积极分子。遵循青年工作的特点和青年的成长规律，关注入党积极分子成熟的最佳期，制定符合青年人特点的培养教育措施，及时做好启蒙和发展工作；要针对团员青年毕业、升学、换岗等流动较频繁的特点，及时负责地指导团的组织采取切实措施做好中等学校和高等院校、学校和社会之间的入党教育衔接工作。

各级党委组织部门和团委要加强对"推优"工作的督促检查，并将贯彻落实情况报市委组织部、团市委。

附件：《关于推荐优秀团员青年作党的发展对象工作的实施细则（修订版）》

中共上海市委组织部

共青团上海市委员会

2004 年 12 月 10 日

附件

关于推荐优秀团员青年作党的发展对象工作的实施细则(修订版)

一、总　则

第一条　中国共产主义青年团是中国共产党领导的先进青年的群众组织,是广大青年在实践中学习中国特色社会主义和共产主义的学校,是中国共产党的助手和后备军。推荐优秀团员青年作党的发展对象(简称"推优"),是党赋予共青团组织的一项光荣任务。依据中共中央组织部和共青团中央有关"推优"工作文件和全国发展党员工作会议的精神,特制定本实施细则。

第二条　搞好"推优"工作,是培养造就社会主义事业接班人,加强党员队伍建设,巩固党的执政基础的需要;也是激发广大团员青年的政治热情,增强共青团组织的吸引力和凝聚力的需要。

第三条　开展"推优"工作,要以邓小平理论和"三个代表"重要思想为指导,从贯彻党的十六大和十六届四中全会精神,实践党的基本路线,提高党的执政能力出发,坚持标准、保证质量、改善结构、慎重发展;要在各级党组织的领导下,有计划地进行;团的支部是开展"推优"工作的基本单位。

第四条　28周岁以下青年入党,一般应从团员中发展;发展团员入党一般应经过团组织推荐。要使"推优"工作逐步成为党组织发展青年党员的主要渠道,使团员成为党组织发展青年党员的主要来源。35岁以下的优秀青年,也属于推荐范围。

二、推荐对象和基本条件

第五条　从已向党组织递交入党申请书的18至35周岁优秀团员青年中择优向党组织推荐。推荐对象主要是:

(1) 优秀团干部;

(2) 曾被授予各级各类荣誉称号的先进人物;

(3) 优秀青年知识分子,特别是教学科研骨干、学术带头人、优秀留学归国人员等各类拔尖青年人才;

(4) 青年生产经营骨干、企业管理骨干、技术能手和优秀的青年班组长;

（5）其他优秀团员、青年骨干，包括已纳入本市团组织管理、联系的外来务工人员中的优秀团员青年等。

第六条　团组织向党组织推荐发展对象，要坚持党章规定的党员基本条件，准确理解和掌握党员标准的时代特征。既要防止求全责备，抬高"门槛"，也要避免放松要求，降低标准。

第七条　推优对象有效期限为两年。两年中，若该团员未进入党校学习或未被党组织确定为发展对象，需要重新确认。"推优"期间若被推荐人受到团内纪律处分或有其他重大违法违纪行为，取消其"推优"资格。

三、推荐的程序

第八条　团支部委员会对已申请入党的团员青年进行认真考察、讨论评议，提出初步推荐名单，提交支部团员会议审议通过。

第九条　团支部召开团员会议，团支部委员会介绍"推优"候选人情况，团员进行民主评议，以票决方式产生推荐对象，与会团员半数以上通过方可作为推荐对象。

第十条　团支部委员会在汇总团员会议民主评议情况后，报上级团组织审定。上级团组织可以采取网上公示、张贴公示等方式，接受青年及其他群众对推荐对象的监督评议，并在此基础上确定推荐名单。推荐对象审核表，团员青年由团支部填写，团支委由团支部书记填写，团支部（总支部）书记由团委填写，团委委员由团委书记填写，团委书记由上级团委填写。

第十一条　上级团组织在考察基础上，召开团委会进行审核，签署意见，向推荐对象的所在党组织推荐。党组织应及时讨论团组织推荐的对象，把讨论研究结果以书面形式及时反馈给团组织，并进一步落实推荐对象的培养、教育。

第十二条　推荐对象审核表要一式三份，一份报党委组织部门，一份存入被推荐对象所在党支部，一份报上级团组织（详见《推优对象审核表》）。

四、积极分子和发展对象的培养教育

第十三条　党团组织要通过宣传党的路线方针政策和深入细致的思想政治工作，提高团员青年对党的认识，不断壮大要求入党的青年积极分子队伍。

第十四条　党团组织要通过"学理论、学党章"小组、业余党校、业余团校等学习途径，采取参观考察、报告座谈、网络交流等学习形式，对要求入党的青年积极分子进行党的基本知识、党的基本理论、党的基本路线教育以及党的优良传统和作风教育,帮助他们端正入党动机,确立为建设中国特色社会主义贡献力量和为共产主义事业奋斗终身的信念。教育要有针对性,要讲求实效。

第十五条 党团组织对已被确定的发展对象,要落实培养教育措施并指派联系人,经常了解他们的思想和工作情况,进行帮助教育,建立健全发展对象定期汇报制度,并及时组织他们参加短期集中培训。

第十六条 发展对象一般为参加过本单位的"学理论、学党章"小组成员。

第十七条 党团组织要积极引导发展对象参加党团相关活动,分配他们适当的社会工作,使他们在实践中经受锻炼和考验。

第十八条 党团支部每半年要对发展对象进行一次考察,针对存在的问题,提出并落实相应的措施。要建立动态管理机制,既要及时吸收新的发展对象,也要及时把不合格者调整出去。

五、对基层党团组织的工作要求

第十九条 基层党组织要将"推优"工作列入重要议事日程,加强领导,主动关心和指导团组织开展"推优"工作。要把"推优"工作纳入党员发展工作中,统一步骤、统一检查,检查结果要及时上报,并向下通报,做到每年一次。每年召开一至二次党团联席会议。

第二十条 基层团组织要积极主动地开展符合青年特点、富有工作实效的思想教育活动,并经常分析和研究"推优"工作出现的新情况、新问题,主动争取党组织的支持和指导,充分发挥培养和壮大入党积极分子队伍的主体作用。

第二十一条 基层团委要将"推优"工作作为基层团支部建设的有效载体,加强对团支部开展"推优"工作的指导,将其纳入团的基层建设工作日常考核之中。

第二十二条 团的支部要定期向党组织汇报,认真听取党组织的意见;党的支部要经常指导和帮助团支部解决"推优"工作中存在的困难。

六、附　则

第二十三条 市委组织部和团市委将适时督促检查各单位贯彻落实情况。

第二十四条 本细则自 2004 年 12 月起实行。由市委组织部和团市委负责解释。

共青团中央关于加强和改进流动团员
管理与服务工作的意见

随着我国改革开放的不断深入和社会主义市场经济体制的逐步完善,包括团员青年在内的各类人员在产业间的转移和地区间的流动日趋活跃。适应新的形势要求,加强和改进流动团员管理与服务工作,是团的基层组织建设的重要内容,是新形势下增强共青团员意识、提高团的服务能力、确保团员充分发挥模范带头作用的一项重要任务。根据《中国共产主义青年团章程》和团内有关规定,现就加强和改进流动团员管理与服务工作提出如下意见。

一、总体要求和工作原则

流动团员是指由于就业或居住地变化等原因,在较长时间内无法正常参加正式组织关系所在团组织活动的团员。

(一)加强和改进流动团员管理与服务工作的总体要求。坚持以马克思列宁主义、毛泽东思想、邓小平理论和"三个代表"重要思想为指导,全面贯彻落实科学发展观,扩大团组织对团员青年的有效覆盖,以人为本,强化服务,创新管理方式,落实管理责任,逐步建立起动态、开放、协作的流动团员管理与服务机制,使流动团员都能参加团的组织生活和各项活动,接受团组织的教育和监督,得到团组织的关心和帮助。

(二)加强和改进流动团员管理与服务工作的工作原则

1. 坚持以流入地团组织为主、流出地和流入地团组织共同管理。明确分工与责任,构建流出地与流入地团组织密切配合、有机衔接的流动团员管理与服务机制。

2. 坚持证档分离、交叉覆盖。允许流动团员的组织隶属关系与参加团的活动适当分离,流动团员可以同时编入多个基层团组织,实现团组织对流动团员的交叉覆盖。

3. 坚持区别情况、动态管理。根据流动团员的分布状况、职业性质和居住特点等情况,采取单位管理、行业管理和社区管理等多种方式,努力做到团员流动到哪里,团组织的管理就覆盖到哪里。

4. 坚持以人为本、强化服务。以服务促管理,寓教育、管理于服务之中,在维权、学习、就业创业和文化生活等方面为流动团员提供切实有效的服务。

二、团组织在流动团员管理与服务工作中的主要责任和对流动团员的基本要求

（一）流出地团组织的主要责任

流出地团组织要了解掌握外出流动团员情况，加强与流入地团组织的联系，配合流入地团组织共同做好流动团员的教育管理工作。

1. 对拟流出团员进行教育并提出要求，按规定进行登记。

2. 掌握流出团员的去向、时间、地点和联系方式等情况。

3. 通过适当方式与流入地团组织及流出团员取得联系，了解团员流出后的思想、就业和生活情况，向流出团员通报团组织的重要情况。

4. 流出团员返回后，认真了解其流出期间的表现。

（二）流入地团组织的主要责任

流入地团组织对流动团员的管理与服务负有主要责任，要加强与流出地团组织的联系，主动将流动团员纳入本地区团员教育、管理和服务的整体工作格局。

1. 及时调查掌握本地区流入团员的整体情况。

2. 针对流动团员的实际情况，科学合理地调整基层团组织的设置方式，积极创造条件，畅通流入团员与基层团组织的联系渠道。

3. 做好流入团员的身份确认工作，及时接收流入团员并将其编入一个团组织，组织流入团员参加团的组织生活和各项活动。

4. 关心流入团员，努力为他们提供维权、学习、就业创业和生活等方面的服务。

（三）对流动团员的基本要求

流动团员要认真履行团员义务，正确行使团员权利，在流入地参加团的组织生活和各项活动，自觉接受团组织的教育和管理，条件具备的可以参加流入地的团内选举。

1. 流出时主动向原所在团支部报告外出的事由、去向、时间和联系方式等。

2. 及时持《团员证》与流入地团组织联系，申请确认身份并参加团的活动。

3. 自觉接受流入地团组织的教育管理，积极参加团的组织生活和各项活动，按规定交纳团费，完成团组织交给的任务，发挥团员的模范带头作用。流动团员原则上应当按月交纳团费，因流动频繁等原因确有困难的，可以按季交纳。

4. 返回后，如实向流出地团组织汇报外出期间的情况。

三、完善流动团员管理方法和服务内容

（一）加强团员组织关系的管理。毕业学生或退伍军人团员原所在团组织应将团员的组织关系及时转接到其就业单位或居住地街道、乡镇团组织。街道社区（乡镇、村）团组织应及时接收下岗（失业）职工、关闭破产企业职工和大中专（中学）毕业生、退伍军人中的团员，并将其编入相应的支部。基层团组织每半年要对在册登记的团员进行一次调查摸底，发现流失现象应及时查明团员去向并报上级团组织备案。

流动团员一般应当持《团员证》。流入地团支部要及时验证并报上级团组织备案。流动团员无正当理由不及时办理组织关系转接手续、长期不与流入地和流出地团组织联系的，团组织要进行批评教育。经教育仍不改正的，其正式组织关系所在团组织要按《团章》及团内有关规定进行组织处理。

（二）及时将流动团员编入到流入地基层团组织。流动团员就业单位有团组织的，应当编入其就业单位团组织。就业单位未建立团组织或无就业单位的流动团员，可以就近就便编入所在社区（村）、商会、行业协会或其他单位团组织。在流动团员较为集中的社区（村）、居民区、工业区、项目工地、商务楼宇和集贸市场等地，可专门建立流动团员团组织。流出地团组织可在外出流动团员相对集中的地方建立临时团组织，条件成熟后移交流入地团组织进行管理。

（三）健全流动团员联系制度。流出地团组织要通过定期联系、跟踪考评等方式，积极探索行之有效的流动团员联络、管理办法。流入地团组织要拓展和规范联系渠道，通过设立流动团员联系站（点）、实行流动团员社区报到制等形式，主动与流动团员建立联系，掌握流动团员的思想动态和工作、生活等情况，及时向流出地团组织和有关单位反馈团员的表现情况，作为对团员日常管理、考核、奖惩的依据。

（四）构建流动团员服务体系。针对流动团员在权益维护、学习成才、就业创业、精神文化等方面的具体需求，帮助他们解决实际困难。要在流动团员中大力宣传法律知识和自护知识，增强流动团员的自我保护意识和能力，协助其运用法律手段解决劳动安全、人身伤害、工资拖欠等问题，维护他们的合法权益。对流动团员进行思想道德、科学文化、心理生理、文明行为等教育，全面提高他们的综合素质。加强与有关单位的联系与沟通，在职业介绍、政策咨询、实用技术培训等方面为流动团员提供帮助，提高他们的就业创业能力。组织开展健康向上、形式多样的文体娱乐活动，丰富流动团员的业余文化生活。

（五）探索利用现代技术手段提高流动团员管理的信息化水平。结合实际，通

过建立流动团员电子信息库等方式,及时掌握本地区流动团员的基本情况,方便团组织之间的信息交流。通过开设电子信箱、开展网上组织生活等形式,加强团组织与流动团员的联系。有条件的地方可试行电子团员证。

四、切实加强组织领导

各级团的领导机关特别是团县(市、区、旗)委要把加强和改进流动团员管理与服务工作摆上重要议事日程,纳入基层团建工作责任制,切实加强工作指导。要定期向党组织报告流动团员管理与服务工作情况,与政府有关部门加强沟通和协作,共同研究流动团员管理与服务工作。

基层团组织要承担起加强和改进流动团员管理与服务工作的主要职责,强化服务功能,拓展服务平台,增强服务能力,切实为流动团员办实事、解难事、做好事,增强团组织对流动团员的吸引力和凝聚力。

要建立健全工作目标考核责任制。流动团员相对集中地区的团组织,每年底要向上级团组织报告流动团员管理与服务工作情况。上级团组织也要对本地区流动团员管理与服务工作情况进行督导检查。

要及时总结推广各地的好经验、好做法,不断探索加强和改进流动团员管理与服务工作的有效途径。

三、团干部队伍建设类

中共上海市委组织部、共青团上海市委关于进一步加强共青团干部队伍建设的若干意见

沪委组(94)字第 12 号

各部、委、办、区、县、局、大专院校、科研院所党委组织部门、团委:

共青团是党的助手和后备军,共青团干部是党的干部队伍的重要来源,他们在党的事业中肩负着承前启后、继往开来的历史重任。在新的历史发展阶段,加强和重视团干部队伍建设尤其具有深远的意义。全市各级党团组织要从跨世纪的战略高度,重视青年工作,关心团干部成长,加强团干部队伍建设。根据中央和市委的有关文件精神,现就进一步加强本市团干部队伍建设提出如下意见:

1. 要重视把优秀青年选拔到各级团的领导岗位,配齐、配强团的领导班子。区、县、局、高校及以下各级团的委员会书记,应按同级党委(或行政)职能部门和下级单位党政主要负责干部的条件配备,团的专职干部一般应由中共党员担任。要把共青团干部的岗位作为青年后备干部锻炼和培养的重要岗位。在建立社会主义市场经济体制过程中,要努力配备好三支队伍,即:精干的专职团干部队伍,得力的兼职团干部队伍和优秀的后备团干部队伍。

2. 要切实加强团干部的培养和教育工作。各级党团组织要从塑造复合型青年干部的要求出发,着眼于团干部的全面培养。要重视加强团干部的政治修养和党性锻炼,使他们忠诚于马克思主义,坚持党的基本路线,坚定不移地走有中国特色的社会主义道路。要帮助他们牢固树立坚定正确的理想信念和艰苦奋斗的创业精神,不断增强党性、党的组织观念和纪律观念,严格要求自己,经受改革开放的各种考验,做青年的表率。

要继续贯彻、落实《党章》对团的干部培养的有关规定,区、县、局、高校及以下各级团的委员会书记,是党员且适宜的,应吸收参加同级党的委员会;是党员尚未进党委会的,可以列席同级党的委员会和常务委员会的会议。

要为团干部丰富实践经历、提高工作能力创造必要的条件。各级党团组织要进一步建立和完善团干部挂职锻炼制度,有计划地安排团干部到党政部门、经济

部门和改革开放的第一线挂职锻炼。专职团干部在任期内挂职锻炼的时间一般不少于三个月。

要有计划地选送团干部到党校、团校和各类培训机构学习,组织团干部学习和掌握发展社会主义市场经济的基本知识和现代科学技术,使团干部的培训和学习,更加贴近经济建设,贴近社会生活,贴近团干部成长的实际需要。

3. 团组织应承担起向党输送干部的光荣职责,使团干部的队伍有进有出,保持年轻化。各级团的委员会书记任期一般以一至两届为宜。团组织负责人上岗和调动时,同级党组织事先按有关规定,与上级团组织进行协商。各级党组织要把推荐团干部作为"推优"的重点,并把团干部的转岗输送作为一项重要工作,认真抓好。团组织负责人转岗安排应从其工作实绩、工作能力以及实际工作需要出发,并听取上级团组织的考察意见。

对于在工作中作出显著成绩,素质好、能力强的基层团干部,上级团委应积极向党组织推荐,将他们输送到重要岗位。区、县、局、高校团委书记,在任期内表现出色,工作业绩突出的,团市委将向市委组织部推荐。

4. 要逐步建立团的后备干部队伍。区、县、局、高校团的正副书记后备干部队伍,要在党委领导下,由党的干部部门主持,团组织参与,按1∶1比例具体落实选拔、培养和考察措施,建立相应的工作档案。团的后备干部人选可以是现职团干部,也可以是在其他岗位上的优秀青年人才,今后区、县、局、高校团委负责人应从团的后备干部中选拔。此外,上海团校的毕业生也应是团干部重要来源。

5. 在机构改革和企业转换经营机制的过程中,要进一步健全团的组织机构。各级团组织必须在同级党组织直接领导下,独立自主地开展工作。各级团的委员会一般都应设有专职团干部。考虑到团干部岗位是培养、锻炼和考察青年干部的重要岗位,因此,在机构改革中一般不减少团的专职干部编制。要努力保持基层专职团干部的基本稳定,积极研究新形势下基层兼职团干部的配备、培养、管理和使用的规律,充分发挥兼职团干部在团的工作中的作用。新型经济组织都应建立团的组织,并配备好团干部。

6. 要加强团干部的考察和考核工作。各级团委正副书记的考察应纳入相应的干部考核序列。从1994年起,上级团委每年要对所属团委进行一次考核,及时与同级党委交换对团委领导班子和主要负责人考核、考察的意见,并作为党委任用干部的依据。区、县、局、高校团委班子应每年召开两次民主生活会,同级党委和团市委应派人参加。区、县、局、高校团委正副书记每年要向同级党委述职,并将述职报告同时上报团市委。团的各级委员会要按团内规定定期向团员代表会议汇报工作。

7. 各级党委要从培养社会主义事业接班人的高度,重视和加强对团干部队伍建设的领导。各级党委应有专人分管共青团工作。党委会每年两次听取团委工作汇报,研究团的工作;每年一次专题研究青年干部培养工作。各级党委干部部门要在每年第四季度,把后备团干部名单抄送上级团委组织部门备案。要建立和完善委办党委的青年工作委员会或青年工作领导小组等青年工作领导机构,委办党委应有专人分管、专人联系共青团工作。团市委要定期走访委办党委,及时向党组织通报有关共青团工作和团干部队伍建设的情况。

各级党团组织每年要对基层落实本意见的情况进行一次检查,并将检查情况上报上级组织。

中共上海市委组织部
共青团上海市委员会
1994 年 5 月 20 日

共青团上海市委
关于印发《各级团委协助党委管理团干部工作实施细则》的通知

沪团委发(96)141号

团各区、县委,各局(公司)、大专院校团委,各市属单位团组织:

为了进一步加强团干部队伍的思想政治建设,团市委制订了《各级团委协助党委管理团干部工作实施细则》,现印发给你们,望根据文件精神,进一步完善协管程序,增强协管力度,切实提高团干部队伍的综合素质。

共青团上海市委员会

1996年5月28日

各级团委协助党委管理团干部工作实施细则

一、总 则

第一条 为了进一步贯彻落实中共中央《关于抓紧培养教育青年干部的决定》和市委组织部、团市委《关于进一步加强共青团干部队伍建设的若干意见》(沪委组[94]字第12号)的文件精神,提高团干部队伍的综合素质,根据中央组织部关于第二种类型干部管理的有关规定,特制订本实施细则。

第二条 共青团干部是党的干部队伍的后备力量,是团的工作的中坚力量,团的领导班子是团干部队伍的核心。共青团组织协助党委管理好团的干部,加强团的领导班子建设,体现了管人与管事相结合的原则,是做好共青团工作的重要保证,也是共青团作为党的助手和后备军的重要职责。

第三条 协助党委管理团干部(以下简称"协管"),应坚持"重在培养考核、贵在积极主动"的原则。通过多种途径的培养,提高团干部的综合素质;通过考核,进一步客观、准确、全面地了解、掌握团干部的德能勤绩,并及时地将考核情况和考核意见反馈党委;通过积极主动地工作,与党委有关部门保持经常性的联系,沟通情况,在充分协商的基础上取得一致意见,使团干部协管工作富有成效。

二、协管范围和主要职责

第四条　共青团干部的管理,应以同级党委管理为主,上级团组织协助管理。协管范围一般应与同级党委管理干部的范围相一致。按此精神团市委应协助区、县、局(公司)、大专院校及以下各级团委应分级协助管理本系统的团干部。

第五条　协管工作的主要职责是:

1. 加强团的领导班子思想政治建设,讲学习、讲政治、讲正气,提高班子成员的党性修养;

2. 协助党委选拔配备团的领导班子,建立团的后备干部队伍;

3. 按照复合型培养方向,加强团干部培训工作;

4. 研究制订团的干部制度,并向党委提出有关政策和建议;

5. 帮助团干部解决工作、学习和生活等方面的问题;

6. 做好团干部的转岗输送工作。

三、协管工作程序

第六条　团干部协管工作应围绕团干部的选拔、培养、考核、输送等环节,建立起一套按照"协商一致"的原则,党团组织共同确认、遵循的协管工作程序。

第七条　按照1∶1的比例建立起一支团委正副书记后备干部队伍。在后备干部上岗前,应通过培训、挂职、轮岗等途径实施有针对性的培养,同时每年应对后备进行一次考核分析,对经考核不合适的要做适当调整,优秀的要及时补充进来。

第八条　协助党委做好团干部的选拔工作,配齐配强团的领导班子。对于新上岗团干部,特别是团委主要负责人,上级团委应建立起谈话制度,谈话的主要内容是按照党对共青团组织和青年干部的要求,对其所在单位团的工作和其本人提出的希望和要求。同时,每年要对新上岗团委正、副书记进行职务培训,帮助他们提高政治素质和业务能力。

第九条　对于上岗一年以上的团干部,特别是团委正副书记、上级团委应协助同级党委做好考核工作。在考核内容上,应突出德、能、勤、绩四方面,重在工作实绩和思想作风表现;在考核形式上,应把本人的述职考评结果与考核等级向党委反馈,并提出相应的建议或意见。

第十条　对于在现职岗位工作二年以上的团干部,应对其进行一次较为全面的综合分析,并根据分析结果,按照复合型团干部的培养要求和"缺什么、补什么"

的培养原则,通过党校进修、学历培训、专题研修、挂职锻炼、轮岗见习等途径,实施综合培养,逐步实现团干部综合素质的优化,适应社会主义市场经济发展的需要。

第十一条 要协助党委做好团干部的轮岗输送工作。各级团的委员会书记任期一般为一至二届为宜。团区、县委书记、副书记任职的最高年龄,按照中共中央组织部印发的《共青团机关参照〈国家公务员暂行条例〉管理的实施方案》执行,局(公司)、大专院校团委书记任职最高年龄一般不超过三十五周岁,副书记不超过三十二周岁。上级团委要从团干部的工作实绩、工作能力和专长以及实际工作需要出发,把那些工作成绩显著、素质好、能力强、作风正的团干部推荐给党组织,妥善地做好他们的转岗输送工作。

四、团委会审批和团干部任免、调动手续

第十二条 按照团章和《关于转发共青团中央有关团内选举规则文件的通知》(沪团委(92)8号)的有关规定,召开团的代表大会或团员大会,应事先分别向同级党委和上级团委请示。区、县、局(公司)、大专院校团的委员会、常委会的组成以及正副书记候选人,在民主推荐的基础上,应以同级党委审查为主,同时征求团市委的意见。经团市委和同级党委协商一致后,提交代表大会选举,选举结果由团委向团市委报告,并办理审批手续,然后由同级党委行文公布。团委正副书记应由同级党委按照干部管理权限办理审批手续。

第十三条 两届团代会之间,如需增补委员会的成员,应召集团的代表会议进行选举产生。增选的委员会委员和候补委员的数额,不应超过该级代表大会选出的委员会委员和候补委员总数的三分之一;两届团代会之间,确因工作需要而需增补委员会书记、副书记或常委时,增补人选已是委员会委员的,应召开委员会全体会议进行补选。区、县、局(公司)、大专院校团委增补委员、常委或书记、副书记的结果应及时向团市委报告,经团市委批准后,由同级党委行文公布。

第十四条 两届团代会之间,各级党委可以根据工作需要,任免、调动团的正、副书记,但应事先征求上级团委的意见,履行协商程序。在协商一致的基础上,由同级党委行文公布,并按照干部管理权限办理任免、调动手续。

五、附　则

第十五条 本细则自下发之日起实行。由团市委组织部负责解释。

两届团代会期间,党委任免、调动团委正副书记、党委工作审批流程图

在民主推荐的基础上,党委提出团委正副书记、常委人选	→	发函至上级团委,并附干部考察材料及干部任免呈报表	→	上级团委收悉后,及时与同级党委履行协商手续	→	在协商一致的基础上,复函给党委	→	党委按照干部管理权限,行文公布

团市委协助区、县、局(公司)、大专院校党委管理团干部工作程序

建立后备团干部	→	选拔上岗	→	考核管理	→	综合培养	→	推荐输送
通过培训、挂职、轮岗等途径实施岗前培养,每年进行一次考核分析,形成滚动机制		1.建立新上岗团委书记谈话制度; 2.实施新上岗团干部职务培训		对在岗一年以上的团委书记实施以德、能、勤、绩为内容的述职考评和工作考核		按照复合型的培养方向,通过学历培训、党校进修、挂职锻炼、轮岗见习等途径,实施综合培养		根据实际工作的需要,结合团干部的工作实绩、能力、特长,做好团干部的转岗推荐和输送

团代会换届改选审批手续流程

团委向同级党委和上级团委书面提出召开团代会的请示	→	上级团委批复后,同级党委行文批转	→	团委筹备团代会,提出委员、常委、正副书记候选人	→	同级党委对候选人进行审查,并及时与上级团委履行协商手续,并取得一致	→	团委按期召开团代会,选举新一届委员会委员、常委、正副书记	→	以文件形式,将选举结果,向上级团委和同级党委报告,并由同级党委向上级团委报干部考察材料和干部任免呈报表	→	上级团委审核后,下发批复,抄送给同级党委	→	同级党委行文公布

共青团上海市委组织部关于进一步加强团组织、团干部协管工作的通知

沪团委组(2011)27号

团各区、县委,各市级团工委,各局(公司)、大专院校团委,各市属单位团组织:

为贯彻落实全市基层党建带团建暨共青团系统深入开展创先争优活动推进会精神,加强党团组织在团组织、团干部管理工作中的沟通协作,不断加强团的基层组织建设和团干部队伍建设,团市委对团组织、团干部协管工作作出进一步的明确和规范。

一、协管工作政策依据

党章、团章以及中央有关文件规定,团的地方组织和基层组织受同级党的委员会领导,同时受团的上级组织领导,以同级党的委员会领导为主,团的各上级组织负有协助党管理团干部的责任,党委推荐团组织负责人人选时应当同上一级团组织充分协商,取得一致意见。

各级团组织要认真学习党章、团章、《中共中央关于加强和改善对工会、共青团、妇联工作领导的通知》(中发〔1989〕12号)、《共青团中央关于各级团委协助党委管理团干部的意见》及中组部的批复(1980年9月8日)、《共青团中央组织部关于印发〈团干部协管工作座谈会纪要〉的通知》(1991年8月13日)、《共青团上海市委关于印发〈各级团委协助党委管理团干部工作实施细则〉的通知》(沪团委发〔96〕141号)、《中共上海市委组织部、共青团上海市委关于加强新形势下本市基层党建带团建工作的实施意见》(沪委组〔2011〕发字53号)等有关规定,加深对协管工作的基本原则、具体职责、工作程序等的理解。

二、协管职责

上级团组织对团组织的协管主要是:提出工作思路,对团组织工作方向和重点作出部署;对团组织的工作方式方法、重难点问题进行业务指导;开展调查研究,了解掌握工作实际情况;合理设置团的组织,理顺组织关系;对团组织的工作进行评价考核;制定并推动落实相关政策,争取工作资源,优化工作环境。

上级团组织对团干部的协管主要是:加强团的领导班子思想政治建设,提高

班子成员的党性修养;协助党委选拔配备团的领导班子,建立团的后备干部队伍;按照复合型培养方向,加强团干部培训工作;研究制定团的干部工作制度,并向党委提出政策和建议;帮助团干部解决工作、学习和生活等方面的问题;做好团干部的转岗输送工作。

三、推动形成协管工作制度

把协管工作落在实处,各级团组织要推动建立一套按照"协商一致"原则,党团组织共同确认和遵循的协管工作程序,并用制度的形式确立下来,形成科学的协管工作机制,从而保证协管工作更加有序、有效。

团市委组织部根据有关规定,结合本市实际情况,编写了《团组织、团干部协管工作手册》,对做好新建立团组织,团组织换届,届中增选团的委员会委员、常委、书记、副书记,党组织届中调动指派团的委员会常委、书记、副书记,团组织名称更改,团组织建制更改,团的关系归属调整、团的派出代表机关组成人员调整等工作的依据和要求、操作流程、注意事项以及往来公文报送材料等作出规范。各级团组织要按照手册规定,结合实际情况,加强协管工作及相关制度建设。

四、加强团的组织部门的自身建设

各级团组织要从团的组织部门的工作性质和工作需要出发,按照组织部门的干部标准,进一步充实组织部门的工作力量。团的组织部门要积极推动党建带团建,就相关政策和具体事项与相关党委组织部门及时沟通情况、交换意见,建立信任联系;要加强协管工作的研究,推动建立行之有效的工作机制,建立健全协管工作档案。团的组织部门干部和组织委员要讲党性、重品行、作表率,切实加强学习,不断提高政策水平和业务能力。

共青团上海市委组织部
2011 年 7 月 26 日

共青团上海市委关于转发共青团
中央有关团内选举规则文件的通知

沪团委(92)8 号

团各区、县委,各局、大专院校团委,市属单位团组织:

现将共青团中央关于团内选举规则的两个文件——《中国共产主义青年团地方各级代表大会组织选举规则(暂行)》、《中国共产主义青年团基层组织选举规则(暂行)》转发给你们,望今后团内选举按上述两个规则的精神,认真贯彻执行。执行中的问题和建议,请及时报告。《中国共产主义青年团基层组织选举规则(暂行)》请各单位转发至下属基层团组织。

共青团上海市委员会

1992 年 3 月 9 日

中国共产主义青年团地方各级代表大会
组织选举规则(暂行)

第一章　总　则

第一条　为了健全民主集中制,完善团内民主选举制度,根据《中国共产主义青年团章程》,制定中国共产主义青年团地方各级代表大会组织选举规则。

第二条　团的省、自治区、直辖市、省辖市、自治州代表大会每五年举行一次。

团的县（市、旗）、自治县、市辖区代表大会每三年举行一次。

团的地方各级代表大会,由各该级团的委员会召集。

第三条　团的省、自治区、直辖市、省辖市、自治州代表大会的代表,由下一级团的代表大会或团的代表会议选举产生。

团的县（市、旗）、自治县、市辖区代表大会的代表,由下一级团代表大会或团员大会选举产生。

第四条　团的地方各级委员会,由团的各该级代表大会选举产生。团的地方各级委员会的常务委员会和书记、副书记,由团的各该级委员会全体会议选举产生。

第五条　下列人员在团内有表决权、选举权和被选举权：

(一)中国共产主义青年团团员(受留团察看处分尚未恢复团员权利的除外)；

(二)在团内担任领导职务或直接从事团的业务工作的中国共产党党员(受留党察看处分尚未恢复党员权利的除外)。

第六条　党团组织提名为团的委员会候选人或团的代表大会代表候选人的中国共产党党员在团内有被选举权。

第七条　团的地方各级代表大会选举产生的委员会任期届满应按期进行换届选举。需提前或延期换届选举,应报同级党的委员会和上一级团的委员会批准。延长期限一般不超过一年。

第八条　团内选举应尊重和保障团员的民主权利,充分发扬民主,体现选举人的意志,任何组织和个人不得以任何方式强迫选举人选举或不选举某个人。

第二章　代表的构成与产生

第九条　团代表大会的代表应能反映本选举单位的意见,代表团员意志,具有一定的议事能力。

第十条　团的省、自治区、直辖市代表大会的代表名额一般为四百至六百人,最多不超过八百人。

团的省辖市、自治州和直辖市的市辖区代表大会的代表名额,一般为二百至三百人,最多不超过四百人。

团的县(市、旗)、自治县、市辖区代表大会的代表名额,一般为一百至二百人,最多不超过三百人。

代表具体名额由召集代表大会的团的委员会根据所辖团员人数和有关规定,按照有利于组织和召开会议,有利于讨论和决定问题的原则确定,报同级党的委员会和上一级团的委员会批准。

第十一条　代表名额的分配由召集代表大会的团的委员会根据各地区、各单位团员人数和代表具有广泛性的原则确定。代表应由各条战线的团员代表和团的专、兼职工作者代表构成。可以在总体上对代表的构成提出指导性意见,由选举单位根据各自的实际情况具体掌握。

团的省、自治区、直辖市代表大会代表人选构成中,团的专职工作者一般占百分之六十左右,最多不超过百分之七十;党员一般不超过百分之七十。

团的省辖市、自治州和直辖市的市辖区代表大会代表人选构成中,团的专职工作者一般占百分之四十左右,最多不超过百分之五十;党员一般不超过百分之六十。

团的县(市、旗)、自治县、市辖区代表大会代表人选构成中,团的专职工作者一般占百分之二十左右,最多不超过百分之三十;党员一般不超过百分之五十。

女代表一般不少于代表总额的百分之二十五。

第十二条　少数民族聚居地区的团的地方各级代表大会,应有一定数量的少数民族代表。

第十三条　台湾籍团员较多地区的团的地方各级代表大会,应有适当数量的台湾籍代表。

第十四条　归侨团员较多地区的团的地方各级代表大会,应有适当数量的归侨代表。

第十五条　代表候选人数应多于应选人数的百分之二十。

第十六条　代表的产生程序是：各选举单位按分配名额及构成要求与有关地区和单位党团组织协商,并征求有关单位团员意见,提出候选人初步名单,报同级党的委员会和上一级团的委员会同意后,提交团代表大会或团代表会议酝酿讨论,由代表大会主席团或召集代表会议的团的常务委员会根据酝酿讨论情况确定候选人名单,交团代表大会或团代表会议选举。

第十七条　团代表大会或团代表会议选举出席上一级代表大会代表时,代表候选人不限于各该级团代表大会或团代表会议的代表。

第十八条　上一届团的委员会成立代表资格审查委员会,负责对代表的产生程序和资格进行审查。

代表的产生不符合规定程序的,应责成原选举单位重新进行选举;代表不具备资格的,应责成原选举单位撤换。

代表资格审查委员会应向团代表大会报告代表资格审查情况。经审查通过后的代表,获得正式资格。

第三章　委员会的组成与产生

第十九条　团的地方各级委员会由委员和候补委员组成。

第二十条　团的省、自治区、直辖市委员会委员、候补委员一般为五十至七十人,最多不超过九十人。

团的省辖市、自治州和直辖市的市辖区委员会委员、候补委员一般为四十至五十人，最多不超过六十人。

团的县（市、旗）、自治县、市辖区委员会委员、候补委员一般为三十至四十人，最多不超过五十人。

第二十一条　候补委员一般应占委员、候补委员总数的百分之三十至四十。候补委员人选应考虑到委员会成员卸职递补的因素。

第二十二条　委员会由各方面、各层次团的专、兼职工作者组成。团的专职工作者一般占百分之七十左右，团的兼职工作者一般占百分之三十左右。

第二十三条　团的地方各级委员会设常务委员会、书记、副书记。

团的省、自治区、直辖市的常务委员会委员一般为九至十三人，最多不超过十五人。书记、副书记四至六人，直辖市和特大省可配备七人。

团的省辖市、自治州、直辖市的市辖区常务委员会委员一般为七至九人，最多不超过十一人。书记、副书记三至四人。

团的县（市、旗）、自治县、市辖区的常务委员会委员一般为五至七人。书记、副书记二至三人。

第二十四条　常务委员会委员一般应由团的专职工作者担任。

第二十五条　委员会组成方案由各该级团的上一届委员会提出，报同级党的委员会和上一级团的委员会批准。

第二十六条　委员会成员候选人，按照德才兼备和班子结构合理的原则提名。

第二十七条　委员会委员、候补委员候选人名额应多于应选名额的百分之十。

常务委员会委员候选人名额应多于应选名额一至二人。

第二十八条　委员会产生程序是：由上一届团的委员会或常务委员会与有关地区和单位党团组织协商，并征求有关单位团员意见，提出委员、候补委员候选人建议名单，报同级党的委员会和上一级团的委员会同意后，提交团代表大会主席团，经大会主席团初步确认，提交各代表团酝酿讨论。大会主席团根据酝酿讨论情况确定候选人名单，提交团代表大会选举。

第二十九条　委员会委员、候补委员候选人不限于各该级团代表大会的代表。

第三十条　书记、副书记、常务委员会委员候选人，由上一届团的常务委员会提出建议名单，报同级党的委员会和上一级团的委员会同意后，提交委员会全体会议酝酿讨论，根据多数委员的意见确定。

书记、副书记候选人提交选举时,如遇特殊情况,由同级党的委员会与上一级团的委员会协商决定。

第三十一条 常务委员会委员候选人,必须是团的本届委员会委员。书记、副书记候选人,必须是团的本届常务委员会委员。

第三十二条 党的委员会可以向团代表大会推荐适合从事共青团工作的党员作为团的委员会委员、候补委员、常务委员、书记、副书记候选人。由党的委员会听取同级团的委员会意见,并与上一级团的委员会协商,取得一致意见后,提出推荐名单,交选举人酝酿讨论,列入候选人名单。

第四章 选举的组织领导

第三十三条 团代表大会的选举,由团代表大会主席团主持。委员会第一次会议的选举,由选举该委员会的团代表大会主席团指定一名新选出的委员主持。

第三十四条 团代表大会正式举行前,由上一届团的委员会或常务委员会主持召开大会预备会议。预备会议的主要任务是:

(一)通过代表资格审查委员会的报告;

(二)通过大会主席团名单;

(三)通过大会秘书长、副秘书长名单;

(四)通过代表大会议程;

(五)通过有关确认事项。

第三十五条 团代表大会的领导机构是团代表大会主席团。主席团成员由上一届团的委员会或常务委员会与下一级团的委员会协商提名,经各代表团酝酿讨论后,提交代表大会预备会议表决产生。主席团一般由各代表团负责人、团代表大会筹备机构负责人及各方面的代表组成。主席团成员必须是团代表大会代表。主席团设常务主席若干人,由上一届团的委员会或常务委员会提名,在大会秘书长主持的主席团第一次会议上表决产生。

第三十六条 团代表大会主席团的任务是:

(一)按照大会的议程主持大会;

(二)组织大会的报告和讨论;

(三)组织代表酝酿讨论并确定出席上一级团代表大会代表和本届团的委员会成员候选人名单,主持大会的选举;

(四)组织代表审议大会的决议;

(五)决定其他人事和有关重要事宜。

第三十七条 团代表大会设秘书长一人、副秘书长若干人,负责处理团代表大会召开期间的日常事务。

秘书长、副秘书长由上一届团的委员会或常务委员会提名,交团代表大会预备会议表决产生。

第五章   选举办法

第三十八条   团代表大会和委员会有选举权的到会人数超过应到会人数的五分之四,方可进行选举。

第三十九条   团代表大会的代表、委员会委员、候补委员、常务委员会委员实行差额选举。可以直接采用候选人数多于应选人数的差额选举办法进行选举;也可以采用差额选举办法进行预选,产生候选人名单,然后进行等额正式选举。

书记、副书记可以实行差额选举,也可以实行等额选举,由同级党的委员会与上一级团的委员会协商确定。

第四十条   选举设监票人,负责对选举全过程进行监督。

团代表大会选举的监票人由各代表团从不是委员会成员候选人的代表中推选,经大会主席团审议后提交代表大会表决通过。

委员会选举的监票人从不是书记、副书记、常务委员候选人的委员中推选,经全体委员表决通过。

第四十一条   选举设计票人。计票人的工作接受监票人监督。

第四十二条   选举一律采用无记名投票的方式。选票上的候选人名单以姓名笔划为序排列。

因故未出席会议者,不能委托他人代为投票。

第四十三条   选举人对候选人可以投赞成票或不赞成票,也可以弃权。投不赞成票时,可以另选他人。

第四十四条   每次选举收回的选票,等于或少于投票人数,选举有效;多于投票人数,选举无效,应重新选举。

每一选票所选人数等于或少于应选人数的为有效票,多于应选人数的为无效票。

第四十五条   实行差额预选时,被选举人获得的赞成票超过实到会有选举权人数的半数,方可列为候选人。

进行正式选举时,被选举人获得的赞成票超过实到会有选举权人数的半数为当选。

获得赞成票超过实到会有选举权人数半数的被选举人多于应选名额时,以得票多者当选。如遇被选举人得票数相等不能确定当选人时,应就票数相等的被选举人重新投票,以得票多者当选。

第四十六条　当选人少于应选名额时,应对不足名额再进行选举,仍少于应选名额时,可相应减少应选名额,不再进行选举。

当选人接近应选名额时,也可以直接减少应选名额,不再进行选举。

第四十七条　团的地方各级代表大会选举同级委员会时,先选出委员,未当选的委员候选人,列为候补委员候选人,参加选举。

团的地方各级委员会全体会议选举同级常务委员会委员、书记、副书记时,先选出常务委员会委员,然后从常务委员中选举书记、副书记。

第四十八条　选举结束,报告被选举人所得赞成票数。当选的委员,按姓名笔划为序排列,当选的候补委员按得票多少为序排列。

第六章　报批手续

第四十九条　团的地方各级委员会召集各该级团代表大会,须提前向同级党的委员会和上一级团的委员会呈报书面请示,经批准同意后,方可筹备召开代表大会。

请示报告的内容包括：

（一）召开团代表大会的时间、地点；

（二）会议的主要任务及议程；

（三）代表的名额、构成意向及产生办法；

（四）下一届委员会、常务委员会的组成及产生办法,书记、副书记职数及产生办法；

（五）筹备召开会议的其他重要事项。

第五十条　团的地方各级委员会委员、候补委员、常务委员、书记、副书记选举产生后,应及时报同级党的委员会和上一级团的委员会批准,俟上一级团的委员会批复后,由同级党的委员会发文公布。上一级团的委员会接到下一级团的委员会的选举结果报告后,应及时研究批复,并将批件抄送下一级党的委员会。

第七章　委员、候补委员的卸职和递补

第五十一条　团的地方各级委员会委员、候补委员中团的专职工作者如出现下述情况,其委员、候补委员职务自行卸免。

（一）因工作调动,离开团的工作岗位的；

（二）离职学习、研修并明确不再回团的岗位工作的；

（三）已调离其组织所辖区域的。

第五十二条　团的地方各级委员会委员、候补委员的职务卸免，由各该级团的常务委员会提出名单，交委员会全体会议确认。

第五十三条　团的地方各级委员会委员因自行卸职、受处分撤职、自然减员等情况出现空缺时，由候补委员按得票多少依次递补。递补名单由各该级团的常务委员会提出，交委员会全体会议确认。递补的委员按姓名笔划为序列原委员名单之后。

第五十四条　团的地方各级委员会确认的同级委员会委员、候补委员的卸职、递补名单，须及时报同级党的委员会和上一级团的委员会备案。

第五十五条　委员会履行委员、候补委员卸职递补手续后，履行表决、选举事项时以超过实有委员半数即为通过或当选。

第五十六条　团的地方各级委员会在必要时，可以召集代表会议，增选委员会的部分成员。增选的委员会委员和候补委员的数额，不得超过该级代表大会选出的委员和候补委员总数的三分之一。

第五十七条　团的地方各级代表大会和委员会闭会期间，同级党的委员会和上一级团的委员会认为有必要时，经过共同协商，取得一致意见后，可以调动或指派各该级团的委员会委员、常务委员、书记、副书记。

第八章　监督与处理

第五十八条　本规则由上级团的委员会负责监督实施。

第五十九条　对于违反团章和本规则的行为，必须认真查处，根据问题的性质和情节轻重，对责任者进行批评教育直至给予组织处理。

对于严重违反本规则的选举，上级团组织可以作出选举无效的决定。

第九章　附　则

第六十条　团的地方各级代表大会和委员会进行选举，要按本规则制定相应的选举细则（办法），经团代表大会或委员会全体会议讨论通过后执行。

第六十一条　本规则的解释权属共青团中央组织部。

第六十二条　本规则自发布之日起施行。过去的有关规定与本规则不一致的，按本规则执行。

中国共产主义青年团基层组织选举规则(暂行)

第一章 总 则

第一条 为了健全民主集中制,完善团内民主选举制度，根据《中国共产党青年团章程》制定中国共产主义青年团基层组织选举规则。

第二条 本规则所称团的基层组织是指工厂、商店、学校、机关、街道、合作社、农（林牧）场、乡、镇、村和其他基层单位团的委员会、总支部委员会、支部委员会。

第三条 团的支部委员会、总支部委员会由团员大会选举产生。

团的基层委员会由团员大会或团代表大会选举产生。

第四条 下列人员在团内有表决权、选举权和被选举权。

（一）中国共产主义青年团团员（受留团察看处分尚未恢复团员权利的除外）；

（二）在团内担任领导职务或直接从事团的业务工作的中国共产党党员（受留党察看处分尚未恢复党员权利的除外）。

第五条 党团组织提名为团的委员会成员候选人或团的代表大会代表候选人的中国共产党党员在团内有被选举权。

第六条 团的支部委员会、总支部委员会每届任期一年。

团的基层委员会每届任期两年。下设团委的基层团委每届任期可为两到三年。

（注:团十五大通过的团章对团的基层组织每届任期作了新的规定,即支部委员会、总支部委员会每届任期两年或三年,其中大、中学校支部委员会每届任期一年,基层委员会每届任期三年或五年。有关该条内容以团十五大团章的规定为准）

第七条 团的支部委员会、总支部委员会、基层委员会任期届满应按期进行换届选举。如需提前或延期换届选举,应报同级党组织和上级团组织批准。延长期限不超过一年。

第八条 团的支部委员会、总支部委员会、基层委员会负责人不得由任何一级组织或个人指定。团的基层委员会确因工作需要,在两次代表大会之间增补负责人时,增补人选已是委员会成员的,应召开委员会全体会议进行选举;不是委员会成员的,只能授予代理职务代理期不能超过半年,到时即应召开下一次团代表大会进行改选。

团的县级和县级以上基层委员会在必要时,可以召集代表会议,增选委员会的部分成员。增选委员会成员的数额,不得超过该级团代表大会选出委员总数的三分之一。

第九条 团内选举应尊重和保障团员的民主权利,充分发扬民主,体现选举人的意志,任何组织和个人不得以任何方式强迫选举人选举或不选举某个人。

第二章　代表的产生

第十条 团的基层代表大会的代表应能反映本选举单位的意见,代表团员意志。

第十一条 代表名额一般为一百人左右,最多不超过二百人。

代表具体名额由召集代表大会的团的委员会根据所辖团员人数,按照有利于团员了解和直接参与团内事务,有利于讨论和决定问题的原则确定,报同级党组织和上级团组织批准。

代表名额的分配由召集代表大会的团的委员会根据团员人数和代表具有广泛性的原则确定,一般不规定代表的构成比例。

第十二条 团的基层代表大会的代表一般由下一级团员大会选出,也可以由下一级团代表大会选出。

团的县级和县级以上基层委员会在必要时,可以召集代表会议,选举出席上一级团代表大会的代表

第十三条 代表候选人数应多于应选人数的百分之二十。

第十四条 代表候选人由各选举单位按分配名额组织团员酝酿提名,根据多数团员的意见确定,提交团员大会或团代表大会进行选举。

第十五条 上届团的委员会成立代表资格审查小组,负责对代表的产生程序和资格进行审查。

代表的产生不符合规定程序的,应责成原选举单位重新进行选举;代表不具备资格的,应责成原选举单位撤换。

代表资格审查小组应向团代表大会报告代表资格审查情况。经审查通过后的代表,获得正式资格。

第三章　委员会的产生

第十六条 团的支部委员会一般由三至五人组成,设书记一人,必要时可设

副书记一人。

团的总支部委员会一般由五到七人组成,设书记一人,副书记一人。

第十七条　团的基层委员会一般不设常务委员会。

团员人数在二千名以上或下设团委的基层团委,根据工作需要,经上级团组织批准,可以设立常务委员会。

第十八条　不设常务委员会的团的基层委员会一般由七至九人组成;设常务委员会的团的基层委员会一般由十五至二十一人组成,常务委员五至七人。

团的基层委员会设书记一人,副书记一至二人。

第十九条　团的支部委员会、总支部委员会、基层委员会不设候补委员。

第二十条　团的支部委员会、总支部委员会、基层委员会委员候选人,按照德才兼备和班子结构合理的原则提名。

第二十一条　团的支部委员会、总支部委员会、基层委员会候选人名额应多于应选名额的百分 之二十;常务委员候选人名额应多于应选名额一至二人。

第二十二条　团的支部委员会、总支部委员会委员由全体团员酝酿提名,上届委员会根据多数团员的意见确定候选人,提交团员大会进行选举。

团的支部委员会委员也可以不提候选人,经全体团员充分酝酿后,直接投票选举产生。

第二十三条　团的基层委员会委员,凡召开团员大会选举的,由上届团的委员会在组织团员民主推荐、充分酝酿的基础上,根据多数团员的意见确定候选人预备名单,报同级党组织和上级团组织同意后,提交团员大会进行选举;凡召开团代表大会选举的,由上届团的委员会广泛征求所属团组织的团员的意见,提出候选人预备名单,报同级党组织和上级团组织同意后,提交大会主席团,经大会主席团初步确认,提交各代表团(小组)酝酿讨论,大会主席团根据酝酿讨论情况确定候选人名单,提交代表大会进行选举。

第二十四条　团的支部委员会、总支部委员会书记、副书记,由团员大会从新当选的委员会委员中选举产生。

团的支部委员会、总支部委员会书记、副书记候选人由新选出的委员会全体会议酝酿提名,也可以由上届团的委员会提名,经同级党组织和上级团组织同意后,根据新选出的委员会多数委员的意见确定。

团的支部委员会书记、副书记的选举,也可以不提候选人,由团员大会直接从新当选的委员会委员中选举产生。

第二十五条　团的基层委员会书记、副书记和常务委员,由团的基层委员会全体会议选举产生。召开团员大会选举的团的基层委员会书记、副书记,也可以由团员大会从新当选的委员会成员中选举产生。

团的基层委员会书记、副书记和常务委员由上届团的委员会提出候选人建议名单,报同级党组织和上级团组织同意后,提交选举人酝酿讨论,确定候选人名单,提交选举。

第二十六条   团的基层委员会书记、副书记、常务委员候选人必须是本届委员会委员,设立常务委员会的团的基层委员会书记、副书记候选人必须是本届委员会常务委员。

第四章   选举的组织领导

第二十七条   团员大会的选举,由上届团的委员会主持。

团代表大会的选举,由团代表大会主席团主持。

第二十八条   召开团员大会选举的团的基层委员会第一次会议的选举,由上届团的委员会推荐一名新选出的委员主持。召开团代表大会选举的团的基层委员会第一次会议的选举,由团代表大会主席团指定一名新选出的委员主持。

第二十九条   团代表大会正式举行前,由上届团的委员会主持召开大会预备会议。预备会议的主要任务是:

(一)通过代表资格审查小组的报告;

(二)通过大会主席团名单;

(三)通过大会秘书长、副秘书长名单;

(四)通过代表大会议程;

(五)通过有关确认事项。

第三十条   团代表大会的领导机构是团代表大会主席团。

主席团成员由上届团的委员会与下一级团的委员会协商提名,经各代表团(小组)酝酿讨论后,提交代表大会预备会议表决产生。

主席团一般由各代表团(小组)负责人,团代表大会筹备机构负责人及各方面的代表组成。主席团成员必须是团代表大会代表。

主席团设常务主席若干人,由上届团的委员会提名,在大会秘书长主持的主席团第一次会议上表决产生。

第三十一条   团代表大会主席团的任务是:

(一)按照大会议程主持大会;

(二)组织大会的报告和讨论;

(三)组织代表酝酿讨论并确定出席上一级团代表大会代表和本届团的委员会委员候选人名单,主持大会的选举;

（四）组织代表审议大会的决议；

（五）决定其他人事和有关重要事宜。

第三十二条 团代表大会设秘书长一人、副秘书长若干人，负责处理团代表大会召开期间的日常事务。

秘书长、副秘书长由上届团的委员会提名，交团代表大会预备会议表决产生。

第五章　选举办法

第三十三条 团员大会、团代表大会和团的基层委员会有选举权的到会人数超过应到会人数的五分之四，方可进行选举。

第三十四条 团的支部委员会、总支部委员会、基层委员会委员，团的基层委员会常务委员会委员，出席上级团代表大会的代表，直接采用候选人数多于应选人数的差额选举办法选举产生。

团的支部委员会、总支部委员会、基层委员会书记、副书记一般采用差额选举办法选举产生。经同级党组织和上级团组织批准，也可以采用等额选举办法。

第三十五条 选举前，选举单位的团组织或大会主席团应将候选人的简历、工作实绩和主要优缺点向选举人作出实事求是的介绍，对选举人提出的询问应作出负责的答复。根据选举人的要求，可以组织候选人与选举人见面，由候选人作自我介绍，回答选举人提出的问题。

第三十六条 选举设监票人，负责对选举全过程进行监督。

团员大会或团代表大会选举的监票人由全体团员或各代表团（小组）从不是候选人的团员或代表中推选，经团员大会或团代表大会表决通过。

委员会选举的监票人从不是候选人的委员中推选，经全体委员表决通过。

第三十七条 选举设计票人。计票人的工作接受监票人监督。

第三十八条 选举一律采用无记名投票的方式。选票上的候选人名单以姓名笔画为序排列。

因故未出席会议者，不能委托他人代为投票。

第三十九条 选举人对候选人可以投赞成票或不赞成票，也可以弃权。投不赞成票时，可以另选他人。

第四十条 每次选举收回的选票，等于或少于投票人数，选举有效；多于投票人数，选举无效，应重新选举。

每一选票所选人数等于或少于应选人数的为有效票，多于应选人数的为无效票。

第四十一条 选举结果，被选举人获得的赞成票超过实到会有选举权人数的半数为当选。

　　获得赞成票超过实到会有选举权人数半数的被选举人多于应选名额时,以得票多者当选。如遇被选举人得票数相等不能确定当选人时,应就票数相等的被选举人重新投票,以得票多者当选。

　　第四十二条　当选人少于应选名额时,应对不足名额再进行选举。仍少于应选名额时,可相应减少应选名额,不再进行选举。

　　当选人接近应选名额时,征得选举人同意,也可以直接减少应选名额不再行选举。

第六章　报批手续

　　第四十三条　团的基层组织召开团员大会或团代表大会选举,应事先向同级党组织和上级团组织请示,并取得批准。

　　第四十四条　团的基层组织的选举结果须报同级党组织和上级团组织批准,并由上级团组织发文公布。属于同级党组织管理的干部职务名称表之列的,应按干部管理权限由同级党的组织部门办理任职手续。

第七章　监督与处理

　　第四十五条　本规则由上级团组织负责监督实施。

　　第四十六条　对于违反团章和本规则的行为,必须认真查处,根据问题的性质和情节轻重,对责任者进行批评教育直至予以组织处理。

　　对于严重违反本规则的选举,上级团组织可以作出选举无效的决定。

第八章　附　则

　　第四十七条　团的基层组织进行选举,要按本规则制定相应的选举细则(办法),经团员大会、团代表大会或委员会全体会议讨论通过后执行。

　　第四十八条　中国人民解放军和中国人民武装警察部队团的基层组织的选举,分别由中国人民解放军总政治部和中国人民武装警察部队政治部参照本规则另行制定相应的规定。

　　第四十九条　本规则的解释权属共青团中央组织部。

　　第五十条　本规则自发布之日起施行。过去的有关规定与本规则不一致的,按本规则执行。

共青团上海市委组织部关于印发《关于团费交纳和管理使用的实施细则》的通知

沪团委组(96)41号

团各区、县委、各局(公司)、大专院校团委,市属团组织:

为了进一步完善团费的收缴和管理制度,现将《关于团费交纳和管理使用的实施细则》印发给你们,望认真贯彻执行。

共青团上海市委组织部

1996年10月28日

关于团费交纳和管理使用的实施细则

团费管理工作包括团费的收交、上缴、使用、留存、检查等环节。是各级各级团组织经常性、基础性的工作,必须建立和健全严密、统一的团费管理制度。为了严格团费管理,指导各级团组织收、用、管好团费,充分、合理地发挥团费的作用,特制定本细则。

第一章 团员团费的交纳

第一条 根据《团章》规定,按期交纳团费使每一名共青团员的应尽义务和必备条件。团员按期交纳团费是团员应尽的义务;是团员在经济上对团组织的支持;是体现团员组织观念,保持团员与团组织经常联系的重要途径;也是衡量团的基层组织建设状况的重要标志。

第二条 团员交纳团费的数额

1. 凡有工资收入的团员,每月以本人相对固定的经常性工资收入为基数,按以下比例交纳团费:

(1) 每月工资收入在400元(含400元)以下者,交纳月工资收入的0.5%;

(2) 每月工资收入在400元以上者,交纳月工资收入的1%

2. 临时工、协议工团员,在有工资收入期间,应按每月的实际收入交纳团费,交纳的比例与有固定工资收入的团员相同。

3. 农民中的团员，每季度交纳团费一次，每次团费不少于 0.30 元。在乡、镇、村办企业中工作的农民团员，有固定工资收入的按本条第一款执行，无固定工资的收入按"农民中的团员"执行。

4. 中等学校(含中专、中师、职校、技校)的学生团员、全日制普通高等院校的学生团员，每月交纳团费 0.10 元；带薪学习的团员，按本条第一款执行。

5. 城市和农村中从事个体工商经营的团员，每月根据上季度交纳所得税后的平均月收入，参照本条第一款规定的比例交纳团费。

6. 对连续病、事假六个月以上的团员，可根据其病、事假工资按本条第一款规定的比例交纳团费。

7. 保留团籍的共产党员(含中共预备党员)只交纳党费，不交纳团费。但自愿交纳团费者不限。

8. 受留团察看处分的团员，在留团察看期间仍按规定交纳团费。

9. 解放军和武警部队的团员交纳团费的标准，按总政组织部和武警部队政治部规定执行。

10. 没有固定经济收入或依靠抚恤、救济为生的待业团员在待业期间，每月交纳团费 0.10 元。确有生活困难，无力交纳团费的团员，由本人提出申请，经团的支部大会讨论同意，团的基层委员会批准，在允许期限内可免交或少交团费。

11. 团员应自觉地向所在团支部交纳团费。团员除按规定交纳团费外，本人自愿多交不限。

12. 团员的"工资收入"系指：

国家机关工作人员(不含工人)的工资收入由职务工资、级别工资、基础工资、工龄工资、津贴组成；

事业单位专业技术人员、管理人员的工资收入由职务工资、等级工资、津贴(不包括政府特殊津贴)、奖金(作为工资部分的奖金，不包括一次性重奖和年终一次性奖金)组成；

国家机关、事业单位工人的工资收入由岗位工资、等级工资、津贴(解释同上)、奖金(解释同上)组成；

企业人员的工资收入由工资收入中的固定部分(基本工资)和非固定部分(各类津贴、奖金)组成，实行年薪制的人员按月平均收入计算。

第三条　团员交纳团费的方式

每位团员应自觉主动地向团组织递交团费，履行义务。每个团支部都应由组织委员专人负责团费收缴工作。

在团员工作分散、流动性较大的单位,可由团支部确定专人向团员收取团费。基层团组织也可采取其他科学合理、方便有效的团费收缴方式,但事先应征得上级团组织的认可。

第四条 团员交纳团费的期限

在团员比较集中、工作(学习)稳定的单位,团员应按月交纳团费。

在团员工作分散、流动性强的单位,团员可按季度交纳团费。

根据《团章》规定,团员一次性交纳团费的时间最长不得超过六个月。

第五条 团员交纳团费的检查

各级团组织应定期对团员交纳团费的情况进行检查,检查的结果应作为对该团员年终考评的重要依据。对于不按规定交纳团费的团员,团组织应进行批评、教育,经教育后仍未按要求交纳团费的团员酌情予以团纪处分,无正当理由连续六个月不交纳团费的团员,按自行脱团处理。

第二章　团组织团费的留用和上交

第六条 各级团委、独立的团总支和团支部可按规定的比例留用团费,基层团委(总支)下属的非独立团(总支)支部不能留用团费。各基层团委(总支)下属的没有团费留用权的团总支(支部)需要使用团费时,可由基层团委(总支)支付。

第七条 团组织收取、留用团费的比例

享有团费留用权的各基层团委(独立团总支或团支部)在受到下级团组织上缴的团费(指应收团费总额)后,按以下比例在规定的时间内逐级上缴:

1. 团市委收取团费总额的 12.5%,留用 9.5%,上缴团中央 3%。

2. 区、县、局(公司)、大专院校团委,市直属单位团组织收取团费总额的25%,留用团费总额 12.5%,其余上缴解入团市委"团费专款户"。

3. 区、县、局(公司)、大专院校团委,市直属单位团组织下属团组织收取团费总额的 50%,留用团费总额的 25%,其余上缴解入上级团组织"团费专款户"。

4. 普通中学、中等职业学校的学生团组织不向上级团委上缴团费,全部留用。

5. 上海铁路局、民航华东管理局、中国东方航空公司团委将所收团费总额的10%解入团市委"团费专款户"。

第八条 团组织团费上缴的期限

区、县、局(公司)、大专院校团委,市属单位团组织原则上应每半年向团市委交纳一次团费。上半年团费最迟须在 7 月 10 日前结清,下半年团费最迟须在次年 1 月 10 日前结清。

区、县、局(公司)、大专院校下属团委、独立团总支和团支部原则上应每月向上级团组织交纳团费。

第九条　团组织上缴团费的方式

下级团组织向上级团组织交纳团费一般采取现金结算(100元以内)和转账结算(转账支票、银行托付)两种方式。

第十条　团组织上缴团费的检查

团市委每年年初对区、县、局(公司)、大专院校团委、市属单位团组织上年团费收缴的情况进行一次检查。检查结果将全市通报并抄送同级党委。区、县、局(公司)、大专院校团委、市属单位团组织应定期对下属团组织的团费收缴情况进行检查。检查结果应作为对该级团组织工作考核的重要依据。

对于不按规定交纳团费的团组织,团市委将采取以下措施:

1. 每年1月10日后,团市委将对未能按规定完成团费收缴工作的团组织进行汇总,并查明原因电话通知补缴时间和数额。

2. 对没有正当理由,超过补缴时间不缴或少缴团费的团组织,团市委将向全市通报批评,并再次明确催缴时间和金额,同时向同级党委反馈意见。

3. 对通报批评后,仍未按规定要求上缴团费的团组织,团市委将酌情对团委负责人予以团纪处分。

4. 对于确应客观原因而造成无法按规定上缴团费的团组织,应书面说明情况提出减免申请,经团市委组织部研究审批后,可酌情予以减免。

第三章　团费的日常管理

第十一条　团费的使用范围

团的各级组织必须严格按照规定合理使用团费。严禁将团费用于个人生活福利,严禁用团费请客送礼。

团费的主要用途:

1. 购置团务用品(入团志愿书、团徽、团员证、团员组织关系介绍信、团员卡片及插档和封面、团员证登记册、注册章、团费收支账册、团支部团费收缴报告单、团费收缴卡、团员专用奖励标记、团员处分表、《团章》等);

2. 团员教育;

3. 订阅团刊、团报;

4. 团干部培训;

5. 举办富有教育意义的团日活动;

6. 表彰、奖励团内先进人物和先进集体。

第十二条　建立团费专管制度

各级团组织的团费必须由专人负责管理。记账和经管现金应该由两位同志分别负责。各级团组织的团费管理工作应由组织委员或委派作风正、工作严谨、办事认真的同志负责团费的管理工作。管理团费的人员如有调动,必须在调动前办好移交手续。使用团费须建立"一支笔"的专人审批制度。区、县、局(公司)、大专院校团委使用团费应根据规定的使用范围和支出数额的大小,实行分级审批的方法,大额项目开支票应由集体研究决定。有团费留用的基层团组织使用团费,应由集体讨论决定。

第十三条　建立团费记账制度

可以留用团费的各级团委、独立团总支、团支部必须建立团费收支账簿的制度,定期公布团费收支情况。

团费要与其他活动经费分开使用、分别做账。

基层团组织一律使用团市委组织部统一印制的团费收支账册。团费收入和支出需要有凭证,并要有经手人和审批人的签名。

凡留用团费的团组织,应将团费的单据、各种原始凭证和团费公布报表按照编号,保存五年后销毁。销毁清单由团组织负责人会同管理人员一起签字并加盖公章后存档。

第十四条　建立团费定期检查、审计制度

各级团组织应在每年年底对各自的团费收缴、使用和日常管理情况进行自查并负责检查、审计下属团组织的团费管理情况,向上级团组织作出报告。下级团组织必须予以配合。

区、县、局(公司)、大专院校团委每年将团费收支结算一次,并将收支情况于每年1月15日前报送团市委组织部。

对于按时完成团费收缴任务、符合团费管理使用规定的团组织,上级团组织应通报表扬,并可返回一定比例的团费作为专项工作补贴。

对于团费检查、审计中发现的问题,要及时纠正。收缴、使用账目不清的,应认真进行清理。对挪用、贪污团费的行为,必须及时追查责任并严肃处理。情节严重者应给予必要的纪律处分,甚至追究刑事责任。

对区、县、局(公司)、大专院校团委的团费及团组织活动经费的检查、审计由共青团上海市委组织部组织实施。

第十五条　各级团委、独立的团总支和团支部均应在银行设立"团费专款户",凡限额(100元)以上的收付事项一般应通过银行办理结算。

第四章　附　则

第十六条　本细则解释权属团市委组织部。自下发之日起施行。以往已经下发的关于团费收缴、使用、管理的各类规定，如与本细则相抵触者，均以本细则为准。

共青团上海市委办公室关于印发《非公有制企业建立团组织的工作流程和标准(试行)》的通知

沪团委办(2011)23 号

团各区、县委,各市级团工委,各局(公司)、大专院校团委,各市属单位团组织:

《非公有制企业建立团组织的工作流程和标准(试行)》已经团市委书记办公会议同意,现印发给你们,请按照该流程和标准,结合实际加强对非公有制企业建立团组织工作的指导。

对于在推进非公有制企业建立团组织的过程中取得的有益经验和碰到的疑难问题,请及时同团市委组织部、地区工作部(郊区部)联系。

新社会组织建立团组织可参考本工作流程和标准。

共青团上海市委办公室

2011 年 6 月 15 日

非公有制企业建立团组织的工作流程和标准(试行)

为进一步加强团的基层组织建设和基层工作,贯彻落实团市委关于推进非公有制企业团建工作的各项要求,进一步加强对非公有制企业建立团组织工作的指导,科学、规范、灵活地推进非公有制企业建立团组织工作,根据《中国共产主义青年团章程》和团中央有关规定、文件,结合本市实际情况,确定非公有制企业建立团组织的工作流程("三找三定七步走")和建立标准("四个一")。

一、非公有制企业建立团组织工作流程("三找三定七步走")

1. 团员身份的认定("找团员")

下列人员具有团籍:

14 周岁以上、28 周岁以下的中国青年,履行过团章规定的手续入团,除被开除团籍的和因自愿退团、自行脱团而被除名的以外,均为中国共产主义青年团团员,具有团籍。团员加入共产党以后仍保留团籍。团员(含保留团籍的党员)年满

28周岁，没有在团内担任职务，应该办理离团手续，不再保留团籍。

担任团的各级领导职务的中国共产党党员、在团的各级领导机关直接从事团的业务工作的干部、被团的代表大会或代表会议正式确认为该级团的委员会候选人或上一级团的代表大会代表候选人的中国共产党党员，也具有团籍。

团员身份可依次通过以下方法认定：

查阅中国共产主义青年团团员证。团员证是团员政治身份公开的、法定的证明，由团的组织在新团员被上级团委批准入团后颁发。

查阅人事档案。中国共产主义青年团入团志愿书等材料应归入本人人事档案，可以作为当事人曾经加入共青团组织的证据。

对于不能确定团籍、本人提出要求、愿意履行团员义务并符合入团标准的青年，可以采取两名正式团员介绍、重新补发团员证或补填入团志愿书的办法，确认其团员身份。

2. 新建立团组织隶属关系的确定（"找上级"）

团的组织受同级党组织领导，同时受上级团组织领导。新建立基层团组织应及时明确与党组织和上级团组织的隶属关系。

如新建团组织所在单位有同级党组织，一般应按照"党团对口"原则，将同级党组织的上级党组织所在单位（或地区）的团组织作为新建团组织的上级团组织，明确团的隶属关系。

如新建团组织所在单位没有同级党组织，可根据实际情况，按照属地管理、属条管理、属资管理、属业管理、挂靠管理等原则，确定和上级团组织的隶属关系。

属地管理是非公有制企业团组织关系隶属于所在地区的团组织管理的模式，具体可分为两种：一是根据行政区划隶属于当地社区（街道）、乡镇、村团组织；二是根据经济发展区域隶属于开发区团组织。

属条管理是非公有制企业团组织关系隶属于上级主管部门团组织的管理模式。

属资管理是以资产为纽带，本着"谁出资谁负责"的原则，由投资方团组织管理非公有制企业团组织的模式，非公有制企业由双方或多方投资的，一般由主要投资单位团组织负责。

属业管理是非公有制企业团组织隶属于所在行业的行业协会团组织的管理模式。

挂靠管理是非公有制企业团组织依托地方团组织与人才代理机构团组织代管、托管的模式。

3. 非公有制企业团干部的配备("找干部")

按照"重在素质，合理兼职"的要求，选拔是党、团员的青年骨干担任团的干部，主要在从事与团工作关联度较高的党群、综合行政、人力资源、企业文化等工作的干部中选配。规模特别大、团员青年数量多的企业，要力争配备专职团干部。鉴于非公有制企业团干部大部分为兼职的实际，其团的支部委员会、总支部委员会、委员会组成规模（委员人数）可适当扩大。

团干部一般应通过团员大会或团代表大会选举产生，暂不具备选举条件的，可先由同级党组织与上级团组织协商取得一致后任命，待条件成熟后再进行选举。团员数量较少的团组织，若条件具备，可以不提候选人直接进行选举。也可积极探索竞争性方式选拔团干部。

上级团组织要主动引导帮助非公有制企业建立团干部培养、选拔、使用、激励机制，推动将团干部纳入企业相应人事管理序列，努力使团组织负责人按程序进入职代会、监事会，符合条件的党员团组织负责人进入企业党组织班子；要按照隶属关系，采取多种方式，每年至少对非公有制企业团的负责人进行一次培训；要适应团干部流动较快的实际，重视加强团干部转岗推荐和后备人选的培养选拔工作。

4. 非公有制企业的建团模式("定模式")

非公有制企业建立团组织可根据实际情况采取独立建团或联合建团的模式：

独立建团，有3名或3名以上团员，企业具有一定规模，生产经营相对稳定，且有合适团支部书记人选的非公有制企业，根据团章规定独立建立团支部。团员人数更多的，可根据工作需要和团员人数，建立团总支或团委。独立建团模式权责明确，一经组建便于管理。独立建立的非公有制企业团委、团总支，可根据企业青年职工沟通、交流、聚集和联络的方式，按照生产线、工作项目、青年职工集居地、兴趣爱好等，划分下属基层团组织。

联合建团，对团员人数不足3人的非公有制企业，可按照"行业相近、地域相邻、方便工作"的原则，在楼宇、商铺、市场、园区中将若干个非公有制企业联合起来建立团的组织。

5. 新建立团组织的建制("定建制")

团的基层组织，根据工作需要和团员人数，经上级团的委员会批准，分别设立团的基层委员会、总支部委员会、支部委员会。在基层委员会、总支部下建立支部。如果工作需要，在基层委员会下也可以建立总支部。在一个支部内可以分若干个小组。

一般情况下，团员在3人以上的单位可以建立支部，团员在30人以上的单位可以建立总支部，团员在100人以上的单位可以建立基层委员会。

6. 非公有制企业团的工作机制("定机制")

非公有制企业团组织是团的基层组织,要接受同级党组织的领导,同时接受上级团组织的领导。上级团组织应经常听取并认真处理下级组织和团员的意见;下级团组织既要向上级组织请示、报告工作,又要独立负责地解决自己职责范围内的问题。在没有建立党组织的非公有制企业,团组织应自觉接受上级团组织的领导,同时主动争取企业管理层的支持和帮助。

非公有制企业团组织内部实行集体领导和委员个人分工负责相结合的制度。团的委员会(包括支部委员会)是一个集体领导机构,重大事项应发挥集体智慧,经集体研究,按照少数服从多数的原则作出决定,保证领导工作的正确性。各位委员要按照内部分工,在自己的职责范围内独立地、认真地完成工作任务。

非公有制企业团的委员一般包括组织委员、宣传委员、文体委员、生产委员等,具体根据企业需要设置。

7. 新建立团组织的程序("七步走")

符合建团条件并已有建团意愿的非公有制企业,经过如下 7 个步骤,建立团的基层组织:

(1) 做好准备并同上级团组织初步沟通建团意愿

认真学习团章等有关规定和团市委有关工作要求;全面了解企业青年党员、团员、青年的人数及分布情况,建立团员青年花名册;研究团组织在企业中的职能定位,为团组织建立后"转"起来、"活"起来打下基础。

如企业有党组织,须先征得党组织的同意再向上级团组织沟通建团意愿;如所在企业没有党组织,应争取企业经营管理层支持,由企业行政直接向上级团组织沟通建团意愿。

(2) 成立团组织筹备组

在企业党组织的领导下,经上级团组织同意,成立团组织筹备组。

筹备组除了筹备团员大会或团代表大会以及团组织建立事宜外,同时具有团的临时机构的职能,可以进行团内统计,召集团员大会,开展一些团内活动等。

在考虑筹备组的组成人员时,应与正式成立该团组织的委员会成员候选人人选相结合,起到考察锻炼的作用。

(3) 筹备团员大会或团代表大会

筹备组根据团章和《中国共产主义青年团基层组织选举规则(暂行)》的有关要求,从文件起草(大会报告、有关讲话、决议、通知等文件材料)、组织人事(团代表的选举、第一届团的委员会委员候选人人选的酝酿提名、团代表大会主席团成员人选的提名等)、会务(文件、会场、交通、财务)等方面筹备团代表大会或团员大会。

在召开第一次团员大会或团代表大会前,应事先得到上级团组织的书面批准,企业有党组织的还应得到党组织的批准。

(4) 就筹备工作向上级团组织书面协商("一上一下")

如企业有党组织,由企业党组织就成立团组织筹备组,召开团员大会或团代表大会的时间、地点、任务,代表名额及分配,委员会规模及组成,选举办法,候选人人选等情况,书面向上级团组织发函征求意见("一上")。上级团组织按照团内有关规定,对上述内容进行审核和考察,及时将意见书面复函反馈企业党组织("一下")。

如企业无党组织,由企业行政先同上级团组织协商成立团组织筹备组,由筹备组就上述内容书面向上级团组织请示("一上"),上级团组织及时作出批复("一下")。上述内容筹备组应征得企业行政同意。

(5) 召开团员大会或团代表大会

团的基层委员会由团员大会或团代表大会选举产生,团的支部委员会、总支部委员会由团员大会选举产生。会议的主要议程是:审查和批准大会报告;讨论和决定企业团的工作任务和有关重要事项;按团内民主选举程序选举产生团的基层委员会、总支部委员会或支部委员会。大会之后召开委员会全体会议,明确工作内容和工作分工等。

(6) 选举结果报批("二上二下")

团员大会或团代表大会召开后,选举产生的委员会应及时向上级团组织递交关于选举结果的报告("二上")。上级团组织收到企业团组织筹备委员会的报告后,应及时审查选举的程序和当选结果,作出批复,同意成立企业团的委员会("二下")。

(7) 团组织正式成立

收到上级团组织的批复后,企业团组织正式成立。企业团组织应将团组织筹备和团员大会或团代表大会期间文件材料以及上级的批复等各类文件材料存档备考。

二、团组织建立标准("四个一")

非公有制企业团组织的建立,至少应具备下列"四个一":

召开一次成立大会,即召开团员大会或团代表大会;

配备一个委员会班子,即选举或任命产生团的委员会委员、书记、副书记;

填写一本团员名册,即整理汇总企业团组织内全体团员青年的花名册;

下发一个成立文件,即上级团组织同意组成企业团组织的批复文件。

附件 1：非公有制企业建立团组织流程图

附件 2：非公有制企业建立团组织公文往来参考例文("二上二下",以召开团员大会建立企业团支部或团总支为例)

附件1　非公有制企业建立团组织流程图

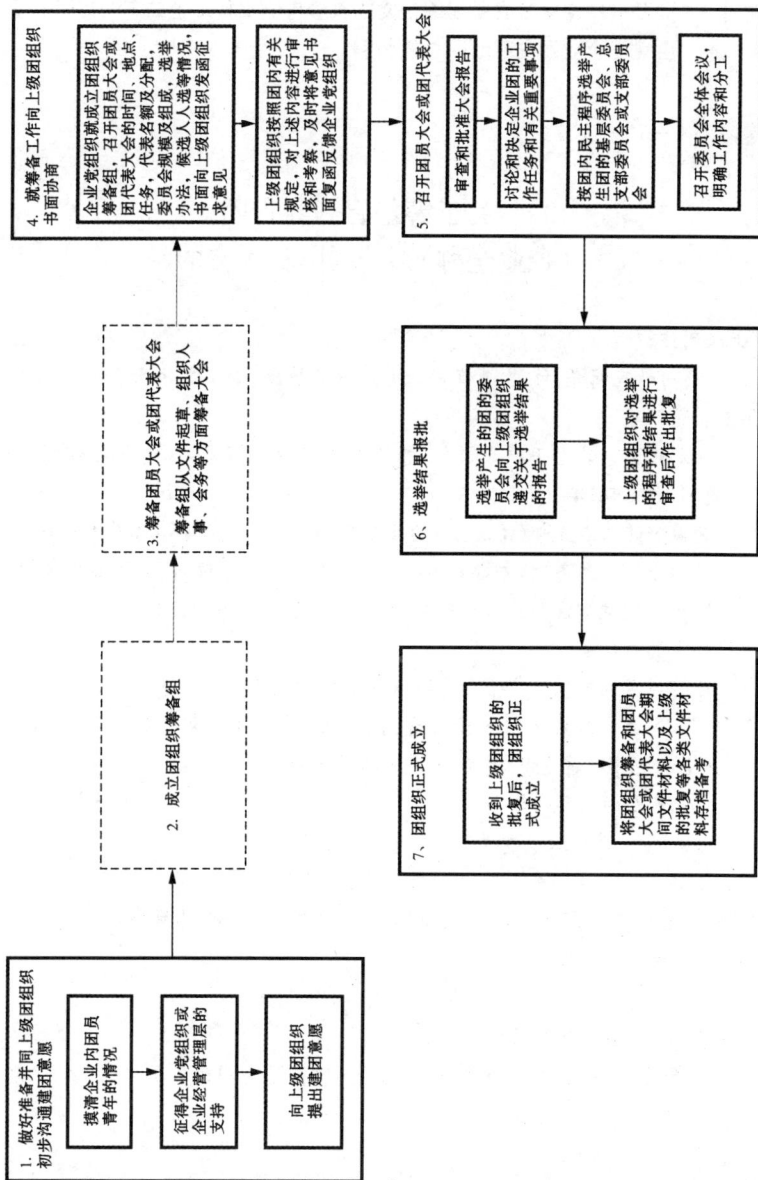

1. 做好准备并同上级团组织初步沟通建团意愿
- 摸清企业内团员青年的情况
- 征得企业党组织或企业经营管理层的支持
- 向上级团组织提出建团意愿

2. 成立团组织筹备组

3. 筹备团员大会或团代表大会
- 筹备组从文件起草、组织人事、会务等方面筹备大会

4. 就筹备工作向上级团组织书面协商
- 企业党组织就成立团组织筹备组、召开团员大会或团代表大会的时间、地点、任务、代表名额及分配、委员会规模及组成、选举办法、候选人人选等情况，书面向上级团组织发函征求意见
- 上级团组织按照团有关规定，对上述内容进行审核和考察，及时将意见书面反馈企业党组织

5. 召开团员大会或团代表大会
- 审查和批准大会报告
- 讨论和决定企业有关工作任务和有关重要事项
- 按团内民主程序选举产生团的基层委员会、总支部委员会或支部委员会
- 召开委员会全体会议，明确工作内容和分工

6. 选举结果报批
- 选举产生的委员会向上级团组织逐次关于选举结果的报告
- 上级团组织对委员会的程序和结果进行审查后作出批复

7. 团组织正式成立
- 收到上级团组织的批复后，团组织正式成立
- 将团组织筹备和团员大会或团代表大会以及上级团组织批复等各类文件材料存档备考

附件 2　非公有制企业建立团组织公文往来参考例文("二上二下",以召开团员大会建立企业团支部或团总支为例)

参考例文一("一上")

关于筹备召开共青团
〈企业全称〉第一次团员大会的函

〈上级团组织〉:

〈公司情况简介;团员、青年的人数及分布情况;青年工作开展情况;党组织关系隶属情况等〉

为加强公司的青年群众工作,根据团章等有关规定,拟建立共青团〈企业全称〉支部(总支部)委员会。

为做好建立团支部(团总支)的各项筹备工作,成立共青团〈企业全称〉支部(总支部)委员会筹备组,筹备组由×××、×××等×位同志(按姓氏笔画为序)(女性、少数民族需注明)组成;其中,×××同志为筹备组组长,×××、×××等×位同志为副组长。

根据团章、《中国共产主义青年团基层组织选举规则(暂行)》等有关规定,拟于××××年××月×旬召开共青团〈企业全称〉第一次团员大会,建立共青团〈企业全称〉支部(总支部)委员会,现就有关事项协商如下:

一、大会的主要任务

1. 听取和审议大会报告。

2. 确定团支部(团总支)工作努力方向、奋斗目标。

3. 选举产生共青团〈企业全称〉第一届支部(总支部)委员会。

二、大会的议程

(略)

三、委员会的规模及组成

共青团〈企业全称〉第一届支部(总支部)委员会拟设委员×名,其中,拟设书记×名,副书记×名。

四、选举办法

共青团〈企业全称〉支部(总支部)委员会委员,由筹备组根据多数团员的意见按照委员候选人名额多于应选名额百分之二十的规定,确定候选人预备人选××

名,经公司党委(党总支、党支部)和你委同意后,提交团员大会,采用无记名投票差额选举方式选举产生。书记、副书记,由团员大会从新当选的委员会委员中采用无记名投票差额(或等额)选举方式选举产生。

五、委员、书记、副书记候选人预备人选

在公司团员民主推荐、充分酝酿的基础上,经公司党委(总支、支部)讨论,建议:

提名×××、×××、×××等×位同志(按姓氏笔画为序)(女性、少数民族需注明)为共青团〈企业全称〉第一届支部(总支部)委员会委员候选人预备人选;

提名×××同志为共青团〈企业全称〉第一届支部(总支部)委员会书记候选人预备人选;

提名×××、×××等×位同志为共青团〈企业全称〉第一届支部(总支部)委员会副书记候选人预备人选。

当否,请复函。

附件:委员候选人预备人选基本情况

〈企业党组织全称或企业全称〉(印章)

××××年××月××日

参考例文二("一下")

关于同意召开共青团
〈企业全称〉第一次团员大会的复函

〈企业党组织全称〉(或〈企业全称〉):

你委(或你公司)《关于召开共青团〈企业全称〉第一次团员大会的函》(〈文号〉)收悉。

经研究,同意成立共青团〈企业全称〉支部(总支部)委员会筹备组,筹备组由×××、×××等×位同志(按姓氏笔画为序)(女性、少数民族需注明)组成;同意×××同志为共青团×××委员会筹备组组长,×××、×××等×位同志为副组长。

同意于××××年××月召开共青团〈企业全称〉第一次团员大会,并原则同意有关请示事项。

同意×××、×××、×××等×位同志(按姓氏笔画为序)(女性、少数民族需注明)为共青团〈企业全称〉第一届支部(总支部)委员会委员候选人预备人选；同意×××同志为共青团〈企业全称〉第一届支部(总支部)委员会书记候选人预备人选，×××、×××等×位同志为副书记候选人预备人选。

此复。

〈上级团组织〉(印章)

××××年××月××日

参考例文三("二上")

关于组成共青团〈企业全称〉
第一届支部(总支部)委员会的请示

〈上级团组织〉：

共青团〈企业全称〉第一次团员大会于××××年××月××日召开，大会应到团员××名，实到团员××名。

经到会全体团员充分酝酿讨论，确定共青团〈企业全称〉第一届支部(总支部)委员会委员候选人××名，名单如下：

×××、×××、……、×××(按姓氏笔画为序)(女性、少数民族需注明)。

大会共发出选票××张，收回选票××张，收回选票数等于(或少于)发出选票数，选举有效。收回选票中，有效票××张，废票××张。

委员候选人得赞成票情况如下(按姓氏笔画为序)：

×××得××票、×××得××票、…………、×××得××票。

书记候选人×××得××票。

副书记候选人×××得××票、×××得××票。

根据大会选举办法的规定，×××、×××、×××(按姓氏笔画为序)(女性、少数民族需注明)等××位同志当选为共青团〈企业全称〉第一届支部(总支部)委员会委员，×××同志当选为共青团〈企业全称〉第一届支部(总支部)委员会书记，×××、×××等×位同志当选为共青团〈企业全称〉第一届支部(总支部)委员会副书记。

当否，请批示。

共青团〈企业全称〉支部(总支部)委员会(印章)
××××年××月××日

参考例文四("二下")

关于同意组成共青团〈企业全称〉
第一届支部(总支部)委员会的批复

共青团〈企业全称〉支部(总支部)委员会：

你委《关于组成共青团××××第×届支部(总支部)委员会的请示》(文号)收悉。

经研究,同意由×××、×××、×××(按姓氏笔画为序)(女性、少数民族需注明)等××位同志组成共青团〈企业全称〉第一届支部(总支部)委员会。

同意×××同志任共青团〈企业全称〉第一届支部(总支部)委员会书记,×××、×××等×位同志任副书记。

此复。

〈上级团组织〉(印章)
××××年××月××日

共青团上海市委办公室关于印发《"上海市优秀共青团员"、"上海市优秀共青团干部"、"上海市五四红旗团委(团支部)"评选表彰办法(试行)》的通知

沪团委办(2011)16 号

团各区、县委,各局(公司)、大专院校团委,各市属单位团组织:

现将《"上海市优秀共青团员"、"上海市优秀共青团干部"、"上海市五四红旗团委(团支部)"评选表彰办法(试行)》印发给你们,请参照执行。

共青团上海市委办公室

2011 年 3 月 25 日

"上海市优秀共青团员"、"上海市优秀共青团干部"、"上海市五四红旗团委(团支部)"评选表彰办法(试行)

一、奖项性质

"上海市优秀共青团员"、"上海市优秀共青团干部"是共青团上海市委授予本市团员和团干部的最高荣誉。"上海市五四红旗团委(团支部)"是共青团上海市委授予本市基层团组织的最高荣誉。

二、评选条件

1. 上海市优秀共青团员

(1) 拥护党的领导,热爱祖国、热爱人民、热爱社会主义。

(2) 遵纪守法,品德高尚。

(3) 在本职岗位上取得突出业绩,能够发挥模范带头作用。

(4) 自觉遵守团的章程,模范履行团员的各项义务,积极参加团的活动。

(5) 符合团员创先争优"带头坚定信念、带头刻苦学习、带头争创佳绩、带头弘

扬新风"的标准,在创先争优活动中表现突出。

专职团干部和 28 周岁以上兼职团干部不参加评选。

2. 上海市优秀共青团干部

(1)坚持正确的政治方向,高举中国特色社会主义伟大旗帜,以邓小平理论和"三个代表"重要思想为指导,深入贯彻落实科学发展观,坚决贯彻执行党的基本路线和各项方针、政策。

(2)遵纪守法,品德高尚。

(3)忠诚党的事业,注重党性修养,坚持原则,公道正派。

(4)热爱团的岗位,认真执行团的上级机关作出的指示和决议,坚持围绕党政中心工作和青年需求扎实开展工作,在团的岗位上取得突出业绩。

(5)具有良好的工作作风,深入基层,密切联系青年,竭诚服务青年,在青年中具有广泛的影响力、号召力。

(6)在带领基层团组织和团员深入开展创先争优活动中表现突出,成绩显著。

(7)从事团的工作一般不少于 2 年。

评选重点面向基层团干部。

3. 上海市五四红旗团委

(1)工作活跃,成绩显著。扎实开展团的工作和活动,特色鲜明,团员参与踊跃,在青年中有影响。在落实全市团的重点工作和开展全市团的品牌活动上取得实效。

(2)组织设置规范,工作制度健全。按期换届,认真履行民主选举程序,团的委员会能够发挥积极作用。团员发展和管理规范。切实履行职责,带动所属支部(总支)建设,支部(总支)工作有活力。

(3)团委班子能力强,业务精,认真贯彻民主集中制,团结进取,作风扎实,富有开拓创新精神。

(4)在团员中具有较强的吸引力和凝聚力,团员队伍充分发挥模范带头作用,在本单位或本地区具有较好影响。

(5)符合基层团组织创先争优"组织建设好、团员教育好、活动开展好、青年反映好"的标准,在创先争优活动中成效显著。

(6)对于各区、县、局(公司)、大专院校和市属单位下属的基层单位团委,一般应在近 3 年内获得过"上海市五四特色团委"称号;对于各局(公司)、大专院校和市属单位团委,其下属基层单位团组织中应在近 3 年内至少有 1 个获得过"上海市五四红旗团委"称号、2 个获得过"上海市五四特色团委"或"上海市五四红旗团支部"称号,或者至少有 2 个获得过"上海市五四红旗团委"称号。

"上海市五四特色团委"参照条件(1)至(5),着重开展符合实际的特色工作并取得显著成效。

4. 上海市五四红旗团支部

(1) 工作活跃,扎实有效地开展"一团一品"建设,即在做好各项基础工作的同时,根据实际确定一个重点工作方向并大力推进,凸显特色,形成工作品牌,有效吸引团员青年积极参与,在所在单位和青年中得到高度认可。

(2) 组织设置规范,工作制度健全。

(3) 团支部成员工作能力较强,认真落实上级团委的各项工作要求,扎实有效地开展团的工作,在团员青年中有较高的认同度。

(4) 符合基层团组织创先争优"组织建设好、团员教育好、活动开展好、青年反映好"的标准,在创先争优活动中成效显著。

三、工作程序

1. 确定推报名额

团市委根据各区、县、局(公司)、大专院校和市属单位团组织落实和参与全市团的重点工作和活动的情况,并参考统计上报的团员、团干部数量,进行"上海市优秀共青团员"、"上海市优秀共青团干部"名额分配。

"上海市五四红旗团委"、"上海市五四特色团委"、"上海市五四红旗团支部"在当年度创建单位中推报。创建单位申报名额和创建工作按照上海市共青团"争红旗、创特色"活动的要求进行。

2. 推报候选人选(单位)

各区、县、局(公司)、大专院校和市属单位团组织根据团市委确定的名额,认真考察,并征求党政有关部门和有关方面的意见,向团市委推报候选人选(单位)。

已获得"上海市优秀共青团员"、"上海市优秀共青团干部"称号的团员、团干部不再重复推报;已获得"上海市五四红旗团委"、"上海市五四特色团委"、"上海市五四红旗团支部"称号的团组织,2年内不再列入同类创建单位。

各区、县、局(公司)、大专院校和市属单位团组织书记参评"上海市优秀共青团干部",由团市委各相关部门提名,经考察和党组织同意后,确定推荐人选。

3. 资格审查

团市委组织部会同各有关部门严格按评选条件进行资格审查,确定正式候选人选(单位)。

4. 确定评选结果建议名单

团市委组织部会同各有关部门根据候选人选(单位)事迹,同时适当兼顾分布领域等因素,提出评选结果建议名单报团市委书记办公会议审定。

5. 表彰

"上海市优秀共青团员"、"上海市优秀共青团干部"、"上海市五四红旗团委(团支部)"每年集中表彰一次。原则上每次表彰"上海市优秀共青团员"100 名、"上海市优秀共青团干部"100 名、"上海市五四红旗团委"60 个(其中 10 个"上海市五四红旗团委标兵")、"上海市五四特色团委"100 个、"上海市五四红旗团支部"100 个。

每年"五四"举行团内表彰活动,颁授证书和奖牌。表彰活动一般邀请各类获奖代表参加。

四、其他

1. 对在突发事件和具有广泛社会影响的重大事件中作出特殊贡献的团员、团干部和团委(团支部),团市委经研究可直接授予"上海市优秀共青团员"、"上海市优秀共青团干部"和"上海市五四红旗团委(团支部)";对在应对重大突发事件或抗击自然灾害中英勇牺牲并引起广泛社会影响的团员、团干部,团市委经研究可追授"上海市优秀共青团员"、"上海市优秀共青团干部"。

2. "上海市优秀共青团员"、"上海市优秀共青团干部"和"上海市五四红旗团委(团支部)"荣誉称号获得者如犯严重错误或触犯法律,撤销其荣誉称号,收回证书和奖牌。

3. 本办法自印发之日起试行,由团市委组织部负责解释。

共青团中央关于进一步加强
青年人才工作的意见

中青发(2004)11 号

为深入贯彻落实全国人才工作会议精神,进一步加强共青团青年人才工作,培养造就一支素质优良、勇于创新的青年人才队伍,特提出如下意见。

一、充分认识进一步加强共青团青年人才工作的重要意义

党中央、国务院召开的全国人才工作会议,以邓小平理论和"三个代表"重要思想为指导,站在时代和历史发展的高度,站在党和国家事业发展全局的高度,对新世纪新阶段人才工作进行了全面部署,为共青团做好青年人才工作指明了方向。全团要认真贯彻落实全国人才工作会议精神,充分认识新时期加强共青团青年人才工作的重要意义,进一步增强做好共青团青年人才工作的责任感和紧迫感。

1. 做好青年人才工作是实施人才强国战略的迫切需要。当今世界,政治多极化曲折发展,经济全球化不断深入,科技进步日新月异,人才资源已成为最重要的战略资源,人才在综合国力竞争中越来越具有决定性意义。本世纪头 20 年是我国全面建设小康社会、开创中国特色社会主义事业新局面的重要战略机遇期。小康大业,人才为本。青年人才是党的人才队伍的重要组成部分,是推动经济社会发展、科技创新的生力军和突击队,青年人才队伍建设决定着整个人才队伍的前景。培养造就大批青年人才,是实施人才强国战略,全面建设小康社会的迫切需要,是实现中华民族伟大复兴的必然要求。

2. 做好青年人才工作是党赋予共青团的光荣职责。共青团是党的助手和后备军,是党联系青年的桥梁和纽带。党与团的特殊政治关系,决定了共青团必须积极协助党做好青年人才工作。党管人才原则的确立,对共青团做好青年人才工作提出了新的更高要求。共青团要履行好职责,完成党交给的任务,就必须紧紧抓住为党培养青年人才这个着力点,教育、引导广大青年在共青团这所大学校中

锻炼成长，最广泛地团结、凝聚青年人才，为党的事业提供坚强的人才保证。

3. 做好青年人才工作是共青团竭诚服务青年的重要内容。竭诚服务青年是共青团全部工作的出发点和落脚点。青年正处在世界观、人生观、价值观形成的关键时期，正处在学习知识、走向社会、寻求发展的起步阶段，成长成才是当代青年的根本需求。抓住这一根本需求，就抓住了服务青年的关键。共青团竭诚服务青年，就必须全面加强青年人才工作，切实为青年的学习、创业提供服务，关心青年成长，帮助青年成才，促进青年全面发展。

4. 做好青年人才工作是开创共青团事业新局面的重要生长点。共青团事业的发展正处在新的历史起点上。全面建设小康社会的伟大实践，党和国家对人才工作的高度重视，为共青团做好青年人才工作提供了难得的机遇，也提出了新的更高的要求。做好青年人才工作，整体提高广大青年的综合素质，就能够赢得青年的信任和拥护，进一步增强团组织的生机与活力，推动共青团事业全面持续发展。

共青团历来高度重视青年人才工作，始终将培育"四有"新人作为根本任务，为党和国家培养、输送了大批优秀青年人才，初步形成了具有共青团特色的青年人才工作格局。全国人才工作会议的召开，对共青团进一步做好青年人才工作提出了新的要求。全团必须深刻认识加强青年人才工作的极端重要性和紧迫性，切实做好青年人才工作。特别是要进一步整合力量，在狠抓落实上下功夫，在务求实效上做文章，在不断创新中求发展，努力开创新世纪新阶段共青团青年人才工作新局面。

二、进一步加强共青团青年人才工作的总体要求和基本原则

5. 新世纪新阶段共青团青年人才工作的总体要求是：以邓小平理论和"三个代表"重要思想为指导，深入贯彻全国人才工作会议精神，紧密结合党的人才工作大局，充分发挥共青团组织的优势，大力实施青年人才开发计划，着眼促进经济社会全面发展和青年全面发展。以青年人才资源能力建设为核心，以服务为着力点，紧紧抓住青年人才培养、凝聚、举荐、配置四个关键环节，大力开发利用国内国际两种人才资源，建立健全开放互联、整体推进的青年人才工作机制，努力构建分层次、分类别、多渠道、多形式、充满活力、面向社会的共青团青年人才工作格局，培养造就一支素质优良、勇于创新的青年人才队伍，引导各类青年人才在经济社会发展中充分发挥生力军和突击队作用，为全面建设小康社会提供坚强的人才保证和智力支持。

6. 加强青年人才工作的基本原则是：

——坚持用"三个代表"重要思想统领青年人才工作。始终把"三个代表"重要思想贯穿于青年人才工作的全过程,始终把用"三个代表"重要思想武装青年人才作为首要任务,始终把"三个代表"重要思想作为检验青年人才工作的根本标准,源源不断地为党培养、输送德才兼备的优秀青年人才。

——坚持科学的人才观。牢固树立人才资源是第一资源、人人都可以成才和以人为本的观念,遵循青年人才成长规律,把能力和业绩作为衡量青年人才的主要标准,不唯学历、不唯职称、不唯资历、不唯身份。鼓励青年人人都作贡献,人人奋发成才。

——坚持服务经济社会全面发展和服务青年全面发展。把服务青年与服务大局结合起来,把做好青年人才工作与推进现代化建设结合起来,引导青年把个人成长与全面建设小康社会的伟大事业结合起来,促进青年在服务经济社会全面发展的实践中实现自身的全面发展。

——坚持学习育人、实践育人。努力把共青团建设成为学习型组织,引导青年牢固树立终身学习的观念,积极为青年提供学习的机会和条件。充分发挥共青团实践育人的优势,引导青年在实践中学习,在学习中实践,切实增强青年的学习能力和实践能力,着力提高青年的创新能力。

——坚持在继承中创新。认真总结共青团青年人才工作经验,在落实、深化现有工作项目,突出工作品牌的基础上,顺应时代潮流和青年需求,进一步解放思想,实事求是,不断创新工作内容、工作方式、工作载体,积极探索和完善青年人才工作机制。

三、大力培养青年人才

7. 始终把提高青年人才思想道德素质放在首位。培养造就党需要的青年人才,带领青年人才跟党走,是共青团做好青年人才工作的根本目的。坚持用邓小平理论和"三个代表"重要思想构筑当代青年的强大精神支柱,引导青年人才树立正确的世界观、人生观、价值观,增强爱国主义、集体主义和社会主义思想,发扬拼搏奉献精神、艰苦创业精神、团结协作精神和诚实守信精神。注重调动青年人才内在积极性和创造性,引导青年人才在实践中自我体验、自我教育、自我提高,在改造客观世界的同时注重改造主观世界。

8. 着力提高青年劳动者的劳动技能和职业素养。适应知识经济深入发展和我国经济结构战略性调整的要求,通过读书学习、技能培训、岗位实践等多种手段和途径,努力培养高素质青年劳动者。

实施青工技能振兴计划。以培养高技能青年人才为重点,依据国家职业标准和企业生产岗位规范要求制定培训计划,分类实施技能培训,广泛开展岗位练兵、技能比武和同业交流等活动。建立青工资质考评认证体系,组织青年技术工人专场职业资格鉴定,帮助参加计划的青年技术工人技能水平提升一个等级。

实施青年职业资格证书培训工程。依托团属院校和各类青年培训机构,深入开展职业指导师、项目管理师、电子商务师等职业鉴定项目和通用管理能力、职业英语能力测评项目的培训与认证,帮助青年掌握更多职业技能。推动团的职业技术培训与国家职业技术培训接轨,实现团的青年职业培训系统化、证书化。

深化中国青年创业行动。以增强创业意识、提高创业能力为重点,通过建立青年创业项目库、举办创业项目发布会、发展创业小额贷款项目、聘请青年创业导师、推广国际劳工组织"创办你的企业"培训、与英国青年创业国际计划合作开展中国青年创业国际计划等方式,帮助青年掌握创业本领,成为创业人才。

实施农村青年人才开发计划。积极开展青年农民科技培训工程和青年星火科技培训专项行动,发动社会各方面力量,面向农村青年广泛开展科技推广、职业培训等工作,重点培养一大批青年星火带头人、青年经纪人、青年农业产业化带头人和青年工商创业带头人。高度重视农村富余劳动力资源的开发,引导和帮助青年农民掌握更多技能,积极向二、三产业和城镇转移,促进城乡统筹发展。

实施进城务工青年发展计划。以"千校百万"进城务工青年培训为统揽,为进城务工青年提供就业信息、技能培训、维护权益等服务。设立进城务工青年自学成才奖励基金,帮助进城务工青年提高自身素质,增强创业本领。

深化青少年新世纪读书计划。以创建学习型组织为牵动,在青少年中倡导终身学习的理念,传播科学的学习方法,形成勤奋学习的浓厚氛围。重点抓好特色鲜明、针对性强的主题读书活动,巩固和扩大新世纪书屋、读书俱乐部、读书基地等读书阵地,推出一批图书精品,广泛开展读书竞赛、知识竞赛等活动。

9. 把培养高层次青年人才摆上重要位置。积极配合国家实施的高层次人才培养工程,着力培养一大批具有世界眼光和国际意识、能够提高国家核心竞争力的高层次青年专家和青年企业经营管理者。以提高创新能力和弘扬科学精神为重点,通过举办青年创新论坛、设立青年科技创新基金等方式,促进各领域高级青年专家队伍建设。以提高战略开拓能力和现代化经营管理水平为重点,帮助优秀青年企业管理人员在更大范围、更广领域和更高层次上参与国际经济、科技的合作与竞争,促使一批熟悉国际国内市场、具有国际先进水平的优秀青年企业家脱颖而出。深化博士服务团活动,组织更多青年人才到西部、到基层挂职锻炼,引导他们理论联系实际,在扎实工作中磨练意志,增长才干。充分利用国内外教育培训资源,积极探索与国内外著名大学合作培养高层次青年人才。进一步加大青年人才境外培训工作力度,实施专业培训合作项目,有计划、有步骤地组织各种专题团组出国(境)培训。

10. 以大中学生素质拓展计划为统揽,促进青年学生全面发展。进一步整合深化有助于学生提高综合素质的各种活动和工作项目,强化素质拓展训练,全面推行《大中学生素质拓展证书》。广泛开展"挑战杯"、"三下乡"等校园科技文化和社会实践活动,努力提高青年学生的实践能力和创新能力,营造丰富多彩、富有特色、导向清晰、健康向上的校园文化,为青年学生健康成长创造良好环境。实施大学生就业见习行动,加强职业指导和就业辅导,帮助青年学生确立成才目标,转变择业观念,提高就业能力,着力培养大学生的创业意识。广泛动员社会力量,努力帮助贫困大学生完成学业;通过人生指导、心理咨询等服务,切实加强大学生心理健康教育。

11. 努力提高青年工作者综合素质。建设一支以团干部为骨干,能力强、素质高、德才兼备的青年工作者队伍,对做好青年人才工作至关重要。要在团干部中深入开展以学习贯彻"三个代表"重要思想为主要内容的大规模培训,进一步做好新任职团干部培训和团干部挂职锻炼、在职学历教育、出国(境)培训等工作,深入实施万名西部团干部培训工程、西部地区和民族地区团干部培养计划,围绕团的中心任务和重点工作,部署安排各类工作项目培训班,努力提高团干部的思想政治素质和业务工作水平。加强对各类青年社团工作人员、青年学科研究人员等职业青少年工作者的培训,努力提高他们的专业研究能力和社会工作能力。

12. 充分发挥团属教育培训阵地的作用。加强团属院校建设,努力提高办学水平,大力发展各类职业教育和青少年技能培训,使院校成为团干部培训的主渠道、青年人才培养的重要基地。按照股份制合作办学的方式,引入民办机制,筹办中国青年高等职业技术学院,并以此为龙头,带动全团职业教育事业的发展。以开发区、创业园区、大中型企业和科研院所为依托,分级分类建立青年人才培养基地,为青年实习、实践提供场所,为青年就业、创业提供服务。努力构建以中青网为龙头,以各级各类青少年网站为骨干的网上服务新阵地,强化网络的教育培训功能,更好地为广大青年学习成才服务。进一步发挥青少年宫、青少年教育基地、青少年素质拓展基地等各类青少年阵地在培训中的重要作用。

四、广泛凝聚青年人才

13. 充分发挥青联、学联等青年组织和社团吸引凝聚青年人才的作用。适应新形势的要求,不断探索团组织联系青年人才的新渠道、新方式,用感情联系人才,用活动吸引人才,用事业凝聚人才,增强青年人才的群体优势。进一步加强青联、学联、青年企业家协会、青年科技工作者协会、青年乡镇企业家协会、青年志愿者协会等青年组织和社团建设,使之成为青年人人向往的"人才高地"。适应新型行业、领域的分化和发展,增设和调整青联界别,更广泛地团结和凝聚不同行业、不同领域的高层次青年人才。继续加大青少年法律研究会、青少年网络协会等各种专业青年团体的建设力度,通过联谊会、论坛等形式,延伸团的工作手臂,扩大团的工作阵地,最大限度地覆盖、吸引青年人才。按照"联系青年、服务青年、凝聚青年"的工作理念,全面推动城乡社区青年中心建设,把青年中心建设成为新形势下共青团领导下的集聚人才、联系青年的新纽带,服务青年、服务社区的新平台。

14. 大力吸引和凝聚海外青年人才。配合国家留学人才回归计划,深入开展海外青年人才为国服务活动。积极宣传祖国建设和社会发展的成就与留学人员政策,更广泛地组织和动员海外青年人才以不同方式投身祖国建设。有计划、有针对性地制定和实施吸引海外青年人才的工作项目,把开展集中活动与经常性活动结合起来。成立全国青联海外学人联谊会,建设中华海外学人网,拓宽与海外青年人才联系的有效渠道。进一步深化海外学人回国创业周等活动,加强海外学人回国创业基地、园区等有形载体建设,促进海外留学人员以项目合作、技术服务和直接创办高新技术企业等多种方式推动经济发展。探索灵活的组织方式和活动平台,覆盖、吸引和凝聚跨国公司在华机构中的青年人才。

15. 高度重视非公有制经济组织和社会组织青年人才工作。非公有制经济组织和社会组织中汇集了大量青年人才,是青年人才队伍的重要组成部分。要切实把新的社会阶层中各类青年人才纳入共青团的服务范围,逐步提高非公有制经济组织和社会组织青年人才在各种青年组织、社团中的比例。对非公有制经济组织和社会组织青年人才要一视同仁,在表彰奖励、培训、信息资源等方面统一考虑、统筹安排,在就业创业、权益保护、文化需求、社会参与等方面积极提供服务。

五、积极举荐青年人才

16. 大力表彰、宣传青年人才。继续做好青年五四奖章、十大杰出青年、青年科学家奖、青年科技创新奖、杰出青年农民、青年岗位能手、杰出进城务工青年、杰出青年外事工作者等各级各类青年典型的评选表彰活动。针对青年人才群体的变化和工作领域的拓展,有计划地推出新的评选项目,努力把各行各业的青年人才纳入共青团的表彰激励范围。通过评选,广泛发现优秀青年人才;通过表彰奖励,对优秀青年人才的成就进行社会评价和认定;通过广泛宣传,提高各类优秀青年人才、优秀青年集体的社会知名度和认可度,发挥青年典型的示范带动作用。要充分发挥团属新闻媒体在宣传优秀青年人才中的主导作用,把握正确的舆论导向,努力在全社会营造鼓励青年干事业、支持青年干成事业的良好氛围。

17. 拓宽举荐渠道,为青年人才施展才华搭建舞台。深入开展青年科技创新行动、青年文化行动、青年志愿者行动等活动,为青年人才建功立业、展示才华提供机会,搭建舞台。加强各类青年典型、青年学科带头人等青年人才的跟踪培养工作,积极探索向党政、社会举荐青年人才的有效途径,促进更多的优秀青年人才出成果、担重任。配合做好大学生选调工作,举荐优秀高校毕业生在艰苦环境和丰富的社会实践中锻炼成长,努力发现、选拔一批有潜力的大学生进行重点培养。推荐优秀团员作党的发展对象,源源不断地为党输送新鲜血液。

六、促进青年人才资源优化配置

18. 强化青年人才中介服务。建设中国青年创业网、中国青年科技信息网、中国农村青年信息网、青年高技能人才储备库等青年人才信息系统,完善青年人才资源社会预测、信息收集、趋势监控、流动引导的信息化服务网络,拓展青年人才资格评价、价值咨询等服务领域,逐步形成多层次、多功能、覆盖广泛的青年人才社会化中介服务体系。充分发挥市场在人才资源配置中的基础性作用,加强各类青年人才交流服务机构建设,推动举办各级各类青年人才交流会,定期开展网上招聘会。把青年人才交流、青年人才论坛、青年人才发明成果展示等主题活动结合起来,实现青年人才、智力、资金、项目、信息的有效对接。

19. 推动青年人才合理流动。树立"不求所有,但求所用"的人才柔性流动观念,推动出台有利于青年人才合理流动的政策措施,促进青年人才资源的优化配置。

深化大学生志愿服务西部计划。组织应届大学毕业生到西部开展志愿服务活动,切实加强组织、招募、选派、培养、管理、保障等各项工作。积极争取资金、政策支持,适当扩大实施规模,普遍实施地方项目,推动全国项目和地方项目统筹兼顾、配套推进、协调发展。加强就业服务工作,为参加西部计划的毕业生提供更多的就业选择机会。

深化青年星火西进计划。采取在东部地区抓示范基地、在西部地区抓示范县、组建专家服务团等办法,推进东西部地区互动开展科技培训、科技示范、科技协作和科技服务,推动东部科技项目西进。

深化青年企业家西部行、东北行活动。组织青年企业家到西部和东北等地区考察交流、经贸洽谈、投资开发,服务西部大开发战略和振兴东北等老工业基地战略。

深化"金桥计划"。通过技术服务、项目合作、创业扶持等方式,引导和帮助青年科技工作者参与经济建设,推动科研与产业结合,在大专院校、科研院所与企业、东部地区与西部地区、海外学人与国内建设之间架起人才与经济对接的桥梁,促进人才、技术、资金等要素的合理配置。以青年专家科技服务活动为龙头,推动"金桥计划"在省级以下普遍开展。

七、进一步完善共青团青年人才工作机制

20. 不断完善社会化的青年人才工作机制。深入研究青年人才成长规律和共青团青年人才工作规律,不断完善适应时代发展要求、具有共青团特色、符合青年特点的青年人才工作机制。

要完善工作运行机制。以组织为基础,以阵地为依托,以活动为载体,紧紧抓住培养、凝聚、举荐、配置四个关键环节,通过项目化运作、品牌化经营、社会化推进,努力构建开放式的共青团青年人才工作格局。要完善中介服务机制。加强各类青年人才交流服务机构的建设,切实提高青年人才中介服务组织的服务能力和水平,建立健全青年人才社会化中介服务体系和信息化服务网络。要完善表彰激励机制。把握发现、培养、表彰、宣传等环节,逐步建立科学的青年人才评价指标体系和社会化的评选表彰体系,提高青年人才典型的代表性和权威性,形成有效激励。要完善工作保障机制。积极争取把青年人才开发工作纳入党政人才工作的统一规划,推动制定有利于青年人才成长的政策和制度,优化青年人才成长环境。加大工作投入,广泛整合和吸纳社会资源,建立青年人才工作基金。分级建设青年人才信息库,为青年人才开发提供信息平台。

各级团组织要高度重视青年人才工作,切实摆上重要议事日程。省级团委要成立青年人才工作领导小组,县级以上团组织要有一名领导班子成员专门负责。团的组织部门、统战部门要牵头抓总,综合协调,其他部门和机构各司其职,密切配合,形成合力。

各地要根据本意见的要求,结合各自实际,对进一步加强青年人才工作作出具体部署。

附录二　中国共产主义青年团章程

（中国共产主义青年团第十六次全国代表大会部分修改，
2008年6月13日通过）

总　　则

中国共产主义青年团是中国共产党领导的先进青年的群众组织，是广大青年在实践中学习中国特色社会主义和共产主义的学校，是中国共产党的助手和后备军。

中国共产主义青年团坚决维护中国共产党的纲领，以马克思列宁主义、毛泽东思想、邓小平理论和"三个代表"重要思想为行动指南，深入贯彻落实科学发展观，解放思想，实事求是，与时俱进，团结全国各族青年，为把我国建设成为富强民主文明和谐的社会主义现代化国家，为最终实现共产主义而奋斗。

中国共产主义青年团在中国共产党领导下发展壮大，始终站在革命斗争的前列，有着光荣的历史。在建立新中国，确立和巩固社会主义制度，发展社会主义的经济、政治、文化的进程中发挥了生力军和突击队作用，为党培养、输送了大批新生力量和工作骨干。党的十一届三中全会以来，共青团根据党的工作重心的转移，紧密围绕改革开放和经济建设开展工作，为推进社会主义现代化建设事业作出了重要贡献，促进了青年一代的健康成长。

中国共产主义青年团在现阶段的基本任务是：高举中国特色社会主义伟大旗帜，坚定不移地贯彻党在社会主义初级阶段的基本路线，以经济建设为中心，坚持四项基本原则，坚持改革开放，用社会主义核心价值体系教育青年，在建设中国特色社会主义的伟大实践中，造就有理想、有道德、有文化、有纪律的接班人，不断巩固和扩大党执政的青年群众基础，努力为党输送新鲜血液，为国家培养青年建设人才，团结带领广大青年，自力更生，艰苦创业，积极推动社会主义经济建设、政治建设、文化建设、社会建设，为全面建设小康社会、加快推进社会主义现代化贡献智慧和力量。

中国共产主义青年团加强思想政治工作，坚持对青年的教育和引导，组织青年学习马克思列宁主义、毛泽东思想、邓小平理论和"三个代表"重要思想，学习科学发展观,广泛开展党的基本路线教育,爱国主义、集体主义和社会主义思想教育,社会主义道德教育,近代史、现代史教育和国情教育,民主和法制教育,增强青年的民族自尊、自信和自强精神,树立正确的理想、信念和世界观、人生观、价值观。对团员还必须进行中国特色社会主义共同理想和共产主义远大理想教育。努力帮助青年学习现代科学文化知识,吸收和借鉴人类社会创造的一切文明成果,抵御资本主义和封建主义腐朽思想的侵蚀,不断提高青年的思想道德素质和科学文化素质。

中国共产主义青年团带领青年在经济建设中发挥生力军和突击队作用,充分调动和发挥青年的积极性和创造性,组织青年参加改革开放和完善社会主义市场经济体制的实践,促进科教兴国战略、人才强国战略和可持续发展战略的实施,树立科学技术是第一生产力的观念,掌握和运用先进的科学技术,学习和适应现代管理方式,诚实劳动,勇于创新,为发展社会生产力,增强综合国力,提高人民生活水平,实现我国经济发展的战略目标建功立业。

中国共产主义青年团充分发挥党联系青年的桥梁和纽带作用,积极协助政府管理青年事务,在维护国家和人民利益的同时代表和维护青年的具体利益,围绕党的中心任务,开展适合青年特点的独立活动,关心青年的工作、学习和生活,切实为青年服务,向党和政府反映青年的意见和要求,开展社会监督,同各种危害青少年的现象作斗争,保护和促进青少年的健康成长。

中国共产主义青年团高举爱国主义旗帜,坚决维护和发展全国各族青年之间的团结友爱,加强同香港特别行政区青年同胞、澳门特别行政区青年同胞、台湾青年同胞和海外青年侨胞的团结,按照"一国两制"的方针,共同促进香港、澳门长期繁荣稳定和祖国统一大业的完成。

中国共产主义青年团在维护我国的独立和主权,坚持和平友好、独立自主、相互学习、平等合作、共同发展的基础上,积极发展同世界各国青年组织的交往和友好关系,反对霸权主义和强权政治,维护世界和平,促进人类进步。

中国共产主义青年团要完成现阶段的基本任务,必须以改革创新精神全面推进团的建设。要发扬优良传统和作风,生动活泼、富于创造性地开展工作,把共青团建设成为团结教育青年的坚强核心。团的建设必须贯彻以下基本要求:

(一)坚持党的基本路线不动摇。全团要用邓小平理论,"三个代表"重要思想和党的基本路线统一思想和行动,深入贯彻落实科学发展观,团的各项工作都必须服从和服务于经济建设这个中心;必须把坚持改革开放和坚持四项基本原则统一起来,使党的基本路线在团的工作中得到全面贯彻。

(二)坚持党建带团建。把党的要求贯彻落实到团的建设之中,使团的建设纳入党的建设总体规划。

（三）坚持先进性与群众性的统一。教育、引导青年坚定正确的政治方向，发挥团员的模范作用；广泛团结青年，与青年保持密切的联系。

（四）坚持把竭诚服务青年作为团的一切工作的出发点和落脚点，更好地吸引和凝聚青年。

（五）坚持民主集中制。民主集中制是共青团根本的组织原则。要充分发扬民主，切实保障团员的民主权利。要实行正确的集中，加强组织性和纪律性，保证团的决议得到有效的贯彻执行。

（六）坚持不懈地抓好基层建设。基层组织是团的一切工作的基础。团的领导机关要确立基层第一的观念，发扬务实、求实的作风，深入基层，服务基层，不断增强基层活力。

中国共产主义青年团中央委员会受中国共产党中央委员会领导，团的地方组织和基层组织受同级党的委员会领导，同时受团的上级组织领导。

第一章　团　员

第一条　年龄在十四周岁以上，二十八周岁以下的中国青年，承认团的章程，愿意参加团的一个组织并在其中积极工作、执行团的决议和按期交纳团费的，可以申请加入中国共产主义青年团。

团员年满二十八周岁，没有担任团内职务，应该办理离团手续。

团员加入共产党以后仍保留团籍，年满二十八周岁，没有在团内担任职务，不再保留团籍。

第二条　团员必须履行下列义务：

（一）努力学习马克思列宁主义、毛泽东思想、邓小平理论和"三个代表"重要思想，学习科学发展观，学习团的基本知识，学习科学、文化、法律和业务知识，不断提高为人民服务的本领。

（二）宣传、执行党的基本路线和各项方针政策，积极参加改革开放和社会主义现代化建设，努力完成团组织交给的任务，在学习、劳动、工作及其他社会活动中起模范作用。

（三）自觉遵守国家的法律法规和团的纪律，执行团的决议，发扬社会主义新风尚，实践社会主义荣辱观，提倡共产主义道德，维护国家和人民的利益，为保护国家财产和人民群众的安全挺身而出，英勇斗争。

（四）接受国防教育，增强国防意识，积极履行保卫祖国的义务。

（五）虚心向人民群众学习，热心帮助青年进步，及时反映青年的意见和要求。

（六）开展批评和自我批评，勇于改正缺点和错误，自觉维护团结。

第三条　团员享有下列权利：

（一）参加团的有关会议和团组织开展的各类活动，接受团组织的教育和培训。

（二）在团内有选举权、被选举权和表决权。

（三）在团的会议和团的报刊上，参加关于团的工作和青年关心的问题的讨论，对团的工作提出建议，监督、批评团的领导机关和团的工作人员。

（四）对团的决议如有不同意见，在坚决执行的前提下，可以保留，并且可以向团的上级组织提出。

（五）参加团组织讨论对自己处分的会议，并且可以申辩，其他团员可以为其作证和辩护。

（六）向团的任何一级组织直至中央委员会提出请求、申诉和控告，并要求有关组织给以负责的答复。

团的任何一级组织或个人都无权剥夺团员的权利。

第四条　接收团员必须严格履行下列手续：

（一）申请入团的青年应有两名团员作介绍人。

（二）介绍人应负责地向被介绍人说明团章，向团的组织说明被介绍人的思想、表现和经历。

（三）要求入团的青年要向支部委员会提出申请，填写入团志愿书，经支部大会讨论通过和上级委员会批准，才能成为团员。被批准入团的青年从支部大会通过之日起取得团籍。

第五条　新团员必须在团旗下进行入团宣誓。誓词如下：我志愿加入中国共产主义青年团，坚决拥护中国共产党的领导，遵守团的章程，执行团的决议，履行团员义务，严守团的纪律，勤奋学习，积极工作，吃苦在前，享受在后，为共产主义事业而奋斗。

第六条　团员由一个基层组织转移到另一个基层组织，必须及时办理组织关系转接手续。

第七条　对于模范履行团员义务、在社会主义现代化建设和保卫祖国的事业中有显著成绩的团员，团的组织应当给以奖励。

奖励分为：通报表扬，由团的中央、省、市（地）、县级委员会和基层团委授予优秀共青团员称号。

第八条　对于不执行团的决议、违反团章的团员，团的组织应当本着惩前毖后、治病救人的精神，进行批评和帮助，情节严重的，给以纪律处分。

处分分为:警告,严重警告,撤销团内职务,留团察看,开除团籍。

留团察看的时间为六个月或一年。团员在留团察看期间没有选举权、被选举权和表决权,不得作青年入团的介绍人。留团察看期满,改正了错误的,应当及时恢复其团员的上述权利;坚持错误不改的,应当开除团籍。

第九条 对团员的纪律处分,必须经支部大会讨论通过,报上级委员会批准。

对团员给以开除团籍的处分,必须经县级委员会或被县级以上团的委员会授权的团的基层委员会批准。

第十条 团的组织对团员作出处分决定,必须严肃慎重,实事求是。支部大会在讨论决定对团员的处分时,除特殊情况外,应当吸收本人参加,认真听取他的意见。决定后如果本人不服,可以提出申诉,有关团组织必须负责处理或者迅速转递,不得扣压。

第十一条 团员有退团的自由。团员要求退团应向支部委员会递交书面报告,由支部大会决定除名,并报上级委员会备案。

团员没有正当理由,连续六个月不交纳团费、不过团的组织生活,或连续六个月不做团组织分配的工作,均被认为是自行脱团。团员自行脱团,应由支部大会决定除名,并报上级委员会批准。

第二章 团的组织制度

第十二条 中国共产主义青年团是按照民主集中制组织起来的统一整体。团的民主集中制的基本原则是:

(一)团员个人服从组织,少数服从多数,下级组织服从上级组织。

(二)团的全国领导机关,是团的全国代表大会和它产生的中央委员会。地方各级团的领导机关,是同级团的代表大会和它产生的团的委员会,团的各级委员会向同级代表大会负责并报告工作。

(三)团的各级领导机关,除它们派出的代表机关外,都由选举产生。

(四)团的各级领导机关应当经常听取并认真处理下级组织和团员的意见;团的下级组织既要向上级组织请示、报告工作,又要独立负责地解决自己职责范围内的问题。团的各级组织要使团员对团内事务有更多的了解和参与。

(五)团的各级委员会实行集体领导和个人分工负责相结合的制度。

第十三条 团的各级委员会可以根据工作需要,设立适当的工作部门。团的县级以上各级委员会可以派出代表机关。

在团的各级代表大会闭会期间,同级党的组织和上级团的组织认为有必要时,经过共同研究,取得一致意见,可以调动或指派团组织的负责人。

第十四条　团的各级代表大会的代表和委员会的产生,要体现选举人的意志。选举采用无记名投票的方式。候选人的产生要广泛发扬民主,候选人名单要充分酝酿讨论。可以直接采用候选人数多于应选人数的差额选举办法进行选举,也可以采用差额选举办法进行预选,产生候选人名单,然后进行等额正式选举。选举人有了解候选人情况、要求改变候选人、不选任何一个候选人和另选他人的权利。任何组织和个人不得以任何方式强迫选举人选举或不选举某个人。

团的中央和地方各级委员会委员、候补委员中的专职团干部调离团的岗位,其委员或候补委员的职务自行卸免。委员缺额由候补委员按得票多少依次递补,卸免和递补须经全会确认。

第十五条　团的县级和县级以上委员会在必要时可以召集代表会议,讨论和决定需要由代表大会解决的重大问题。代表会议可以增选委员会的部分成员。增选委员会委员和候补委员的数额,不得超过该级代表大会选出的委员和候补委员总数的三分之一。代表会议代表的名额和产生办法,由召集代表会议的委员会决定。

第十六条　有关全团性的工作,由团的中央委员会作出决定,统一部署。

各级团组织的报刊和其他宣传工具,必须宣传党的路线、方针和政策,宣传团的上级组织和本级组织的决议与工作任务,反映青年的意见和要求。

第三章　团的中央组织

第十七条　团的全国代表大会每五年举行一次,由中央委员会召集,在特殊情况下,可以提前或延期举行。

全国代表大会代表的名额及产生办法,由中央委员会决定。

第十八条　团的全国代表大会的职权是:

(一)审查和批准中央委员会的工作报告;

(二)讨论和决定全团的工作方针、任务和有关重大事项;

(三)修改团的章程;

(四)选举中央委员会。

在全国代表大会闭会期间,中央委员会执行全国代表大会的决议,领导团的全部工作。

第十九条　团的中央委员会全体会议选举常务委员若干人,组成常务委员会;选举第一书记一人和书记若干人,组成书记处。中央委员会全体会议由常务委员会召集,每年至少举行一次。在中央委员会全体会议和常务委员会闭会期间,书记处行使中央委员会的职权。

第四章　团的地方和军队的组织

第二十条　团的省、自治区、直辖市、省辖市、自治州代表大会每五年举行一次。

团的县(市、旗)、自治县、市辖区代表大会每三年举行一次。

团的地方各级代表大会由同级团的委员会召集。在特殊情况下,经同级党的委员会和团的上级委员会批准,可以提前或延期举行。

第二十一条　团的地方各级代表大会的职权是:

(一)审查和批准同级委员会的工作报告;

(二)讨论和决定本地区团的工作任务和有关重要事项;

(三)选举同级委员会;

(四)选举出席上一级团的代表大会的代表。团的地方各级委员会在代表大会闭会期间,执行上级团组织的指示和同级团的代表大会的决议,领导本地方团的工作,定期向上级团的委员会报告工作。

第二十二条　团的地方各级委员会全体会议选举各该级委员会的常务委员会和书记、副书记。团的地方各级委员会全体会议由常务委员会召集,每年至少举行一次。在委员会全体会议闭会期间,由常务委员会行使委员会的职权。

团的地方各级委员会的组成,必须经同级党的委员会和上级团的委员会批准。

第二十三条　中国人民解放军和中国人民武装警察部队中团的工作,是军队和武警部队政治工作的一个重要组成部分。军队和武警部队中团的组织在党的委员会和政治机关的领导下,根据团中央委员会和中国人民解放军总政治部或中国人民武装警察部队政治部的规定和指示进行工作。

第五章　团的基层组织

第二十四条　企业、农村、机关、学校、科研院所、街道社区、社会组织、人民解放军连队、人民武装警察部队中队和其他基层单位,凡是有团员三人以上的,都应当建立团的基层组织。

团的基层组织,根据工作需要和团员人数,经上级团的委员会批准,分别设立团的基层委员会、总支部委员会、支部委员会。

在基层委员会、总支部下建立支部。如果工作需要,在基层委员会下也可以建立总支部。在一个支部内可以分若干个小组。

支部委员会、总支部委员会由团员大会选举产生,每届任期两年或三年,其中大、中学校学生支部委员会每届任期一年。基层委员会由团员大会或代表大会选举产生,每届任期三年至五年。

第二十五条　团的基层组织设置应从实际出发,可以不完全与党组织和行政建制对应。适应街道社区、非公有制经济组织、社会组织等单位和领域的特点,灵活设置团的组织。

第二十六条　团的基层组织是团的工作和活动的基本单位,应该充分发挥团结教育青年的核心作用。它的基本任务是:

(一)组织团员和青年学习马克思列宁主义、毛泽东思想、邓小平理论和"三个代表"重要思想,学习科学发展观,学习党的路线、方针和政策,学习科学、文化、法律和业务。

(二)宣传、执行党和团组织的指示和决议,参与民主管理和民主监督,充分发挥团员的模范作用,团结带领青年积极投身改革开放和现代化建设,为社会主义经济建设、政治建设、文化建设、社会建设作贡献。

(三)教育团员和青年学习革命前辈,继承党的优良传统,发扬社会主义道德风尚,树立与改革开放和社会发展相适应的新观念,自觉抵制不良倾向,坚决同各种违法犯罪行为作斗争。

(四)了解和反映团员与青年的思想、要求,维护他们的权益,关心他们的学习、工作、生活和休息,开展文化、娱乐、体育活动。

(五)对要求入团的青年进行培养教育,做好经常性发展团员工作,收缴团费,办理超龄团员的离团手续。

(六)对团员进行教育、管理和服务,健全团的组织生活,开展批评和自我批评,监督团员切实履行义务,保障团员的权利不受侵犯,表彰先进,执行团的纪律。

(七)对团员进行党的基本知识教育,推荐优秀团员作党的发展对象;发现和培养青年中的优秀人才,推荐他们进入更重要的生产和工作岗位。

第六章　团的干部

第二十七条　团的干部是团的工作的骨干。共青团要按照德才兼备的原则,大胆选拔年轻干部,保持团干部队伍年轻化的优势,努力实现团干部队伍的革命化、知识化和专业化,在"保留骨干、以资熟手"的同时,不断为党和国家输送年轻干部。

第二十八条　团的各级领导干部要做团员和青年的表率,模范地履行团员的各项义务,刻苦学习、勤奋工作、勇于创造、自觉奉献,做党放心、青年满意的干部。

（一）政治上要坚强。具有相应的马克思列宁主义、毛泽东思想和邓小平理论的水平,自觉实践"三个代表"重要思想,带头贯彻落实科学发展观,坚持讲学习、讲政治、讲正气,坚决执行党的基本路线和各项方针政策,立志改革开放,献身社会主义现代化建设事业。

（二）学习要刻苦。带头学习政治、经济、文化、科学技术和现代管理知识,不断提高思想政策水平和实际工作能力。

（三）工作要勤奋。有强烈的革命事业心和责任感,勤于思考,勇于创新,知难而进,积极主动地在青年中开展工作,努力做出实绩。

（四）作风要扎实。朝气蓬勃,实事求是,发扬民主,敢想敢干,深入基层,调查研究,讲实话,办实事,求实效,不搞形式主义,不沾染官僚习气,热心为青年服务,做青年的知心朋友。

（五）品德要高尚。顾全大局,公道正派,团结同志,助人为乐,诚实谦虚,清正廉洁,有自我批评精神,自觉接受团员和青年的监督。

第二十九条　团的各级组织负有协助党管理团干部的责任。要加强对团干部的选拔和培养,建立正规的培训制度,办好各级团校和培训班;建立和健全团干部的考核制度;主动向有关党委和团委推荐下级或同级团组织负责人人选,对团干部的调动提出建议。

团的各级组织要关心团干部的工作、学习、生活和休息,努力帮助他们解决实际问题,积极为他们的成长和转业创造条件。

对工作有显著成绩的团干部,团的组织应当给以表扬和奖励。

第三十条　团干部要认真了解党组织工作全局,主动汇报团的工作情况,积极负责地发表意见,结合团的工作实际,创造性地完成党组织交给的任务。

第七章　团旗、团徽、团歌、团员证

第三十一条　中国共产主义青年团团旗旗面为红色,象征革命胜利;左上角缀黄色五角星,周围环绕黄色圆圈,象征中国青年一代紧密团结在中国共产党周围。团的重要会议以及团日活动可以使用团旗。

第三十二条　中国共产主义青年团团徽的内容为团旗,齿轮,麦穗,初升的太阳及其光芒,写有"中国共青团"五字的绶带。它象征着共青团在马克思列宁主义、毛泽东思想的光辉照耀下,团结各族青年,朝着党所指引的方向奋勇前进。团的组织和团员应按规定使用团徽。

第三十三条　中国共产主义青年团团歌为《光荣啊,中国共青团》。

第三十四条　中国共产主义青年团团员证封面为墨绿色,象征着青春和朝气蓬勃的青年运动;封面上方印有红色烫金团徽,象征着共青团是团结教育青年的核心。团的组织和团员应按规定管理和使用团员证。

第八章　团的经费

第三十五条　团的经费来源主要是:团员交纳的团费、党和政府以及企事业单位关于青少年事业的专项经费、团属经济实体收益、正当的社会资助和团组织的其它合法收入。

第三十六条　团费的交纳和管理使用办法由中央委员会统一规定。

第三十七条　团属经济实体,必须认真执行国家的有关法律法规和政策,努力为社会经济发展服务,为青少年健康成长服务,为团的事业服务。

第九章　团同少年先锋队的关系

第三十八条　中国少年先锋队是中国少年儿童的群众组织,是少年儿童学习中国特色社会主义和共产主义的学校,是建设社会主义和共产主义的预备队。中国共产主义青年团受中国共产党的委托领导中国少年先锋队的工作。共青团要发扬"全团带队"的传统,健全少先队组织的各级工作机构,支持少先队创造性地开展活动,保护和关心少年儿童的成长,坚持以社会主义思想和共产主义精神教育少年儿童,引导他们听党的话,好好学习,天天向上,爱祖国,爱人民,爱劳动,爱科学,爱护公共财物,锻炼身体,培养能力,努力成长为社会主义现代化建设需要的合格人才,做共产主义事业的接班人。

中学共青团组织应加强对少先队员入团前的培养教育,少先队组织应积极推荐优秀少先队员作团的发展对象。

第三十九条　团的组织选派优秀团员或者聘请思想进步、作风正派、知识丰富、热爱少年儿童的教师、先进人物以及其他人员,担任少年先锋队的辅导员,并从思想上、工作上、生活上关心他们,帮助他们不断提高政治和业务水平。对有显著成绩的辅导员和少先队工作者,应当给以表扬和奖励。

后　记

　　经过半年多的筹划,《团务通——基层团务实用手册(修订版)》终于在上海市第十四次团代会召开前夕和广大读者见面了。作为新时期团务工作的工具书,本书在第一版的基础上,结合全团和上海共青团工作的新发展和新要求,补充、修改和完善而成。书中内容注重基础性、实用性和针对性,使团干部易于学习和使用。

　　共青团上海市委领导非常关心、重视本书的编写工作。团市委书记潘敏同志、副书记夏科家同志审定了书稿。团市委常委、组织部部长姚强同志主持了本书的策划、编撰和审稿工作。陈佳楠同志、刘海洋同志设计了本书的总体框架和篇章结构,胡喆同志组织编写了第一篇总论,刘海洋同志组织编写了第二篇共青团的基层组织建设,赵雷同志组织编写了第三篇共青团员队伍建设,王成同志组织编写了第四篇共青团干部队伍建设,周瑾同志组织编写了第六篇上海共青团品牌工作。团市委机关(按章节顺序排列)杨大刚、宣禄乐、刘军、朱虹、吉海东、诸鑫珏、郑杨、刘忠研、李卓、朱晓慧、秦恒、金璠、常哲敏、龙乾、张笑等同志参与了书稿的编写工作;王成、杨柳、许燕旦、杨臻、俞晓赟、姜维维等同志参与了统稿、编辑及校对工作。本书的出版还得到了上海交通大学出版社的大力帮助。

　　在所有关心本书修订工作的同志们的共同努力下,本书得以在上海市第十四次团代会召开前夕如期再版。在此,谨向他们表示诚挚的敬意和衷心的感谢!

　　由于时间仓促,并限于编者水平,修订过程中难免有疏漏和差错,欢迎广大读者给予批评指正,以待进一步修正完善。

本书编写组

2013 年 2 月